INPRO Innovationsgesellschaft für
fortgeschrittene Produktionssysteme
in der Fahrzeugindustrie mbH
Hallerstraße 1, 10587 Berlin

Innovation und Emotion

Die Funktion von Furcht und Hoffnung
im Adoptionsprozess einer technologischen Neuheit
für die Kunststoffbranche

Katja Gelbrich

Bibliografische Information Der Deutschen Bibliothek
Die Deutsche Bibliothek verzeichnet diese Publikation in der Deutschen
Nationalbibliografie; detaillierte bibliografische Daten sind im Internet über
http://dnb.ddb.de abrufbar.
1. Aufl. - Göttingen : Cuvillier, 2007
  Zugl.: Stuttgart, Habil.-Schrift., 2007
  978-3-86727-141-7

© CUVILLIER VERLAG, Göttingen 2007
  Nonnenstieg 8, 37075 Göttingen
  Telefon: 0551-54724-0
  Telefax: 0551-54724-21
  www.cuvillier.de

Alle Rechte vorbehalten. Ohne ausdrückliche Genehmigung
des Verlages ist es nicht gestattet, das Buch oder Teile
daraus auf fotomechanischem Weg (Fotokopie, Mikrokopie)
zu vervielfältigen.
1. Auflage, 2007
Gedruckt auf säurefreiem Papier

  978-3-86727-141-7

Vorwort

Entscheidungsträger in der Industrie gelten gemeinhin als rational i. S. v. ausschließlich ziel- bzw. aufgabenorientiert handelnden Menschen. Wenn sich Wissenschaftler und Praktiker mit Beschaffungsmanagement beschäftigen, dann stehen daher vor allem mit den Entscheidungszielen verbundene Fragen der Kostensenkung, Transparenz oder Prozess- bzw. Transaktionseffizienz im Vordergrund der Diskussion. So erwecken bspw. Vergaberichtlinien oder Auktionsbestimmungen den Anschein, als liefen Beschaffungsprozesse immer nach klar fixierten Regeln ab, bei denen lediglich „harte Fakten" als Entscheidungskriterien eine Rolle spielten. Und dennoch: Seit Jagdish Sheth sowie Webster/Wind Anfang der 70er Jahre ihre paradigmatischen Modelle zum Kaufverhalten von Organisationen vorgestellt haben, weiß man: In Einkaufsgremien sitzen Menschen, die sich in ihren Entscheidungen auch von persönlichen Befindlichkeiten leiten lassen, ihre Macht nutzen oder einer bestimmten Rolle gerecht werden wollen bzw. müssen. Sie handeln machtpolitisch und interessengeleitet – und dies ist eben nicht immer rational.

Wenige Arbeiten haben sich mit dem Einfluss von Emotionen auf Beschaffungsentscheidungen industrieller Nachfrager beschäftigt. Einschlägige theoriegeleitete empirische Untersuchungen fehlen; und selbst im Konsumgüterbereich, der sich ausgiebiger mit Emotionen als kaufrelevante Konstrukte beschäftigt, hat man bislang weitgehend ausgeblendet, welche Rolle Emotionen bei der Übernahme von Innovationen spielen. Diese Arbeit geht systematisch und theoriebegründet der Frage nach, inwieweit Furcht und Hoffnung die Entscheidungen von Managern und Fachleuten bei der Adoption einer technischen Neuheit beeinflussen. Aus forschungstaktischen Gründen hat die Autorin einen konkreten Objektbereich – die Kunststoffbranche – ausgewählt.

Die empirische Untersuchung bestätigt einmal mehr, dass Anbieter einer Innovation sich nicht allein auf den *Technology Push*-Effekt verlassen sollten, demzufolge sich eine überlegene Technik gewissermaßen automatisch am Markt durchsetzt. Vielmehr akzeptierten die Befragten die Neuheit zur Veredlung von Kunststoffen dann, wenn sie damit bestimmte Hoffnungen verknüpften bzw. befürchten mussten, einen möglichen Wettbewerbsvorteil zu verlieren, wenn sie die Innovation ignorierten. Das Fazit: Innovationsmarketing ist daher keineswegs gleichzusetzen mit Produktpolitik. Es ist an der Zeit, dass sich auch das Industriegütermarketing der kommunikationspolitischen Herausforderung stellt, Nachfrager mit emotionalen Appellen anzusprechen.

Stuttgart, im Januar 2007   Prof. Dr. Dr. h.c. Ulli Arnold
Universität Stuttgart
Lehrstuhl für Investitionsgütermarketing
und Beschaffungsmanagement

Danksagung

Schreiben sollte und muss man eine Habilitation zwar aus eigener Kraft, aber es ist gut zu wissen, wenn man dabei nicht allein gelassen wird. An „Innovation und Emotion" hat eine Reihe von Personen Anteil, bei denen ich mich sehr herzlich bedanken möchte. Zu allererst möchte ich meinen Doktor- und „Habilvater", Herrn Prof. Dr. Dr. h.c. Ulli Arnold vom Lehrstuhl für Investitionsgütermarketing und Beschaffungsmanagement der Universität Stuttgart nennen. Bei ihm fühlte ich mich mit dieser Arbeit perfekt aufgehoben, gab er mir doch neben wertvollen Hinweisen und Anregungen zum Thema Beschaffungsmanagement auch wichtige Ratschläge für das akademische (und außerakademische) Leben. Er hat mein Habilitationsprojekt jederzeit und so vorbehaltlos unterstützt, wie man es sich nicht besser wünschen kann.

Weiterhin danke ich meinen beiden Zweigutachtern, Herrn Prof. Dr. Erich Zahn von der Universität Stuttgart sowie Herrn Prof. Dr. Wolfgang Fritz von der Technischen Universität Braunschweig, die sich beide trotz ihrer hohen Arbeitsbelastung sofort bereit erklärt haben, die Gutachten zu schreiben – zumal in einer so kurzen Zeit. Sie haben mir damit den Eintritt in die akademische Welt eröffnet. Dafür ganz herzlichen Dank.

Mein Dank gilt weiterhin den Kunststoffexperten aus dem Fraunhofer Institut für Elektronenstrahl- und Plasmatechnik in Dresden, allen voran Herrn Dr.-Ing. Olaf Röder, MBA, dem es gelang, das Interesse der Wirtschaftswissenschaftlerin an der Elektronenstrahltechnologie zu wecken und sie in die Geheimnisse ihrer Anwendungsbereiche einzuweihen. Gefreut habe ich mich auch über die fachliche Sattelfestigkeit von Carola Dittfurth von der Audi AG, die mir als Chemikerin und Oberflächenexpertin half, einen für mich undurchsichtigen Befund zu interpretieren.

Schließlich muss jede Arbeit am Ende auf Herz und Nieren geprüft werden. Meine Kollegin, Katja Wittig, hat diese Aufgabe übernommen und mir mit ihrer pragmatischen Art wertvolle und vor allem realisierbare Verbesserungsvorschläge unterbreitet, die ich dankbar berücksichtigt habe. Schließlich brachten Anja Große und Michaela Hünlein die für eine Endredaktion nötige Ausdauer, Genauigkeit und „Pingeligkeit" auf. Herzlichen Dank! Wie auch schon bei meiner Doktorarbeit war mir Frau Ingeborg Hofmann eine unerlässliche Hilfe. Mit ihrer erfrischenden und herzlichen Art räumte sie zielsicher jede organisatorische Hürde aus dem Weg.

Ilmenau, im Januar 2007   Prof. Dr. Katja Gelbrich
Technische Universität Ilmenau
Fachgebiet Marketing

Inhaltsverzeichnis

Abkürzungsverzeichnis VII

Abbildungsverzeichnis VIII

Tabellenverzeichnis X

Zusammenfassung XIII

1 Emotionen als vernachlässigter Faktor im Adoptionsprozess 1
    1.1   Erfolgsfaktoren von Innovationen im Fokus wissenschaftlicher Untersuchungen ... 1
    1.2   Emotionen im Kaufprozess: Fixierung auf private Nachfrager 4
    1.3   Erfolgreiche Vermarktung von Innovationen: ein theoretischer Ansatz ... 7
    1.4   Ziele und Gang der Arbeit 9

2 Charakterisierung der untersuchten Innovation 12
    2.1   Definition und Arten von Innovationen 12
        2.1.1   Innovation als risikobehaftete Neuheit 12
        2.1.2   Innovation als Produkt vs. Prozess 14
        2.1.3   Innovationen nach Güterart 16
    2.2   Veredlungstechnologie für Kunststoffe 18
        2.2.1   Wirtschaftliche Lage in der Kunststoffbranche 18
        2.2.2   Anforderungen an Kunststoffe 21
        2.2.3   Funktionsweise und Effekte der innovativen Veredlungstechnologie ... 22
        2.2.4   Zielgruppe der Technologie 24
    2.3   Zusammenfassung: Besonderheiten der untersuchten Innovation 26

3 Der Adoptionsprozess im Lichte der Innovationsforschung 29
    3.1   Begriffsabgrenzungen und Richtungen der Innovationsforschung 29
        3.1.1   Übernahme als Schwerpunkt der Adoptionsforschung 29
        3.1.2   Nutzungsabsicht als Schwerpunkt der Akzeptanzforschung 30
        3.1.3   Ausbreitung der Innovation als Schwerpunkt der Diffusionsforschung ... 32

3.2	Der organisationale Beschaffungsprozess		33
	3.2.1	Überblick	33
	3.2.2	Organisationale Beschaffung vs. privater Kauf	34
		3.2.2.1 Besonderheiten einer organisationalen Beschaffung	34
		3.2.2.2 Modell des organisationalen Beschaffungsverhaltens	36
	3.2.3	Autonome vs. kollektive Beschaffung	40
	3.2.4	Rollenverteilung im Buying Center	43
	3.2.5	Entscheider und fachliche Beeinflusser im Fokus der Betrachtung	47
3.3	Phasenmodell des individuellen Adoptionsprozesses		50
	3.3.1	Übersicht über die Phasen	50
	3.3.2	Merkmale der einzelnen Phasen	50
		3.3.2.1 Phase 1: Kenntnisnahme der Innovation	50
		3.3.2.2 Phase 2: Meinungsbildung	52
		3.3.2.3 Phase 3: Entscheidungsfindung bzw. Evaluation	52
		3.3.2.4 Phase 4 und 5: Implementierung und Bestätigung	53
	3.3.3	Kritische Würdigung des Phasenmodells	54
	3.3.4	Fixierung bisheriger Forschung auf späte Phasen	56
3.4	Phase der Meinungsbildung im Fokus der Betrachtung		59
	3.4.1	Begründung der Fokussierung	59
	3.4.2	Akzeptanz der Innovationsidee als Ergebnis der Meinungsbildung	60
3.5	Mögliche Einflussfaktoren der Akzeptanz einer Innovationsidee		61
	3.5.1	Vorbemerkungen	61
	3.5.2	Innovationsspezifische Einflussfaktoren	63
	3.5.3	Adopterspezifische Einflussfaktoren	68
		3.5.3.1 Persönlichkeit bzw. Unternehmensmerkmale	68
		3.5.3.2 Problemwahrnehmung des Nachfragers	70
	3.5.4	Umweltspezifische Einflussfaktoren	73
	3.5.5	Problemwahrnehmung als wichtigster Einflussfaktor der Akzeptanz einer Innovationsidee	74
3.6	Problembasiertes Adoptionsmodell (PAM)		77
	3.6.1	Modellübersicht und Hypothesen	77
	3.6.2	Rolle des Nachfragers im Buying Center als Moderatorvariable im PAM	80
	3.6.3	Operationalisierung der Modellbestandteile	81
		3.6.3.1 Problemwahrnehmung	81
		3.6.3.2 Akzeptanz der Innovationsidee	84
		3.6.3.3 Externe Informationssuche	85

4 Emotionstheorien und ihre Eignung für die Adoptionsforschung ... 87

4.1 Emotionen: Biologischer vs. kognitiver Erklärungsansatz ... 87
4.2 Biologisch orientierte Emotionstheorien ... 88
    4.2.1 Theory of Emotions ... 88
    4.2.2 Evolutorische Emotionstheorie ... 89
    4.2.3 Primary Emotions und Compound Emotions aus evolutorischer Sicht ... 90
    4.2.4 Zusammenfassung und Kritik ... 92
4.3 Attributionstheoretisch fundierte Theorien ... 96
    4.3.1 Zwei-Faktoren-Theorie von Schachter und Singer ... 96
    4.3.2 Emotionstheorie nach Weiner ... 97
        4.3.2.1 Prozess der Kausalattribution ... 97
        4.3.2.2 Spezifische Emotionen und Handlungstendenzen ... 99
    4.3.3 Zusammenfassung und Kritik ... 103
4.4 Appraisal-Theorien ... 104
    4.4.1 Überblick ... 104
    4.4.2 Wertüberzeugungen als Richtungsgeber des Gefühls: Konzept der Zielkongruenz ... 105
    4.4.3 Weitere Einschätzungsdimensionen als Grundlage spezifischer Gefühle ... 107
    4.4.4 Taxonomie der Gefühle nach Ortony et al. ... 108
        4.4.4.1 Überblick: Gegenstand der Bewertung ... 108
        4.4.4.2 Ereignisfundierte Emotionen ... 109
        4.4.4.3 Handlungsfundierte Emotionen ... 113
        4.4.4.4 Objektfundierte Emotionen ... 114
        4.4.4.5 Verbundene und weitere Emotionen ... 114
    4.4.5 Handlungsbereitschaft als Folge von Gefühlen ... 115
    4.4.6 Zusammenfassung und Kritik ... 118
4.5 Kritische Würdigung der Theorien und ihre Eignung für die Adoptionsforschung ... 121
    4.5.1 Allgemeinen Stärken und Schwächen der drei theoretischen Strömungen ... 121
    4.5.2 Anforderungen an eine Emotionstheorie zur Erklärung der Akzeptanz einer Innovationsidee ... 122
    4.5.3 Appraisal-Theorie als Grundlage für das Erklärungsmodell ... 126
        4.5.3.1 Konzept der antizipierten Emotionen ... 126
        4.5.3.2 Furcht und Hoffnung als antizipierte Emotionen ... 126
        4.5.3.3 Abgrenzung antizipierter Emotionen vom Erwartungsnutzen ... 129

5	Emotionsbasiertes Adoptionsmodell (EAM)			132
	5.1	Ablauf des Appraisal-Prozesses		132
	5.2	Antizipierte Emotionen bei Adoption bzw. Rejektion der Innovation		133
		5.2.1	Ziele bzw. Wünsche der Nachfrager als Basis der Emotionsentstehung	133
		5.2.2	Identifikation von Hoffnungen und Befürchtungen	135
			5.2.2.1 Beschreibung der qualitativen Vorstudie	135
			5.2.2.2 Befürchtungen und Hoffnungen bei Adoption der Innovation	136
			5.2.2.3 Befürchtungen und Hoffnungen bei Ablehnung der Innovation	138
	5.3	Akzeptanz und externe Informationssuche als Folgen von Furcht und Hoffnung		139
	5.4	Zusammenfassende Modellübersicht und Hypothesen		141
	5.5	Rolle des Nachfragers im Buying Center als Moderatorvariable im EAM		144
	5.6	Operationalisierung der Modellbestandteile		145
		5.6.1	Werturteil: Bedrohung vs. Chance	145
		5.6.2	Hoffnungen und Befürchtungen	146
			5.6.2.1 Allgemeine Möglichkeiten zur Messung von Emotionen	146
			5.6.2.2 Messung der antizipierten Emotionen	148

6	Beschreibung der empirischen Untersuchung			150
	6.1	Steckbrief der Studie		150
		6.1.1	Stichprobenziehung und Datenerhebung	150
		6.1.2	Fragebogen und Präsentation der Innovation	152
		6.1.3	Datenbereinigung und Missing Value-Analyse	154
		6.1.4	Non-Response-Analyse	155
	6.2	Vorgehensweise im Rahmen der Datenauswertung		156
		6.2.1	Kausalanalyse zur Überprüfung der Hypothesen	156
			6.2.1.1 Prinzip der Kausalanalyse	156
			6.2.1.2 Anforderungen an die Datenstruktur	158
			6.2.1.3 Wahl eines passenden Schätzers	159
			6.2.1.4 Globale Gütemaße zur Beurteilung eines Kausalmodells	162
			6.2.1.5 Lokale Gütemaße zur Beurteilung eines Kausalmodells	165
			6.2.1.6 Modifikation der Modellstruktur	169
		6.2.2	Reflektive vs. formative Konstrukte	171
		6.2.3	Validitätssicherung als Voraussetzung für eine Kausalanalyse	174

6.2.3.1 Validitätskonzepte ... 174
6.2.3.2 Validitätsprüfung erster Generation ... 177
6.2.3.3 Validitätsprüfung zweiter Generation ... 178
6.2.4 Zusammenfassender Ablauf der Datenanalyse ... 181

7 Validierung der Konstrukte ... 185
7.1 Betrachtung einzelner Faktoren ... 185
    7.1.1 Überblick ... 185
    7.1.2 Faktoren im Problembasierten Adoptionsmodell (PAM) ... 185
    7.1.3 Faktoren im Emotionsbasierten Adoptionsmodell (EAM) ... 187
7.2 Betrachtung der Messmodelle ... 191
    7.2.1 Messmodell des PAM ... 191
        7.2.1.1 Explorative Faktorenanalyse ... 191
        7.2.1.2 Konfirmatorische Faktorenanalyse ... 191
    7.2.2 Messmodell des EAM ... 193
        7.2.2.1 Explorative Faktorenanalyse ... 193
        7.2.2.2 Konfirmatorische Faktorenanalyse ... 194

8 Kausalanalysen zur Überprüfung der Hypothesen ... 196
8.1 Kausalanalyse des PAM ... 196
    8.1.1 Schätzung der Parameter ... 196
    8.1.2 Modellgüte ... 198
8.2 Kausalanalyse des EAM ... 199
    8.2.1 Schätzung der Parameter ... 199
    8.2.2 Modellgüte ... 201
8.3 Vergleich von PAM und EAM ... 202
8.4 Rolle des Nachfragers als Moderatorvariable ... 205
    8.4.1 Identifikation von Entscheidern und fachlichen Beeinflussern ... 205
    8.4.2 Prüfung des moderierenden Effekts der Rolle des Nachfragers ... 206
        8.4.2.1 Vorgehensweise ... 206
        8.4.2.2 Moderatoreffekt im PAM ... 208
        8.4.2.3 Moderatoreffekt im EAM ... 210
8.5 Zusammenfassung und Diskussion der Ergebnisse ... 211
    8.5.1 Problemwahrnehmung als unbefriedigender Prädiktor der Akzeptanz ... 211
    8.5.2 Antizipierte Emotionen als gute Prädiktoren der Akzeptanz ... 214

8.5.3 Externe Informationssuche als Verhaltenskonsequenz der Akzeptanz 217

8.5.4 Uneindeutiger Moderator-Effekt der Rolle des Nachfragers 218

8.6 Kritische Würdigung der Modelle 221

9 Konsequenzen für die Vermarktung der Innovation 226

9.1 Funktion der Kommunikationspolitik im Adoptionsprozess 226

9.2 Emotionsbasierte Kommunikationsstrategie zur Beeinflussung der Akzeptanz ... 229

    9.2.1 Prinzip und Vergleich mit anderen Strategien 229

    9.2.2 Handlungsoptionen zur Beeinflussung von Furcht und Hoffnung 233

9.3 Stimulieren von Hoffnungen im Falle der Übernahme der Innovation 235

    9.3.1 Wunschverstärkung 235

        9.3.1.1 Betonung übergeordneter Ziele 235

        9.3.1.2 Vergleich mit einem Ideal 237

    9.3.2 Erhöhung der subjektiven Wahrscheinlichkeit 238

9.4 Stimulierung von Befürchtungen im Falle der Ablehnung der Innovation 243

    9.4.1 Umstrittene Wirkung starker Furchtappelle 243

    9.4.2 Ursachen für die beschriebenen Effekte 246

    9.4.3 Lösungsmöglichkeiten für wirksame Furchtappelle an industrielle Nachfrager 249

9.5 Moderatoren der Werbewirkung von Hoffnungs- und Furchtappellen 252

9.6 Kommunikationsstrategien in späteren Phasen des Adoptionsprozesses 254

9.7 Zusammenfassung der Vermarktungsstrategie für eine technologische Basis-Innovation 258

10 Vorschläge für die weitere Forschung 262

Anhang XIV
Literaturverzeichnis XXXIII

Abkürzungsverzeichnis

CEO	....	Chief Executive Officer
CFA	....	Confirmatory Factor Analysis
DF	....	Degrees of Freedom
EAM	....	Emotionsbasiertes Adoptionsmodell
g	....	Gramm
kt	....	Kilotonne
MFI	....	Melt Flow Index
min	....	Minuten
n. Vol.	....	no Volume
o. Jg.	....	ohne Jahrgang
o. V.	....	ohne Verfasser
PAM	....	Problembasiertes Adoptionsmodell
PIMS	....	Profit Impact of Marketing Strategies
qmk	....	quadrierte multiple Korrelation
TQM	....	Total Quality Management
UV	....	ultraviolett
VKE	....	Verband Kunststofferzeugende Industrie e.V.

Abbildungsverzeichnis

Abb. 1: Kommunikationspolitik für Innovationen im Fokus der Betrachtung 8
Abb. 2: Ableitung der Forschungsfrage 9
Abb. 3: Arbeitsschritte im Überblick 11
Abb. 4: Risiko als Ungewissheit, ob bestimmte Ereignisse eintreten 13
Abb. 5: Produkt- vs. Prozessinnovation in Abhängigkeit von der Leistungsart 15
Abb. 6: Adoption je nach Güterart 17
Abb. 7: Einsatzgebiete von Kunststoffen 19
Abb. 8: Kunststoffbranche Deutschlands: Steigende Produktion bei fallendem Umsatz 20
Abb. 9: Verarbeiter von Kunststoffen als Zielgruppe für veredeltes Granulat 25
Abb. 10: Merkmale des veredelten Granulats aus Sicht der potenziellen Adopter 26
Abb. 11: Technology Acceptance Model für ein Computersystem 31
Abb. 12: Adoptions- und Diffusionskurve 32
Abb. 13: Art und Anzahl der Akteure in einem Kaufprozess 34
Abb. 14: Integratives Modell des industriellen Beschaffungsverhaltens 37
Abb. 15: Einflussfaktoren auf „gemeinsame vs. autonome Beschaffungsentscheidung" in Unternehmen 41
Abb. 16: Identifikation von zwei Basis-Rollen im Einkaufsgremium für die untersuchte Innovation 46
Abb. 17: Individuen innerhalb einer Organisation im Fokus der Betrachtung 49
Abb. 18: Phasen des Adoptionsprozesses 50
Abb. 19: Typische Verzerrungen in einschlägigen Studien 58
Abb. 20: Generalisierung von Prädiktoren aus Partialmodellen 62
Abb. 21: Probleme bzw. Bedürfnisse als interne Auslöser des Adoptionsprozesses 71
Abb. 22: Problembasiertes Adoptionsmodell (PAM) 78
Abb. 23: Problembasiertes Adoptionsmodell mit Moderatorvariable 80
Abb. 24: Zwei grundlegende Arten von Emotionstheorien 88
Abb. 25: Entstehung eines Gefühls nach der Feedback-Hypothese 89
Abb. 26: Prinzip der Zwei-Faktoren-Theorie 97
Abb. 27: Kognitiver Prozess nach Weiner 98
Abb. 28: Spezifische Gefühle ja nach Ursachenlokation und Kontrollierbarkeit 100
Abb. 29: Verantwortlichkeit, Emotion und Handlungstendenz 102
Abb. 30: Entstehung positiver oder negativer Gefühle 106
Abb. 31: Spezifische ereignisfundierte Emotionen 110
Abb. 32: Spezifische handlungsfundierte Emotionen 113
Abb. 33: Furcht und Hoffnung als antizipierte Emotionen 127
Abb. 34: Primärer und sekundärer Appraisal-Prozess 133
Abb. 35: Emotionsbasiertes Adoptionsmodell (EAM) 143
Abb. 36: Emotionsbasiertes Adoptionsmodell mit Moderatorvariable 144

Abb. 37: Deutsche Unternehmen mit Internet-Zugang nach Mitarbeiterzahl 151
Abb. 38: Gliederung des Fragebogens 153
Abb. 39: Einteilung der Befragten in Early Responder und Late Responder.................... 155
Abb. 40: Pfaddiagramm eines Strukturgleichungsmodells 157
Abb. 41: Kategorien von globalen Anpassungsmaßen 162
Abb. 42: Kriterien zur Änderung der Modellstruktur 169
Abb. 43: Hinweise auf die Veränderung der Modellstruktur durch
         Modifikationsindizes (fiktives Beispiel) 171
Abb. 44: Darstellung eines reflektiven und eines formativen Konstukts 172
Abb. 45: Bedingungen für Konstruktvalidität 175
Abb. 46: CFA für einzelne Faktoren sowie für das gesamte Messmodell 179
Abb. 47: Datenanalyse in drei Schritten 181
Abb. 48: Parameter im Problembasierten Adoptionsmodell 197
Abb. 49: Parameter im Emotionsbasierten Adoptionsmodell 200
Abb. 50: Direkter, indirekter und totaler Effekt in Kausalmodellen 204
Abb. 51: Funktion der Befragten im Einkaufsgremium 206
Abb. 52: Moderatoreffekt auf die Beziehung zwischen Problemwahrnehmung und
         Akzeptanz 207
Abb. 53: Mehrgruppenvergleich von Pfadkoeffizienten 208
Abb. 54: Erweiterung des PAM um eine Moderatorvariable 213
Abb. 55: Befürchtungen bei Adoption und Akzeptanz: nicht-linearer Zusammenhang? ... 215
Abb. 56: Erweiterung des PAM um eine kombinierte Moderatorvariable 219
Abb. 57: Experimentelles Design zum Nachweis einer Kausalbeziehung von x auf y 222
Abb. 58: Als Single Item gemessene Konstrukte in Kausalmodellen 225
Abb. 59: Ausrichtung der Kommunikation an phasenspezifischen
         Informationsbedürfnissen 226
Abb. 60: Profilierungs- und Kommunikationsstrategien für Unternehmen 230
Abb. 61: Möglichkeiten der Stimulierung von Furcht und Hoffnung 234
Abb. 62: Beispiel für die Wirkung eines Referenzprojekts 242
Abb. 63: Zusammenhang zwischen Gefühlsqualität und Erinnerungswirkung 243
Abb. 64: Wirkung von Furchtappellen auf Einstellung und Verhalten 245
Abb. 65: Fear-Drive-Ansatz 247
Abb. 66: Parallel-Response-Ansatz 248
Abb. 67: Zwei-Effekte-Ansatz 249
Abb. 68: Verhaltensänderung durch Verbindung von Furcht- und Hoffnungsappell 252
Abb. 69: Mögliche Gefühle der Erwartungsbestätigung bzw. -entkräftung nach der
         Adoption 257
Abb. 70: Modifiziertes EAM in der Meinungsbildungsphase 264

Tabellenverzeichnis

Tab. 1: Kategorien von Innovationen ... 12
Tab. 2: Wichtige Anforderungen an Kunststoffe ... 21
Tab. 3: Innovationsmerkmale als Einflussfaktoren der Adoptionsrate ... 63
Tab. 4: Bezeichnung des internen Stimulus durch verschiedene Autoren ... 72
Tab. 5: Beurteilung potenzieller Prädiktoren der Akzeptanz einer speziellen Innovationsidee ... 76
Tab. 6: Skala der Problemwahrnehmung am Beispiel des Schmelzindex ... 83
Tab. 7: Emotionen als Mittel zum Überleben ... 90
Tab. 8: Compound Emotions ... 91
Tab. 9: Drei mögliche Gegenstände der Bewertung ... 108
Tab. 10: Erwünschtheit von Ereignissen aus der Selbst- und Fremdperspektive ... 112
Tab. 11: Drei Wege zur Bewältigung einer beispielhaften Stresssituation ... 116
Tab. 12: Vergleich der drei wichtigsten Emotionstheorien ... 121
Tab. 13: Vergleich von Emotionstheorien anhand spezifischer Anforderungen ... 125
Tab. 14: Handlungstendenzen bei Furcht ... 140
Tab. 15: Einschlägige Skalen zur Messung von Emotionen mittels Befragung ... 147
Tab. 16: Messung der Hoffnung bei Adoption der Innovation ... 149
Tab. 17: Messung der Befürchtung bei Adoption der Innovation ... 149
Tab. 18: Messung der Befürchtung bei Rejektion der Innovation ... 149
Tab. 19: Rücklauf ... 152
Tab. 20: Anforderungen und Eigenschaften verschiedener Schätzverfahren ... 159
Tab. 21: Ausgewählte globale Gütemaße für ein Kausalmodell ... 164
Tab. 22: Lokale Gütemaße eines Kausalmodells ... 166
Tab. 23: Kriterien zur Prüfung des Datenmaterials für eine explorativen Faktorenanalyse ... 178
Tab. 24: Teilaufgaben bei der Betrachtung einzelner Faktoren (Schritt 1) ... 182
Tab. 25: Teilaufgaben bei Betrachtung des Messmodells (Schritt 2) ... 183
Tab. 26: Teilaufgaben bei Betrachtung des Gesamtmodells (Schritt 3) ... 184
Tab. 27: Problemwahrnehmung: Ergebnis einer CFA mit allen sechs Items ... 186
Tab. 28: Ergebnisse einer Korrelationsanalyse ... 188
Tab. 29: Hoffnung bei Adoption der Innovation: Ergebnis einer CFA mit allen fünf Items ... 189
Tab. 30: Hoffnung bei Adoption der Innovation: Ergebnis einer CFA mit drei Items ... 189
Tab. 31: Befürchtungen bei Adoption der Innovation: Ergebnis einer CFA ... 190
Tab. 32: Messmodell PAM: Ergebnisse einer explorativen Faktorenanalyse ... 191
Tab. 33: Messmodell PAM: Ergebnis einer konfirmatorischen Faktorenanalyse ... 192
Tab. 34: Messmodell EAM: Ergebnisse einer explorativen Faktorenanalyse ... 193

Tab. 35: Messmodell EAM: Ergebnis einer konfirmatorischen Faktorenanalyse 194
Tab. 36: Prüfung der Hypothesen im Problembasierten Adoptionsmodell 198
Tab. 37: Strukturmodell PAM: Ergebnis einer Kausalanalyse 199
Tab. 38: Prüfung der Hypothesen im Emotionsbasierten Adoptionsmodell 201
Tab. 39: Strukturmodell EAM: Ergebnis einer Kausalanalyse 202
Tab. 40: PAM und EAM im Vergleich 203
Tab. 41: Ergebnisse des Chi-Quadrat-Differenztests im PAM 209
Tab. 42: Prüfung der Moderator-Hypothese im Problembasierten Adoptionsmodell 209
Tab. 43: Ergebnisse des Chi-Quadrat-Differenztests im EAM 210
Tab. 44: Prüfung der Moderator-Hypothesen im Emotionsbasierten Adoptionsmodell 211
Tab. 45: Denkbare Gründe für die Einstellungs-/Verhaltens-Diskrepanz 217
Tab. 46: Nach Augenschein sichtbare Moderatoreffekte im PAM 220
Tab. 47: Stichprobenumfang und Zahl der Parameter in den untersuchten Kausalmodellen 224
Tab. 48: Abgrenzung von kognitiver, emotionaler und emotionsbasierter Kommunikation 232
Tab. 49: Mögliche übergeordnete Ziele von guter Produktqualität und Kundenzufriedenheit 236
Tab. 50: Beispiele für Vergleichsprozesse auf Unternehmensebene 238
Tab. 51: Mögliche Reaktionen auf einen starken Furchtappell für die xy-Innovation 247
Tab. 52: Beispiele für projektive Furchtappelle 250
Tab. 53: Glaubwürdigkeit durch zweiseitige Argumentation 251
Tab. 54: Vermarktungsstrategie in den einzelnen Phasen des Adoptionsprozesses 259
Tab. 55: Stimulierung von Hoffnungen bei Adoption in der Meinungsbildungsphase 260
Tab. 56: Stimulierung von Befürchtungen bei Rejektion in der Meinungsbildungsphase 261

Tab. 57: Wichtigkeit des Idealzustandes (wertende Komponente) XV
Tab. 58: Schwierigkeit, den gewünschten Zustand zu erreichen (sachliche Komponente) ... XV
Tab. 59: Problemwahrnehmung XV
Tab. 60: Akzeptanz der Innovationsidee XVI
Tab. 61: Externe Informationssuche XVI
Tab. 62: Wahrnehmung als Chance XVII
Tab. 63: Wahrnehmung als Bedrohung XVII
Tab. 64: Hoffnung bei Adoption der xy-Technologie XVII
Tab. 65: Messung der Befürchtung bei Adoption der xy-Technologie XVII
Tab. 66: Befürchtung bei Rejektion der xy-Technologie XVIII
Tab. 67: Verantwortungsbereich der Befragten XVIII
Tab. 68: Dichotome Variable zur Messung der grundlegenden Rolle im Einkaufsgremium XVIII

Tab. 69: Ergebnisse von Mann/Whitney U-Tests ... XIX
Tab. 70: Test auf Normalverteilung sämtlicher Variablen ... XX
Tab. 71: Cronbach's Alpha und Item-to-Total-Korrelation für Problemwahrnehmung ... XXII
Tab. 72: Problemwahrnehmung: Ergebnisse einer explorativen Faktorenanalyse ... XXIII
Tab. 73: Akzeptanz der Innovationsidee: Validitätsprüfung der ersten Generation ... XXIII
Tab. 74: Wahrnehmung als Chance: Validitätsprüfung der ersten Generation ... XXIV
Tab. 75: Hoffnung bei Adoption der Innovation: Validitätsprüfung der ersten Generation ... XXIV
Tab. 76: Befürchtungen bei Adoption der Innovation: Validitätsprüfung der ersten Generation ... XXV
Tab. 77: Befürchtungen bei Rejektion der Innovation: Validitätsprüfung der ersten Generation ... XXV
Tab. 78: Messmodell PAM: Berechnung des Fornell/Larcker-Kriteriums ... XXVII
Tab. 79: Messmodell PAM: Chi-Quadrat-Differenztest ... XXVII
Tab. 80: Messmodell EAM: Berechnung des Fornell/Larcker-Kriteriums ... XXIX
Tab. 81: Messmodell EAM: Chi-Quadrat-Differenztest ... XXIX
Tab. 82: Ergebnisse nicht-linearer Regressionsanalysen der Hoffnungen bei Adoption der Innovation auf die Akzeptanz der Innovationsidee ... XXX
Tab. 83: Ergebnisse nicht-linearer Regressionsanalysen der Befürchtungen bei Rejektion der Innovation auf die Akzeptanz der Innovationsidee ... XXXI
Tab. 84: Ergebnisse nicht-linearer Regressionsanalysen der Befürchtungen bei Adoption der Innovation auf die Akzeptanz der Innovationsidee ... XXXII

Zusammenfassung

Gemeinhin wird davon ausgegangen, dass Innovationen dem Unternehmenserfolg dienen. Die einschlägige Forschung befasst sich daher eingehend mit der Frage, welche produkt-, adopter- und umweltspezifischen Faktoren dafür sorgen, dass Nachfrager Innovationen übernehmen. Dass bei Kaufentscheidungen auch Emotionen eine signifikante Rolle spielen können, wurde bislang lediglich von der Konsumentenverhaltensforschung nachgewiesen, nicht jedoch mit Blick auf Innovationen oder auf Industriegüter, d.h. im Business-to-Business-Bereich. Jüngere Befunde deuten aber darauf hin, dass auch industrielle Nachfrager oft beschränkt rational handeln, wenn sie eine Beschaffungsentscheidung fällen. Die vorliegende Arbeit geht daher am Beispiel einer innovativen Veredlungstechnologie für Polymere folgender Forschungsfrage nach: Welche Rolle spielen Emotionen im Adoptionsprozess industrieller Nachfrager? Befragt wurden hierfür 113 Vertreter von Unternehmen aus der Kunststoffbranche.

Die Autorin entwickelt zwei konkurrierende Partialmodelle des Adoptionsprozesses, bei dem als Erfolgskriterium bzw. abhängige Variable jeweils die Akzeptanz einer Innovationsidee dient, d.h. eine erste positive Einstellung gegenüber einer Neuheit in der Frühphase des Adoptionsprozesses. Das erste Modell basiert auf den Erkenntnissen der Innovationsforschung und unterstellt, dass die Problemwahrnehmung die Akzeptanz der Innovationsidee fördert („Problembasiertes Adoptionsmodell" [PAM]). Das zweite, das „Emotionsbasierte Adoptionsmodell" (EAM) leitet sich aus den *Appraisal*-Theorien der Emotion ab. Es unterstellt, dass industrielle Nachfrager die Konsequenzen antizipieren, die sich aus der Übernahme bzw. Ablehnung einer Neuheit ergeben würden. Stimmen diese mit eigenen Zielen überein, empfindet der Entscheider Hoffnung, ansonsten Furcht. Es wird vermutet, dass beide Gefühle die Akzeptanz beeinflussen. Sowohl im PAM als auch im EAM dient außerdem eine Verhaltensvariable dazu, Übereinstimmungsvalidität zu etablieren: externe Informationssuche. Wer eine Innovationsidee akzeptiert, sucht idealtypisch nach weiteren Informationen über die Neuheit.

Mithilfe einer Kovarianzstrukturanalyse werden beide Modelle empirisch überprüft. Demnach vermag Problemwahrnehmung die Akzeptanz der Innovationsidee nur zu 11% zu erklären, während die antizipierten Emotionen 74% beitragen. Akzeptanz wiederum beeinflusst, wie angenommen, die externe Informationssuche positiv. Auf Basis ihrer Befunde entwickelt die Autorin eine emotionsbasierte Kommunikationsstrategie, die zum Ziel hat, die Hoffnungen und Befürchtungen industrieller Nachfrager zu beeinflussen und so die Adoptionswahrscheinlichkeit zu erhöhen. Die Arbeit schließt mit Vorschlägen für die weitere Forschung, insb. die Etablierung externer Validität für das Emotionsbasierte Adoptionsmodell.

1 Emotionen als vernachlässigter Faktor im Adoptionsprozess

1.1 Erfolgsfaktoren von Innovationen im Fokus wissenschaftlicher Untersuchungen

In nahezu allen Branchen klagen Anbieter über zunehmenden Preiswettbewerb. Nicht nur im Konsumgüter- und Dienstleistungsbereich (o.V. 2004), sondern auch auf Industriegütermärkten wie der Kunststoffverarbeitung ist der Kostendruck enorm (vgl. VKE 2004, S. 5, 12). Er mindert die Margen der Unternehmen und zwingt sie, ihre Kosten zu senken, was zunehmend durch Verlagerung von Produktionsstandorten in sog. Niedriglohnländer geschieht. Eine Möglichkeit, diesem Preiswettbewerb zu entgehen, besteht darin, Innovationen zu entwickeln. Vor allem technologie-intensive Industrien, die sich zudem immer kürzeren Produktlebenszyklen gegenüber sehen, tragen ihren Wettbewerb primär auf diesem Wege aus. Da hierbei die anderen Instrumente des Marketing-Mix oft eine untergeordnete Rolle spielen (vgl. Perrillieux 1987, S. 2), spricht man vielfach von **Innovationswettbewerb** (vgl. Zahn 1991, S. 118).

Es wird davon ausgegangen, dass neuartige Produkte und Dienstleistungen dabei helfen, die Stagnation von Märkten zu überwinden (vgl. Zahn 1991, S. 116), Umsatz und Marktanteil zu erhöhen (vgl. Buzzell/Gale 1989) sowie, ganz allgemein, die Leistungsfähigkeit (vgl. Zou et al. 2005, S. 47) und den Erfolg von Unternehmen zu steigern (vgl. Subramanian/Nilakanta 1996). Innovationen würden weiterhin für eine ausgewogene Altersstruktur des Produktprogramms sorgen, also langfristig das **Überleben des Anbieter-Unternehmens** sichern (vgl. Gierl 1987, S. 53).

Innovationen können auch den **nachfragenden Unternehmen Vorteile** bieten. Oft lösen sie Probleme, für die es zuvor kein (zufrieden stellendes) Angebot gab. So sorgen bspw. hydraulische Spannfutter in Werkzeugmaschinen für eine überlegene Rundlauf- und Wiederholgenauigkeit; auch dämpfen sie Vibrationen besser als herkömmliche, mechanische Werkzeughaltersysteme (vgl. Schunk 2006). Subramanian/Nilakanta (1996, S. 631ff.) wiesen nach, dass Innovationen sowohl die Effizienz als auch die Effektivität der Organisation, die sie einsetzen, signifikant steigern können.

Allerdings entfaltet eine Neuheit ihre positive Wirkung für den Anbieter nur dann, wenn hinreichend viele Nachfrager sie adoptieren (= Übernahme einer Innovation). Gemessen an diesem Kriterium scheitern jedoch Schätzungen zufolge 90 bis 95% aller neuen Produkte (vgl.

Berggren/Nacher 2001, S. 92; Rogers 1983, S. 211). Folgerichtig stehen die Faktoren, welche die **Übernahme** bzw. den ihr vorgelagerten Entscheidungsprozess **beeinflussen**, im Mittelpunkt der Innovationsforschung (vgl. zu den unterschiedlichen Forschungsrichtungen ausführlicher Kap. 3):

- **Adoptions- und Diffusionsforscher** untersuchen soziodemografische Merkmale (z.B. Alter, Bildung) und die Persönlichkeitsstruktur (z.B. Risikofreude, Innovativität) potenzieller und tatsächlicher Nachfrager (vgl. Borchert et al. 2003, S. 23f.). Weiterhin erforschen sie, welche Besonderheiten einer Innovation dieser zum Erfolg verhelfen (vgl. Tornatzky/Klein 1982). So ließ sich nachweisen, dass eine Neuheit umso wahrscheinlicher adoptiert wird, je weniger komplex sie ist und je besser der Abnehmer sie in bisherige Produk-tions- und sonstige Abläufe integrieren kann (vgl. Rogers 2003, S. 240ff., 257ff.). Mit Blick auf industrielle Nachfrager interessieren außerdem die Merkmale des nachfragenden Unternehmens. So wiesen bspw. Moch/Morse (1977) nach, dass Organisationen mit komplexer Struktur Neuerungen eher umsetzen als weniger vielschichtig aufgebaute Betriebe. Komplexität operationalisierten die Forscher dabei als Ausmaß der vertikalen und funktionalen Differenzierung. Damanpour (1991, S. 563) unterzog 23 Studien zur organisationalen Übernahme von Innovationen einer Meta-Analyse und stellten einen positiven Einfluss der Unternehmensgröße fest. Neuere Untersuchungen bestätigen dieses Ergebnis am Beispiel von Banken (vgl. Mahler/Rogers 1999).

- Die **Diffusionsforschung** beschreibt, wie sich Innovationen in einem sozialen System ausbreiten (vgl. Schmalen/Pechtl 2001, S. 300). Sie thematisiert daher über o.g. Themen hinaus auch den Zeitpunkt, zu dem Nachfrager eine Neuheit übernehmen. Auf dieser Grundlage lassen sich einzelne Adopter-Typen identifizieren (z.B. Innovatoren, Frühe Adopter, Frühe Mehrheit, Späte Mehrheit, Nachzügler; vgl. Rogers 2003, S. 281). Weiterhin untersuchen Vertreter dieser Richtung den Einfluss von Meinungsführern auf den Diffusionsprozess sowie die Rolle, die Medien dabei spielen. So zeigte sich, dass Empfehlungen der *Opinion Leader* die Ausbreitung gesundheitsfördernden Verhaltens begünstigen (vgl. Tessaro et al. 2000; Puska et al. 1986). Und Frühe Adopter informieren sich häufiger durch Massenmedien als Späte Adopter, wie eine Studie zur Ausbreitung eines Pestizids unter amerikanischen Bauern ergab (vgl. Rogers 2003, S. 212).

- **Akzeptanzforscher** entwickelten verschiedene Modelle, welche die Nutzungsabsicht (= „Akzeptanz") technischer Neuerungen durch potenzielle Anwender erklären. Das gebräuchlichste ist das *Technology Acceptance Model* (*TAM*). Es basiert auf einer der Sozialpsychologie entlehnten Theorie, der *Theory of Reasoned Action* von Fishbein/Ajzen (1975).

Das erstmals von Davis et al. (1989) formulierte *TAM* unterstellt, dass die empfundene Benutzerfreundlichkeit (*Ease of Use*) und die Nützlichkeit (*Usability*) der Neuerung einen positiven Einfluss auf die Einstellung haben, diese einzusetzen. Diese Einstellung wiederum fördert die konkrete Absicht, die Innovation zu nutzen. Das Modell wurde mehrfach repliziert und zum Teil in erweiterter Form bestätigt (vgl. z.B. Saadé/Bahli 2004; Pavlou 2003; Venkatesh 2000).

Emotionen stehen bei keinem dieser Forschungszweige im Mittelpunkt des Interesses. Eine Ausnahme stellen Bagozzi/Lee (1999) dar. Sie gingen als erste systematisch der Frage nach, welche Rolle Emotionen im Adoptionsprozess spielen. Die Adoptionsentscheidung betrachten sie als Ergebnis eines Informationsverarbeitungsprozesses. Nachdem der Nachfrager von der Innovation erfahren hat, bewertet er die Konsequenzen, die sich aus einer Übernahme ergeben würden. Stimmen diese mit seinen Zielen überein, entstehen positive Gefühle, wenn nicht, negative. Wer ein neues Mobiltelefon erwerben möchte, antizipiert möglicherweise seinen Stolz, dann auf dem neuesten Stand der Technik zu sein, oder er hofft, dadurch die Aufmerksamkeit seiner Kollegen zu gewinnen. Diese Emotionen wiederum führen zu einer Handlungsabsicht – nämlich die Innovation zu adoptieren oder nicht.[1] Allerdings beschränken sich *Bagozzi & Lee* dabei auf private Nachfrager. Empirisch verifiziert wurde dieses Modells bislang nicht.

Zusammenfassend lässt sich als Ausgangspunkt und Begründung dieser Arbeit festhalten: Emotionen blieben in der Innovationsforschung bislang weitgehend unberücksichtigt, und zwar unabhängig davon, ob es sich um private oder industrielle Nachfrager handelt. Ersteres verwundert, zumal der Einfluss von Gefühlen auf (Kauf-) Entscheidungen in der Konsumentenverhaltensforschung Tradition hat und auch in anderen Bereichen der Wirtschaftswissenschaften mit *Behavioral Economics* eine Forschungsrichtung entstanden ist, die das scheinbar irrationale Verhalten von Wirtschaftssubjekten systematisch untersucht (vgl. Sendhil/Thaler 2000). Industrielle Nachfrager gelten demgegenüber als rationale Entscheider; Emotionen werden ihnen kaum unterstellt (vgl. Kap. 1.2).

---

[1] Tatsächlich differenzieren die Autoren die Handlungsoptionen weiter, nämlich in *decide to try or adopt, decide to overcome resistance, decide to accept decision to resist* und *undecided* (vgl. Bagozzi/Lee 1999, S. 220). Die Operationalisierung von Adoptionsabsicht soll jedoch hier nicht diskutiert werden.

1.2 Emotionen im Kaufprozess: Fixierung auf private Nachfrager

Begriffe wie „emotionale Werbung" oder „emotionale Kaufentscheidung" gehören zum Standard-Repertoire von Marketing-Wissenschaftlern und -Praktikern. Dies zeugt davon, dass die Analyse der Rolle von Gefühlen beim Konsumentenverhalten hier zu den etablierten Forschungsfeldern zählt. Zwar beschäftigen sich die meisten einschlägigen Studien mit emotionalen Reaktionen auf Werbung (vgl. Richins 1997, S. 127). Aber auch der **Einfluss von Gefühlen auf (Kauf-) Entscheidungen** steht auf der Agenda, zumal herkömmliche (mikro-)ökonomische Entscheidungsmodelle diese nicht berücksichtigen (vgl. Wertenbroch 2000, S. 186).

Emotionen werden dabei zumeist in **spezifischen Kaufsituationen** unterstellt. So entwickelte Mittal (1994) das Modell des *Affective Choice Mode* für Produkte mit symbolischer Bedeutung (z.B. Pkw-Marken). Einfluss auf die Entscheidung, ein solches expressives Produkt zu kaufen, nimmt vor allem ein emotionales Global-Urteil (z.B. „Das Auto macht etwas her."). Dieses Urteil ist Ausdruck der Persönlichkeit des Entscheiders und nicht das Ergebnis der kognitiven Bewertung einzelner Attribute des betrachteten Gutes. Welche Emotionen entstehen, hängt damit vor allem vom Selbstkonzept des Käufers ab, das wiederum sozialen Einflüssen unterliegt (vgl. Elliot 1998, S. 97). Andere Forscher befassen sich mit Kaufentscheidungen, die sehr schnell gefällt werden, z.B. Impulskäufe, bei denen Betroffene von einem spontanen Gefühl der Aufregung berichten (vgl. Rook 1987). Wieder andere gehen davon aus, dass spezielle Konsumerlebnisse per se mit Gefühlen der Freude und des Vergnügens einhergehen. Dazu gehören hedonistische Tätigkeiten, wie z.b. *Rafting* (vgl. Arnould/Price 1993), oder auch der sog. sakrale Konsum, der den Besuchern spezieller Themenparks in den USA als Religionsersatz dient (vgl. O'Guinn/Belk 2001).

Ein stärker kognitiv ausgerichteter Forschungszweig thematisiert Kaufentscheidungen, deren Konsequenzen der Käufer als ungewiss und daher **risikobehaftet** wahrnimmt. Als Teil des Selbstmanagement wird unterstellt, dass der Betreffende in solchen Situationen antizipiert, was er bei der Wahl einer Option empfinden würde. Da die meisten Menschen positive Gefühle erleben und negative vermeiden möchten, begünstigen erstere die Wahl einer Alternative, während letztere ihn eher davon abhalten, sich für eine Option zu entscheiden. Solche Gefühle, die sich auf mögliche Konsequenzen einer Kaufentscheidung beziehen, nennen Mellers/McGraw (2001, S. 210) *Anticipated Emotions* und (Bagozzi et al. 1998, S. 5) *Anticipatory Emotions*. Folgende Effekte ließen sich mit Blick auf **antizipierte Emotionen** nachweisen:

- Menschen sind umso eher bereit, eine Dienstleistung in Anspruch zu nehmen, je mehr sie glauben, dass dies bei ihnen **positive Gefühle** wie Freude, Glück, Zufriedenheit oder Stolz auslöst (vgl. Perugini/Bagozzi 2001, S. 87ff.). Die Autoren befragten hierfür 108 italienische Studenten und bestätigten den Einfluss der entsprechenden Gefühle auf die Verhaltensabsicht anhand eines Strukturgleichungsmodells.

- Menschen wählen in Entscheidungssituationen jene Option, die ihre **antizipierte Freude** maximiert (vgl. Mellers/McGraw 2001, S. 212). Diese nach der *Subjective Expected Pleasure Theory* unterstellte Annahme bestätigen Mellers et al. (1999, S. 341ff.) in Laborexperimenten mit kalifornischen Studenten. Sie gaben ihren Probanden jeweils zwei Glücksspiele mit je zwei möglichen Resultaten zur Auswahl – Spiel 1 mit den Ergebnissen A und B sowie Spiel 2 mit den Ergebnissen C und D. Auch waren die Eintrittswahrscheinlichkeiten der jeweiligen Resultate vorgegeben (p_A, p_B, p_C, p_D). Gemäß ihrer Theorie gewichteten die Autoren die von den Testpersonen antizipierte Freude für jedes mögliche Ergebnis mit der jeweiligen Eintrittswahrscheinlichkeit und bildeten dann einen mittleren Erwartungswert pro Spiel. Die Forscher sagten vorher, dass jeweils das Spiel mit dem größeren Wert gewählt wird. Tatsächlich lag der Korrelationskoeffizient zwischen den von ihnen prognostizierten Zahlen und den tatsächlich getroffenen Auswahlentscheidungen zwischen 0,66 und 0,86.

- Luce et al. (1999, S. 149ff.) untersuchten den Einfluss der **Emotional Trade-off Difficulty** auf Kaufentscheidungen. Gemeint ist der spezielle Fall, dass ein Käufer negative Gefühle empfindet bzw. antizipiert, wenn er zwei Produktmerkmale gegeneinander abwägen muss. Damit ist, wie im Falle von „hohe Sicherheit" vs. „niedriger Preis eines Pkw", vor allem dann zu rechnen, wenn eines der Merkmale besonders emotionsgeladen ist – in diesem Falle Sicherheit, weil sie die Überlebenswahrscheinlichkeit bei Unfällen erhöht. Die Autoren gaben 40 Studenten mehrere Qualitätsmerkmale vor (zusätzlich zu Sicherheit z.B. Aussehen, Wartungskosten), die sich jeweils nur durch einen höheren Preis „erkaufen" ließen. Die Probanden nahmen die Mehrausgaben um so eher in Kauf, je emotionsgeladener das entsprechende Qualitätsmerkmal war, d.h. je stressiger und je risikoreicher sie die mit diesem Attribut zusammenhängende Kaufentscheidung empfanden.

- Am häufigsten thematisiert wird das **antizipierte Bedauern**. So kauft jemand, der *Regret* empfände, wenn das gekaufte Produkt nicht funktionieren würde, vorsichtshalber ein bekanntes Erzeugnis (vgl. Simonson 1992). Eltern, die antizipieren, dass ihr Kind nach einer Impfung krank wird, tendieren dazu, es nicht impfen zu lassen (vgl. Ritov/Baron 1990). Und wer einen Lotterieschein geschenkt bekommt und ihn gegen einen anderen tauschen dürfte, behält den ersten Schein lieber, weil er untröstlich wäre, wenn seine ursprünglichen Zahlen gewinnen würden (vgl. Bar-Hillel/Neter 1996).

Emotionen und Behavioral Economics

Auch in anderen Bereichen der Betriebs- und der Volkswirtschaftslehre hat sich eine noch recht junge Forschungsrichtung entwickelt, die sich unter *Behavioral Economics* zusammenfassen lässt. Sie stellt das Menschenbild der neoklassischen Ökonomie, den *Homo Oeconomicus*, in Frage und untersucht das scheinbar irrationale Verhalten von Wirtschaftssubjekten (vgl. Sendhil/Thaler 2000). Emotionen stehen dabei ganz oben auf der Agenda – und zwar nicht nur im Marketing und in der Personalwirtschaft, die sich naturgemäß mit menschlichem Verhalten beschäftigen, sondern z.b. auch in der Makro-Ökonomie. Man fragt bspw.:
- im Marketing: Beurteilen Konsumenten ein Produkt besser, wenn sie sich gerade glücklich fühlen? (vgl. Yeung/Wyer 2004),
- in der Personalwirtschaft: Sind empathische Menschen erfolgreichere Führungskräfte als weniger einfühlsame Personen? (vgl. Goleman et al. 2004; Macaluso 2003),
- in der Organisationsforschung: Kann emotionale Intelligenz die Leistungsfähigkeit von Mitarbeitern und Managern in Matrix-Organisationen verbessern? (vgl. Sy/Côté 2004),
- in der Makro-Ökonomie: Inwieweit ist Glück messbarer Bestandteil des Wohlstands? (vgl. Kopcke et al. 2004),
- in der Mikro-Ökonomie: Wie lassen sich Emotionen in der Spieltheorie berücksichtigen? Sind z.b. selbstwertdienliche Gefühle dafür verantwortlich, dass Menschen auf negatives Verhalten häufiger reziprok reagieren als auf positives? (vgl. Offerman 2002).

Sichtbarer Ausdruck dieser verhaltenswissenschaftlichen Öffnung der Wirtschaftswissenschaften ist die Tatsache, dass der höchstdotierte deutsche Wissenschaftspreis, der *Gottfried Wilhelm Leibniz*-Preis, im Jahre 2005 dem Kölner Wirtschaftswissenschaftler *Axel Ockenfels* verliehen wurde. Er wies nach, dass sich Menschen in spieltheoretischen Situationen nicht nur Nutzen maximierend verhalten, sondern auch ihrem Gerechtigkeitssinn folgen (vgl. DAAD 2005).

Anders als in der Konsumentenverhaltensforschung und in vielen anderen Bereichen der Wirtschaftswissenschaften wurde der Einfluss möglicher Gefühle **industrieller Nachfrager** auf den Beschaffungsprozess bislang kaum beachtet (vgl. Schafmann 2000, S. 54). Denn deren Einkäufe gelten als Investitionen. Die einschlägige betriebswirtschaftliche Forschung fokussiert daher z.b. Cash-Flow-Rechnungen (vgl. Cavinato 1991), die Optimierung von Beschaffungsstrategien (vgl. Arnold/Eßig 2000) sowie das ideale institutionelle Arrangement für die *Supply Chain* (vgl. Bello et al. 2004; Arnold/Eßig 2003). In diesem Zusammenhang interessieren primär die Möglichkeiten, mithilfe des Internet Transaktionskosten zu senken und die Beschaffung effizienter zu gestalten (vgl. Berthon et al. 2003). Auch die organisationale Adoptionsentscheidung unterliegt dem Primat der Rentabilität. Einschlägige Modelle unterstellen, dass die Entscheider den Cash-Flow der Innovation antizipieren und sich am Barwert der künftigen Zahlungsströme orientieren (vgl. Eng 2004, S. 97ff.; Smith 2004, S. 91ff.).

Allerdings wurden in der jüngeren Vergangenheit mehrere Befunde publiziert, dass auch industrielle Nachfrager emotional bzw. **beschränkt rational** handeln:

- Anhand einer Befragung amerikanischer Einkaufsmanager zeigten Handfield/Bechtel (2002), dass manche von ihnen ein ausgeprägtes Vertrauen zu ihren Lieferanten haben, und zwar unabhängig davon, ob sie diese leicht kontrollieren können oder nicht. Aufgrund des Reziprozitätsprinzips „danken" die Zulieferer ihnen dieses Vertrauen: Ihre *Supply Chain Responsiveness* steigt, d.h. die Bereitschaft und/oder Fähigkeit, schnell auf Bedürfnisse des Nachfragers zu reagieren.

- In einer simulierten Beschaffungssituation wurden 75 Personen vor die Aufgabe gestellt, 100 PCs bzw. einen Mainframe-Computer zu kaufen. Im zweiten Falle empfanden die Befragten ein höheres Kaufrisiko, obwohl sich die Erwartungswerte beider Entscheidungen entsprachen (vgl. Joag et al. 1990).

- Farrell/Schroder (1999) baten 150 australische Marketing-Manager, sich an das letzte Mal zu erinnern, als ihr Unternehmen eine Werbeagentur ausgewählt hat. Sodann sollten sie die Strategien angeben, mit denen sie damals versucht haben, die anderen Mitglieder des Einkaufsgremiums zu beeinflussen. Es zeigte sich auch hier, dass die Befragten in solchen Situationen nicht nur rational argumentieren (*Rational Persuasion*) oder ihre Machtposition ausspielen (*Pressure*), sondern auch an Gefühle der Freundschaft und der Loyalität ihrer Kollegen appellieren (*Personal Appeals*).

- Die von Schafmann (2004, S. 317) interviewten 205 IT-Fachhändler, gaben mehrheitlich an, bei Beschaffungsentscheidungen Angst zu empfinden, z.B. weil eine Fehlentscheidung ihre Position im Unternehmen oder sogar das Fortbestehen ihrer Firma gefährden könnte.

1.3 Erfolgreiche Vermarktung von Innovationen: ein theoretischer Ansatz

Wie im vorangegangenen Kapitel dargestellt, handeln industrielle Einkäufer – wie auch andere Wirtschaftssubjekte – nicht immer rational. Auch legen es die von der Konsumentenverhaltensforschung gewonnenen Erkenntnisse nahe, dass Emotionen die Kaufentscheidungen von Menschen beeinflussen. Dies gilt u.a. für Entscheidungen, deren Konsequenzen ungewiss sind und denen folglich ein hohes Risiko innewohnt. In diesem Falle antizipiert der potenzielle Käufer seine Gefühle, die durch die vermuteten positiven bzw. negativen Folgen seiner Entscheidung entstehen. Da die Übernahme einer Innovation als stark risikobehaftet gilt (vgl. Sheth 1968, S. 173ff.), argumentieren Bagozzi/Lee (1999, S. 219), dass antizipierte Emotionen auch bei der **Adoption von Innovationen** eine Rolle spielen.

Lässt sich nachweisen, dass bestimmte Gefühle die Übernahme einer Innovation fördern und andere sie hemmen, dann ergeben sich für den Anbieter über rein produktpolitische Aufgaben, z.b. die Entwicklung einer überlegenen Technik, hinaus Chancen, seine Neuerung erfolgreich zu vermarkten. Dabei kann es ratsam sein, mithilfe noch zu diskutierender **kommunikationspolitischer Maßnahmen** adoptionsfördernde Gefühle zu verstärken und adoptionshemmende zu mindern bzw. auszuschalten.

Während Innovationsmanagement sich definitionsgemäß mit der Planung, Steuerung und Kontrolle des gesamten Innovationsprozesses befasst und mit der Ideengewinnung beginnt (vgl. Helm 2000, S. 33), steht im Mittelpunkt dieser Arbeit das letzte Glied dieses Kette: der **Markteintritt**. Es soll eine Kommunikationsstrategie entworfen werden, die den Nachfrager zur Adoption einer Innovation bewegt. Dabei ist dieser Teil des Marketing-Mix keinesfalls allein ausschlaggebend dafür, ob Unternehmen eine Neuheit übernehmen. Er kann diese Funktion nur erfüllen, wenn er in die gesamte Marketingpolitik integriert wird (vgl. Abb. 1).

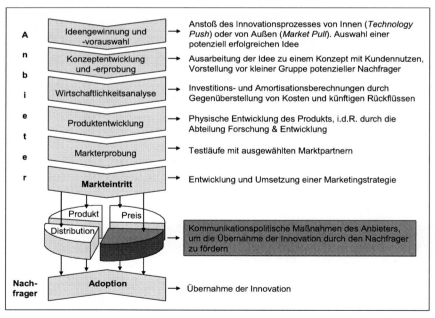

Abb. 1: Kommunikationspolitik für Innovationen im Fokus der Betrachtung
Quelle: auf Basis von Kotler/Armstrong (2006, S. 274ff.); Trommsdorff (2001b, S. 663); ergänzt.

1.4 Ziele und Gang der Arbeit

Wie weiter oben aufgeführt, wurde die Funktion von Emotionen in Kaufentscheidungsprozessen bislang primär im Konsumgüterbereich untersucht, allerdings nicht mit dem speziellen Blick auf neuartige Produkten oder Dienstleistungen. In der Innovationsforschung haben bislang lediglich Bagozzi/Lee (1999) dieses Thema theoretisch behandelt. Allerdings wurden deren Hypothesen noch nicht empirisch überprüft; sie beziehen sich zudem nur auf private Käufer. Im Business-to-Business-Bereich hat die Emotionsforschung keine Tradition, erst recht nicht im Zusammenhang mit dem Adoptionsprozess von Innovationen. Allerdings legen empirische Befunde es nahe, dass auch industrielle Nachfrager beschränkt rational handeln (vgl. Handfield/Bechtel 2002; Farrell/Schroder 1999; Joag et al. 1990). Im Mittelpunkt dieser Arbeit steht daher die **Forschungsfrage**: Welche Rolle spielen Emotionen im Adoptionsprozess industrieller Nachfrager (vgl. Abb. 2)?

	B2C-Bereich	B2B-Bereich
Kaufentscheidungen	• Forschungstradition „emotionale Kaufentscheidungen" mit Blick auf spezifische Kaufsituationen • Antizipierte Emotionen als Einflussfaktoren risikoreicher Kaufentscheidungen	• Fokus auf rationalen Kaufentscheidungen • Aber: empirische Hinweise auf beschränkt rationales Verhalten
Innovationsforschung	• Vernachlässigung von Emotionen als Einflussfaktoren der Adoption, Diffusion und Akzeptanz einer Innovation • Theoretische Hinweise darauf, dass antizipierte Emotionen die Adoptionsentscheidung beeinflussen	• Vernachlässigung von Emotionen als Einflussfaktoren der Adoption, Diffusion und Akzeptanz einer Innovation
Forschungsfrage	Welche Rolle spielen Emotionen im Adoptionsprozess ... ?	
	... privater Nachfrager?	... industrieller Nachfrager?

Abb. 2: Ableitung der Forschungsfrage

Konkreter formuliert soll untersucht werden, ob ein Adoptionsmodell, welches Emotionen berücksichtigt, die Realität besser abbildet als ein eines, das sich aus der traditionellen Innovationsforschung ableitet. Diese Vorgehensweise entspricht dem Prinzip des **theoretischen Pluralismus**, wonach Phänomene auf verschiedene Weise zu erklären und zu deuten sind (vgl. Fritz

1984, S. 3). Ob ein Modell zu falsifizieren ist oder nicht, ergibt sich dann im direkten Vergleich mit einem oder mehreren konkurrierenden Modell(en) (vgl. Bollen/Long 1992; Lakatos 1974, S. 97ff.). Behauptet es sich in diesem Wettbewerb, dann vermag es das untersuchte Phänomen – zumindest vorläufig – am besten zu erklären (vgl. Popper 1994). Im Einzelnen gliedert sich die Arbeit wie folgt (vgl. Abb. 3):

Kap. 2: Zunächst gilt es, den Innovationsbegriff zu definieren und die technologische Neuheit zu beschreiben, welche dieser Arbeit zugrunde liegt: eine Veredlungstechnologie für Polymere. Dazu gehören auch die Darstellung des Marktumfelds und der Zielgruppe für die Innovation.

Kap. 3: Dieser Abschnitt stellt den Stand der Innovationsforschung dar.

- Dafür sind zunächst die verschiedenen Forschungsrichtungen voneinander abzugrenzen (Adoptions-, Akzeptanz- und Diffusionsforschung).

- Dann werden die Spezifika industrieller Nachfrager von Innovationen und verschiedene Modelle des organisationalen Beschaffungsverhaltens diskutiert. Da Kaufentscheidungen im Industriegüterbereich oft im Kollektiv fallen, ist die Rolle einzelner Akteure im *Buying Center* zu klären.

- Sodann werden die einzelnen Phasen des Adoptionsprozesses beleuchtet. Dabei zeigt sich, dass ein Frühstadium bislang zu unrecht stark vernachlässigt wurde: die Phase der Meinungsbildung und die daraus resultierende Akzeptanz der Innovationsidee. Somit wird kein Totalmodell des Adoptionsprozesses entwickelt, sondern ein Partialmodell.

- Aus den bisherigen Erkenntnissen der Innovationsforschung lassen sich potenzielle Einflussfaktoren der Akzeptanz einer Innovationsidee identifizieren. Unter diesen kristallisiert sich die Problemwahrnehmung des Nachfragers als wichtigster heraus. Dieses Konstrukt bildet deshalb die Prädiktorvariable im Problembasierten Adoptionsmodell (PAM).

Kap. 4: Dieses Kapitel stellt verschiedene Emotionstheorien vor, welche die Rolle und das Entstehen von Gefühlen auf unterschiedliche Art und Weise erklären. Es wird geprüft, welche der Theorien sich am besten eignet, den Einfluss von Emotionen auf die Akzeptanz einer Innovationsidee zu untersuchen.

Kap. 5: Auf dieser Basis wird das Emotionsbasierte Adoptionsmodell (EAM) entwickelt.

Kap. 6: Es werden Struktur und Ablauf der empirischen Untersuchung beschrieben (u.a. Datenerhebung und -auswertung). Mit der Kovarianzstrukturanalyse wird ein Verfahren eingesetzt, mit dessen Hilfe sich die beiden Kausalmodelle (PAM und EAM) sowie die darin enthaltenen Hypothesen empirisch überprüfen lassen.

Kap. 7: Da beide Modelle sog. latente Variablen enthalten, die sich nicht direkt beobachten lassen (z.B. Akzeptanz einer Innovationsidee), sondern über Indikatoren zu messen sind, widmet sich Kap. 7 ausführlich der Validierung der Konstrukte.

Kap. 8: Beide Kausalmodelle werden einzeln geprüft, um die jeweils unterstellten Hypothesen zu testen. Es folgt ein Vergleich des Problembasierten (PAM) mit dem Emotionsbasierten Adoptionsmodell (EAM), um zu prüfen, welches der beiden die Akzeptanz einer Innovationsidee besser erklärt.

Kap. 9: Aus den Ergebnissen lassen sich Empfehlungen für ein Erfolg versprechendes Innovationsmarketing ableiten, wobei der Fokus auf kommunikationspolitischen Maßnahmen in der Frühphase des Adoptionsentscheidungsprozesses liegt.

Kap. 10: Die Arbeit schließt mit Vorschlägen für die weitere Forschung, die sich unmittelbar aus der kritischen Würdigung beider Modelle ergeben.

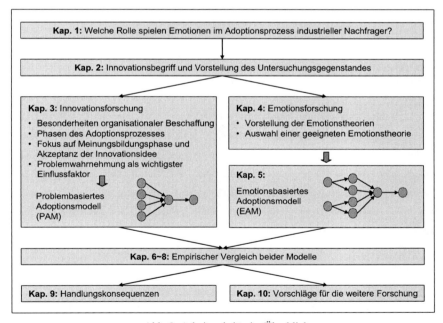

Abb. 3: Arbeitsschritte im Überblick

2 Charakterisierung der untersuchten Innovation

2.1 Definition und Arten von Innovationen

Den verschiedenen Definitionen einer Innovation ist gemein, dass es sich dabei um **etwas Neues** handelt, das vom Status quo abweicht (vgl. Garcia/Calantone 2002, S. 112; Schmalen/Pechtl 1996, S. 822). Abzugrenzen ist der Begriff im Sinne von Schumpeter (1963) von der Invention bzw. Erfindung, die zwar auch neu ist, aber nicht unbedingt marktreif bzw. vermarktbar. Es lassen sich verschiedene Kategorien von Innovationen unterscheiden (vgl. Tab. 1).

Kategorie	Kapitel
Radikal-, Inkremental- und Schein-Innovationen	2.1.1
Produktinnovation, Prozessinnovation	2.1.2
Technologische, administrative, Hilfsinnovation	2.1.3
Gebrauchsgut, Verbrauchsgut, Dienstleistung, Nutzungsgut	2.1.3

Tab. 1: Kategorien von Innovationen

2.1.1 Innovation als risikobehaftete Neuheit

Innovationen lassen sich nach ihrem Neuigkeitsgrad unterscheiden. Handelt es sich um eine völlig neuartige Problemlösung, dann spricht man von einer Basis- oder **Radikal-Innovation**. Weiterentwicklungen bestehender Problemlösungen sind **Inkremental-Innovationen**, während **Schein-Innovationen** nur auf unwesentlichen Veränderungen beruhen (vgl. Trommsdorff 1990, S. 4ff.).[2] Ob und wie neuartig ein Produkt oder eine Dienstleistung ist, hängt von der subjektiven Wahrnehmung der potenziellen Käufer ab (vgl. Trommsdorff 2001a, S. 660; Helm 2000, S. 31). Bspw. wird Laser-Technik in der Metallverarbeitung schon seit den 70er Jahren zum Schneiden eingesetzt (vgl. Trumpf 2000, S. 4), während Ärzte sie erst seit Anfang der 90er Jahre anwenden, um Sehfehler zu korrigieren (vgl. VSDAR 2002, S. 3). Für Medizintechniker war Laserschneiden zu diesem Zeitpunkt also eine Innovation, für Metallverarbeiter eine bewährte Technik.

Aus Sicht des potenziellen Käufers ist die Entscheidung, eine Innovation zu adoptieren oder nicht, mit einem Risiko verbunden (vgl. Schmalen/Pechtl 1996, S. 820; Sheth 1968,

S. 173ff.). Den Begriff des **wahrgenommenen Risikos** führte Bauer (1967, 1960) ein; gemeint sind damit die Folgen von (Kauf-) Verhalten, die sich ein Konsument nicht sicher vorstellen kann und die er subjektiv als negativ wahrnimmt. Etwas allgemeiner bezeichnet Cox (1967) das wahrgenommene Risiko in einer Entscheidungssituation als eine Funktion der Ungewissheit (im Sinne einer probabilistischen Bewertung) und des Werts verschiedener Ergebnisse. Ein Risiko kann damit sowohl dann bestehen, wenn jemand unsicher ist, ob ein positives Ereignis eintritt (denn das mögliche Nicht-Eintreten bewertet er als negativ), als auch dann, wenn er glaubt, dass möglicherweise ein negatives Ereignis eintreten könnte. Abb. 4 verdeutlicht diesen Sachverhalt anhand von zwei Beispielen.

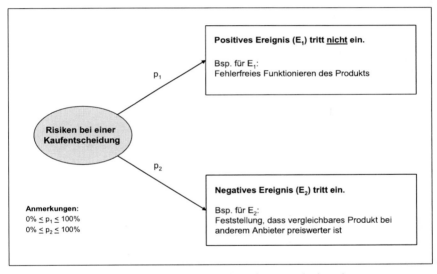

Abb. 4: Risiko als Ungewissheit, ob bestimmte Ereignisse eintreten

Es lassen sich – sowohl in Bezug auf Kaufentscheidungen im Allgemeinen (vgl. Kroeber-Riel/Weinberg 2003, S. 399) als auch auf die Adoptionsentscheidung im Besonderen (vgl. Schmalen/Pechtl 1996, S. 820) – drei **Arten von Risiken** unterscheiden:

- Funktionelles Risiko: Möglichkeit, dass ein Produkt nicht oder nicht richtig funktioniert. Schmalen/Pechtl (1996, S. 820) schreiben – wohl mit Blick auf technische Innovationen – vom technischen Risiko.

---

[2] Mitunter wird außerdem die architektonische Innovation aufgeführt. Dabei handelt es sich um eine Kombination aus bestehenden Technologien (vgl. Zahn 1998, S. 24).

- Finanzielles bzw. ökonomisches Risiko: Möglicher Verlust der eingesetzten finanziellen Mittel, d.h. Fehlinvestition.
- Soziales Risiko: Möglicher Verlust an Anerkennung im sozialen Umfeld, z.b. weil für den Entscheider wichtige Personen den Kauf missbilligen. Für Privatpersonen können dies Angehörige einer Bezugsgruppe sein, für industrielle Nachfrager Kontrollorgane der Firma.

Im Vergleich zu einer normalen Kaufentscheidung ist das wahrgenommene Risiko bei der **Adoption einer Innovation** besonders hoch, weil das Produkt neuartig ist (vgl. Kroeber-Riel/Weinberg 2003, S. 677). Dies gilt vor allem für eine Basis-Innovation mit welcher der Käufer bislang keinerlei Erfahrungen sammeln konnte Er kann die Folgen einer Übernahme, z.b. die Funktionsfähigkeit des Produkts, nur schwer einschätzen. Handelt es sich zudem um ein Investitionsobjekt, etwa große Maschinen bzw. Anlagen oder um die grundlegende Entscheidung für ein Systemgut, dann steht auch in finanzieller Hinsicht mehr auf dem Spiel als im Falle eines Konsumartikels. Der Adoption, insb. eines Investitionsguts, geht daher ein intensiver Prozess der Informationssuche und -verarbeitung voraus (vgl. Kap. 3).

Auch aus Sicht des **Anbieters** ist es riskant, eine Innovation anzubieten. Denn dies ist im Regelfall mit erheblichen Ausgaben für F&E verbunden. So kostet es bspw. rund 1 Mio. €, für eine Spielzeugeisenbahn eine neue Lokomotive zu entwerfen (vgl. o.V. 2005a). Oftmals übersteigen die Produktentwicklungskosten zweistellige Millionenbeträge (vgl. Helm 2000, S. 23)[3]. Hinzu kommen Marketing-Kosten für die Einführung des neuen Produkts (vgl. Sheth 1981, S. 274). Gleichzeitig weiß der Hersteller nicht, ob hinreichend viele Nachfrager seine Innovation kaufen werden. Umso wichtiger ist es für ihn, die Faktoren zu kennen, welche die Entscheidungen und Handlungen der Nachfrager im Adoptionsprozess beeinflussen.

2.1.2 Innovation als Produkt vs. Prozess

Je nachdem, was an einer Innovation neuartig ist, lassen sich Produkt- und Prozessinnovationen unterscheiden. Bei einer **Produktinnovation** handelt es sich um ein Gut mit neuartigen An- und Verwendungsmöglichkeiten (vgl. Specht/Möhrle 2002, S. 244). Ein Beispiel hierfür ist das Mobiltelefon auf Basis zellularer Systeme (C-Netz). Als es Ende der 80er eingeführt

---

[3] Der Autor schreibt im Jahre 2000, meint also DM. Allerdings ist die Rede von „größeren zweistelligen Millionenbeträgen", weshalb die oben angegebenen „zweistelligen Millionenbeträge" in Euro legitim sind.

wurde, ermöglichte es Nutzern erstmals, von jedem beliebigen Ort aus zu telefonieren und angerufen zu werden – Netzempfang vorausgesetzt. Von einer **Prozessinnovation** ist dann zu sprechen, wenn der Produktionsablauf neuartig ist (vgl. Gatignon/Robertson 1993; Barras 1986). Dies ist bspw. der Fall, wenn ein Erzeugnis schneller und/oder kostengünstiger hergestellt werden kann als bisher, wenn sich die Qualität bzw. Sicherheit des Produktionsprozesses verbessert (vgl. Hauschildt 1997, S. 9) oder wenn neue Rohstoffe, Geräte bzw. Anlagen verwendet werden (vgl. Damanpour/Gopalakrishnan 2001, S. 48).

Handelt es sich um eine **Sachleistung**, dann nimmt der Kunde die Prozessinnovation i.d.R. nicht wahr (vgl. Specht/Möhrle 2002, S. 244). So entgeht es dem Laien, ob ein Vorlesungsskript, das er erworben hat, fotokopiert oder gedruckt wurde. Er kann allenfalls indirekt darauf schließen, z.b. wenn der Anbieter für das preiswertere Fotokopieren einen niedrigeren Preis verlangt. Bei einer **Dienstleistung** entfällt die Unterteilung in Produkt- und Prozessinnovation (vgl. Trommsdorff 2001a, S. 660). Denn dabei handelt es sich naturgemäß um einen Prozess. Dass dieser innovativ ist, nimmt der Kunde eher wahr als im Falle einer Sachleistung, weil er in den Prozess der Leistungserstellung integriert ist. Allerdings gibt es auch Gegenbeispiele. So entgeht es dem Nutzer einer Internet-Suchmaschine, wenn der Anbieter den Such-Algorithmus ändert. Entscheidend für die Wahrnehmbarkeit ist, ob die Innovation einen Prozess diesseits oder jenseits der sog. *Line of Visibility* betrifft (vgl. Abb. 5).

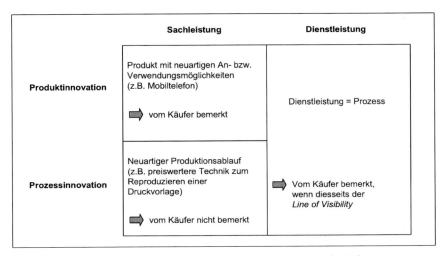

Abb. 5: Produkt- vs. Prozessinnovation in Abhängigkeit von der Leistungsart

2.1.3 Innovationen nach Güterart

Aus Sicht industrieller Nachfrager lassen sich **technologische**, **administrative** und **Hilfsinnovationen** unterscheiden. Unter einer technologischen Neuheit versteht man Werkzeuge, Techniken, Ausrüstungen oder Systeme. Ein Beispiel sind Computersysteme. Administrative Innovationen betreffen Änderungen der Unternehmensstruktur oder der organisatorischen Abläufe. Hierzu gehören bspw. *Management by Objectives* oder *Kanban*. Hilfsinnovationen (*Ancillary Innovations*) werden entwickelt, damit ein Unternehmen besser mit der Außenwelt interagieren kann, z.b. mithilfe partnerschaftlicher Werbekampagnen (vgl. Wilson et al. 1999, S. 312; Damanpour 1987, S. 675ff.).

Zu unterscheiden ist auch zwischen Ge- und Verbrauchsgütern; denn dies hat Einfluss darauf, ob bzw. wann die Innovation als adoptiert bzw. nicht adoptiert bezeichnet werden kann. Verwirft ein potenzieller Käufer ein **Gebrauchsgut** und kauft stattdessen das bisherige weiter, dann gilt die Innovation als nicht übernommen, weil sich der Käufer damit zumeist auf längere Sicht für die herkömmliche Lösung entschieden hat (vgl. Pechtl 2001b, S. 7). Ein Beispiel hierfür sind Pkws, die Deutsche im Schnitt vier Jahre fahren, bis sie sich einen neuen Wagen kaufen (vgl. Bayus 1991, S. 45; Bernemann 1989, S. 47).

Handelt es sich bei der Innovation um ein **Verbrauchsgut** oder um eine **Dienstleistung**, dann muss eine Ablehnung nicht unbedingt bedeuten, dass man sich der Neuheit für immer verschließt. Denn die Kaufentscheidung fällt ständig aufs Neue und kann daher bald revidiert werden. Pechtl (2001b, S. 7) führt hierfür das Online-Shopping an: Wer Zugang zum Internet hat, aber nicht über dieses Medium einkauft, kann jeden Tag neu entscheiden, ob er seine Ware nicht doch lieber per Mausklick bestellt, anstatt eine reale Einkaufsstätte zu betreten. Andersherum muss jemand, der einmal online einkauft, dies nicht unbedingt wieder tun.

Einen speziellen Fall stellen solche Dienstleistungen dar, für die eine bestimmte Ausstattung und zumeist auch eine Registrierung notwendig sind und für deren Nutzung später Gebühren anfallen (vgl. Walsh et al. 2004, S. 388). Kollmann (1998, S. 9ff.) führt hierfür den Begriff der **Nutzungsgüter** bzw. -systeme ein, wie sie bspw. Internet-Provider oder Telefongesellschaften offerieren. Deren Leistungen stehen dem Anwender dauerhaft zur Verfügung; ihr Nutzen entfaltet sich aber erst im stetigen Gebrauch (d.h. beim Surfen bzw. Telefonieren). Dafür fallen Gebühren an, die für den Nachfrager kauf- und für den Anbieter erfolgsentscheidend sind (vgl.

Kollmann 1998, S. 13). Denn sie übersteigen den Anschaffungs- bzw. Verkaufspreis üblicherweise um ein Vielfaches. Mitunter setzt der Anbieter die Ausstattung (z.B. Mobiltelefon) gar als „Lockmittel" ein, d.h. er bietet sie zu einem Preis an, der die Kosten nicht deckt. Gewinne erzielt er später, wenn der Käufer das Gerät nutzt (hier: telefoniert). Im Falle von Nutzungsgütern ist daher zwischen Kauf und tatsächlicher Nutzung zu unterscheiden.

Zusammenfassend kann ein (langlebiges) Gebrauchsgut mit einem einmaligen Kauf als adoptiert angesehen werden. Hingegen fällt es dem Nachfrager relativ leicht, ein innovatives Verbrauchsgut oder eine Dienstleistung probeweise zu kaufen bzw. zu nutzen und bei Nichtgefallen wieder zu verwerfen. Eine Adoption liegt erst vor, wenn er sie wiederholt nachfragt (vgl. Mahajan/Peterson 1979, S. 128). Im Falle von Nutzungsgütern ist zwar formal von einer Adoption zu sprechen, wenn der Nachfrager die notwendige Ausstattung erwirbt bzw. sich für einen Service registriert; sie kann aber nicht als Erfolgskriterium für die Innovation gelten. Hierfür ist die tatsächliche Nutzung heranzuziehen. Mit dieser speziellen Thematik befasst sich die Akzeptanzforschung (vgl. Kap. 3.1.2). Abb. 6 fasst diese Erkenntnisse zusammen.

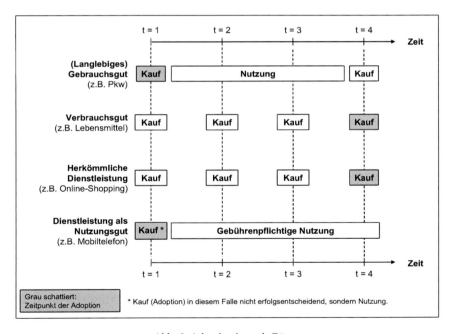

Abb. 6: Adoption je nach Güterart

Wie in Abb. 6 dargestellt, können **Dauer oder Art des Adoptionsprozesses variieren**, je nachdem, ob es sich bei der Neuerung um ein Ge- oder Verbrauchsgut bzw. um eine Dienstleistung handelt. Ähnliches gilt für die anderen, in diesem und in den beiden vorangegangen Kapiteln vorgestellten Innovationsformen:

- Bspw. ist davon auszugehen, dass ein Produkt, das nur inkrementelle Änderungen impliziert, schneller übernommen wird als eine Basis-Innovation.
- Um eine Prozessinnovation zu verstehen, muss sich der potenzielle Adopter wegen ihrer Intangibilität tendenziell mehr informieren als über eine Produkt-Neuheit.
- In administrative Änderungen, etwa ein neues Management-System, ist oft die gesamte Organisation involviert. Eine technologische Neuerung, z.B. eine neue Fertigungstechnik, betrifft evtl. nur eine bestimmte Abteilung.

Allerdings sind diese Kategorisierungen nicht immer eindeutig und überlappen sich oft (vgl. Helm 2000, S. 31). Bspw. kann eine technologische Neuerung gleichzeitig administrativer Natur sein, etwa, wenn eine neue CRM-Software eingeführt wird, die organisatorische Umstrukturierungen im Marketing und im Vertrieb mit sich bringt. Auch sind Produkt- und Prozessinnovation nicht immer voneinander zu trennen, wie im weiter oben dargestellten Falle einer Dienstleistung oder dann, wenn das neue Produkt in einem neuartigen Prozess hergestellt wird. Entscheidend für die hier untersuchte Fragestellung ist daher Folgendes (vgl. auch Kap. 2.3):

- Um welche Art von Innovation handelt es sich bei der Neuheit, die im Rahmen dieser Arbeit untersucht wird?
- Welche Konsequenzen ergeben sich daraus für den Adoptionsprozess?
- Schränkt dies die externe Validität der Befunde ein, d.h. inwiefern sind sie auf andere Innovationsarten übertragbar?

2.2 Veredlungstechnologie für Kunststoffe

2.2.1 Wirtschaftliche Lage in der Kunststoffbranche

Kunststoffe wie z.B. PVC (Polyvinylchlorid), PP (Polypropylen) oder PET (Polyethylenterephthalat) gehören neben den Elastomeren (= Gummiware) zur Gruppe der Polymere. Sie sind der Rohstoff für **unzählige Produkte** in den verschiedensten Branchen, bspw. im Bauwesen für Rohre, Dübel oder Planen, in der Verpackungsindustrie für Folien, in der Automobilindustrie für Karosse und Innenraumausstattung, in der Sportartikelindustrie für Skier oder Bahnbeläge. Abb. 7 zeigt die wichtigsten Einsatzgebiete.

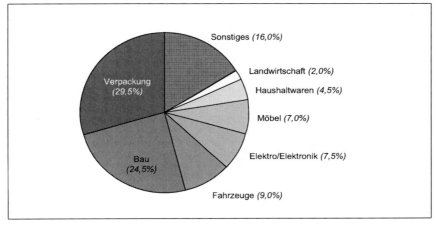

Abb. 7: Einsatzgebiete von Kunststoffen
Quelle: VKE (2004, S. 29).

Industrielle Nachfrager **substituieren** herkömmliche Materialien oft mit Polymeren, weil diese viele Vorteile haben; z.B. sind sie leichter als Metall und witterungsbeständiger als Holz. Auch deshalb stieg die weltweite Produktion von Kunststoffen von 1970 bis heute von ca. 35.000 kt auf 202.000 kt (vgl. VKE 2004, S. 34). Und bis 2010 rechnet der deutsche Branchenverband mit einer globalen Steigung des Pro-Kopf-Verbrauchs um weitere 4,5% jährlich (vgl. VKE 2005). Diesem Trend folgend produzierten auch die deutschen Hersteller zwischen 2001 und 2003 5,6% **mehr Output** (vgl. Abb. 8).

Gleichzeitig sind die Marktpreise für Kunststoffe und Endprodukte in den letzten Jahren stetig gefallen, sodass die Umsätze der deutschen Anbieter trotz der gestiegenen Outputmenge von 19,1 Mrd. € um 5,2% auf 18,1 Mrd. € gesunken sind (vgl. Abb. 8). Dem **Preisverfall** ist primär Standardware ausgesetzt. Gleichzeitig wachsen die **Anforderungen** an Polymere, insb. wenn sie andere Werkstoffe substituieren sollen. So müssen Skibrillen und Tauchermasken und -mundstücke eine trockene, nicht klebrige Oberfläche haben, gut abdichten, transparent, witterungsresistent und rückstellfähig sein, d.h. sie müssen nach Druckeinwirkung ihre ursprüngliche Form annehmen (vgl. o.V. 2003a, S. 7). Moderne Elektrobauteile sollen sich möglichst wie

Plastik verarbeiten lassen, aber die elektrischen und elektromagnetischen Eigenschaften von Metallen aufweisen. Forscher der *Siemens AG* haben zu diesem Zweck ein Kunststoff-Metall-Hybrid entwickelt, aus dem sich in einem einzigen Arbeitsschritt Leiterbahnen und zugleich Kontaktstellen für Steckverbindungen oder Kabel spritzen lassen. Der bisher nötige, aufwändige Lötprozess entfällt dadurch (vgl. Kunststoffweb 2005).

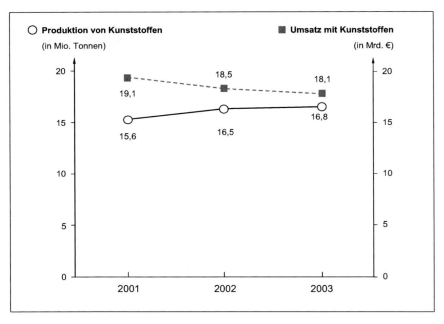

Abb. 8: Kunststoffbranche Deutschlands: Steigende Produktion bei fallendem Umsatz

Quelle: VKE (2004, S. 5, 12).

Die Beispiele zeigen, dass Hersteller und Verarbeiter von Kunststoffen ständig auf der Suche nach Möglichkeiten sind, den Werkstoff mit neuen Eigenschaften zu versehen und so dem Preisverfall zu entgehen. Die Branche ist somit durch einen starken **Innovationsdruck** gekennzeichnet.

2.2.2 Anforderungen an Kunststoffe

In der Produktionskette agieren Lieferanten und Verarbeiter von Polymeren. Die Lieferanten produzieren Kunststoffe in Form von Granulat (Schüttgut). Dabei kann es sich um Neuware oder um Rezyklate, d.h. wiederaufbereitete Kunststoff-Abfälle, handeln. Die Verarbeiter stellen aus dem Granulat Endprodukte her, z.B. im Spritzgießverfahren oder durch Extrusion. Daraus ergeben sich zwei verschiedene Arten von Anforderungen an das Schüttgut. Einerseits muss es sich leicht **verarbeiten** lassen. Andererseits sollte das **Endprodukt** bestimmten Kriterien genügen, damit der Endkunde es seinem Zweck gemäß einsetzen kann (vgl. Tab. 2).

Kategorie	Subkategorie	Anforderung
Verarbeitungseigenschaft	–	Bestimmter Schmelzindex
Eigenschaften des Endprodukts	Mechanische Eigenschaften	Zugfestigkeit, Reißfestigkeit
	Strahlchemische Eigenschaften	UV-Beständigkeit, chemische Beständigkeit
	Thermische Eigenschaften	Wärmbeständigkeit

Tab. 2: Wichtige Anforderungen an Kunststoffe

Schmelzindex als wichtigste Verarbeitungseigenschaft

Bei Normaltemperaturen sind Kunststoffe fest. Um ihnen eine bestimmte Form zu geben, müssen die Verarbeiter sie durch Erhitzen verflüssigen. Dabei ist es wichtig, die Fließgeschwindigkeit genau einzustellen. Ein Indikator dafür ist der Schmelzindex (engl. *Melt Flow Index* bzw. *MFI*), gemessen in g/10 min. Er gibt an, welche Masse innerhalb von zehn Minuten bei einer festgelegten Kolbenkraft und einer bestimmtem Massetemperatur durch eine genormte Düse gedrückt wird (vgl. FIZ Chemie 2005). Je größer der *MFI*, desto flüssiger ist das Material, je kleiner, desto fester. Je nach Verarbeitungsverfahren und Produktionsanlage kann ein hoher oder niedriger Wert erwünscht sein. Schwankungen innerhalb einer Kunststoff-Charge sind aber zu vermeiden, weil sie für eine uneinheitliche Ausstoßleistung der Maschine sorgen (vgl. Stein 2004, S. 15). Der Schmelzindex ist die wichtigste Verarbeitungseigenschaft; weitere sind bspw. das Aufschmelz- und Erstarrungsverhalten (vgl. Roth 2005).

Eigenschaften des Endprodukts

Je nachdem, worum es sich bei dem Plastikprodukt handelt, muss es unterschiedlichen Anforderungen genügen. Diese lassen sich grob in mechanische, strahlchemische und thermische

Eigenschaften unterscheiden (vgl. Tab. 2). So müssen viele Produkte reiß- und zugfest sein (mechanische Eigenschaften). Ein Dübel etwa sollte dem Druck einer Schraube widerstehen, ohne aufzureißen. Die Plastik-Henkel einer Tragetasche müssen gewisse Zugkräfte aushalten, ohne entzwei zu gehen. Strahlchemische Eigenschaften sind u.a. gefragt, wenn ein Bauteil der Sonneneinstrahlung ausgesetzt ist, wie Dachrinnen (UV-Beständigkeit). Auch sollten z.B. Rohre ihre chemischen Bindungen nicht verändern, wenn sie bestimmte Chemikalien weiterleiten (chemische Beständigkeit). Für Fußbodenheizungen genutzte Schläuche wiederum erfüllen nur dann ihren Zweck, wenn sie wärmebeständig sind (vgl. Böttcher 2005; Roth 2005).

Nicht immer erfüllen Polymere diese Anforderungen, insb. Rezyklate nicht, da die Abfälle, aus denen sie gewonnen werden, zum großen Teil nicht sortenrein sind. Aber auch die Eigenschaften von Neuware können je nach Rohstoffqualität variieren. Derzeit behilft man sich in der Branche mit konventionellen Methoden, um die Eigenschaften von Kunststoffen einzustellen: Hersteller und Verarbeiter setzen dem Granulat **Additive** zu (vgl. Roth 2005). Bspw. können Fließhilfen den Schmelzindex verändern, und Vernetzungshilfen sorgen dafür, dass die Polymere chemische Bindungen eingehen und sich dadurch verfestigen. Je nach Intensität der Behandlung verliert der Werkstoff dann seine thermoplastischen Eigenschaften mehr oder weniger und schmilzt beim Erwärmen nicht mehr so leicht (vgl. Bolte 2005). Allerdings haben Additive Nachteile: Sie verändern die Zusammensetzung des Werkstoffs und können Verarbeitungsprobleme nach sich ziehen. Hauptkritikpunkt ist allerdings der Preis. So kann das Kilogramm Kunststoff je nach Art des Werkstoffs und zugesetztem Additiv durchaus um 0,20 bis 0,25 € teurer werden (vgl. Röder 2005).

2.2.3 Funktionsweise und Effekte der innovativen Veredlungstechnologie

Die Veredlungstechnologie besteht in der Bestrahlung von Kunststoff-Schüttgut mit **Elektronen**. Der Elektronenstrahl (Engl.: *Electron Beam*, kurz: *EB*) wurde bereits in den 30er Jahren des letzten Jahrhunderts erzeugt und zum Bohren und Schmelzen von Metallen eingesetzt (vgl. Schiller et al. 1995, S. 23). Heute ist das Schweißen eines der wichtigsten Einsatzgebiete. Die *EB*-Technologie beruht auf dem Prinzip, hochenergetische Teilchen (Elektronen) zu beschleunigen, wofür ein Vakuum erzeugt werden muss. Zu unterscheiden ist zwischen thermischen und nicht-thermischen Anwendungen:

- **Thermische Anwendungen.** Die beschleunigten Strahlen treffen auf Materie (z.B. auf Metall). Die in ihnen enthaltene kinetische Energie wird absorbiert und in Wärme umgewandelt. Wo der Strahl auftrifft, erhitzt sich der Werkstoff und schmilzt, verdampft oder verformt sich (vgl. Schiller et al. 1995, S. 286). Auf diese Weise lassen sich z.B. Materialen verschweißen oder Löcher bohren.
- **Nicht-thermische Anwendungen.** Auch in diesem Falle wirken beschleunigte Elektronen als Energieträger. Allerdings wandelt sich die Energie beim Auftreffen auf den Werkstoff nicht in Wärme um, sondern verändert diesen strahlchemisch bzw. physikalisch (vgl. Schiller et al. S. 286, 318). Beispiele sind das Vernetzen[4] von Kunststoff-Fertigteilen oder die Desinfektion von Saatgut und Getreide.

Bei der innovativen Veredlungstechnologie handelt es sich um eine nicht-thermische Anwendung, mit der sich die chemischen Bindungen von Kunststoff-Granulat modifizieren lassen. Die damit **erzielbaren Effekte** erleichtern es, die in Kap. 2.2.2 genannten Anforderungen an Kunststoffe zu erfüllen. Denn die Bestrahlung verändert die Kettenlänge der chemischen Verbindungen des Werkstoffs. Je nach Kettenlänge schmilzt das Granulat bei der späteren Verarbeitung langsamer bzw. schneller (Variation des Schmelzindex). Dies beeinflusst auch das Erstarrungsverhalten, sodass sich die mechanischen Eigenschaften des entstehenden Endprodukts verändern, insb. die Festigkeit.

Nun ist die Bestrahlung von Kunststoffen mit Elektronen für sich genommen keine Innovation. Zum **Vernetzen** von Kunststoffen wird der Elektronenstrahl bereits seit langem eingesetzt, z.B. in der Automobilindustrie, um Fahrzeugteile zu stabilisieren oder in der Baubranche, um wärmebeständige Polyethylen-Schläuche für Fußbodenheizungen herzustellen. Allerdings werden dabei ausschließlich **Fertigbauteile** strahlchemisch behandelt. Hierfür sind hochenergetische Elektronenstrahl-Anlagen notwendig (ca. 1 Mega-Volt), die mit 10 Mio. € und mehr sehr teuer sind. Praktisch kein Anwender integriert sie daher inline in den Produktionsprozess (vgl. Röder 2005). Er muss die Bauteile vielmehr zum Betreiber der Anlage transportieren. Es entstehen Logistikkosten, die insb. im Falle großer und sperriger Gegenstände enorm sind (z.B. Rohre).

---

[4] Makromoleküle von Thermoplasten sind i.d.R. linear angeordnet und nicht miteinander vernetzt. Unter Vernetzung versteht man die chemisch oder strahltechnisch induzierte Querverbindung der Makromoleküle, was den Werkstoff fester werden lässt (vgl. Röder 2005; o.V. 2006a).

Die innovative Veredlungstechnologie setzt in einer **früheren Stufe der Prozesskette** an. Bestrahlt wird der Kunststoffe bereits als Rohware, d.h. in Form von Granulat. Dadurch lassen sich nicht nur die mechanischen Eigenschaften (Festigkeit) verbessern, sondern auch der für die Verarbeitung des Kunststoffes wichtige Schmelzindex sowie u.u. die thermischen und strahlchemischen Eigenschaften des Endprodukts (vgl. Röder 2005). Weiterhin lässt sich Granulat besser handhaben als Fertigbauteile. Schließlich ist für das Eindringen des Strahls in den Werkstoff wesentlich weniger Energie nötig. Daraus ergeben sich mehrere Vorteile im Vergleich zum Vernetzen von Fertigbauteilen:

- Die *EB*-Anlage ist klein und mobil und kann daher inline in den Produktionsprozess des Kunststoff-Produzenten integriert werden. Transportkosten entfallen.
- Entscheidet sich ein Kunststoff-Produzent alternativ dafür, sein Granulat vom Anbieter als Dienstleistung veredeln zu lassen, dann lässt es sich relativ leicht – und damit preiswert – zum Ort der Bestrahlung transportieren.
- Die Anlage kostet weniger als ein hochenergetisches Modell. Die Veredlungskosten verringern sich.
- Der Durchsatz der Anlage ist höher.

Zusammenfassend bietet die innovative Veredlungstechnologie damit eine Reihe von **Vorteilen** im Vergleich zu bisherigen Problemlösungen. Insb. ist sie preiswerter als die strahlchemische Behandlung von Fertigbauteilen oder der Einsatz von Additiven. Im Gegensatz zu letzteren hinterlässt sie auch keinerlei Rückstände im Material, sodass der Werkstoff nicht verunreinigt wird. **Nachteilig** ist jedoch, dass nur ein Teilvolumen des Granulat-Korns bestrahlt werden darf, denn bei einer vollständigen Vernetzung ließe sich der Kunststoff nicht mehr weiterverarbeiten. Dies wiederum schränkt ihre Anwendbarkeit ein (vgl. Röder 2005).

2.2.4 Zielgruppe der Technologie

Wie in Kap. 2.2.2 dargestellt, lassen sich je nach Produktionsstufe Lieferanten von Kunststoff (Hersteller, Recycler) sowie deren Abnehmer (Verarbeiter von Kunststoff) unterscheiden. Einsetzen sollen die Veredlungstechnologie in erster Linie **Lieferanten**, da sie das Granulat herstellen und an die Verarbeiter verkaufen. Letztlich entscheiden jedoch die **Verarbeiter** darüber, ob sich der Einsatz der Innovation für die Lieferanten lohnt: Haben sie hinreichend Bedarf an veredeltem Kunststoff-Granulat, dann werden sie es nachfragen.

Aus dieser Konstellation ergeben sich für den Anbieter zwei mögliche Strategien (vgl. Kotler/Armstrong 2006, S. 444). Er kann erstens Bedarf bei den Lieferanten wecken und so seine Technologie in den Markt „drücken" (**Push-Strategie**). Zweitens ist es möglich, den Abnehmern die Vorteile veredelter Polymere vor Augen zu führen und so einen Nachfragesog zu erzeugen (**Pull-Strategie**). Welche Strategie sinnvoll ist, hängt von der Marktmacht der Beteiligten ab. Viele Konsumgüterproduzenten sehen sich einer ähnlichen Konstellation gegenüber. Auch sie können einerseits den Handel davon überzeugen, seine Produkte zu listen und andererseits die Nachfrage der Verbraucher stimulieren. Handelsorientiertes Marketing gilt dort neben Endkundenmarketing als probates Mittel zum Erfolg. Denn die Absatzmittler sind der Engpass, durch den der Anbieter seine Waren bringen muss (vgl. Specht/Fritz 2005, S. 341). Ihre Machtfülle manifestiert sich in Listungsgebühren oder Werbekostenzuschüssen, die Hersteller zahlen, aber auch in nicht-monetären Leistungen wie der Regalpflege (vgl. Nieschlag et al. 2002, S. 748). Bekannt sind sie als Nebenleistungen (vgl. Specht/Fritz 2005, S. 325).

Anders verhält es sich auf vielen Industriegütermärkten wie dem Kunststoffmarkt. Die Lieferanten haben keine dem Handel vergleichbare Marktmacht, zumal sie primär mittelständisch organisiert sind, während es unter den Kunststoff-Verarbeitern auch viele größere Betriebe mit entsprechendem Nachfragevolumen gibt (vgl. VKE 2004, S. 4). Kunststoff-Produzenten haben damit im Gegensatz zu großen Handelsketten im Konsumgüterbereich keine Nadelöhrfunktion. Für die Veredlungstechnologie bietet sich eine **Pull-Strategie** an (vgl. Abb. 9).

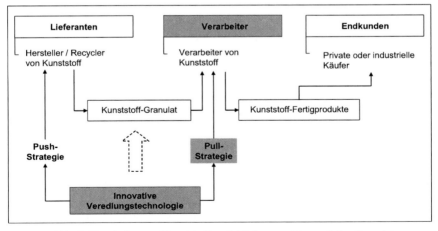

Abb. 9: Verarbeiter von Kunststoffen als Zielgruppe für veredeltes Granulat

Das Ziel besteht darin, die **Nachfrage nach veredeltem Kunststoff-Granulat** unter Verarbeitern zu stimulieren (Pull-Strategie). Erst später kann an die Lieferanten herangetreten werden, d.h. man bietet ihnen eine Möglichkeit, den Bedarf zu bedienen, indem sie die Technologie bei sich einsetzen.

> ▶ Im Rahmen der Pull-Strategie sind **Verarbeiter von Kunststoffen** die primäre Zielgruppe des Anbieters. Aus deren Sicht handelt es sich bei veredelten Polymeren um eine technologische Produktinnovation, die sie weiterverarbeiten (Verbrauchsgut).

2.3 Zusammenfassung: Besonderheiten der untersuchten Innovation

Abb. 10 fasst die Spezifika der soeben vorgestellten Innovation zusammen, und zwar aus Sicht der **Verarbeiter** von Kunststoffen. Denn diese wurden im vorangegangenen Kapitel als Zielgruppe für veredeltes Granulat identifiziert.

Merkmal	Mögliche Ausprägungen		
Neuigkeitsgrad	Basis-Innovation ☑	Inkremental-Innovationen	Schein-Innovation
Produkt vs. Prozess	Produkt-innovation ☑		Prozess-innovation ☑
Güterart (1)	Technologische Innovation ☑	Administrative Innovation	Hilfsinnovation
Güterart (2)	Gebrauchsgut	Verbrauchsgut ☑	Herkömmliche Dienstleistung	Dienstleistung als Nutzungsgut

Abb. 10: Merkmale des veredelten Granulats aus Sicht der potenziellen Adopter

Bei Kunststoff-Granulat, das mit Elektronenstrahlen veredelt wurde, handelt es sich um eine **Basis-Innovation**. Abgesehen von einigen Pilotversuchen setzt sie momentan praktisch kein Unternehmen ein, um die Eigenschaften von Polymer-Schüttgut zu modifizieren. Man behilft sich vielmehr mit Additiven. Kunststoffe in Form von Schüttgut mit Elektronen zu bestrahlen ist eine gänzlich neue Problemlösung für die Branche. Der Verarbeiter kann daher nur schwer einschätzen, was eine Adoption für Konsequenzen hätte.

Hinzu kommt, dass es sich bei veredeltem Granulat zwar um eine **Produktinnovation** handelt, da das Schüttgut gänzlich neue Eigenschaften erhält, z.B. einen genau eingestellten Schmelzindex. Aber die Klassifikation (Produkt- vs. Prozessinnovation) ist nicht immer eindeutig (vgl. Kap. 2.1.3), z.B. wenn das Produkt in einem neuartigen Prozess hergestellt bzw. bearbeitet wurde. Dies ist auch hier der Fall: Der Werkstoff wird mit Elektronen behandelt. Die Technologie ist komplex, für den Käufer nicht sichtbar und für Laien schwer verständlich.

Die Neuheit (veredelter Kunststoff) trägt daher auch die typischen Merkmale einer **Prozessinnovation**: Die erzielten Effekte und Vorteile sind nicht unmittelbar und vollständig ersichtlich. So kann der Nachfrager den genau eingestellten Schmelzindex und die daraus resultierende Ausstoßleistung der Maschine erst erleben, wenn er den Werkstoff verarbeitet. Und die Festigkeits- sowie strahlchemischen und thermischen Eigenschaften des Endprodukts kann der Nachfrager erst nach Verarbeitung des Kunststoffs beurteilen, insofern er überhaupt entsprechende Qualitätstests durchführt. Diese erfordern oft aufwändige Apparaturen. Insb. langfristige sowie extreme Umwelteinwirkungen (z.B. jahrelange UV-Einwirkung, große Hitze) sind schwer zu prüfen. Insofern besitzt die Produktinnovation viele Erfahrungs- und Vertrauenseigenschaften (vgl. zu den Begriffen ausführlich Kaas 1995, S. 19ff.).

Aus diesem Grund und auch, weil es sich um eine Basis-Innovation handelt, ist die Kaufsituation hochgradig **unsicher** und das wahrgenommne Risiko entsprechend hoch. Es ist daher davon auszugehen, dass der potenzielle Übernehmer intensiv nach Informationen sucht und mögliche Vor- und Nachteile gegeneinander abwägt, bevor er sich entscheidet (vgl. Gemünden 1985, S. 36).

Bei veredelten Polymeren handelt es sich um eine **technologische Innovation**, die nicht die gesamte Organisation des Kunststoff-Verarbeiters betrifft, sondern aus fachlicher Sicht primär die Fertigung. Tangieren dürfte die Adoptionsentscheidung auch Bereiche, die mit der Produktion in Zusammenhang stehen, wie F&E sowie Qualitätsmanagement. Aus kaufmännischer Sicht ist üblicherweise der Einkauf betroffen und – falls es sich um KMU handelt bzw. die Kaufentscheidung strategisch wichtig ist – die Geschäftsführung (vgl. Thong 1999, S. 188). Die Rolle dieser Personengruppen wird in Kap. 3.2 diskutiert. Eine technologische Innovation dürfte für viele von ihnen erklärungsbedürftig sein. Dies gilt zum einen für Einkäufer und Geschäftsführer, von denen weniger Detailkenntnis zu erwarten ist als von den Mitarbeitern der Fachabteilungen. Es trifft aber in diesem Falle auch auf die Verantwortlichen aus Fertigung, F&E sowie Qualitätsmanagement zu, denn sie sind Experten für Kunststoffe, nicht für Strahltechnik. Dies erhöht die mit der Adoptionsentscheidung verbundene Unsicherheit und damit den Informationsbedarf.

Schließlich handelt es sich bei dem veredelten Granulat um ein **Verbrauchsgut**. Nach Bestellung und Verarbeitung einer Charge kann der Nachfrager sich ohne weiteres wieder gegen die Innovation entscheiden. Daher ist erst nach mehrmaligem Kauf von einer Adoption zu sprechen. Man kann somit von einer längeren Probe- und damit auch Adoptionsphase ausgehen. Durch die Möglichkeit, das Produkt zu testen, verringert sich die Unsicherheit und damit das Risiko für den Nachfrager. Es ist *ceteris paribus* niedriger als im Falle eines langlebigen Gebrauchsgutes oder eines Nutzungsgutes, für das später weitere Gebühren anfallen.

Zusammenfassend ist davon auszugehen, dass die Adoptionsentscheidung mit einem hohen Grad an Unsicherheit verbunden ist und die potenziellen Nachfrager erheblichen Informationsbedarf haben. Diesen können sie befriedigen, indem sie weitere Informationen einholen und/oder die Neuheit probeweise übernehmen. Der gesamte Adoptionsprozess wird voraussichtlich längere Zeit in Anspruch nehmen. Die späteren Untersuchungsergebnisse haben daher zunächst nur in diesem Kontext Bestand. Ob sie sich auf andere Innovationsarten übertragen lassen, bleibt im Zuge der externen Validierung zu prüfen und wird im Kap. 10 diskutiert.

3 Der Adoptionsprozess im Lichte der Innovationsforschung

3.1 Begriffsabgrenzungen und Richtungen der Innovationsforschung

3.1.1 Übernahme als Schwerpunkt der Adoptionsforschung

Unter Adoption versteht man die **individuelle Übernahme** einer Innovation durch einen Nachfrager (vgl. Albers/Litfin 2001, S. 118; Pechtl 2001a, S. 17). Diese Definition bezieht sich auf den Kauf eines Produkts. Es wird davon ausgegangen, dass diesem Kaufakt auch ein Einsatz bzw. Verbrauch des Erworbenen folgt. Anders sehen dies Akzeptanzforscher, die sich ausschließlich mit sog. Nutzungsgütern befassen. Als Indikator für die Übernahme einer Neuheit dient ihnen die Nutzungsabsicht, die sie als Akzeptanz bezeichnen (vgl. Kap. 3.1.2).

Bei der Adoptionsforschung lassen sich eine prozess- und eine ergebnisorientierte Richtung unterscheiden (vgl. Helm 2000, S. 78). Vertreter der **prozessorientierten Richtung** untersuchen den Verlauf der Übernahme einer Neuheit, zerlegen ihn in einzelne Phasen und beschreiben, welche Informationen der Nachfrager in den einzelnen Abschnitten heranzieht und verarbeitet (vgl. Helm 2000, S. 78). Allgemein anerkannt ist das Phasenmodell von Rogers (2003), das in Kap. 3.3 ausführlich dargestellt wird. Das Ergebnis einer dieser Phasen ist die Akzeptanz der Innovationsidee, womit gemeint ist, dass sich der potenzielle Adopter prinzipiell vorstellen kann, eine Neuheit zu übernehmen (vgl. Kap. 3.3). Dieser Begriff ist nicht zu verwechseln mit dem namentlich gleichen, zentralen Konstrukt der weiter unten vorgestellten Akzeptanzforschung.

Vertreter der **ergebnisorientierten Richtung** beschäftigen sich hauptsächlich damit, warum eine Innovation übernommen bzw. gekauft wird (vgl. Rogers 2003, S. 219ff.; Thong 1999, S.187ff.). Dies können Merkmale des neuen Produkts bzw. der neuen Dienstleistung, des Adopters oder der Umwelt sein. Sie werden in Kap. 3.5 ausführlich dargestellt und diskutiert. Mögliche Emotionen des Nachfragers spielen dabei allerdings keine Rolle, allenfalls Persönlichkeitsmerkmale. Im Mittelpunkt dieser Forschungsrichtung steht mit der tatsächlichen Übernahme (und deren Einflussfaktoren) primär das (positive) Ergebnis des gesamten Adoptionsprozesses. Frühere, in prozessorientierten Arbeiten identifizierte Phasen werden selten berücksichtigt (vgl. Kap. 3.3.4).

3.1.2 Nutzungsabsicht als Schwerpunkt der Akzeptanzforschung

Während Adoptionsforscher die Übernahme bzw. der Kauf einer Neuheit als Erfolgskriterium ansehen, dient hierfür in der Akzeptanzforschung die **dauerhafte Nutzung** der Innovation (vgl. Weiber 2001, S. 39). Letzteres Forschungsfeld entstand erst Ende der 70er Jahre, als man feststellte, dass Büroangestellte bestimmte neue Technologien nur widerstrebend nutzen und man versuchte, die Gründe hierfür herauszufinden (vgl. Schönecker 1980; Reichwald 1979; Reichwald 1978). Mittlerweile liegt der Fokus der Akzeptanzforschung auf der Telekommunikations- und IT-Branche (vgl. Walsh et al. 2004, S. 388); es geht also zumeist um technische Neuerungen wie Software (vgl. Venkatesh 2000), E-Commerce (vgl. Pavlou 2003) oder *Smartphones* (vgl. Walsh et al. 2004).

Bei den genannten Innovationen handelt es sich um **Nutzungsgüter**. Für diese muss sich der Abnehmer i.d.R. zunächst eine Ausstattung beschaffen. Nimmt er sie später in Anspruch, fallen Gebühren an. Erfolgsentscheidend ist damit nicht der Kaufakt, sondern die spätere Nutzung (vgl. Kap. 2.1.3). Hinzu kommt in Organisationen, dass Käufer und Nutzer solcher Güter oft nicht identisch sind (vgl. Walsh et al. 2004, S. 388). So entscheidet bspw. die Unternehmens- oder Vertriebsleitung, ein neues CRM-System zu implementieren; anwenden sollen es jedoch die Mitarbeiter im Kundenkontakt.

Ob sich die Neuerung durchsetzt, hängt vom Nutzungsverhalten der Anwender ab. Und dieses – genauer: die ihm vorgelagerte **Absicht**, die einmal zur Verfügung gestellte Innovation tatsächlich zu **nutzen** – wird als Akzeptanz bezeichnet (vgl. Weiber 2001, S. 39). Als einer von wenigen differenziert Kollmann (1998, S. 68) korrekterweise zwischen Einstellungs- und Verhaltensakzeptanz, d.h. zwischen Nutzungsabsicht und Nutzung[5]. Operationalisiert wird die *Intention to Use* in einschlägigen Studien zumeist in Anlehnung an Davis (1989) sowie Davis et al. (1989) mithilfe von zwei Items: „Assuming I had access to the system, I intend to use it" sowie „Given that I had access to the system, I predict that I would use it".

---

[5] Kollmann (1998, S. 68, 95) beachtet als einer von wenigen Akzeptanzforschern, dass bei Nutzungsgütern neben der Inanspruchnahme des Geräts, Systems etc. auch dessen Kauf eine Rolle spielt, zumal dieser eine notwendige Bedingung für die spätere Nutzung ist. Der Autor fasst den Begriff der Akzeptanz folglich generischer auf und bezieht neben der Nutzung (-sabsicht) auch die Kauf (-absicht) ein. Allerdings soll dieser Sichtweise hier nicht gefolgt werden, da für den Kauf bzw. die Kaufabsicht bereits eigenständige Begriffe vorliegen (Adoption bzw. Adoptionsabsicht).

Analog zu Adoptionsforschern, die nach Einflussfaktoren für die Übernahme bzw. Übernahmeabsicht einer Innovation suchen, versuchen Akzeptanzforscher, die **Ursachen der Nutzung bzw. Nutzungsabsicht** zu identifizieren. Dabei hat sich das in Abb. 11 dargestellte *Technology Acceptance Model* (*TAM*) praktisch zum State-of-the-Art entwickelt. Von Davis et al. (1989) vorgestellt, wurde es mehrfach repliziert und seine externe Validität in verschiedenen Kontexten überprüft. Als Erweiterung der *Theory of Reasoned Action* von Fishbein/Ajzen (1975) unterstellt es, dass die empfundene Benutzerfreundlichkeit (*Ease of Use*) und die Nützlichkeit (*Usability*) eines Systems einen positiven Einfluss auf die Einstellung haben, dieses zu nutzen. Diese Einstellung wiederum fördert die Nutzungsabsicht (= Akzeptanz) der Innovation.

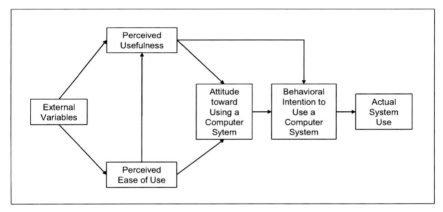

Abb. 11: Technology Acceptance Model für ein Computersystem

Quelle: Davis et al. (1989, S. 985), modifiziert.

Zu **kritisieren** ist an der dabei verwendeten Definition von Akzeptanz erstens, dass dieses Konstrukt in der Soziologie und Sozialpsychologie ursprünglich als Einstellung verstanden wird (vgl. Weimer et al. 1999, S. 106ff.), nicht als Verhaltensabsicht. Zweitens steht für das genannte Phänomen bereits ein Begriff zur Verfügung, der ebenso einfach wie eindeutig ist: Nutzungsabsicht. Und es widerspricht dem wissenschaftlichen Prinzip der Sparsamkeit, für einen eindeutig formulierten Sachverhalt einen zusätzlichen einzuführen. Allerdings hat sich die Akzeptanzforschung mittlerweile als eigenständiges Forschungsfeld etabliert – und damit auch o.g. Definition von Akzeptanz. Dies liegt nicht zuletzt an der raschen Entwicklung von Nutzungsgütern, wie Softwaresystemen oder E-Commerce, in den letzten Jahren.

Für die vorliegende Arbeit ist es nicht ratsam, Akzeptanz im Sinne von Nutzungsabsicht als Erfolgsmaßstab der Innovation zu betrachten. Denn mit Elektronenstrahlen veredelte Polymere sind ein Verbrauchs-, kein Nutzungsgut: Sie werden an die Verarbeiter verkauft; für ihre Weiterverarbeitung fällt keine gesonderte Gebühr an. Die Ergebnisse der **Akzeptanzforschung** bleiben im Rahmen dieser Arbeit daher **unberücksichtigt**.

3.1.3 Ausbreitung der Innovation als Schwerpunkt der Diffusionsforschung

Während Adoption die individuelle Übernahme einer Neuheit ist, bezeichnet Diffusion die **aggregierte Übernahme** der Nachfrager. Sie beschreibt, wie sich eine Innovation in einem sozialen System ausbreitet (vgl. Rogers 2003, S. 5f.; Schmalen/Pechtl 2001, S. 302). Gierl (1987, S. 56) versteht unter Diffusionsprozess verallgemeinernd – und damit auch auf Unternehmen anwendbar – die „Verbreitung einer Innovation in einer Gesamtheit von Übernahmeeinheiten". Abb. 12 illustriert den Unterschied zwischen Adoption und Diffusion.

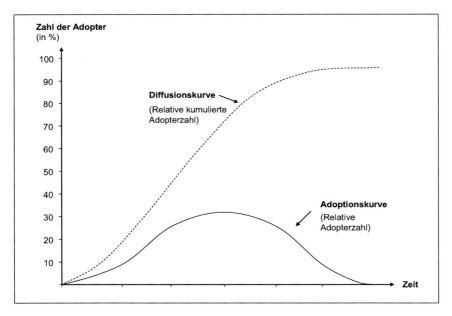

Abb. 12: Adoptions- und Diffusionskurve

Quelle: Gerpott (1999, S. 123f.).

Wenn es um die Rolle des Nachfragers einer Innovation geht, dann thematisiert die Adoptionsforschung eher intrapersonale Einflussfaktoren des Übernahmeprozesses (z.b. Risikofreude potenzieller Adopter), während die Diffusionsforschung – das soziale System im Blick – die **interpersonalen Determinanten** dieses Vorgangs thematisiert (vgl. Backhaus 1997, S. 593; Schmalen/Pechtl 1996, S. 817). Solche zwischenmenschlichen Einflussfaktoren der Ausbreitung einer Innovation sind bspw. der Informationsaustausch zwischen Nutzern und Nicht-Nutzern (vgl. Mahajan et al. 1984), Netzwerkeffekte in sozialen Gruppen (vgl. Rogers 2003, S. 300ff.), die Rolle von Massenmedien (vgl. Rogers 2003, S. 204ff.; Mahajan et al. 1990) oder das Problem der kritischen Masse (vgl. Mahler/Rogers 1999). Für Adoptionsforscher sind sie weniger relevant.

Der Diffusionsprozess ist nicht Gegenstand dieser Arbeit, da der Einfluss von Emotionen auf die Übernahme-Entscheidungen einzelner Personen gemessen werden soll. Allerdings treiben individuelle Adoptionen **in der Summe** den Diffusionsprozess voran. Dies ist auch der Grund dafür, dass sich die untersuchten Fragestellungen beider Forschungsrichtungen oft überschneiden. So fokussieren auch diffusionsorientierte Arbeiten Erfolgsfaktoren, die in der Person der Nachfrager begründet sind, Gierl (1987, S. 60) z.B. den wahrgenommenen Problemdruck oder die Empfänglichkeit für soziale Einflüsse. Beide Richtungen beschäftigen sich u.a. mit den Merkmalen der Innovation, die dafür sorgen, dass die Neuheit übernommen wird bzw. sich ausbreitet. Bspw. bezeichnen sowohl Adoptionsforscher (vgl. Schmalen/Pechtl 1996, S. 820) als auch Diffusionsforscher (vgl. Gierl 1987, S. 60) die hohe Komplexität einer Neuheit als Misserfolgsfaktor. Wenn sich also im Verlauf dieser Arbeit nachweisen lässt, dass die Gefühle des potenziellen Adopters eine Übernahme fördern oder verhindern, dann hat dies naturgemäß auch Konsequenzen für die Ausbreitung einer Innovation in einem sozialen System, also für seine Diffusion.

3.2 Der organisationale Beschaffungsprozess

3.2.1 Überblick

Der Adoptionsprozess ist eine spezielle Form des **Kaufentscheidungsprozesses** (vgl. Meffert 1976, S. 93). Und dieser weist je nach beteiligten Akteuren einige Besonderheiten auf. So können die Nachfrager Privatpersonen oder Organisationen sein. Weiterhin ist je nach Zahl der Beteiligten zwischen individuellem und kollektivem Kauf zu unterscheiden (vgl. Abb. 13). Im

Mittelpunkt dieser Arbeit steht ein organisationaler Beschaffungsprozess, der im Folgenden charakterisiert und von einer privaten Kaufentscheidung abgegrenzt werden soll.

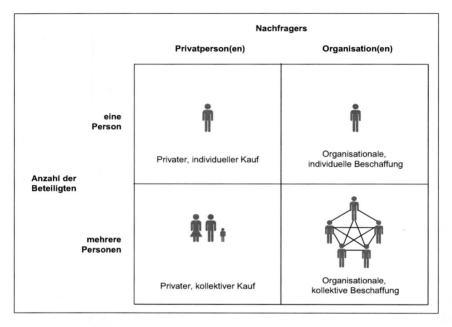

Abb. 13: Art und Anzahl der Akteure in einem Kaufprozess

3.2.2 Organisationale Beschaffung vs. privater Kauf

3.2.2.1 Besonderheiten einer organisationalen Beschaffung

Handelt es sich beim Nachfrager um einen Konsumenten, dann spricht man von einem privaten Kauf, im Falle einer Organisation von einer Beschaffung (vgl. Backhaus 1997, S. 49). Beides sind mehrstufige Entscheidungsprozesse.[6] Allerdings **unterscheidet** sich eine organisationale Beschaffung von einem privaten Kauf in vielerlei Hinsicht:
- Das Beschaffungsvolumen ist im Regelfall höher als im privaten Bereich. Dies gilt insb. im Anlagen- und Systemgütergeschäft (vgl. Backhaus 1997, S. 427, 545). Aber auch im Falle

---

[6] vgl. zum privaten Bereich z.B. Fritz/von der Oelsnitz (2001, S. 45); Bagozzi (1983, S. 142), zum organisationalen z.B. Wilson (1996); Sheth (1973, S. 51).

von Produkten und Komponenten verbuchen Unternehmen höhere Auftragsvolumina, denn gerade bei *Commodities* ist es sinnvoll, Bedarfe zu bündeln und größere Mengen auf einmal zu beschaffen, weil dies Transaktionskosten insgesamt mindert. Der *Amount at Stake* und mit ihm das Risiko einer Fehlinvestition ist also höher als im Konsumgüterbereich.

- Daraus ergibt sich eine Einkaufsmacht, wie sie private Käufer nicht entfalten können.
- Bei der Beschaffungsentscheidung spielen nicht nur persönliche Merkmale des bzw. der Nachfrager eine Rolle, sondern auch solche der Organisation, der sie angehören (vgl. Backhaus 1997, S. 52).
- Der Bedarf ist abgeleitet bzw. fremdbestimmt. Denn die beschafften Güter (z.B. Kunststoffe) dienen dazu, Produkte für andere Unternehmen oder private Endabnehmer herzustellen (vgl. Fritz/von der Oelsnitz 2001, S. 66).
- Die Beschaffung ist eine Investition, die sich amortisieren muss.

Als Folge davon wird eine organisationale Beschaffung gemeinhin als **rationaler, systematischer Prozess** beschrieben (vgl. Fritz/von der Oelsnitz 2001, S. 66). Und man geht davon aus, dass er, anders als bei vielen privaten Einkäufen, bewusst durchlaufen wird (vgl. Huff/Munro 1985, S. 335). Dies schlägt sich in dem bekannten Phasenkonzept des industriellen Kaufverhaltens von Robinson et al. (1967) nieder, die **acht chronologische Abschnitte** unterscheiden:[7]

(1) Wahrnehmen eines Problems (*Need Recognition*)
(2) Festlegen der Merkmale der Problemlösung (*Determination of Solution Characteristics*)
(3) Beschreiben dieser Merkmale (*Description of Solution Characteristics*)
(4) Suche nach Anbietern (*Search for Sources*)
(5) Einholen von Angeboten (*Acquisition of Proposals*)
(6) Beurteilung der Angebote und Auswahl eines Anbieters (*Evaluation of Proposals and Source Selection*)
(7) Auswahl der Auftragsroutine (*Selection of Order Routine*)
(8) Evaluation der Leistung (*Performance Evaluation*)

Allerdings legt es u.a. eine qualitativen Befragung von Managern aus zehn großen kanadischen Unternehmen zur Adoption von Informationssystemen durch Huff/Munro (1985, S. 332ff.) nahe, dass Unternehmen **nicht in jedem Falle** einem solchen idealen, normativen

---

[7] zu weiteren Phasenkonzepten organisationaler Beschaffungsprozesse vgl. Backhaus (1997, S. 56)

Ablauf folgen. In manchen Fällen ist das Entscheidungsverhalten technologiegetrieben: Es gibt keinen expliziten Planungsvorgang; vielmehr erfahren Mitglieder der Organisation von einer Technologie und lokalisieren daraufhin ein Problem, das sich evtl. damit lösen lässt. Die nachfragende Organisation sucht nicht bewusst nach Anbietern, von denen sie dann systematisch Angebote einholt, um den besten auszuwählen.

Dass industrielle Nachfrager von *Robinsons* rational-systematischen Phasenmodell abweichen, ist vor allem zu erwarten, wenn es sich bei dem Beschaffungsobjekt um eine **Innovation** handelt. Denn der Entscheidungsprozess wird dann oft durch einen äußeren Reiz initiiert, nach dem der Abnehmer nicht geplant gesucht hat. Ein externer Stimulus kann z.B. eine Kommunikationsmaßnahme des Anbieters sein, die der Nachfrager zufällig wahrnimmt (vgl. Bagozzi/Lee 1999, S. 219). Weiterhin wird eine spezielle Neuheit oft nur von einem Hersteller, dem Produktpionier, angeboten (vgl. von der Oelsnitz 2000). Vergleichbare Angebote einzuholen und gezielt auszuwerten ist so unmöglich. Für Innovationen schlagen Huff/Munro (1985, S. 335) daher ein **Phasenmodell der Übernahme** durch industrielle Nachfrager vor, das dem allgemeinen, weniger systematischen Modell des Adoptionsverhaltens von Konsumenten stark ähnelt. Es stammt von Rogers (2003, S. 171) und wird in Kap. 3.3 vorgestellt.

3.2.2.2 Modell des organisationalen Beschaffungsverhaltens

Sheth (1973, S. 71) **fasst die Besonderheiten** des industriellen Beschaffungsverhaltens in einem komplexen, integrativen Modell **zusammen**. Es zielt im Gegensatz zu dem von Robinson et al. (1967) vorgestellten Konzept weniger darauf ab, die einzelnen Phasen der Entscheidung abzubilden, sondern vielmehr deren verschiedene Einflussfaktoren zu identifizieren (vgl. Abb. 14). Zwar stammt es, ebenso wie der weiter unten erwähnte Ansatz von Webster/Wind (1972b), aus der Zeit Ende der 60er/Anfang der 70er Jahre. Aber es hat im Sinne eines beschreibenden theoretischen Rahmens den Charakter eines Meilensteins in der Erforschung des organisationalen Kaufverhaltens und wird daher auch heute noch allgemein anerkannt (vgl. Wilson 1996, S. 7f.). Johnston/Lewin (1996) konstatieren in einem *Review*, dass hunderte von konzeptionellen und empirischen Artikeln auf den Konzepten von Sheth (1973), Robinson et al. (1967) sowie Webster/Wind (1972b) beruhen. Viele theoretische Arbeiten sind vor allem Erweiterungen dieser drei Konzepte (vgl. z.B. Bunn 1993).

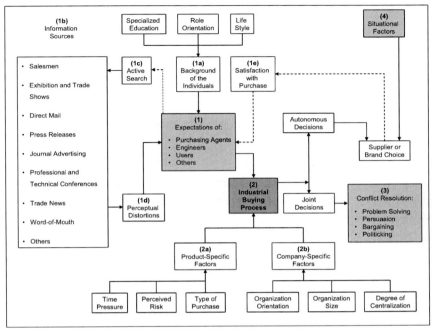

Abb. 14: Integratives Modell des industriellen Beschaffungsverhaltens
Quelle: Sheth (1973, S. 54).

Eine zentrale Aussage des Modells von Sheth (1973) besteht darin, dass eine industrielle Beschaffungsentscheidung **autonom** (also von einer einzelnen Person oder Abteilung) oder **gemeinsam** von mehreren Abteilungen und Personen gefällt werden kann (2) und dass dies sowohl von produkt- (2a), als auch von unternehmensspezifischen Faktoren abhängt (2b). Damit differenziert der Autor mehr als etwa Webster/Wind (1972b, S. 13), welche die Beschaffung generell als Ergebnis einer Interaktion zwischen mehreren Individuen einer Organisation betrachten. Letztere Ansicht teilen viele Autoren (vgl. z.B. Dawes et al. 1992, S. 266ff.).

Sind mehrere Personen bzw. Abteilungen involviert, dann fließen die **jeweiligen Erwartungen** der Beteiligten in die Kaufentscheidung ein, die sich wiederum aus dem spezifischen Hintergrund (1a), den Informationsquellen (1b), dem Suchverhalten (1c), individuellen Wahrnehmungsverzerrungen (1d) sowie der Zufriedenheit mit vorherigen Käufen (1e) eines Jeden ergeben. Webster/Wind (1972b, S. 15) führen weitere Merkmale der beteiligten Personen an: ihre Motivation, kognitive Struktur, Persönlichkeit, Lernprozesse sowie ihre Rollenwahrnehmung.

Individuelle Unterschiede haben Konflikte zwischen den Mitgliedern des Gremiums zur Folge, die sie z.b. durch Verhandlungen zu lösen versuchen (3). Dabei bedienen sie sich verschiedener Beeinflussungsstrategien wie etwa Legitimierung, Druck oder rationale Argumentation (vgl. z.B. Farrell/Schroder 1999). Diese sind Gegenstand einer u.a. von Webster/Wind (1972b, S. 17) angestoßenen, eigenständigen Forschungsrichtung (vgl. Kap. 3.2.4).

Sheth (1973) thematisiert, wie in Abb. 14 dargestellt, weiterhin den Einfluss **situativer Faktoren** auf die Auswahl eines Lieferanten bzw. Produkts (4). Der Autor konstatiert allerdings, dass diese kaum systematisch untersucht werden. Er bezeichnet sie daher als Ad-hoc-Faktoren und zählt dazu momentane ökonomische Gegebenheiten, wie eine Rezession, Preiskontrollen oder den Konzentrationsgrad einer Branche (vgl. Sheth 1973, S. 56). Wohl aus diesem Grund spielen situative Variablen in späteren, empirischen Studien seltener eine Rolle als andere Einflussfaktoren, wie bspw. Machtkonstellationen im Einkaufsgremium (vgl. Farrell/Schroder 1999) oder die Beschaffungsaufgabe (vgl. Wilson et al. 1991). Außerdem betreffen sie, vor allem wenn es sich um makro-ökonomische Variablen handelt (z.B. Rezession), zumeist alle Untersuchungseinheiten. Relevant sind situative Variablen daher primär in Längsschnittstudien, weil sie dann variieren. Allerdings werden solche aus forschungspragmatischen Gründen selten durchgeführt. Gleichwohl können situative Faktoren die externe Validität einer Querschnittsstudie in Frage stellen. So ist es bspw. möglich, dass ein Modell nur unter den Bedingungen einer Rezession gültig ist und dass in einer Konjunkturphase andere Regeln gelten.

Vor diesem **zeitlichen Hintergrund** argumentiert Wilson (1996, S. 9), dass sich die Umgebung für eine organisationale Beschaffung stark gewandelt hat, seit Sheth (1973) sein Modell vorgestellt hat. So lassen es ein verschärfter Wettbewerb, das mittlerweile von vielen Unternehmen übernommene *Total Quality Management* und nicht zuletzt das Anfang der 90er Jahre aufgekommene Paradigma des Beziehungsmarketing (vgl. Diller 1995; Grönross 1994) ratsam erscheinen, langfristige Beziehungen mit Lieferanten einzugehen. Industrielle Nachfrager betrachten ihre **Zulieferer als Wertschöpfungspartner**, mit denen sie dauerhaft zusammen arbeiten und langfristige Verträge abschießen (vgl. Arnold 2005, S. 387ff.).

Dies hat mehrere **Vorteile**. Das Einkaufsvolumen des Nachfragers beim selben Anbieter und damit sein Spielraum bei Preisverhandlungen erhöhen sich. Langfristige Verträge verhindern, dass sich der Zulieferer opportunistisch verhält und sichern die Versorgung des Abnehmers (vgl. Arnold 2004, S. 301). Weiterhin können die Beteiligten im Rahmen ihrer Partnerschaft bestimmte, hoch spezialisierte Leistungen gemeinsam entwickeln. Die Kooperation kann so weit gehen, dass ein Zulieferer seine Wertschöpfung in Form einer *In-Plant* direkt am Fertigungsort des Endabnehmers betreibt. Dieser sichert so seine Versorgung, bleibt aber trotzdem flexibel (vgl. Arnold/Eßig 2002, S. 241).

Nach Ansicht von Wilson (1996, S. 9) ist das **Modell** von Sheth (1973) daher um einige Einflussfaktoren zu **erweitern**. Bspw. spielen im Rahmen des *Supply Chain Management* die Kompatibilität der Bestellsysteme, die Möglichkeit von *Just-in-Time*-Lieferungen sowie der Aufbau gemeinsamer Informations- und Kommunikationskanäle eine wichtigere Rolle als bei einmaligen Transaktionen (vgl. zu den Anforderungen an die Informationsversorgung ausführlich Arnold/Eßig 2002, S. 249ff.). Ausdruck der verstärkten Beziehungsorientierung ist auch die Tatsache, dass neuere Modelle des organisationalen Beschaffungsverhaltens die Interaktion zwischen Anbieter und Nachfrager in den Mittelpunkte stellen: Dem *Buying Center* des Nachfragers wird eine *Selling Center* des Anbieters gegenübergestellt (vgl. Moon/Gupta 1997; Hutt et al. 1985), dem *Buying Cycle* ein *Sales Cycle* (vgl. Wilson 1996, S. 14). Systemtheoretische Ansätze sollen dabei helfen, das Ineinandergreifen beider Marktpartner zu beschreiben (vgl. z.B. Senge 1990). Um ein funktionierendes „System" zwischen Anbieter und Abnehmer zu etablieren, gewinnen Faktoren wie wechselseitiges Vertrauen oder Zielkompatibilität an Bedeutung (vgl. Nielson/Wilson 1996). Die Aussicht auf langfristige Beziehungen ist unter bestimmten Bedingungen allerdings nachrangig, z.B. wenn es in der **Frühphase eines Adoptionsprozesses** darum geht, eine Innovationsidee zu beurteilen (vgl. ausführlicher Kap. 3.3).

Zusammenfassend argumentiert Sheth (1973, S, 51), dass sein Modell **generischer Natur** ist. Der Forscher kann und sollte es vereinfachen, wenn ein bestimmtes Produkt zu einem vorgegebenen Zeitpunkt untersucht wird. Dann sind viele Variablen exogener Natur und daher konstant (z.B. *Type of Purchase*). Welche Faktoren im Rahmen einer speziellen Adoptionsentscheidung relevant sind, wird daher im Zusammenhang mit dem Phasenmodell des Adoptionsprozesses diskutiert (vgl. Kap. 3.3 bis Kap. 3.5).

Da weiterhin außer den situativen Faktoren praktisch sämtliche Modellvariablen aus Abb. 14 von der zentralen Frage abhängen, wer am Beschaffungsprozess beteiligt ist und ob die Kaufentscheidung **autonom oder gemeinsam** gefällt wird, sollen im nächsten Kapitel zunächst die beiden Faktoren näher beschrieben werden, die darauf Einfluss nehmen. Diese sind zum einen die produktspezifischen (2a), zum anderen die unternehmensspezifischen Merkmale (2b). Dann lässt sich entscheiden, ob die Übernahme-Entscheidung der hier untersuchten Innovation eher individuell oder im Kollektiv erfolgt.

3.2.3 Autonome vs. kollektive Beschaffung

Nachdem unter Adoption die individuelle Übernahme einer Innovation durch einen Nachfrager verstanden wird, stehen traditionell Einzelpersonen im Mittelpunkt der Adoptionsforschung. Allerdings werden viele Kaufentscheidungen **nicht autonom** getroffen.

Kollektive Kaufentscheidungen im Consumer-Bereich

Konsumenten stimmen sich bei großen Anschaffungen mit ihrer Familie ab bzw. holen deren Rat ein. So legen weit mehr als 50% der deutschen Paare gemeinsam fest, welches Auto und welche Wohnzimmermöbel sie kaufen oder wohin sie in den Urlaub fahren. Andere Entscheidungen fallen autonom. Während für Lebensmittel, Kinderkleidung und Küchengeräte mehrheitlich die Frau verantwortlich ist, entscheidet bei Lebensversicherungen zumeist der Mann (vgl. Kroeber-Riel/Weinberg 2003, S. 465). Wie die Beispiele zeigen, hängt die Frage, ob man als Paar oder allein entscheidet, davon ab, inwieweit die gemeinsame Lebenssphäre betroffen ist bzw. ob es rollenspezifische Kompetenzen gibt. So hält man sich im Wohnzimmer gemeinsam auf, während die Küche eher eine Domäne der Frau ist. Sie gilt auch als prädestiniert für Kindererziehung, für Geldangelegenheiten hingegen der Mann. Viele Studien belegen solche geschlechtsspezifischen Kompetenzbereiche (vgl. Gelbrich 2001, S. 143ff.). Auch Kinder beeinflussen die Kaufentscheidungen ihrer Eltern; oft regen sie diese sogar an (vgl. Kroeber-Riel/Weinberg 2003, S. 469). Dies ließ sich für Spielzeug ebenso nachweisen wie für Einrichtungsgegenstände und Haushaltgeräte (vgl. Swinyard/Sim 1987).

Am häufigsten treten kollektive Kaufprozesse nicht im privaten Bereich auf, sondern in Unternehmen. Dort übernimmt oft ein ganzes *Buying Center* die Kaufentscheidung (vgl. Silk/Kalwani 1982, S. 165). Dieses Gremium wird vor allem dann gebildet, wenn das Beschaffungsobjekt speziell auf eine ganz bestimmte Aufgabe bzw. auf das Unternehmen zugeschnitten ist (vgl. Richter 2001, S. 77). Neben dieser Spezifität des Beschaffungsobjekts führt Sheth (1973, S. 54) in seinem oben vorgestellten Modell des industriellen Kaufverhaltens sechs weitere Faktoren auf, welche die **Zahl der Beteiligten beeinflussen**. Sie betreffen zum einen das Beschaffungsobjekt und zum anderen die nachfragende Organisation (vgl. Abb. 15).

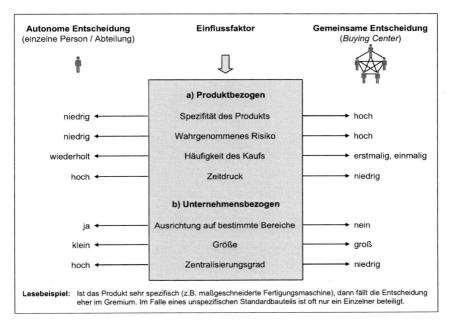

Abb. 15: Einflussfaktoren auf „gemeinsame vs. autonome Beschaffungsentscheidung"
in Unternehmen

Quelle: auf Basis von Sheth (1973, S. 54), ergänzt.

Produktbezogene Faktoren

Die Wahrscheinlichkeit einer kollektiven Kaufentscheidung ist hoch, wenn die Beteiligten deren Folgen als besonders negativ und unsicher wahrnehmen. Ein Unternehmen, das mehrere Personen einbezieht, streut das individuelle **Risiko** einer Fehlentscheidung. Man geht davon aus, dass mehrere Experten über mehr Wissen verfügen und auch mehr Informationen einholen können als ein einzelner. Ein Gremium entscheidet i.d.R. auch dann, wenn etwas **zum ersten Mal** oder gar nur einmalig beschafft werden muss. Das *Buygrid*-Modell von Robinson et al. (1967) weist dies als *New Task* aus. Handelt es sich hingegen um die habitualisierte Beschaffung immer gleicher (*Straight Rebuy*) oder modifizierter Standardprodukte (*Modified Rebuy*), dann entscheidet üblicherweise ein einzelner Einkäufer. Schließlich kann es vorkommen, dass ein Produkt unter **Zeitdruck** beschafft werden muss, z.B. wenn wegen eines defekten Bauteils die gesamte Produktion stillsteht. Dann kann ein Einzelner schneller handeln als ein Gremium, dessen Mitglieder sich erst abstimmen müssen.

Die vier produktbezogenen Merkmale sind allerdings **nicht unabhängig** voneinander. So korreliert das wahrgenommene Risiko sowohl mit der Spezifität des Beschaffungsobjekts als auch mit der Häufigkeit des Kaufs:

- Wer spezifische Produkte kauft, geht ein hohes finanzielles Risiko ein, denn solche Güter sind i.d.R. auf das Anwendungsproblem des Käufers zugeschnitten. Funktionieren sie nicht, kann er sie nur schwer oder gar nicht in einem anderen Bereich einsetzen bzw. weiterveräußern. Die investierte Summe ist verloren.

- Kauft der Abnehmer ein Produkt zum wiederholten Mal, dann ist sein Risiko geringer als bei der Erstbeschaffung, da er das Produkt bzw. dessen Anbieter bereits kennt und weiß, was ihn erwartet.

Bei der hier untersuchten Innovation sprechen die produktspezifischen Faktoren dafür, dass ein **Einkaufsgremium** darüber entscheidet, ob **veredelte Polymere** adoptiert werden. Denn das Produkt ist hochspezifisch, z.b. wird der Schmelzindex genau auf die jeweiligen Anforderungen des Verarbeiters eingestellt. Auch handelt es sich, wie bei jeder Innovation, um einen Erstkauf. Das wahrgenommene Risiko ist also entsprechend hoch. Schließlich ist nicht davon auszugehen, dass die Entscheidung unter Zeitdruck fällt. Denn die Unternehmen behelfen sich derzeit mit chemischen Additiven – einer Problemlösungen, die zwar zum Teil unbefriedigend ist, aber zumindest funktionstüchtig und allgemein akzeptiert. Es besteht kein solcher Handlungsdruck, wie er bspw. auftritt, wenn eine wichtige Maschine oder ein Softwaresystem ausgefallen ist und das Unternehmen die Produktion bzw. den Geschäftsbetrieb nur aufrechterhalten kann, wenn es sofort einen Ersatz beschafft.

Unternehmensbezogene Faktoren

Je nach Tradition, Hauptgeschäftszweig oder Besetzung der Führungspositionen können Organisationen **auf bestimmte Bereiche ausgerichtet** sein. Nach Sheth (1973, S. 54) gibt es technologieorientierte Unternehmen, in denen die Ingenieure, die z.B. in der Qualitätskontrolle arbeiten, eine starke Position haben und daher die Kaufentscheidung dominieren. In produktionsorientierten Betrieben hingegen würden eher die Personen aus der Fertigung entscheiden, also die Nutzer des Beschaffungsobjekts. Dass einzelne Bereiche einen gesamten Konzern dominieren, ließ sich ab 2002 auch bei der *Deutschen Bank* beobachten, als *Josef Ackermann* den Vorstandsvorsitz des Bankhauses übernahm. Er baute es praktisch zu einer Investment-Gesellschaft mit angeschlossenem Privatkundengeschäft um. Damit gewannen die in London firmierenden Investmentbanker starken Einfluss (vgl. Brost 2005, S. 21f.). Konstellationen dieser Art können dazu führen, dass bestimmte Bereiche oder Abteilungen strategisch wichtige Kauf- und Investitionsentscheidungen autonom treffen.

Wie viele Abteilungen bzw. Personen an einer Kaufentscheidung beteiligt sind, hängt auch von der **Unternehmensgröße** ab, die ihrerseits mit dem Zentralisierungsgrad korreliert. Kleine Unternehmen, nach Thong (1999, S. 188, 192) solche mit maximal 100 Mitarbeitern, sind oft zentralistisch organisiert. Ihre Geschäftsführung besteht zumeist nur aus einer Person. Dieser CEO prägt nicht nur den gesamten Managementstil, sondern fällt zumeist auch wichtige (Beschaffungs-) Entscheidungen. Konflikte zwischen Firmen- und Mitarbeiterinteressen werden dadurch minimiert (vgl. Harrison et al. 1997, S. 173).

Zielgruppe veredelter Polymere sind Kunststoffverarbeiter. Es handelt sich also um ein produzierendes Gewerbe, sodass eine Dominanz der Fertigung durchaus möglich wäre. Allerdings sprechen mehrere Gründe **gegen eine autonome Entscheidung** dieser Abteilung:
- Im Gegensatz zu Kunststoff-Produzenten handelt es sich bei den meisten Verarbeitern nicht um kleine Unternehmen (vgl. Kap. 2.2).
- Das Beschaffungsobjekt ist sehr spezifisch.
- Das Kaufrisiko bei einer solchen Basis-Innovation ist relativ hoch.
- Es handelt sich in der Diktion von Robinson et al. (1967) um eine *New Task*.
- Es besteht kein Zeitdruck.

Es ist also eher von einer kollektiven Kaufentscheidung im *Buying Center* auszugehen. Zu klären ist daher als nächstes, wie sich dieses **Gremium zusammensetzt** und welche Konsequenzen sich daraus für die hier untersuchte Fragestellung ergeben.

3.2.4 Rollenverteilung im Buying Center

Im *Buying Center* organisieren sich jene Personen, die in irgendeiner Weise für die Resultate des Kaufentscheidungsprozesses verantwortlich sind (vgl. Webster/Wind 1972a, S. 6). Je nachdem, welche Rolle sie im Einkaufsgremium spielen, haben sie bestimmte, zum Teil unterschiedliche Motive für den Kauf eines Produktes oder einer Dienstleistung. Diese Motive beziehen sich nach Webster/Wind (1972a, S. 19) zum einen auf das unmittelbare Beschaffungsproblem (*Task-Related Motives*), zum anderen sind sie persönlicher Natur (*Nontask-Related Motives*). Bspw. kann der Abteilungsleiter, dem ein Dienstwagen zusteht, sich ein prestigeträchtiges Modell wünschen (*Nontask-Related*), der Einkäufer möchte einen Händler auswählen, dem er einen Gefallen schuldet (*Nontask-Related*)[8], und dem Controller ist naturgemäß ein niedriger Preis wichtig (*Task-Related*). Webster/Wind (1972b, S. 17) unterscheiden in ihrem **Rollenmodell** fünf verschiedene Funktionen von Mitgliedern eines Einkaufsgremiums:

(1) Der Nutzer (*User*) verwendet das gekaufte Produkt bzw. nimmt den bestellten Service in Anspruch. Dies sind zumeist die Mitarbeiter einer Fachabteilung, also z.B. die Kreditabteilung einer Bank, die ein neues System der Kreditwürdigkeitsprüfung einsetzen soll.

(2) Der Einkäufer (*Buyer*) hat die formale Befugnis, Lieferanten unter Vertrag zu nehmen.

(3) Der Beeinflusser (*Influencer*) nimmt direkt oder indirekt Einfluss auf die Kaufentscheidung, indem er die Kriterien und Informationen für die Beurteilung eines Produkts bzw. einer Dienstleistung liefert. *Influencer* sind im Regelfall Experten, die den Nutzern in der Fachabteilung fachlich nahe stehen bzw. mittelbar oder unmittelbar in deren Prozesse involviert sind.

(4) Der Entscheider (*Decider*) ist eine Person mit Autorität, also zumeist ein Mitglied der höheren Führungsebene. Wenn es sich um eine strategisch wichtige und/oder teure Anschaffung handelt bzw. wenn das Unternehmen klein oder mittelständisch ist, dann kann dies auch der CEO sein. Der Betreffende fällt letztlich die Entscheidung, welche Kaufoption gewählt wird.

(5) Der Informationsverantwortliche (*Gate Keeper*) kontrolliert den Informations- und Materialfluss im Einkaufgremium. Dies kann z.B. ein Assistent des Geschäftsführers sein.

Auf die von den beiden Autoren identifizierte Rollenverteilung nehmen bis heute viele Autoren Bezug. Sie gilt allgemein als anerkannt und wurde in zahlreichen Studien validiert (vgl. z.B. Wilson 1996, S. 7f.; Huff/Munro 1985, S. 336). Allerdings schränken Webster/Wind (1972b, S. 17f.) selbst ein, dass mehrere Individuen **dieselbe Rolle** innehaben können; es ist auch möglich, dass ein Organisationsmitglied gleich **mehrere Positionen** einnimmt:

- So fungiert der Einkäufer oft auch als *Gate Keeper*, denn er ist der Ansprechpartner für den Vermarkter und i.d.R. befugt, Kaufverträge zu schließen. Aus demselben Grund ist der Einkäufer oft auch mit dem Entscheider identisch. Eine solche „Personalunion" tritt vor allem

---

[8] Dem *Corporate Governance*-Kodex folgend, sollte es so natürlich nicht sein, aber persönliche Interessen lassen sich oft nicht ausschließen. Sie müssen aber nicht zwangsläufig konträr zu denen des Unternehmens sein.

in folgenden zwei Fällen auf. Fragt erstens ein kleines Unternehmen ein Produkt oder eine Dienstleistung nach, dann gibt es oft keine Einkaufsfunktion bzw. formalisierte Einkaufsstrukturen (vgl. Silk/Kalwani 1982, S. 171). Außer im Falle von *Commodities* übernimmt oft der Geschäftsführer oder ein Mitglied der Geschäftsführung den Einkauf. Davon ist zweitens auch im Falle einer sehr großen, grundlegenden bzw. strategisch wichtigen Anschaffung auszugehen.

- Auch die Rolle von Beeinflusser und Nutzer überlappen sich teilweise. Beide haben Fachkenntnis und können am besten beurteilen, ob ein Beschaffungsobjekt tauglich bzw. in der Lage ist, ein spezifisches Fachproblem zu lösen.

Aus diesen Gründen wird in vielen Studien daher gar nicht zwischen sämtlichen Rollen differenziert, die Webster/Wind (1972b) identifizierten haben (vgl. z.B. Silk/Kalwani 1982, S. 171). Vielmehr lassen sich mit Blick auf die hier untersuchte Innovation **zwei grundlegenden Rollen** unterscheiden: die des Entscheiders und des fachlichen Beeinflussers (vgl. Abb. 16). Denn:

- Bei veredelten Polymeren handelt es sich um eine Basis-Innovation, die zudem der wichtigste Rohstoff in der Produktionskette der Kunststoff-Verarbeiter ist. Bei einem Beschaffungsobjekt von solch zentraler Bedeutung ist davon auszugehen, dass die Geschäftsführung entscheidet, ob die Neuerung übernommen werden. Eine Ausnahme dürften sehr große Unternehmen mit Konzernstruktur sein, bei denen der Einkäufer mit entsprechenden Befugnissen ausgestattet ist. Zur **Gruppe der Entscheider** zählen im Rahmen dieser Untersuchung also die Geschäftsführer und – im Falle sehr großer Unternehmen – die Einkäufer. Der *Gate Keeper* hat lediglich eine für den Entscheider unterstützende, filternde Funktion inne.

- Als **fachliche Beeinflusser** lassen sich Personen mit Fachwissen zusammenfassen, welche die Innovation aufgrund ihrer Detailkenntnis beurteilen können, im vorliegenden Falle über die Verarbeitung von Kunststoffen. Hierzu zählen, wie in Kap. 2.3 ausgeführt, zum einen die Verantwortlichen des Bereichs, der die Innovation bei sich einsetzen soll (Fertigung) und zum anderen Personen, die fachlich mit dieser Abteilung eng zusammenarbeiten (Forschung und Entwicklung, Qualitätsmanagement).

Rollen nach Webster/Wind (1972b)	Funktion beim Kunststoff-Verarbeiter	Basis-Rolle
Entscheider	• CEO bzw. Mitglied der Geschäftsführung	**Entscheider**
Einkäufer	• Einkäufer *	(Personen mit Entscheidungsbefugnis)
Beeinflusser	Verantwortlicher für • Qualitätsmanagement (QM) • Forschung und Entwicklung (F&E)	**Fachliche Beeinflusser**
Nutzer	• Verantwortlicher für Fertigung	(Personen mit Fachwissen)

* Besitzt in sehr großen Unternehmen Entscheidungsbefugnis und ist dann gleichzeitig Entscheider.

Abb. 16: Identifikation von zwei Basis-Rollen im Einkaufsgremium für die untersuchte Innovation

Zusätzlich zu den ursprünglich dargestellten Rollen identifizierten andere Autoren später weitere Personen, die in irgendeiner Weise an der Kaufentscheidung beteiligt sind und daher im weiteren Sinne zum Einkaufsgremium zählen:

- Der Planer (*Planner*) bereitet die Implementierung von einer Technologie vor und beurteilt deren Leistungsfähigkeit. Huff/Munro (1985, S. 336) erwähnen ihn im Zusammenhang mit der Übernahme von IT-Technologie. Der Planer ist Mitarbeiter des betreffenden Fachbereichs, in diesem Fall der IT-Abteilung.
- Der Sponsor ist eine Führungskraft mit Einfluss, die Respekt im Unternehmen genießt. Im Falle der Adoption neuer IT-Technologien fungiert er als *Change Agent*, der im Unternehmen den Weg für die notwendigen internen Änderungen ebnet, die mit der Einführung einer solchen Neuheit einhergehen (vgl. Huff/Munro 1985, S. 336).
- Der Initiator erkennt Probleme im Unternehmen und löst den Beschaffungsprozess aus (vgl. Bonoma 1982, S. 46f.).
- Genehmigungsinstanzen sind Mitarbeiter der Rechts- oder Finanzabteilung, die Preise und Vertragskonditionen genehmigen müssen (vgl. Kotler/Bliemel 2001, S. 382).
- Promotoren fördern Innovationen, und zwar entweder auf Basis ihres Einflusses im Unternehmen (Machtpromotoren) oder weil sie über entsprechendes Fachwissen verfügen (Fachpromotoren; vgl. Witte 1973).

Allerdings handelt es sich dabei um **branchen- bzw. aufgabenabhängige Rollen**; auch sind die Funktionen teilweise nicht überschneidungsfrei mit den Kernrollen von *Webster & Wind*. So tritt der Planer in Erscheinung, wenn es darum geht, (IT-) Systeme zu implementieren. Die Definition des Sponsors ähnelt der des Machtpromotors und ist in kleineren Betrieben oft identisch mit dem Entscheider. Auch dürfte er nur dann eine Rolle spielen, wenn – wie im Falle von IT-Technologie – praktisch das ganze Unternehmen von den Auswirkungen der Entscheidung betroffen ist. Die Funktion des Initiators überschneidet sich mit der des Beeinflussers. Genehmigungsinstanzen spielen vor allem dann eine Rolle, wenn gesundheitliche oder datenschutzrechtliche Belange betroffen sind, also nicht in jedem Fall. Und Fachpromotoren sind u.U. eine Teilmenge der Beeinflusser, die Innovationen gegenüber besonders aufgeschlossen ist. Aus diesen Gründen bietet es sich nur in speziellen Situationen an, diese zusätzlichen Funktionen zu berücksichtigen.

3.2.5 Entscheider und fachliche Beeinflusser im Fokus der Betrachtung

Charakteristisch für viele organisationale Kaufprozesse ist zwar das Zusammenspiel mehrerer Personen. Aber letztlich ist sein Ablauf auf das **Verhalten von Einzelnen** zurückzuführen (vgl. Choffrey/Lilien 1978, S. 20ff.). Denn nur ein Individuum kann analysieren, entscheiden und handeln, eine abstrakte Organisation nicht. Daher ist nach Ansicht von Webster/Wind (1972b, S. 18) der einzelne Mensch das Ziel aller Verkaufsaktivitäten; sein Entscheidungsmodell sollte der Marketingstrategie des Anbieters zugrunde liegen.

Begründen lässt sich die Fokussierung auf den einzelnen Nachfrager in vorliegender Arbeit auch mit deren **spezieller Forschungsfrage**. So geht es nicht darum, die verschiedenen Beeinflussungsstrategien der Mitglieder bzw. Mitgliedergruppen eines Einkaufsgremiums zu beschreiben und zu bewerten – ein Schwerpunkt der *Buying Center*-Forschung (vgl. z.B. Katrichis/Ryan 1998; Venkatesh et al. 1995). Vielmehr soll die Rolle von Emotionen im Innovationsprozess untersucht werden. Und Gefühle (also die Prädiktorvariablen) entstehen immer im einzelnen Menschen. Folglich ist auch die Kriteriumsvariable (z.B. die Adoptionsentscheidung) auf individueller Ebene zu betrachten, nicht auf der des Unternehmens bzw. Einkaufsgremiums. Allerdings ergeben sich aus der Tatsache, dass jedes Individuum eine spezifische Rolle im *Buying Center* einnimmt, zwei Fragen:

- Auf welche der beiden grundlegenden Personengruppen soll sich die Arbeit konzentrieren?
- Könnte sich der Adoptionsentscheidungsprozess dieser Personengruppen unterscheiden?

Welche Personengruppen?

Im vorangegangenen Kapitel wurde festgestellt, dass die Rollenverteilung der fünf, von *Webster & Wind* identifizierten Kerngruppen nicht überschneidungsfrei ist und dass sich letztlich zwei grundlegende Rollen unterscheiden lassen: **Entscheider** und **fachliche Beeinflusser**. Zur ersten Gruppe gehören die Geschäftsführer und in sehr großen Unternehmen Einkäufer; zur zweiten die Verantwortlichen der betroffener Fachabteilungen. Diese beiden Gruppen sollen im Mittelpunkt der Untersuchung stehen. Damit entgeht man dem Vorwurf des „psychologischen Reduktionismus", dem sich zwangsläufig jeder stellen muss, der bspw. nur Geschäftsführer, also Entscheider, befragt (vgl. Kimberly/Evanisko 1981, S. 695).

Unterschiede zwischen den Personengruppen

Da sich die Mitglieder eines Einkaufsgremiums in ihren Rollen, und damit auch Motiven, Aufgaben und Wünschen unterscheiden, ist anzunehmen, dass sie sich in ihrem Kaufentscheidungsprozess von **unterschiedlichen Kriterien** leiten lassen – bzw. von denselben Kriterien unterschiedlich stark (vgl. Hu et al. 2002, S. 200). So sind es am ehesten Fachkräfte, die Unzulänglichkeiten mit einer momentan eingesetzten Problemlösung entdecken, weshalb sie den Beschaffungsprozess oft initiieren (vgl. Bonoma 1982, S. 46ff.). Vermutlich spielen für sie fachliche Kriterien die größte Rolle bei der Beurteilung einer Problemlösung. Entscheider dürften demgegenüber eher in der Endphase des Prozesses ihren Einfluss geltend machen, weil sie die entsprechende Verantwortung und Befugnis haben, Verträge zu schließen. Es ist davon auszugehen, dass sie primär die marktlichen und betriebswirtschaftlichen Konsequenzen der Übernahme im Blick haben, weniger die fachlichen Details der Innovation.

Empirisch unterstützen Silk/Kalwani (1982, S. 172) diese Annahme. In einer Pilotstudie interviewten sie je zwei Personen (einen Geschäftsführer, einen Nutzer) aus 25 kleinen Druckereien zum Einkauf von Lithografieplatten. Die Befragten sollten jeweils angeben, wie stark sie den Einfluss beider Rolleninhaber in verschiedenen Phasen des Beschaffungsprozesses beurteilen (Initiierung des Beschaffungsprozesses, Evaluierung, endgültige Entscheidung). Tendenziell zeigte sich, dass die Geschäftsführer den Prozess seltener in Gang setzen als die Nutzer. Der Einfluss des CEO wurde dafür in der Evaluierungs- und Entscheidungsphase anerkannt. Bei den Nutzern war es umgekehrt.

Die Rolle des Nachfragers (Entscheider vs. fachlicher Beeinflusser) fungiert daher im Rahmen dieser Arbeit als **Moderatorvariable**, d.h. es wird untersucht, ob und inwiefern sich der Adoptionsentscheidungsprozess in beiden Gruppen unterscheidet. Von einem moderierenden Effekt ist dann zu sprechen, wenn die Vorhersagekraft eines Prädiktors systematisch als Funktion einer anderen Variable (hier: Rolle des Nachfragers) variiert (vgl. Sharma et al. 1981, S. 291). Zu verifizierbaren Hypothesen präzisiert wird dieser Moderatoreffekt im Zusammenhang mit den beiden noch vorzustellenden Adoptionsmodellen (vgl. Kap. 3.6.2 und Kap. 5.5).

Abb. 17 fasst die dargestellten Überlegungen zusammen. Als deren Konsequenz sind im Rahmen dieser Arbeit einzelne Nachfrager mit spezifischen Rollen Gegenstand der Untersuchung und nicht die Unternehmen, die sie repräsentieren.

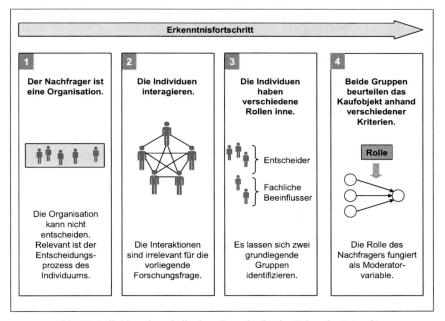

Abb. 17: Individuen innerhalb einer Organisation im Fokus der Betrachtung

3.3 Phasenmodell des individuellen Adoptionsprozesses

3.3.1 Übersicht über die Phasen

Die Übernahme einer Innovation ist das Ergebnis eines Informationsverarbeitungsprozesses, der damit beginnt, dass der Nachfrager von der Neuerung erfährt (vgl. Rogers 2003, S. 171). Insgesamt gliedert sich der Adoptionsprozess in **vier Phasen**. Das in Abb. 18 dargestellte Modell bezieht sich zwar auf Nachfrager im Allgemeinen. Aber verschiedene empirische Studien deuten darauf hin, dass nicht nur private Käufer solche Phasen durchlaufen, sondern auch industrielle Käufer in Organisationen (vgl. z.B. Huff/Munro 1985, S. 335; Silk/Kalwani 1982, S. 172). Denn letztlich sind es in beiden Fällen Individuen, welche die Neuheit bewerten.

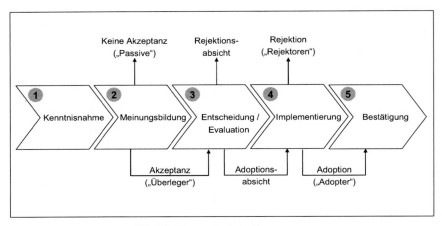

Abb. 18: Phasen des Adoptionsprozesses

Quelle: auf Basis von Pechtl (2001a, S. 17); Rogers (2003, S. 169ff.); ergänzt und modifiziert.

3.3.2 Merkmale der einzelnen Phasen

3.3.2.1 Phase 1: Kenntnisnahme der Innovation

Der Nachfrager **erfährt von der Innovation**, z.B. durch kommunikative Maßnahmen des Anbieters, aus Erzählungen von Bekannten oder durch Medienberichte. Dabei kann der Betreffende gezielt nach einer Problemlösung gesucht haben oder zufällig darauf gestoßen sein (vgl. Borchert et al. 2003, S. 22).

Im ersten Fall geht die Initiative vom Kunden aus. Dies setzt voraus, dass er ein Problem bzw. Bedürfnis wahrnimmt (vgl. Rogers 2003, S. 171; Bagozzi/Lee 1999, S. 219). Einige Unternehmen machen sich dies zunutze, indem sie den Kunden selbst neue Produkte entwickeln lassen. Von Hippel (2005, S. 63) führt hierfür den Begriff der Nutzerinnovation ein. So stellt *BBA*, ein globaler Hersteller von Aromen, der u.a. *Nestlé* beliefert, seinen Kunden eine Art Baukasten zur Verfügung, mit deren Hilfe sie ihr eigenes, neues Aroma kreieren können. Hilfreich für einen solchen *Customers-as-Innovators Approach* sind Web-basierte Tools. *General Electric* bspw. stellt sie seinen Kunden zur Verfügung, um bessere Plastik-Produkte zu entwerfen (vgl. Thomke/von Hippel 2002, S. 74). Üblich sind Nutzerinnovationen auch im Software-Bereich (vgl. von Hippel 1982, S. 119) oder bei der Entwicklung von Extremsport-Ausstattungen (vgl. von Hippel 2005, S. 66). Im Regelfall jedoch erfährt der Kunde von einer bestehenden Innovation.

Im zweiten Fall, wenn der Kunde zufällig auf die Neuheit stößt, ist er eher inaktiv. Aber auch dann ist üblicherweise davon auszugehen, dass er sich eines **Problems bewusst** ist. Denn im sog. Informationszeitalter strömen tagtäglich unzählige Eindrücke auf den Menschen ein, vor allem Werbung. Reiht man bspw. die Werbeblöcke im deutschen Fernsehen auf allen Sendern aneinander, könnte man theoretisch 51 Stunden am Tag ununterbrochen TV-Spots sehen (vgl. Nielsen Media Research 2005). Ähnlich sieht es im Printsektor aus. So erhielt 2002 jeder Deutsche im Schnitt 268 Werbebriefe pro Jahr, jeder Niederländer sogar 681 – also fast zwei pro Tag (vgl. FEDMA 2003, S. 17). Vor dieser Informationsüberflutung schützt sich der Mensch durch selektive Wahrnehmung: Er nimmt nur solche Reize wahr, die ihm in irgendeiner Weise relevant erscheinen, d.h. seinen Bedürfnissen und Wünschen entsprechen (vgl. Kroeber-Riel/Weinberg 2003, S. 274). Auch wenn er die Innovation nur „zufällig" bemerkt, ist davon auszugehen, dass sie ein Bedürfnis anspricht (vgl. Roger 2003, S. 171).

Abgesehen vom Initiator kann auch die **Informationsquelle** einen Einfluss auf den (weiteren) Verlauf des Adoptionsentscheidungsprozesses haben. Denn Werbung, Erzählungen von Freunden und Bekannten, Gespräche mit Außendienstmitarbeiter etc. werden als unterschiedlich glaubwürdig eingeschätzt. Bspw. hält man Quellen, denen kein kommerzielles Interesse an dem Produkt unterstellt wird (z.B. externe Testinstitute, Freunde und Bekannte), für glaubwürdiger als Werbeversprechen des Anbieters (vgl. Kroeber-Riel/Weinberg 2003, S. 504). Der Hinweis eines Verkäufers auf ein innovatives Produkt wird so möglicherweise ignoriert, während die Erzählung eines Familienmitglieds über dasselbe Erzeugnis unser Interesse weckt. Solche Effekte hatte Sheth (1973, S. 51) in seinem organisationalen Kaufentscheidungsmodell mit Blick auf verschiedene Informationsquellen (*Information Sources*) unter Wahrnehmungsverzerrungen (*Perceptual Distortions*) subsumiert (vgl. Kap. 3.2.2). Um Verzerrungen zu vermeiden, wird die Informationsquelle im vorliegenden Falle konstant gehalten und ist somit exogener Natur.

3.3.2.2 Phase 2: Meinungsbildung

Der Nachfrager erfährt, wie die Innovation funktioniert und in welchen Bereichen er sie anwenden kann. Er verarbeitet diese Informationen und bildet sich eine Meinung, d.h. eine positive oder negative Einstellung zu der Neuheit (vgl. Rogers 2003, S. 175). Im Ergebnis stellt er fest, ob sie für ihn prinzipiell in Frage kommt, d.h. er **akzeptiert die Innovationsidee** oder nicht. Schmalen/Pechtl (1996, S. 818) sprechen in diesem Zusammenhang auch von der Phase der Ideengenerierung. Im ersten Fall wird der Nachfrager zum „Überleger", der die Innovation in der nun folgenden Entscheidungsphase evaluiert. Im zweiten Fall verwirft er die Innovationsidee, d.h. er kann sich nicht vorstellen, die Neuerung zu kaufen bzw. zu nutzen und gehört damit zur Gruppe der „Passiven" (vgl. Pechtl 2001b, S. 6; Schmalen/Pechtl 1996, S. 818). Zusammenfassend handelt es sich bei der Akzeptanz um ein erstes, relativ allgemeines Urteil; differenzierter wird die Innovation im nächsten Schritt bewertet (vgl. Schmalen/Pechtl 1996, S. 818).

Abzugrenzen ist diese Begriffsbestimmung von der Nutzungsabsicht, die Akzeptanzforscher damit meinen. Diese bezieht sich nur auf Nutzungsgüter (vgl. Kap. 3.1.2). Für die Übernahme anderer Produkte und Dienstleistungen ist sie nicht relevant, erst recht nicht in der Meinungsbildungsphase, in welcher der potenzielle Adopter lediglich eine Einstellung entwickelt, noch keine Handlungsabsicht.

3.3.2.3 Phase 3: Entscheidungsfindung bzw. Evaluation

Falls der Nachfrager die Innovationsidee prinzipiell akzeptiert, muss er entscheiden, ob er die Innovation übernimmt oder nicht. Diese Phase geht üblicherweise mit einer intensiveren Informationssuche einher als die Meinungsbildung (vgl. Schmalen/Pechtl 1996, S. 818). Der Nachfrager zieht Erkundigungen über die Neuerung ein und wägt deren Vor- und Nachteile gegeneinander ab, oft auch im Vergleich zu Alternativen, über die ebenfalls Informationen einzuholen sind (vgl. Pechtl 2001b, S. 6). Diese Etappe heißt daher auch Evaluationsphase; am Ende dieses Abwägungsprozesses steht die Entscheidung, die Innovation zu übernehmen (Adoptionsabsicht) oder nicht (Rejektionsabsicht). Dabei handelt es sich um eine **Verhaltensabsicht**, nicht um eine tatsächliche Handlung.

Wer nach Abschluss der Meinungsbildungsphase die Innovation akzeptiert hatte, muss am Ende der Evaluierung nicht zwangsläufig beabsichtigen, die Neuheit zu übernehmen. Rogers (2003, S. 176) spricht in diesem Zusammenhang von einer sog. *KAP-Gap*, wobei die Abkürzung für *Knowledge, Attitudes, Practice* steht. Gemeint ist die weithin als Einstellungs-/Verhaltens-Diskrepanz bezeichnete Tatsache, dass Einstellungen nicht zwangsläufig mit der korrespondierenden Handlungstendenz bzw. Handlung einhergehen (vgl. Chandon et al. 2005). Ob eine Innovation tatsächlich übernommen wird, entscheidet sich daher erst in der Implementierungsphase.

3.3.2.4 Phase 4 und 5: Implementierung und Bestätigung

Nachdem es sich bei den bisherigen Phasen lediglich um „mentale Übungen" (Rogers 2003, S. 179) handelte, folgt nunmehr der eigentliche Adoptionsvorgang. Wer sich für die Innovation entschieden hat, führt sie zumeist in seinem Unternehmen ein. Eine Software oder eine Anlage bspw. sind zu installieren. Weniger komplexe Produkte werden „einfach" gekauft. Auch in dieser Phase kann es dazu kommen, dass die Innovation verworfen wird (Rejektion), etwa weil bei der **Implementierung** Schnittstellenprobleme auftreten. So kann sich eine Software als schwer kompatibel erweisen oder die Integration einer Anlage in die Fertigungslinie des Adopters schwieriger sein als vorhergesehen. Zwar sollten Probleme dieser Art normalerweise im Rahmen des Entscheidungsprozesses geklärt werden – ganz ausschließen lassen sie sich aber kaum.

Nach Rogers (2003, S. 189ff.) folgt der Übernahme eine fünfte Phase, die sog. **Bestätigung** (*Confirmation Stage*). Sind nämlich die Erfahrungen des Nachfragers mit der Innovation positiv, dann ist er zufrieden und hält seine Entscheidung nachträglich für richtig. Zahlreiche empirische Studien bestätigen diesen Effekt: Kundenzufriedenheit steigert die Wiederkaufabsicht und damit die Wahrscheinlichkeit eines erneuten Kaufs (vgl. Homburg et al. 2005, S. 84; Hellier et al. 2003). Negative Erfahrungen sorgen hingegen für Unzufriedenheit; Folgekäufe unterbleiben dann eher (vgl. Stauss et al. 2005; Bell 1967).

Die Nachkaufphase ist wichtig, wenn es darum geht, Kunden zu binden, d.h. ein neues Produkt oder eine neue Dienstleistung **langfristig** am Markt **zu etablieren**. Für Innovationen am Beginn der Markteinführung ist die Zeit nach der Übernahme zwar auf kurze Sicht nicht relevant, wohl aber auf längere. Denn der Anbieter muss seine Versprechen, die den Nachfrager von der Vorteilhaftigkeit seiner Innovation überzeugen sollten, langfristig auch halten, damit dieser wiederkauft. Außerdem berichten zufriedene Adopter anderen von ihren Erfahrungen und überzeugen sie so, die Neuheit ebenfalls zu übernehmen. Verschiedene Studien zeigen, dass Käufer solche Erfahrungsberichte genauso häufig als Informationsquelle nutzen wie Werbung des Anbieters (vgl. Holland 1999, S. 23ff.). Vor allem aber wirken sie überzeugender (vgl. Backhaus 1997, S. 88). Die positive Wirkung von Mund-zu-Mund-Propaganda für die Ausbreitung einer Innovation haben Diffusionsforscher verschiedentlich nachgewiesen (vgl. Rogers 2003, S. 203, 205ff.; Valente/Davis 1999), vor allem im Business-to-Business-Bereich, wo die Anzahl der potenziellen Adopter überschaubar ist und Massenkommunikation eine untergeordnete Rolle in der Kommunikationspolitik spielt.

3.3.3 Kritische Würdigung des Phasenmodells

Rogers (2003, S. 195) gesteht selbst ein, dass es sich bei dem Phasenmodell um einen idealtypischen Ablauf handelt, dessen **empirische Evidenz** fraglich ist, weil man die mentalen Abläufe im Kopf eines Menschen nur schwer untersuchen könne.

- So ist es durchaus möglich, dass jemand die Idee akzeptiert, aber momentan noch keinen Entscheidungsbedarf hat, weil seine bisherige Problemlösung noch funktioniert (vgl. Schmalen/Pechtl 1996, S. 818).
- Möglicherweise erhält ein potenzieller Adopter nach der Evaluationsphase neue Informationen, revidiert daraufhin seine Entscheidung und durchläuft die Phase nochmals, wobei er weitere Erkundigungen einzieht.
- Manche möchten die Innovation erproben, bevor sie sich entscheiden (vgl. Rogers 2003, S. 197). Dies hängt zum einen von der individuellen Risikoaversion des Nachfragers ab, zum anderen von der Innovation selbst (z.B. Komplexität). So kann es vorkommen, dass jemand die Neuerung adoptiert, nach einer gewissen Zeit jedoch feststellt, dass sie seine

Wünsche nicht erfüllt, sodass er sie schließlich doch ablehnt. Rogers (2003, S. 21) bezeichnet dieses Phänomen als *Discontinuance*. Mitunter ist eine Probephase explizit geplant: Huff/Munro (1985, S. 335) bspw. stellten im Rahmen einer Feldstudie fest, dass Informationstechnologie üblicherweise zunächst in kleinem Rahmen getestet und erst dann vollständig im Unternehmen implementiert wird.

Allerdings berichteten Teilnehmer verschiedener Untersuchungen, dass sie sich einzelner Phasen im Adoptionsprozess **bewusst** waren. Zumindest haben sie erkannt, dass sie zunächst von der Innovation erfahren und sich später für oder gegen eine Adoption entschieden haben. Die von Rogers (2003, S. 197f.) hierfür zitierten Studien sind jedoch allesamt älteren Datums (vgl. Kohl 1966; Beal/Rogers 1960) und – zumindest in Bezug auf das Phasenmodell – explorativer Natur: Die Probanden berichteten ex post, dass sie verschiedene Stufen durchlaufen hatten. Es wurde nicht ex ante ein Globalmodell des Adoptionsprozesses aufgestellt, um es dann empirisch in einer Längsschnittstudie zu überprüfen. Für das **idealtypische Ablaufschema** sprechen jedoch mehrere Gründe:

- Auch allgemeine (Kauf-)Entscheidungsmodelle aus dem Konsumenten-Bereich (vgl. Solomon et al. 2001, S. 248; Engel et al. 2000, S. 135ff.) und aus der Investitionsgüter-Branche (vgl. z.B. Kelly 1974; Robinson et al. 1967) gehen von einem **mehrstufigen Prozess** aus.
- Das S-O-R-Modell im Allgemeinen (vgl. Kroeber-Riel/Weinberg 2003, S. 30) sowie das speziell auf Kommunikationsprozesse bezogene Modell der Hierarchie der Effekte von McGuire (1976, S. 303) unterstellen einen **ähnlichen Phasenablauf** (vgl. Rogers 2003, 198f.). So wirkt gemäß dem S-O-R-Modell ein Reiz auf ein Individuum ein, in dem daraufhin nicht beobachtbare (Entscheidungs-) Prozesse ablaufen, die zu einem beobachtbaren Verhalten führen. Entsprechend dem *Hierarchy-of-Effects Model* der Kommunikation wird jemand einer (Werbe-) Botschaft ausgesetzt, nimmt sie wahr, bildet sich eine Meinung darüber, entscheidet sich (z.B. ein Produkt zu kaufen) und handelt schließlich (z.B. Kauf des Produkts).[9]
- Das Phasenmodell hilft dabei, einen Entscheidungsprozess, der in der Realität oft viel komplexer ist, **vereinfacht darzustellen** (vgl. Rogers 2003, S. 195).
- Auch andere Autoren identifizieren, zum Teil unabhängig von *Rogers*, **ähnliche Schritte**.

---

[9] Prozess hier verkürzt dargestellt; vgl. ausführlich McGuire (1989).

- So nennen bereits Webster/Wind (1972b, S. 14) – für industrielle Nachfrager und unter Weglassung der Implementierungsphase – die Schritte „Identifikation", „Evaluierung" und „Entscheidung".
- Huff/Munro (1985, S. 335), die Manager zu Übernahme von IT-Technologie befragten, konnten *Rogers* Phasenablauf replizieren, auch wenn sie noch eine Erprobungsphase einschoben.
- Schmalen/Pechtl (1996, S. 825) identifizierten in einer Befragung zum Adoptionsverhalten von EDV Handwerksbetriebe, die sich gerade in verschiedenen Phasen befanden.
- Die meisten Autoren beziehen sich – implizit oder explizit und manchmal mit dem Einschub einer Erprobungsphase – auf *Rogers* Phasenmodell, wenn sie den Ablauf des Adoptionsprozesses beschreiben wollen (vgl. z.B. Borchert et al. 2003, S. 21f.; Kotler/Bliemel 2001, S. 562ff.).

3.3.4 Fixierung bisheriger Forschung auf späte Phasen

Der Übernahme einer Innovation geht zwar ein mehrstufiger Entscheidungsprozess voraus, aber empirische Studien umfassen üblicherweise nur die letzte Stufe: die **Implementierungsphase** (vgl. Helm 2000, S. 79; Schmalen/Pechtl 1996, S. 817). Es wird festgestellt, ob eine Person bzw. ein Unternehmen eine Innovation übernommen hat oder nicht, um sodann **ex post** die Einflussfaktoren dieses Sachverhalts (z.B. Innovativität des Entscheiders, Wettbewerbsintensität in der Branche) zu identifizieren. Prototypisch sei die Studie von Thong (1999) angeführt. Der Autor befragte die CEOs von 166 kleinen Unternehmen in Singapur, die computerbasierte Informationssysteme einsetzten (Adopter) oder nicht (Rejektoren). Diskriminanzanalytisch prüfte er, welche Faktoren beide Gruppen unterscheiden, z.B. die Innovativität des Befragten, die Größe der Organisation etc.

Ausnahmen sind Harrison et al. (1997) sowie Schmalen/Pechtl (1996). Harrison et al. (1997, S. 179ff.) fragten 162 Manager aus kleinen Unternehmen im Südwesten der USA nach ihrer Absicht, in den nächsten sechs Monaten bestimmte Informationstechnologien zu adoptieren (*Intention to Adopt*). Die Stichprobe von Schmalen/Pechtl (1996, S. 827) enthielt zum einen Vertreter deutscher Handwerksbetriebe, die den Adoptionsprozess abgeschlossen hatten und ihre Entscheidung wie üblich ex post beurteilen sollten. Aber zum anderen wurden auch solche

Personen befragt, die gerade die Meinungsbildungsphase durchlaufen hatten. So ließ sich zumindest bei letzterer Teilstichprobe die Akzeptanz der Innovationsidee messen.

In den meisten Studien werden die Prädiktoren und die Kriteriumsvariable jedoch, wie bei Thong (1999), nach der Übernahme bzw. Rejektion erhoben, obwohl die **Prädiktoren** der Adoption **vorangehen**: Ein Nachfrager ist innovativ und führt daraufhin eine Innovation bei sich ein. Ein Geschäftsführer sieht sein Unternehmen einem starken Wettbewerb ausgesetzt und übernimmt eine bestimmte Neuheit aus diesem Grunde. Ähnliches ist von Diffusionsforschern zu berichten, nur dass sie als Kriteriumsvariable bspw. die *Rate of Adoption* (vgl. Rogers 2003, S. 221) oder die Übernahmegeschwindigkeit heranziehen (vgl. Gierl 1987, S. 67).

Dass die einschlägige Forschung sich häufig auf die Implementierungsphase beschränkt und potenzielle Einflussfaktoren der Adoption bzw. Rejektion lediglich ex-post betrachtet, führt zu **Verzerrungen**:

- Die Prädiktoren (z.B. Wettbewerbsintensität) können sich mittlerweile verändert haben, oder die Befragten interpretieren sie rückblickend um bzw. geben sie nicht korrekt wieder. Letzteres bezeichnet Rogers (2003, S. 126) als **Recall-Problem**: Dem Befragten fällt es schlichtweg schwer, sich in die Entscheidungssituation zurückzuversetzen, zumal diese bereits Monate oder gar Jahre zurückliegen kann.
- Hinzu kommt der **Hindsight Bias** (vgl. Rogers 2003, S. 126): Menschen beurteilen vergangene Sachverhalte vor dem Hintergrund ihres derzeitigen Wissens. Eine Wettbewerbssituation aus der Vergangenheit wird also möglicherweise dramatischer beurteilt als sie war, um die Einführung der Innovation nachträglich zu rechtfertigen.
- Es besteht ein **Pro-Innovation Bias**. Es haben nur solche Neuheiten einen Chance untersucht zu werden, die überhaupt noch am Markt bestehen. All jene, die erfolglos waren und bald wieder zurückgezogen wurden, bleiben unberücksichtigt (vgl. Rogers 2003, S. 106). Dies ist besonders dramatisch, da Letzteres auf die absolute Mehrheit der Innovationen zutrifft. Allgemeiner nennt Sheth (1981, S. 273) dieses Phänomen *Pro-Change Bias*. Als *Survivorship Bias* bezeichnet, wird er auch den Protagonisten der Erfolgsfaktorenforschung vorgeworfen, die im Rahmen der PIMS-Studien nur solche Unternehmen bzw. Strategische Geschäftseinheiten untersucht haben, die ihren Markteinstieg „überlebt haben" (vgl. von der Oelsnitz 2000, S. 206).

Abb. 19 verdeutlicht diese Verzerrungen. Alle drei lassen sich durch eine **Ex-ante-Betrachtung** umgehen: Man befragt die Entscheider in einer früheren Phase des Adoptionsprozesses und erhebt z.B. die Übernahme-Absicht als Kriteriumsvariable. Zwar führt eine Verhaltensabsicht nicht immer zu einer konformen Handlung (vgl. Aijzen/Fishbein 1980), sodass keine Aussage über die Prognosevalidität der Prädiktoren getroffen werden kann.

Diese lässt sich aber etablieren, indem man eine Längsschnittstudie durchführt und später das tatsächliche Verhalten erhebt. Ersatzweise kann der Forscher im Rahmen seiner Querschnittsuntersuchung auch die Übereinstimmungsvalidität heranziehen. Sie ergibt sich aus der Korrelation der Prädiktoren mit der Kriteriumsvariable (vgl. Neibecker 2001b, S. 1717).

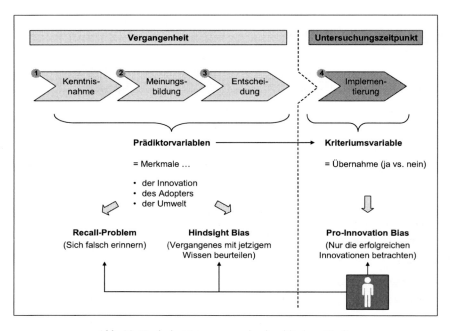

Abb. 19: Typische Verzerrungen in einschlägigen Studien

3.4 Phase der Meinungsbildung im Fokus der Betrachtung

3.4.1 Begründung der Fokussierung

Das in den vorangegangenen Kapiteln vorgestellte Phasenmodell umfasst den gesamten Adoptionsprozess. In der bisherigen Forschung wurde allerdings zumeist nur ein Ausschnitt dieses Totalmodells untersucht: die Implementierungsphase. Dies bringt es mit sich, dass fast nur solche Neuheiten untersucht werden, die bereits relativ etabliert sind. Dabei wird ignoriert, dass alle vorangegangenen Phasen eine Voraussetzung dafür sind, dass es überhaupt zu einer Adoptionsentscheidung und vielleicht zu einer Adoption kommt. Um diesen *Pro-Innovation Bias* auszuschließen soll im Folgenden die Phase der Meinungsbildung – unmittelbar nach Kenntnisnahme der Innovation – im Mittelpunkt der Betrachtung stehen. Damit entfallen auch das *Recall*-Problem und der *Hindsight Bias* (vgl. Kap. 3.3.4); denn die potenziellen Einflussfaktoren des Adoptionsprozesses werden nicht ex-post betrachtet (z.B. nachdem die Innovation implementiert wurde), sondern unmittelbar **während der Meinungsbildung**.

Wie auch im ergebnisorientierten Forschungszweig der Adoptionstheorie üblich, soll damit ein **Partialmodell** der Adoption aufgestellt werden, kein Total-Modell des gesamten Adoptionsvorganges. Diesen frühen Ausschnitt des Gesamtprozesses zu fokussieren, hat neben den genannten methodischen auch mehrere **inhaltliche Gründe**:

- Die *Sunk Costs* des Anbieters sind zu diesem Zeitpunkt noch vergleichsweise gering. In der Implementierungsphase hingegen kann man davon ausgehen, dass bereits erhebliche Ausgaben getätigt wurden, um die Innovation bekannt zu machen, ihre Vorteile zu kommunizieren, Vertriebswege aufzubauen, Pilotprojekte zu finanzieren etc.
- Der gesamte Adoptionsprozess dauert relativ lange, insb. im Falle einer hier vorgestellten Basis-Innovation. Es ist davon auszugehen, dass der Nachfrager den gesamten Entscheidungsprozess durchläuft, während er die Meinungsbildungsphase bei einer Inkremental- oder Scheininnovation möglicherweise überspringt, weil er das Produkt im Prinzip schon kennt und keine Einstellung mehr dazu bilden muss.
- Wenn Emotionen im Entscheidungsprozess industrieller Nachfrager eine Rolle spielen sollten, dann vermutlich am ehesten in einer frühen Phase, in der er die Innovation sehr allgemein beurteilt – und damit unter geringerer kognitiver Kontrolle als in der Entscheidungsphase, in der er Vor- und Nachteile im Detail gegeneinander abwägt.

3.4.2 Akzeptanz der Innovationsidee als Ergebnis der Meinungsbildung

Im **allgemeinen Sprachgebrauch** wird der Akzeptanzbegriff ebenso inflationär wie verschwommen gebraucht, nämlich im Sinne von „Anerkennung", „Zustimmung", „Befürwortung" bzw. „Bestätigung" (vgl. ausführlicher Kollmann 1998, S. 39f.). Für die vorliegende Arbeit sind solche Definitionen zu vage und daher zu präzisieren.

In der hier übernommenen Diktion der Adoptionsforscher ist Akzeptanz das Ergebnis einer Meinungsbildung über eine Innovationsidee. Wer sie akzeptiert, kann sich **prinzipiell vorstellen**, die Innovation zu kaufen (vgl. Schmalen/Pechtl 1996, S. 818). Damit unterscheidet sich das Konstrukt von der konkreten Verhaltensabsicht (*Intention*). Darunter ist der bewusste Plan zu verstehen, ein Zielverhalten auszuführen (vgl. Aijzen 1991, S. 181). Übertragen auf die Übernahme einer Innovation handelt es sich dabei um eine Adoptionsabsicht (*Intention to Adopt*), von Harrison et al. (1997, S. 176) bezeichnet als die Stärke der Entscheidung, eine Innovation zu übernehmen. Die Akzeptanz der Innovationsidee ist dieser Verhaltensabsicht vorgelagert (vgl. Pechtl 2001b, S. 6; Bagozzi/Lee 1999, S. 219; Schmalen/Pechtl 1996, S. 818, 826). Kurz: Die Verhaltesabsicht impliziert konkrete Pläne („Ich werde", „Ich plane", „Ich beabsichtige"), Akzeptanz drückt sich im Konjunktiv aus („Ich könnte mir vorstellen").

Der hier übernommene Akzeptanzbegriff lehnt sich an die Sichtweise von **Soziologen und Sozialpsychologen** an, die darunter eine positive Einstellung bzw. Meinung zu Gegenständen, Verhaltensweisen, Maßnahmen oder Menschen mit bestimmten Eigenschaften verstehen (vgl. Weimer et al. 1999, S. 106ff.). Oft spiegelt sie ein gesellschaftliches Meinungsbild wider (vgl. Kollmann 1998, S. 38), etwa die Einstellung gegenüber Kernkraftwerken oder die Ablehnung von Ausländern, sodass von sozialer Akzeptanz gesprochen wird. Diese Persönlichkeitsmerkmal (*Trait*) kann zwar interindividuell variieren, ist aber bestimmten Gruppen gemein, weil sie dieselben Werte teilen (vgl. Weimer et al. 1999, S. 106ff.). Der von Adoptionsforschern gebrauchte Begriff **unterscheidet sich** von dieser Sichtweise in zwei Punkten:

- Sie bezeichnen Akzeptanz nicht explizit als *Trait*, denn die Phase der Meinungsbildung ist nur ein zeitlich begrenzter Ausschnitt eines Informationsverarbeitungsprozesses. Das Konstrukt ähnelt mehr einem *State*, d.h. einem Zustand, der sich später z.B. in einer Adoptionsabsicht niederschlägt und durchaus revidiert werden kann (vgl. Rogers 2003, S. 168ff.).
- Der Begriff ist stärker handlungsorientiert. Dies wird deutlich, wenn man bspw. die *Heidelberger Akzeptanz-Skala* (*HAS*) betrachtet, mit deren Hilfe Soziologen und Sozialpsycholo-

gen die Akzeptanz und Zurückweisung von Migranten messen (vgl. Weimer et al. 1999, S. 119f.). Items wie „Ausländerzuzug führt zu kultureller, politischer und religiöser Überfremdung" oder „Ausländer sollten ihren Lebensstil ein bisschen besser an den der Deutschen anpassen" sind so formuliert, dass sie keine Aussage über konkrete Verhaltensabsichten des Akzeptierenden zulassen, nur Vermutungen.

> ▶ Zusammenfassend ist unter **Akzeptanz** im Kontext der Adoptionsentscheidung eine positive Meinung bzw. Einstellung gegenüber einer Innovationsidee zu verstehen. Sie gibt das Ausmaß an, in dem sich ein Nachfrager vorstellen kann, die Innovation zu übernehmen. Dabei handelt es sich um einen Zustand, kein Persönlichkeitsmerkmal.

Abzugrenzen ist diese Definition von derjenigen, die in der Akzeptanzforschung Verwendung findet. Dieser Zweig der Innovationsforschung fokussiert Nutzungsgüter (z.B. IT-Technologie), die nur dann als erfolgreich implementiert gelten, wenn sie regelmäßig genutzt werden. Akzeptanz wird dort mit Nutzungsabsicht gleichgesetzt (vgl. Kap. 3.1.2).

3.5 Mögliche Einflussfaktoren der Akzeptanz einer Innovationsidee

3.5.1 Vorbemerkungen

Wie bereits festgestellt, ziehen Adoptionsforscher in einschlägigen Partialmodellen als abhängige Variable fast ausschließlich das Verhalten des Nachfragers in der Implementierungsphase heran (Adoption vs. Rejektion), um sodann ex post die Einflussfaktoren dieses Sachverhalts zu untersuchen. Ähnlich gehen Diffusionsforscher vor, welche zumeist die Adoptionsrate (*Rate of Adoption of Innovations*) zum Erfolgskriterium erheben. Dies der Anteil der Individuen (bzw. Organisationen), die in einem vorgegebenen Zeitraum (z.B. ein Jahr) eine Neuheit übernehmen (vgl. Rogers 2003, S. 221). Empirisch bestätigte **Einflussfaktoren der Akzeptanz** als Ergebnis des Meinungsbildungsprozesses liegen praktisch kaum vor.

Vielmehr lässt sich ein relativ **laxer Umgang** mit der Frage beobachten, in welcher Phase des Adoptions- bzw. Diffusionsprozesses die identifizierten Variablen wirken, genauer: welche Konstrukte sie tatsächlich beeinflussen, nämlich die Kenntnisnahme, die Akzeptanz, die Adoptionsabsicht, die Adoption oder die *Rate of Adoption*? Rogers (2003, S. 170) bspw. unterstellt, dass die – im Folgenden noch zu diskutierenden – Merkmale der Innovation, etwa ihr relativer Vorteil oder ihre Kompatibilität, in der Meinungsbildungsphase eine Rolle spielen. Tatsächlich untersucht wurde ihr Einfluss jedoch im Regelfall erst in der Implementierungsphase. Andere sprechen verallgemeinernd von Faktoren, die den „Verlauf und die Dauer des Adoptionsprozesses" (Borchert et al. 2003, S. 22) oder das „Adoptionsverhalten" (Schmalen/Pechtl 1996, S. 819) beeinflussen.

Legitimieren lassen sich solche Generalisierungen mit der Annahme, dass die in einer früheren Phase des Adoptionsprozesses auftretenden Phänomene (z.B. Akzeptanz) letztlich eine **Antezendenz** der in den Studien verwendeten Kriteriumsvariablen (z.B. Adoption) sind und dass die identifizierten Faktoren daher auch jene beeinflussen könnten (vgl. Abb. 20):

- So ist von einer Adoption nur auszugehen, wenn der Nachfrager zuvor eine entsprechende Handlungsabsicht hatte; vorher muss er sie noch wahrgenommen und akzeptiert haben.
- Die Adoptionsrate ergibt sich aus der Summe der individuellen Übernahme-Entscheidungen, was wiederum die Wahrnehmung, Akzeptanz und Adoptionsabsicht einzelner Individuen voraussetzt.

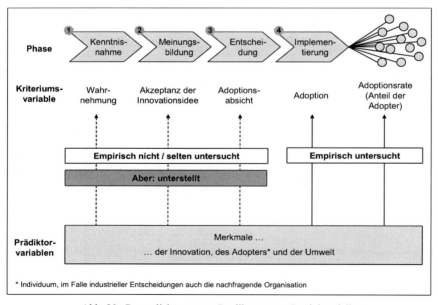

Abb. 20: Generalisierung von Prädiktoren aus Partialmodellen

Es werden daher im Folgenden die in verschiedenen Partialmodellen des Adoptionsprozesses ermittelten Prädiktoren vorgestellt. Sie sind jedoch auf ihre Augenscheinvalidität zu prüfen: Könnten sie in der Meinungsbildungsphase überhaupt schon eine Rolle spielen? Es lassen sich **drei Arten von Einflussfaktoren** unterscheiden: innovationsspezifische, adopterspezifische und umweltspezifische (vgl. Borchert et al. 2003, S. 22; Kotzbauer 1992, S. 35ff., 53ff.). Handelt es sich um industrielle Nachfrager, dann können die adopterspezifischen Merkmale einzelne Entscheider und/oder die Organisation betreffen (vgl. Kimberly/Evanisko 1981).

3.5.2 Innovationsspezifische Einflussfaktoren

Im Mittelpunkt vieler Adoptionsmodelle steht die Frage, welche **Merkmale der Innovation** deren Übernahme beeinflussen (vgl. z.B. Schmalen/Pechtl 1996, S. 819). Rogers (1995) hat diese nach Sichtung von mehr als 3.800 einschlägigen Publikationen umfassend kategorisiert. Ohne dies in Bezug auf die einzelnen Studien genau zu dokumentieren, nennt er als abhängige Variable die *Rate of Adoption of Innovations*. Der Autor führt insgesamt fünf Merkmale der Innovation auf (vgl. Tab. 3).

Merkmal	Beschreibung	Wirkungsrichtung
Relativer Vorteil (*Relative Advantage*)	Überlegenheit im Vergleich zu bisherigen bzw. konkurrierenden Problemlösungen	(+)
Kompatibilität (*Compatibility*)	Verträglichkeit mit vorhandenen Systemen bzw. Abläufen	(+)
Komplexität (*Complexity*)	Schwierigkeit, die Innovation zu verstehen und zu nutzen	(-)
Erprobbarkeit (*Trialability*)	Möglichkeit, die Innovation auf beschränkter Basis zu testen	(+)
Wahrnehmbarkeit (*Observability*)	Offensichtlichkeit der mit der Innovation erzielbaren Effekte	(+)

Tab. 3: Innovationsmerkmale als Einflussfaktoren der Adoptionsrate
Quelle: auf Basis von Rogers (2003, S. 229ff.).

Relativer Vorteil

Der relative Vorteil einer Innovation gibt an, inwieweit diese die Bedürfnisse des Nachfragers besser erfüllt als bisherige bzw. konkurrierende Problemlösungen (vgl. Rogers 2003, S. 229). Diese **Überlegenheit** kann sich auf alles Mögliche beziehen, z.B. auf einen geringeren Preis, eine bessere Wirkung oder ein neues Konsumerlebnis, sodass Schmalen/Pechtl (1996, S. 819) relativen Vorteil zu Recht als „Sammelposten" verschiedener Merkmale bezeichnen. Welches davon wichtig für den Adopter ist, ergibt sich nach Rogers (2003, S. 229) aus der Beschaffenheit der Innovation. Allerdings versäumt es der Autor, diese Aussage zu vertiefen. Er unterscheidet **fünf Subdimensionen** des relativen Vorteils (vgl. Rogers 2003, S. 233):

- Wirtschaftliche Profitabilität (*Economic Profitability*)
- Niedrige Anschaffungskosten (*Low Initial Costs*)
- Verminderung von Unannehmlichkeiten (*Decrease in Discomfort*)
- Soziales Prestige (*Social Prestige*)
- Zeit- und Kostenersparnisse (*Saving of Time and Effort*)
- Unmittelbarkeit der Belohnung (*Immediacy of Reward*)

Bei näherer Betrachtung sind die einzelnen Subdimensionen **nicht unabhängig** voneinander: Unannehmlichkeiten auszuschalten spart oft Zeit. Wenn bspw. ein Mobiltelefon Bilder versenden kann, dann ist das nicht nur angenehmer und komfortabler, sondern auch schneller, als die Bilder erst auf den PC zu überspielen und per E-Mail zu versenden oder gar auszudrucken und per Post zu verschicken. Die direkte Methode halten einige Verbraucher vermutlich auch für prestigeträchtiger.

Verallgemeinernd lässt sich **zusammenfassen**, dass eine Innovation um so eher übernommen wird, je überlegener sie bisherigen oder konkurrierenden Problemlösungen ist, wobei sich diese Dominanz auf alle möglichen Merkmale beziehen kann. Es hat sich jedoch ein von Moore/Benbasat (1991) entwickeltes Messinstrument durchgesetzt, das auf Zeitersparnis, Effektivität und die Verminderung von Unannehmlichkeiten abzielt. Die fünf Items, mittlerweile von vielen Autoren genutzt und validiert (vgl. z.B. Venkatesh et al. 2003, S. 449; Thong 1999, S. 197), lauten:

- Using the system enables me to accomplish tasks more quickly.
- Using the system improves the quality of the work I do.
- Using the system makes it easier to do my job.
- Using the system enhances my effectiveness on the job.
- Using the system increases my productivity.

Allerdings wurden sie mit Blick auf die Akzeptanz (Nutzungsabsicht) von Informationstechnologie entwickelt und eingesetzt. Sie setzt voraus, dass die Nutzer im Rahmen eines Trainings Erfahrungen mit einer Innovation sammeln können, bevor sie diese einschätzen (vgl. Venkatesh et al. 2003, S. 438). In einer **Frühphase** des Adoptionsprozesses lässt sich hingegen **kaum beurteilen**, inwieweit sie z.b. die Arbeit erleichtert.

Kompatibilität

Damit ist die Leichtigkeit gemeint, mit der die Innovation sich in bisherige Abläufe **integrieren** lässt. Schmalen/Pechtl (1996, S. 820) bezeichnen sie als „Verträglichkeit der Neuerung mit dem Anwendersystem". Muss ein industrieller Nachfrager in seine Kernprozesse eingreifen, um die Neuerung zu implementieren, dann verursacht dies nicht nur Umstellungskosten, sondern erhöht auch das Risiko (vgl. Hannan/Freeman 1984, S. 149ff.). Denn die dafür notwendigen Umstellungen können noch nicht absehbare Komplikationen in vor- oder nachgelagerten Prozessen verursachen. Muss etwa eine neue Maschine in die Fertigungslinie integriert werden, dann können Probleme mit den Taktzeiten auftreten. Zusammenfassend verbessert sich die Adoptionswahrscheinlichkeit, wenn sich die Neuerung gut mit der (technischen) Infrastruktur des Adopters verträgt (vgl. Schmalen/Pechtl 1996, S. 820).

Kompatibilität im weiteren Sinne

Rogers (2003, S. 240) fasst den Begriff der Kompatibilität weiter. Er versteht darunter das Ausmaß, in dem die Innovation mit den Wertvorstellungen, vergangenen Erfahrungen und Bedürfnissen des potenziellen Adopters übereinstimmt. Allerdings ist diese Definition unpräzise und überlagert sich mit verschiedenen Konstrukten, weshalb sie hier nicht übernommen werden soll:
- Übereinstimmung mit Wertvorstellungen. Dies ähnelt dem Konzept der subjektiven Norm aus der *Theory of Reasoned Action* von Fishbein/Ajzen (1975).
- Übereinstimmung mit bisherigen Erfahrungen. Rogers (2003, S. 243f.) führt als Negativbeispiel hierfür kolumbianische Bauern an, die chemischen Dünger (= Innovation) direkt auf die Kartoffelkeimlinge gestreut hatten – wie sie es aus ihrem bisherigen Umgang mit Naturdünger kannten. Dabei schädigten sie die Aussaat, was die Adoption hemmte. Einfacher lässt sich diese Form der Kompatibilität mit der weiter unten aufgeführten „Neuartigkeit der Innovation" beschreiben: Wenn sie zu stark von herkömmlichen Methoden abweicht, dann verringert dies die Adoptionswahrscheinlichkeit.
- Übereinstimmung mit Bedürfnissen. Dies überschneidet sich mit dem Konstrukt der Problemwahrnehmung, das später diskutiert wird.

Komplexität

Darunter versteht man die Schwierigkeit, die Innovation zu verstehen und zu nutzen (vgl. Rogers 2003, S. 257). Einige Autoren verwenden auch das Antonym: Simplizität (vgl. z.B. Mole et al. 2004, S. 308; Powell 1995). Je komplexer eine Innovation ist, desto unwahrscheinlicher wird sie übernommen, weil es z.B. spezieller Kenntnisse bedarf, sie zu nutzen.

Erprobbarkeit

Eine Innovation wird leichter adoptiert, wenn der Nachfrager die Möglichkeit hat, sie zu **testen**. Wer sich ein Gerät ausleihen kann, für eine E-Commerce-Anwendung einen Gastzugang bekommt, eine Software mithilfe einer Testlizenz nutzen oder eine Technik im Rahmen eines Pilotprojekts implementieren darf, der kann Erfahrungen mit der Innovation sammeln. So lässt sich das Risiko eines technischen Fehlschlags oder Anwendungsfehlers reduzieren (vgl. Schmalen/Pechtl 1996, S. 820).

Wahrnehmbarkeit

Schließlich wird eine Innovation umso eher angenommen, je **offensichtlicher** die mit ihr erzielbaren **Effekte** sind (vgl. Rogers 2003, S. 258). Ein positives Beispiel sind Flachbildschirme, deren Vorteile der Käufer unmittelbar wahrnehmen kann: Sie nehmen wesentlich weniger Raum ein und haben eine viel bessere Bildqualität als herkömmliche Monitore. 2002 betrug ihr Anteil unter allen verkauften PC-Bildschirmen weltweit bereits rund 25%, Tendenz steigend (vgl. o.V. 2005b). Sind die positiven Seiten der Neuheit nicht unmittelbar ersichtlich, dann hat sie es schwerer, sich am Markt durchzusetzen. Der Anbieter muss die Vorteile in diesem Falle eigens demonstrieren bzw. aufwändig kommunizieren. Ein Beispiel hierfür ist das unter der Abkürzung ESP bekannte Elektronische Sicherheits-Programm für Fahrzeuge, das 1995 mit der *Mercedes S-Klasse* erstmals in Serie eingesetzt wurde. Dass es die Sicherheit erhöht, bemerkt der Autofahrer nur in gefährlichen Situationen. Daher besteht die Aufgabe der Anbieter darin, „mit weit reichenden Aktionen beim Autofahrer das Wissen darüber, wie Sicherheitssysteme funktionieren und welchen Nutzen sie haben, zu erhöhen und damit auch die Bereitschaft zu wecken, in Sicherheit zu investieren" (Bosch 2004).

Nach Roger (2003, S. 221) tragen die **fünf Merkmale** der Innovation in den von ihm zusammengetragenen Studien zwischen 49% und 87% zur Erklärung ihrer Übernahme bei. Tatsächlich ließen sich die unterstellten Einflüsse empirisch belegen, wenngleich es je nach Produkt, Nachfragergruppe und abhängiger Variable durchaus **Unterschiede** gibt, z.B.:

- Schmalen/Pechtl (1996) untersuchten pfadanalytisch den Einfluss verschiedener Eigenschaften von **EDV** auf die Akzeptanz sowie die Adoption dieser Innovation in deutschen 415 **Handwerksbetrieben**. Es ließ sich ein positiver signifikanter Einfluss des relativen Vorteils auf beide abhängige Variablen nachweisen, während die Komplexität lediglich die Akzeptanz negativ beeinflusste. Die Autoren erklären dies damit, dass die Komplexität in dem Maße an Bedeutung verliert, in dem sich der Nachfrager mit der Innovation beschäftigt (vgl. Schmalen/Pechtl 1996, S. 830), was vor allem in der Evaluationsphase geschieht, während es sich bei der Akzeptanz um ein erstes Globalurteil handelt. Die Kompatibilität hatte keinen Einfluss. Allerdings ging es in der Studie um die generelle Einführung von EDV, sodass kaum Integrationsprobleme auftreten konnten, wie bei neuer Software, die in bestehende Systeme einzupassen ist. Insgesamt erklärten die Innovationseigenschaften die Akzeptanz und die Adoption zu je 44%.

- Thong (1999, S. 204f.) wies diskriminanzanalytisch für 166 **kleine Unternehmen** in Singapur nach, dass die von den Geschäftsführern wahrgenommenen Merkmale von computergestützten **Informationssystemen** (relativer Vorteil, Kompatibilität, Komplexität) die Wahrscheinlichkeit erhöhen, dass diese eingesetzt werden.
- Tornatzky/Klein (1982, S. 28ff.) bestätigten **meta-analytisch,** dass relativer Vorteil, Kompatibilität und Komplexität die Adoption beeinflussen.

Insgesamt gilt der **relative Vorteil** als **stabilster** dieser fünf Prädiktoren, da er sich in verschiedenen Kontexten bewährt hat (vgl. Rogers 2003, S. 233; Schmalen/Pechtl 1996, S. 819; Tornatzky/Klein 1982). Allerdings ist der Begriff diffus definiert und bietet dem Forscher daher die Möglichkeit, sich bei seiner Operationalisierung eine passende Facette herauszusuchen. So interpretieren Mole et al. (2004, S. 305) *Relative Advantage* mit Bezug auf industrielle Nachfrager als den erwarteten Gewinn, den ein Unternehmen aus der Übernahme zieht. Schmalen/Pechtl (1996, S. 825f.) wiederum legen ihre Operationalisierung gar nicht offen, sondern verweisen auf „Ratingskalen" und die Ergebnisse „explorativer Faktorenanalysen". Dies gilt auch für einige andere der von ihnen untersuchten Einflussfaktoren.

Zusätzlich zu den genannten Faktoren führen Schmalen/Pechtl (1996, S. 820ff.) weitere Innovationsmerkmale auf, die das Adoptionsverhalten beeinflussen:
- Je größer das **wahrgenommene Risiko**, das mit der Übernahme einer Innovation einhergeht, desto geringer ist die Adoptionswahrscheinlichkeit. Empirisch bestätigten dies u.a. Hu et al. (2002). Allerdings konstatieren Borchert et al. (2003, S. 23) zu Recht, dass dieser Faktor sich mit den von Rogers (2003) identifizierten überschneidet. So wächst mit der Komplexität der Innovation auch das Risiko für den Nachfrager, weil er bspw. deren Funktionstüchtigkeit nur schwer ermessen kann. Umgekehrt sinkt es, wenn der potenzielle Käufer die Innovation testen kann. Schmalen/Pechtl (1996, S. 826) bezeichnen das wahrgenommene Risiko aus diesen Gründen als derivative Innovationseigenschaft, die sich aus anderen (z.B. aus der Komplexität) ergibt.

- Je geringer der **Preis** der Innovation ist, desto eher wird sie übernommen. Dieser Zusammenhang lässt sich ganz allgemein aus der negativ geneigten Preis/Absatz-Funktion ableiten. Ein hoher Preis kann abschrecken, weil er das ökonomische Risiko der Übernahme erhöht. In der Frühphase des Adoptionsprozesses, wenn es zunächst darum geht, die Innovationsidee zu akzeptieren, dürfte der Preis jedoch noch keine große Rolle spielen; denn erst in der Evaluationsphase wird die Neuheit detailliert bewertet.
- Je radikaler eine Innovation ist, d.h. je größer ihr **Neuigkeitsgrad** ist, desto geringer ist die Wahrscheinlichkeit einer Übernahme. Denn sie weicht von bestehenden Problemlösungen ab, und die Nachfrager sind mit ihrem Umgang nicht vertraut. Diese Merkmal weist Parallelen zu Risiko, Kompatibilität und Komplexität auf, weshalb Schmalen/Pechtl (1996, S. 822) selbst vorschlagen, sie nicht „unreflektiert in den Katalog der adoptionsrelevanten Innovationseigenschaften aufzunehmen". Auch wies Helm (2000, S. 267) kausalanalytisch nach, dass z.b. risikofreudige Menschen (*Risk Taker*) durchaus große Innovationsumfänge präferieren.

3.5.3 Adopterspezifische Einflussfaktoren

3.5.3.1 Persönlichkeit bzw. Unternehmensmerkmale

Menschen reagieren auf ein und dieselbe Innovation unterschiedlich. Dafür sind vor allem **Persönlichkeitsmerkmale** verantwortlich, wie Risikobereitschaft (vgl. Bähr-Seppelfricke 1999, S. 12; Baumgartner/Steenkamp 1996, S. 121ff.), Innovationsbereitschaft (*Innovativeness*; vgl. Thong 1999, S. 193, 204) oder Empathiefähigkeit (vgl. Rogers 2003, S. 289). Risikofreudige Menschen nehmen negative unsichere Ereignisse eher in Kauf als andere (vgl. Bamberg/Coenenberg 2004). Innovationsbereite Nachfrager haben den Wunsch, als erste neue Produkte zu kaufen (vgl. Hartmann et al. 2004, S. 353). Empathische Personen können sich gut in andere hineinversetzen – eine hilfreiche Fähigkeit, um die möglichen Auswirkungen einer Adoption zu antizipieren. Dogmatische Menschen wiederum gelten nicht als besonders aufgeschlossen für Innovationen (vgl. Rogers 2003, S. 289). Auch **soziodemografische Faktoren**, wie Alter (-), sozialer Status (+) und Bildungsgrad (+) beeinflussen die Adoptionswahrscheinlichkeit (vgl. Rogers 2003, S. 287ff.).

Handelt es sich um **industrielle Nachfrager**, dann werden diese Persönlichkeitsmerkmale zumeist von Geschäftsführern bzw. Entscheidern erhoben, und es kommen Faktoren hinzu, welche die Beziehung der Adopter zu ihrem Unternehmen betreffen, bspw. die Dauer der Betriebszugehörigkeit (vgl. Kimberly/Evanisko 1981, S. 695f.). Weil der CEO in kleinen Organisationen oft der alleinige Entscheider ist, spielen seine Eigenschaften eine herausragende Rolle bei der Adoptionsentscheidung (vgl. Thong 1999, S. 188). Im Falle strategisch wichtiger Beschaffungen ist auch in größeren Unternehmen davon auszugehen, dass der Geschäftsführer die Kaufentscheidung dominiert.

Zusätzlich interessieren im Falle organisationaler Nachfrager die **Unternehmensmerkmale** (vgl. z.B. Mole et al. 2004, S. 309). Dieser spezielle Forschungszweig lässt sich unter dem Begriff *Organizational Innovativeness* zusammenfassen (vgl. Rogers 2003, S. 407ff.). Dabei wird primär untersucht, wie sich die Merkmale der Organisation, z.B. ihr Zentralitätsgrad oder ihre Größe auf die Übernahme von Innovationen auswirken (vgl. Gopalakrishnan et al. 2003, S. 420ff.; Damanpour 1991, S. 563; Kimberly/Evanisko 1981, S. 697f.). Untersuchungseinheit ist in diesem Fall nicht der Einzelne, sondern das Unternehmen.

So übernehmen **größere Organisationen** komplexe technische Innovationen eher als kleinere, weil sie über mehr Wissen, Ressourcen und Infrastruktur verfügen, um diese zu verstehen und ihre Adoption zu erleichtern (vgl. Mole et al. 2004, S. 308f.; Thong 1999, S. 195). Kimberly/Evanisko (1981, S. 699) vermuten, dass große Unternehmen insb. administrative Innovationen brauchen, um die Aktivitäten zwischen den verschiedenen Geschäftseinheiten zu koordinieren. Zahlreiche empirische Studien bestätigen den Zusammenhang zwischen Unternehmensgröße und der Neigung, Innovationen zu übernehmen:

- Mole et al. (2004, S. 313f.) untersuchten u.a., welche Unternehmensmerkmale die Adoption sog. weicher Prozesstechnologien, wie *Kaizen* oder TQM, durch KMU beeinflussen. Für die von ihnen schriftlich befragten 218 britischen Organisationen konnten sie mithilfe logistischer Regressionen nachweisen, dass die Organisationsgröße den stärksten Einfluss hatte: Sie spielte für die Adoption von 14 der 18 einbezogenen Technologien eine Rolle. Je größer eine Organisation, desto höher war die Wahrscheinlichkeit, solche Technologien zu nutzen.
- Bei Thong (1999, S. 204) war die Unternehmensgröße, gemessen an ihrem standardisierten Diskriminanzkoeffizienten, sogar der stärkste von insgesamt acht Einflussfaktoren der Adoptionswahrscheinlichkeit. Allerdings ist zu beachten, dass der Autor nur sehr kleine Betriebe mit maximal 100 Mitarbeitern befragte.
- Auch Kimberly/Evanisko (1981, S. 704) identifizierten anhand einer multiplen Regressionsanalyse die Größe des Krankenhauses (operationalisiert als die logarithmierte Anzahl

der Betten) als stärksten Einfluss auf die Anzahl der Innovationen, welche die Hospitäler übernommen hatten.

- Eine Meta-Analyse von Damanpour (1992) bestätigte, dass größere Unternehmen technologische Innovationen eher übernehmen als kleinere.

3.5.3.2 Problemwahrnehmung des Nachfragers

Die hohen Misserfolgsraten von Innovationen werden u.a. damit begründet, dass der Anbieter glaubt, eine Neuheit würde sich allein aufgrund ihres technologischen Vorteils durchsetzen (vgl. Bleicher 1995, S. 587). Sich auf diesen *Technology Push*-Effekt zu verlassen ist aber keine hinreichende Bedingung für den Erfolg einer Innovation (vgl. Zahn 2000, S. 163f.). Sie muss vielmehr auch **konkrete Bedürfnisse** befriedigen (vgl. Kollmann 1998, S. 5; Zahn 1998, S. 12). Dieses Manko mag ein Grund dafür sein, dass zu jenen Unternehmen, die einen Markt relativ bald wieder verlassen müssen, auch viele Pioniere gehören, die als erste ein funktionsfähiges neues Produkt in einen Markt eingeführt hatten. (vgl. von der Oelsnitz 2000, S. 209ff.; Tellis/Golder 1996, S. 74ff.).

Umso erstaunlicher ist es, dass die empfundenen **Bedürfnisse bzw. Probleme** des Nachfragers in einschlägigen empirischen Untersuchungen kaum eine Rolle spielen. Ein möglicher Grund hierfür ist, dass diese als Auslöser des Kauf- bzw. Beschaffungsprozesses im Allgemeinen sowie des Adoptionsprozesses im Besonderen gelten (vgl. Rogers 2003, S. 170; Bagozzi/Lee 1999, S. 218f.; Grønhaug/Venkatesh 1991, S. 17). Da sich die Innovationsforschung aber auf späte Phasen des Adoptionsvorganges konzentriert, bleibt dieser Stimulus häufig unberücksichtigt. Es wird implizit unterstellt, dass die Innovation bestimmte Bedürfnisse des Nachfragers bedient. Sonst hätte er die Informationen über die Neuheit vermutlich gar nicht wahrgenommen und beurteilt. Dass der Auslöser des Adoptionsprozesses vernachlässigt wird, ist damit eine unmittelbare Folge des bereits diskutierten *Pro-Innovation Bias*.

Abb. 21 veranschaulicht noch einmal, dass ein Entscheidungsprozess häufig dadurch in Gang gesetzt wird, dass jemand ein Problem bzw. Bedürfnis erkennt – und dann nach einer Lösung sucht. Auch mit einem auf den industriellen Beschaffungsprozess fokussierten Blick konstatiert Backhaus (1997, S. 55ff.) nach einem Review einschlägiger Phasenansätze, dass dieser mit der **Problemerkennung** beginnt. Manche Wissenschaftler würden ihn nur anders etikettieren, z.B. als Anregungsprozess (vgl. Tafel 1967) oder Voranfragephase/Problemerkennung (vgl. Backhaus/Günter 1976).

Zwar kann, wie in Abb. 21 dargestellt, abgesehen von diesem internen Reiz (Problemerkennung) auch ein externer Stimulus der Auslöser sein, d.h. jemand bekommt z.B. eine Informationsschrift des Anbieters über eine Innovation zugesandt (vgl. Bagozzi/Lee 1999, S. 219). Aber dem bereits weiter vorn diskutierten Phänomen der **selektiven Wahrnehmung** zufolge bemerkt und beachtet der Nachfrager oft nur solche Informationen, die mit seinen Bedürfnissen korrespondieren bzw. seine Probleme lösen (vgl. Kroeber-Riel/Weinberg 2003, S. 274; Rogers 2003, S. 171).

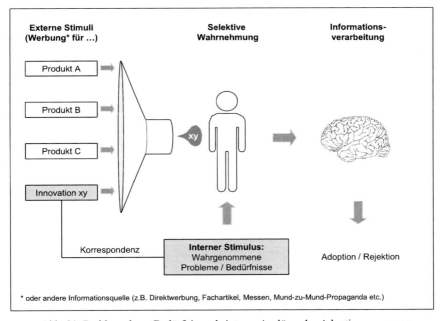

Abb. 21: Probleme bzw. Bedürfnisse als interne Auslöser des Adoptionsprozesses

Bedürfnissen und Problemen wird dabei nicht nur ein und dieselbe Funktion unterstellt, nämlich den Kaufentscheidungsprozess zu initiieren. Sondern sie werden oft auch **synonym** verwendet (vgl. Tab. 4).

Autor	Bezeichnung	Auslöser für ...
Bagozzi/Lee (1999, S. 219)	Internal recognition of a problem or need	Adoptionsentscheidungsprozess
Bauer et al. (2000, S. 1135)	Mangel, Problem	Kaufentscheidungsprozess
Cyert/March (1963)	Evoked problem	organisationalen Beschaffungsprozess
Engel et al. (2000)	Problemerkenntnis	Kaufentscheidung
Kelly (1974)	Recognize need	industrielle Beschaffungsentscheidung
McMillan (1973, S. 207f.)	Recognition and definition of a problem	industrielle Beschaffungsentscheidung
Robinson et al. (1967)	Need recognition	organisationalen Beschaffungsprozess
Rogers (2003, S. 170)	Felt needs/problems	Adoptionsprozess
Webster/Wind (1972b, S.14)	Someone perceives a problem	Kaufsituation im Unternehmen
Wind (1976, S. 160ff.)	Identification of need	organisationalen Beschaffungsprozess

Tab. 4: Bezeichnung des internen Stimulus durch verschiedene Autoren

Tatsächlich unterscheiden sich einschlägige Definitionen der beiden Konstrukte kaum voneinander. Als **Problem** gilt die Diskrepanz zwischen einem erwünschten Ergebnis und einer derzeitigen Situation (vgl. Webster/Wind 1972b, S. 14) bzw. zwischen einem idealen und einem tatsächlichen Zustand (vgl. Bruner II/Pomazal 1988, S. 54). Fast genauso definiert Rogers (2003, S. 172) **Bedürfnisse**, nämlich als Zustand der Unzufriedenheit oder Frustration, der auftritt, wenn die Wünsche eines Individuums nicht mit einem realen Zustand übereinstimmen. Dies deckt sich wiederum mit dem gemeinhin von Psychologen herangezogenen homeostatischen Modell, wonach ein Bedürfnis die wahrgenommene Differenz zwischen einem idealen und einem gegenwärtigen Zustand ist. Der Mensch würde dieses Ungleichgewicht als unangenehmen empfinden und daher versuchen, die Balance durch eine bestimmte Handlung wieder herzustellen (vgl. Engel et al. 1995, S. 215).

Folgt man diesen Definitionen, dann wird klar, dass es sich um ein **graduelles Phänomen** handelt, das als unangenehm empfunden wird. Möglicherweise aus diesem Grunde schreibt Gierl (1987, S. 68) auch von Problemdruck. Als einer von wenigen hat der Autor diesen untersucht, um die Diffusionsgeschwindigkeit von Innovationen in einer empirischen Studie zu erklären, allerdings anhand einer sehr kleinen Stichprobe (n = 41). Etwas neutraler wird das Konstrukt im Folgenden als Problemwahrnehmung bezeichnet und – synonym zur Wahrnehmung eines Bedürfnisses – als Auslöser des Adoptionsprozesses betrachtet.

> **Definieren** lässt sich **Problemwahrnehmung** als das wahrgenommene Ausmaß der Diskrepanz zwischen einem tatsächlichen und einem idealen Zustand (tatsächlicher Zustand < idealer Zustand), die als negativ empfunden wird.

3.5.4 Umweltspezifische Einflussfaktoren

Diese Einflussfaktoren, auch Kontextvariablen genannt, betreffen das soziokulturelle, makroökonomische bzw. technologische Umfeld des Nachfragers (vgl. Borchert et al. 2003, S. 24). Einige wenige Autoren, wie z.B. Webster/Wind (1972b, S. 13), grenzen die soziokulturellen bzw. sozialen Merkmale von den anderen umweltspezifischen Faktoren ab und betrachten sie gesondert. Hierzu gehört bspw. die **subjektive Norm** („Wie denken andere, für den Adopter wichtige Personen, über das Ergebnis seiner Entscheidung?"; vgl. Rogers 2003, S. 170). Dieses Konstrukt ist Bestandteil der Theorie des geplanten Verhaltens und wurde bislang primär im Rahmen der Akzeptanzforschung als Einflussfaktor der Nutzungsabsicht von Nutzungsgütern untersucht (vgl. z.B. Taylor/Todd 1995; Mathieson 1991).

Im Falle industrieller Nachfrager interessiert unter den Kontextvariablen vor allem die **Wettbewerbsintensität** (vgl. Thong 1999, S. 197ff.; Kimberly/Evanisko 1981, S. 699). Unternehmen in kompetitiven Märkten stehen unter Druck, Konkurrenzvorteile aufzubauen. Dabei helfen Innovationen (vgl. Thong 1999, S. 197; Harrison et al. 1997, S. 171). Empirische Studien in verschiedenen Kontexten kommen allerdings zu widersprüchlichen Ergebnissen:

- Thong (1999, S. 206) konnte diskriminanzanalytisch nicht nachweisen, dass Adopter von computerbasierten Informationssystemen die Wettbewerbsintensität stärker wahrnehmen als Rejektoren. Sie vermuten jedoch zumindest einen indirekten Effekt, da die Wettbewerbsintensität mit dem wahrgenommenen relativen Vorteil der Innovation korreliert, der seinerseits die Adoptionswahrscheinlichkeit erhöht.
- Kimberly/Evanisko (1981, S. 704) zeigten regressionsanalytisch, dass Krankenhäuser um so mehr und administrative Innovationen übernehmen, je stärker der Wettbewerbsdruck ist.
- Mole et al. (2004, S. 311ff.) unterstellt, dass bei starkem Preiswettbewerb Kosten senkende Innovationen erfolgreich sind. Allerdings konnten sie diese Hypothese nicht bestätigen.

3.5.5 Problemwahrnehmung als wichtigster Einflussfaktor der Akzeptanz einer Innovationsidee

Nach Ansicht vieler Autoren ist eine **einheitliche Theorie** der Übernahme von Neuheiten **fraglich**, da es zu viele verschiedene Arten von Innovationen (z.B. Produkt- vs. Prozessinnovation, technologische vs. administrative etc.) und Nachfragern gibt (z.B. privat vs. organisational, individuell vs. kollektiv). Man kann daher nicht verallgemeinern, dass jeder Einflussfaktor, der in einem spezifischen Kontext identifiziert wurde, auch in einer anderen Situation gilt (vgl. Thong 1999, S. 191).

So konnten etwa Schmalen/Pechtl (1996, S. 830) für die Kompatibilität der Innovation **keine externe Validität** etablieren. Dieses Merkmal beeinflusste die Entscheidung kleiner Handwerksbetriebe, computerbasierte Informationssysteme zu übernehmen, nicht. Kimberly/Evanisko (1981, S. 704) zeigten zwar regressionsanalytisch, dass der Zentralisationsgrad (= strategische Ausrichtung) von Krankenhäusern einen negativen Einfluss darauf hat, wie viele technologische Innovationen (z.B. Ultraschallgeräte) dort eingesetzt werden. Für administrative Neuheiten (z.B. elektronische Datenverarbeitung im Rechnungswesen) ließ sich aber kein Effekt nachweisen.

Folgt man weiterhin dem auch als *Occam's Razor* bekannten wissenschaftlichen Prinzip der **Sparsamkeit**, dann ist es nicht wünschenswert, sämtliche Einflussfaktoren zu untersuchen, sondern mithilfe eines oder einiger weniger Prädiktoren möglichst viel Varianz der Kriteriumsvariable (hier: Akzeptanz der Innovationsidee) zu erklären.

Occam's Razor oder das Prinzip der Sparsamkeit

"*Occam's Razor* (also spelled *Ockham's Razor*), is a principle attributed to the 14th-century English logician and Franciscan friar, *William of Ockham*. It forms the basis of methodological reductionism, also called the principle of parsimony or law of economy. In its simplest form, *Occam's Razor* states that one should make no more assumptions than needed. Put into everyday language, it says

Pluralitas non est ponenda sine necessitate [Latin]

which translates to

Multiples should not be used if not needed.

But a more commonly used translation is:

Given two equally predictive theories, choose the simpler."

Quelle: Wikipedia (2005)

Um einen oder einige wenige geeignete Prädiktoren der Akzeptanz veredelter Polymere auszuwählen, sollen **fünf Kriterien** angelegt werden. Die ersten drei entspringen methodischen Überlegungen, die anderen beiden lassen sich inhaltlich begründen. Tab. 5 zeigt, wie die in Frage kommenden Einflussfaktoren bewertet wurden.

- **Validität des Konstrukts.** Dieses Kriterium kann sich auf jede Form von Validität beziehen (z.B. Inhaltsvalidität, Augenscheinvalidität, externe und empirische Validität[10]). Es ist jeweils zu prüfen, ob theoretische Überlegungen und/oder empirische Befunde dagegen sprechen, dass ein Merkmal als Einflussfaktor der Adoptionsentscheidung im Allgemeinen sowie der Akzeptanz der Innovationsidee im Besonderen anzusehen ist. Teilweise wurde die Validität einzelner Faktoren bereits in Kap. 3.5.2 bis Kap. 3.5.4 diskutiert.

- **Varianz innerhalb einer Innovation.** Ist der Faktor tatsächlich variabel (und somit endogen), wenn nur eine einzelne Innovation betrachtet wird, wie hier veredelte Polymere? Eigentlich dürften bspw. sämtliche innovationsspezifischen Merkmale nicht variieren, weil alle Nachfrager ein und dieselbe Neuheit beurteilen sollen. Allerdings handelt es sich bei diesen Eigenschaften mehrheitlich um subjektive Wahrnehmungen: So kann der eine Nachfrager ein Produkt als kompatibel und vorteilhaft ansehen, der andere nicht. Entsprechend subjektiv sind auch die Operationalisierungen der innovationsspezifischen Merkmale, wie sich an der in Kap. 3.5.2 vorgestellten Ratingskala für relativer Vorteil unschwer erkennen lässt (z.B. „Using the system makes it easier to do my job.").

- **Beurteilbarkeit in der Meinungsbildungsphase.** Aufgrund des *Pro-Innovation Bias* wurden die Einflussfaktoren mehrheitlich in späten Phasen des Adoptionsprozesses erhoben, also wenn der Nachfrager die Innovation recht gut kennt und u.U. bereits übernommen hat. Möglicherweise lassen sich bestimmte Merkmale in der hier untersuchten Meinungsbildungsphase nicht beurteilen, geschweige denn beobachten.

- **Relevanz im Investitionsgüterbereich.** Wurde der Einflussfaktor bislang auch für industrielle Nachfrager thematisiert oder nur im privaten Bereich? Ist er möglicherweise nur dann relevant, wenn es um private Adoptionsentscheidungen geht?

- **Relevanz für individuellen Entscheidungsprozess.** Ist das Merkmal für individuelle Adoptionsentscheidungen relevant oder wurde er bislang nur mit Blick auf die Untersuchungseinheit „Unternehmen" betrachtet?

---

[10] Empirische Validität wird hier synonym mit Kriteriumsvalidität verwendet. Gemeint ist die Korrelation eines Konstrukts mit einem inhaltlich verwandten Außenkriterium (vgl. Neibecker 2001b, S. 1717).

Faktor	Validität	Varianz	Beurteilbarkeit	B2B-Bereich	Individuelle Entscheidung
Innovation					
Relativer Vorteil	nein [1]	☑	eingeschränkt [2]	☑	☑
Kompatibilität	nein [3]	☑	eingeschränkt [2]	☑	☑
Komplexität	☑	eingeschränkt [4]	☑	☑	☑
Erprobbarkeit	☑	nein [4]	☑	☑	☑
Wahrnehmbarkeit	☑	☑	eingeschränkt [2]	☑	☑
Wahrgenommenes Risiko	nein [5]	☑	☑	☑	☑
Preis	☑	nein [6]	nein [2]	☑	☑
Neuigkeitsgrad	nein [5]	☑	☑	☑	☑
Adopter (Individuum)					
Risikobereitschaft	☑	☑	☑	☑	☑
Innovationsbereitschaft	☑	☑	☑	☑	☑
Empathiefähigkeit	nein [7]	☑	☑	nein [8]	☑
Dogmatismus	eingeschränkt [5]	☑	☑	☑	☑
Alter	eingeschränkt [5]	☑	☑	☑	☑
Sozialer Status	☑	nein [6]	☑	nein [8]	☑
Bildungsgrad	☑	nein [6]	☑	nein [8]	☑
Problemwahrnehmung	☑	☑	☑	☑	☑
Adopter (Organisation)					
Zentralisationsgrad	nein [3]	☑	☑	☑	eingeschränkt [10]
Größe	☑	☑	☑	☑	eingeschränkt [10]
Umwelt					
Soziale Norm	eingeschränkt [11]	☑	☑	☑	☑
Wettbewerbsintensität	nein [9]	☑	☑	☑	☑

Anmerkungen:

1) Fehlende Inhaltsvalidität, da zu uneindeutig formuliert („Sammelposten"). Erst relativ spät einheitliche Skala von Moore/Benbasat (1991), die allerdings Nutzungsgüter betrifft.
2) Im Regelfall erst in der Entscheidungsphase einschätzbar, wenn Innovation im Detail bekannt, manchmal sogar erst bei Erprobung. **Preis**: für die veredelten Polymere noch nicht festgesetzt
3) Fehlende externe Validität. **Kompatibilität**: vgl. Schmalen/Pechtl (1996). **Zentralisationsgrad**: vgl. Kimberly/Evanisko (1981, S. 704).
4) **Komplexität**: Eine Innovation kann zwar je nach Sichtweise als mehr oder weniger komplex angesehen werden. Aber im Falle der strahltechnologischen Veredlung von Kunststoff-Schüttgut ist davon auszugehen, dass alle Nachfrager die Technologie als relativ komplex wahrnehmen, weil ihre Funktionsweise für Fachfremde schwer verständlich ist. **Erprobbarkeit**: Möglichkeit von Produkttests wird im Rahmen vorliegender Studie allen Nachfragern einheitlich kommuniziert.
5) Fehlende Inhaltsvalidität, da Überschneidung mit anderen Einflussfaktoren. **Wahrgenommenes Risiko, Neuigkeitsgrad**: vgl. Kap. 3.5.2. Weiterhin korrelieren **Dogmatismus** (vgl. Jacoby 1971, S. 345) und **Alter** (vgl. Rogers 1962) stark negativ mit Innovationsbereitschaft. Für **Neuigkeitsgrad** liegen außerdem widersprüchliche Ergebnisse vor: So bevorzugen *Variety Seeker* geringe Innovationsumfänge (niedriger Neuigkeitsgrad) und *Risk Taker* große (vgl. Helm 2000, S. 267).
6) **Preis**: Steht zwar für die Innovationen noch nicht fest, wäre aber auf jeden Fall identisch für alle Nachfrager und somit exogen. Auch ist davon auszugehen, dass **Bildungsgrad** und **sozialer Status** der Befragten weitgehend identisch ist, da es sich um Geschäftsführer bzw. Führungspersonen handelt, also im Regelfall Akademiker.
7) Fehlende Augenscheinvalidität. **Empathischen Menschen** mag die Fähigkeit, sich in andere hineinzuversetzen, dabei helfen, die Konsequenzen einer Adoption zu antizipieren. Dies kann einerseits dazu führen, dass sie die Vorteile und Chancen besonders deutlich wahrnehmen, andererseits aber auch die Nachteile und Gefahren.
8) Nur im privaten Bereich thematisiert bzw. relevant.
9) Widersprüchliche Befunde (vgl. Kap. 3.5.4.).
10) Es ist zwar davon auszugehen, dass die Merkmale der Organisation einen Einfluss auf den Informationsverarbeitungsprozess eines Einzelnen haben, da ein Individuum immer vor seinem spezifischen Hintergrund denkt und handelt. Aber die genannten Merkmale wurden primär mit Blick auf Unternehmen untersucht, weniger auf den einzelnen Nachfrager.
11) Eingeschränkte externe Validität, da bislang lediglich für Nutzungsgüter im Rahmen der Akzeptanzforschung untersucht.

Tab. 5: Beurteilung potenzieller Prädiktoren der Akzeptanz einer speziellen Innovationsidee

Zusammenfassend genügen lediglich drei potenzielle Einflussfaktoren allen aufgestellten Kriterien: die Risiko- und Innovationsbereitschaft des Adopters sowie seine Problemwahrnehmung. Nun handelt es sich bei den ersten beiden Faktoren um relativ überdauernde Persönlichkeitsmerkmale, die der Anbieter schwerlich beeinflussen kann (*Trait*). Die Problemwahrnehmung ist hingegen ein *State*, stellt sie doch das wahrgenommene Ausmaß der Diskrepanz zwischen einem idealen und einem tatsächlichen Zustand dar, die als negativ empfunden wird (vgl. Kap. 3.5.3.2). Sie ist damit für den Anbieter **leichter veränderbar** und damit ein Aktionsparameter für seine Marketing-Politik. Bspw. könnte er die Wahrnehmung des Idealzustandes beeinflussen, indem er zeigt, dass sich bestimmte Eigenschaften von Kunststoffen so genau einstellen lassen, wie es bisher nicht möglich war.

Hinzu kommt, dass die Problemwahrnehmung als **Auslöser des Adoptionsprozesses** überhaupt gilt, sodass Bauer et al. (2000, S. 1135) Kaufentscheidungen in Anlehnung an das kognitive Paradigma der Verhaltensforschung sogar als „Problemlösungsverhalten" bezeichnen. Das Konstrukt wird daher im folgenden Kapitel als Prädiktorvariable der Akzeptanz der Innovationsidee herangezogen, weshalb auch von einem Problembasierten Adoptionsmodell (PAM) die Rede ist.

3.6 Problembasiertes Adoptionsmodell (PAM)

3.6.1 Modellübersicht und Hypothesen

Wie in den vorangegangenen Kapiteln dargestellt, soll im Folgenden ein Partialmodell des Adoptionsprozesses aufgestellt werden, in dessen Mittelpunkt die Phase der Meinungsbildung steht. Das Ergebnis dieser Phase ist die **Akzeptanz der Innovationsidee**. Das Ziel besteht darin, diese Kriteriumsvariable anhand der bisherigen Erkenntnisse der Innovationsforschung möglichst gut zu erklären. Als wichtigster potenzieller Einflussfaktor wurde die **Problemwahrnehmung** durch den potenziellen Adopter identifiziert (= interner Stimulus). Dabei interessieren nicht sämtliche Probleme des Nachfragers, sondern nur solche, welche die Innovation zu lösen verspricht. Im Falle der Veredlungstechnologie für Polymere lassen sich Probleme mit einer Verarbeitungseigenschaft (Schmelzindex) sowie mit den mechanischen, strahlchemischen und thermischen Eigenschaften des Endprodukts unterscheiden (vgl. Kap. 2.2.2). Der externe Stimulus variiert nicht (Darbietung der Innovation): Alle Nachfrager bekommen die Innovation auf dieselbe Art und Weise vorgestellt (vgl. Abb. 22).

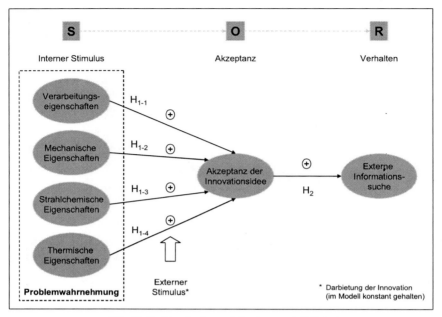

Abb. 22: Problembasiertes Adoptionsmodell (PAM)

Um die abhängige Variable (Akzeptanz der Innovationsidee) in das nomologische Netzwerk des individuellen Adoptionsprozesses einzuordnen und **Übereinstimmungsvalidität** zu etablieren, enthält das Modell mit der weiteren Informationssuche ein zusätzliches Konstrukt. Im Phasenmodell folgt es der Akzeptanz und ist damit ein Indikator für das Voranschreiten des Entscheidungsvorganges. Wer umfassend Erkundigungen über die Innovation einzieht, um deren Vor- und Nachteile im Detail einzuschätzen, der begibt sich in die Evaluations- bzw. Entscheidungsphase (vgl. Kap. 3.3.2.3).

Punj (1987, S. 72ff.) bezeichnen dieses beobachtbare Verhalten als *External Information Seeking* (**externe Informationssuche**). Er grenzt es von der internen Informationssuche ab, die sich nicht beobachten lässt. Der Käufer greift dabei auf solche Hinweise über das Produkt zurück, die er in seinem Gedächtnis gespeichert hat, sei es aufgrund bisheriger Kaufererfahrungen oder weil er bereits Werbung dafür gesehen haben. Weil diese interne Suche weniger aufwändig ist als die externe, wird sie oft bevorzugt (vgl. Kroeber-Riel/Weinberg 2003, S. 245). Allerdings ist der interne Weg im Falle von Innovationen, die sich gerade am Anfang des Markteintritts befinden, zu vernachlässigen.

> **Externe Informationssuche** betreibt, wer sich aktiv über eine Innovation erkundigt. Es handelt sich um ein beobachtbares Verhalten.

Abb. 22 zeigt ein klassisches **Stimulus-Organismus-Response-Modell**, kurz: S-O-R-Modell (vgl. Kroeber-Riel/Weinberg 2003, S. 30). Ausgangspunkt ist ein interner Reiz (Problemwahrnehmung), der gemeinsam mit dem externen Stimulus (Darbietung der Innovation) den Akzeptanzprozess auslöst. Der Mensch verarbeitet beide Reize vor dem Hintergrund seiner Erfahrungen, Überzeugungen und Erwartungen und reagiert mit einer Handlungstendenz, die sich ihrerseits in einer konkreten Handlung niederschlägt (vgl. Bagozzi 1983b, S. 142). Im Einzelnen sind folgende **Hypothesen** zu testen:

> H_1: Die Problemwahrnehmung hat einen positiven Einfluss auf die Akzeptanz der Innovationsidee.
>
> H_{1-1}: Die Wahrnehmung von Problemen bei der Einstellung der Verarbeitungseigenschaft „Schmelzindex" hat einen positiven Einfluss auf die Akzeptanz der Innovationsidee.
>
> H_{1-2}: Die Wahrnehmung von Problemen bei der Einstellung der mechanischen Eigenschaften des Endprodukts hat einen positiven Einfluss auf die Akzeptanz der Innovationsidee.
>
> H_{1-3}: Die Wahrnehmung von Problemen bei der Einstellung der strahlchemischen Eigenschaften des Endprodukts hat einen positiven Einfluss auf die Akzeptanz der Innovationsidee.
>
> H_{1-4}: Die Wahrnehmung von Problemen bei der Einstellung der thermischen Eigenschaften des Endprodukts hat einen positiven Einfluss auf die Akzeptanz der Innovationsidee.
>
> H_2: Die Akzeptanz der Innovationsidee hat einen positiven Einfluss auf die externe Informationssuche.

3.6.2 Rolle des Nachfragers im Buying Center als Moderatorvariable im PAM

Ob jemand ein Problem wahrnimmt, hängt davon ab, wie „nahe" er diesem Problem ist (vgl. Grønhaug/Venkatesh 1991, S. 24). **Fachliche Beeinflusser** sind Leiter bzw. Mitarbeiter der Fachabteilungen, die unmittelbar mit der Innovation arbeiten würden, d.h. das mit der *EB*-Technologie veredelte Granulat weiterverarbeiten (Fertigung) bzw. die Aufgabe haben, den Fertigungsprozess zu optimieren (F&E, Qualitätsmanagement). Ihre Akzeptanz der Innovationsidee dürfte daher besonders von der Wahrnehmung fachlicher Probleme abhängen.

Demgegenüber ist davon auszugehen, dass **Entscheider** über Detailprobleme mit bisherigen Lösungen weniger gut informiert sind als die betroffenen Fachabteilungen und dass fertigungsspezifische Fragen auch wenig ausschlaggebend für ihre Bewertung der Innovation sind. Denn ihre Aufgabe im *Buying Center* besteht darin, betriebswirtschaftlich sinnvolle Kaufentscheidungen zu treffen. Sie haben eher das Gesamtwohl des Unternehmens und mithin die marktlichen Konsequenzen dieser Entscheidung im Blick. Die Rolle des Nachfragers dürfte damit die Kausalbeziehung zwischen Problemwahrnehmung und Akzeptanz der Innovationsidee moderieren (vgl. Abb. 23).

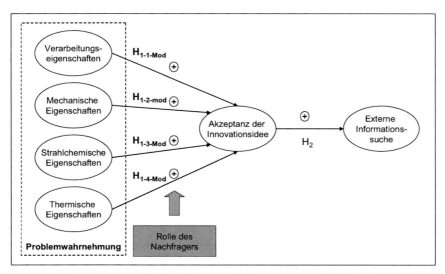

Abb. 23: Problembasiertes Adoptionsmodell mit Moderatorvariable

Bei den fachlichen Beeinflussern müsste sich die Problemwahrnehmung stärker auf die Akzeptanz der Innovationsidee auswirken als bei Entscheidern. Der Zusammenhang zwischen Akzeptanz und externer Informationssuche bleibt davon unberührt. Der Moderatoreffekt[11] drückt sich in folgender **Hypothese** ($H_{1\text{-Mod}}$) aus, die wiederum in vier Einzelaussagen zu zerlegen ist.

$H_{1\text{-Mod}}$: Bei fachlichen Beeinflussern hat die Problemwahrnehmung einen stärkeren positiven Einfluss auf die Akzeptanz der Innovationsidee als bei Entscheidern.

$H_{1\text{-}1\text{-Mod}}$: Bei fachlichen Beeinflussern hat die Wahrnehmung von Problemen bei der Einstellung der Verarbeitungseigenschaft „Schmelzindex" einen stärkeren positiven Einfluss auf die Akzeptanz der Innovationsidee als bei Entscheidern.

$H_{1\text{-}2\text{-Mod}}$: Bei fachlichen Beeinflussern hat die Wahrnehmung von Problemen bei der Einstellung der mechanischen Eigenschaften des Endprodukts einen stärkeren positiven Einfluss auf die Akzeptanz der Innovationsidee als bei Entscheidern.

$H_{1\text{-}3\text{-Mod}}$: Bei fachlichen Beeinflussern hat die Wahrnehmung von Problemen bei der Einstellung der strahlchemischen Eigenschaften des Endprodukts einen stärkeren positiven Einfluss auf die Akzeptanz der Innovationsidee als bei Entscheidern.

$H_{1\text{-}4\text{-Mod}}$: Bei fachlichen Beeinflussern hat die Wahrnehmung von Problemen bei der Einstellung der thermischen Eigenschaften des Endprodukts einen stärkeren positiven Einfluss auf die Akzeptanz der Innovationsidee als bei Entscheidern.

3.6.3 Operationalisierung der Modellbestandteile

3.6.3.1 Problemwahrnehmung

Die Problemwahrnehmung des Nachfragers kommt aus den bereits genannten Gründen in empirischen Untersuchungen bislang kaum vor. In den wenigen Studien werden zumeist recht **simple** *Single Item*-Maße und/oder nominale Variablen verwendet:
- Punj (1987, S. 76) bat seine Probanden, das *Problem Recognition Event* anzugeben, das sie veranlasst hat, über den Kauf eines neuen Wagens nachzudenken. Aus einer Liste von neun

---

[11] Bei dieser Art von Moderatorvariable handelt es sich um einen *Homologizer* (vgl. zu den verschiedenen Arten von moderierenden Effekten ausführlich Sharma et al. 1981).

Ereignissen sollten die Betreffenden das am besten passende angeben (z.b. „Old car ran very well, but the new models had better styling", „Old car needed repairs too often and was not reliable"). Die Studie stammt aus dem Konsumgüterbereich und liefert inhaltlich keine Anhaltspunkte für die Messung der Problemwahrnehmung im hier betrachteten Kontext.

- Auch die Probanden von Swinyard/Sim (1987, S. 36) waren private Käufer. Die Autoren maßen *Problem Recognition* außerdem nur indirekt, um herauszufinden, wer in der Familie (Mann, Frau, beide, keiner) an dieser Phase des Entscheidungsprozesses beteiligt ist („Who notices that the family needs ... [furniture]?") und ob die Kinder jeweils Einfluss nehmen.
- Gierl (1987, S. 68) befragte Unternehmensvertreter zur Diffusionsgeschwindigkeit der von ihnen angebotenen Innovationen, gemessen als das Verhältnis der Übernehmer zum Übernehmerpotenzial. Problemdruck liegt nach seiner Ansicht bei deren Nachfragern vor, wenn sie von sich aus zu Verkaufsgesprächen an den Anbieter der Innovation herangetreten sind (ja vs. nein). Diese dichotome Variable aggregiert der Autor zum Anteil der Nachfrager einer Innovation, die selbst die Initiative ergriffen haben (in %). Damit operationalisiert er das Konstrukt im Sinne einer Handlung, d.h. er misst dessen Verhaltenskonsequenz. In vorliegender Arbeit ist das Phänomen jedoch als interner Stimulus konzeptualisiert, sodass diese Operationalisierung nicht verwendbar ist.

Folglich muss eigens für die Untersuchung eine Skala entwickelt werden. Hierfür sei an die Definition aus Kap. 3.5.3.2 erinnert, wonach die Problemwahrnehmung der Diskrepanz zwischen einem idealen und einem tatsächlichen Zustand entspricht. Damit besteht das Konstrukt aus **zwei Komponenten**, die aus einschlägigen Modellen der Einstellungs- und Eindrucksmessung bekannt sind und nach Kroeber-Riel/Weinberg (2003, S. 313, 698) zur Messung von Bedürfnissen herangezogen werden können:

(1) Wertende Komponente. Sie gibt Auskunft darüber, wie wichtig dem Betreffenden der Idealzustand ist und wie negativ er folglich eine Abweichung von diesem empfinden würde.

(2) Sachliche Komponente. Sie gibt Auskunft über die tatsächliche Ausprägung der Eigenschaft, d.h. über das Ausmaß der Abweichung vom Idealzustand. Sie lässt sich messen als die wahrgenommene Schwierigkeit, den gewünschten Zustand zu erreichen.

Wertende Komponente: Wichtigkeit des Idealzustandes

Je nachdem, welches Verfahren die Verarbeiter von Kunststoffen anwenden und welche Art von Endprodukten sie herstellen möchten, stellen sie bestimmte Anforderungen an die Eigenschaften des Werkstoffs, welche die Innovation genau einzustellen verspricht (= Idealzustand). In Kap. 2.2.2 wurden die folgenden sechs Eigenschaften aufgeführt, die sich vier Subkategorien zuordnen lassen: der Schmelzindex als Verarbeitungseigenschaft, die Zug- und Reißfestigkeit als mechanische Eigenschaften, die UV- und chemische Beständigkeit als strahlchemische Eigenschaften sowie die Wärmebeständigkeit als thermische Eigenschaft. Die Befragten sollten jeweils angeben, ob die genannte Eigenschaft **möglichst genau eingestellt** sein sollte, wenn sie Kunststoffe beziehen.[12] Wer ein Merkmal ankreuzte, erhielt eine 1; wer nicht, eine 0. Weitere Eigenschaften (z.B. Farbe) wurden nicht in die Befragung aufgenommen, weil sie sich mithilfe der innovativen Veredlungstechnologie nicht beeinflussen lassen.

Sachliche Komponente: Schwierigkeit, den gewünschten Zustand zu erreichen

Sodann wurden die Kunststoff-Verarbeiter gefragt, für **wie schwierig** sie es halten, eine bestimmte Eigenschaft genau eingestellt zu bekommen. Hierfür stand, wie zur Messung der sachlichen Komponente allgemein üblich, eine fünfstufige Ratingskala von 1 („trifft nicht zu") bis 5 („trifft zu") zur Verfügung. Die Problemwahrnehmung ergibt sich aus der multiplikativen Verknüpfung der sachlichen mit der wertenden Komponente (vgl. Kroeber-Riel/Weinberg 2003, S. 315). Der berechnete Wert liegt damit automatisch bei 0, sobald jemand eine Eigenschaft für unwichtig hält. Erachtet er sie als wichtig, werden die Werte der fünfstufigen Schwierigkeitsskala mit 1 multipliziert, sind also mit diesen identisch. Insgesamt ergab sich für die Problemwahrnehmung damit ein Wertebereich von 0 („keine Problemwahrnehmung") bis 5 („deutliche Problemwahrnehmung"). Tab. 6 zeigt dies beispielhaft für den Schmelzindex (vgl. zu den anderen Eigenschaften Anhang 1.1).

	Sachliche Komponente		Es ist schwierig, den Schmelzindex genau eingestellt zu bekommen.				
Wertende Komponente			trifft nicht zu	trifft eher nicht zu	weder / noch	trifft eher zu	trifft zu
Sollte der Schmelzindex möglichst genau eingestellt sein?		ja	1	2	3	4	5
		nein	0	0	0	0	0

Tab. 6: Skala der Problemwahrnehmung am Beispiel des Schmelzindex

---

[12] Es geht nicht darum, die Reißfestigkeit, Wärmebeständigkeit etc. möglichst hoch einzustellen, sondern möglichst genau – je nachdem, welchen Anforderungen das Endprodukt genügen muss.

3.6.3.2 Akzeptanz der Innovationsidee

Wer die Innovationsidee akzeptiert, kann sich vorstellen, dass sie für ihn prinzipiell in Frage kommt (vgl. Schmalen/Pechtl 1996, S. 818). Operationalisierungsvorschläge für diese Definition des Konstrukts liegen praktisch nicht vor, weil die bisherige Forschung auf spätere Phasen des Adoptionsprozesses fixiert ist oder weil Akzeptanz als „Nutzungsabsicht" verstanden wird. Schmalen/Pechtl (1996, S. 824f.) beziehen sich allerdings auf o.g. Definition, messen Akzeptanz jedoch als Verhaltens- bzw. **Response-Variable**. Sie unterscheiden zwischen Unternehmensvertretern, die in der Übernahme der Innovation (EDV) keine prinzipielle Alternative sehen, also nicht weiter nach Informationen suchen (Akzeptanz = nein) und solchen, die angaben, sich in der Evaluationsphase zu befinden (Akzeptanz = ja).

Nach obiger Definition und dem hier zugrunde gelegten S-O-R-Modell (vgl. Kap. 3.6.1) handelt es sich bei dem Konstrukt aber um einen **nicht beobachtbaren Vorgang**, der im Organismus (O) abläuft und seinerseits zu einer beobachtbaren Verhaltensreaktion führt (R). Akzeptanz nur anhand ihrer Verhaltenskonsequenz zu messen, ist zwar nach Bauer et al. (2000, S. 1139, 1144) sinnvoll, da diese eine valide Proxyvariable für nicht beobachtbare Konstrukte sei. Aber angesichts der allenthalben beobachtbaren Einstellungs-/Verhaltens-Diskrepanz erscheint es sinnvoller, Akzeptanz anhand geeigneter Items als Einstellung zu messen. Die zusätzliche Erhebung einer daraus folgenden Handlung (hier: externe Informationssuche) kann der empirischen Validierung des Konstrukts durch ein Außenkriterium dienen.

In vorliegender Arbeit wird daher eine **Operationalisierung** vorgeschlagen, die sich unmittelbar an o.g. Arbeitsdefinition orientiert. Anhand fünfstufiger Ratingskalen („triff nicht zu" bis „trifft zu") sollen die Befragten zwei Fragen beantworten (vgl. Anhang 1.2):

- Ich könnte mir vorstellen, mit der xy-Technologie[13] veredelte Polymere in unserem Unternehmen einzusetzen.
- Ich könnte mir vorstellen, mit der xy-Technologie veredelte Polymere im Rahmen eines Produkt-Tests in unserem Unternehmen einzusetzen.

Dabei wird davon ausgegangen, dass es sich nicht um eine Entweder/Oder-Entscheidung handelt, sondern um ein **graduelles Phänomen**. Für diese Annahme sprechen mehrere Gründe:

---

[13] Die Innovation hat in Wirklichkeit einen Namen, wird aber im Rahmen dieser wissenschaftlichen Abhandlung anonym als „xy" bezeichnet.

- Akzeptanz gilt als Einstellung bzw. Meinung, und eine solche ist nicht einfach positiv oder negativ, sondern mehr oder weniger stark ausgeprägt (vgl. Hilbig 1984, S. 320).
- Wenn *Schmalen & Pechtl* sich für eine dichotome Skala entschieden haben, dann liegt dies vermutlich daran, dass sie Akzeptanz als Response-Variable betrachten. Und beobachtbares Verhalten wird oft auf diese Weise operationalisiert (z.B. Kauf vs. Nicht-Kauf).
- Demgegenüber ist es Usus, nicht beobachtbare Konstrukte anhand von Indikatoren auf Ratingskalen zu messen. Dies gilt bspw. für die Adoptionsabsicht, als ein der Akzeptanz folgendes Phänomen (vgl. Harrison et al. 1997, S. 176), ebenso wie für die Kaufabsicht (vgl. Kroeber/Riel-Weinberg 2003, S. 54) bzw. für die Verhaltensabsicht im Allgemeinen (vgl. Ajzen 1991, S. 181).

3.6.3.3 Externe Informationssuche

Wer die Innovationsidee akzeptiert, sucht nach weiteren Informationen, um die einzelnen Vor- und Nachteile der Innovation, auch im Vergleich zu Alternativen, gegeneinander abzuwägen: Er begibt sich in die Evaluationsphase. Operationalisiert wurde dieses beobachtbare Verhalten bislang auf verschiedene Art und Weise. Bspw. verwendet Punj (1987, S. 73) zwei Variablen, um das Ausmaß zu messen, mit dem Autofahrer vor ihrer Entscheidung, einen neuen Pkw zu kaufen, nach Informationen gesucht haben:

- Als *Activity-Based Measure* wählt er die Anzahl der Besuche bei Händlern vor dem Kauf.
- Als *Time-Based Measure* dient die Zeit, die der Hauptentscheider dabei mit den Händlern verbrachte (in Stunden).

Beide Variablen erhebt der Autor **ex-post**, d.h. nach dem eigentlichen Kauf, mittels Befragung. Kroeber-Riel/Weinberg (2003, S. 262f.) kritisieren an dieser Vorgehensweise, dass sie auf der Erinnerung beruhen, die Verzerrungen unterliegt (*Recall*-Problem). Validere Ergebnisse würde eine Beobachtung des motorischen Verhaltens liefern (z.B. Blickaufzeichnung, Beobachtung von Testpersonen während des Einkaufs). Allerdings ist diese „Feldarbeit" oft nur mithilfe spezieller Apparate (z.B. Blickaufzeichnungsgerät) und mit entsprechendem Aufwand möglich.

Das *Recall*-Problem lässt sich auch umgehen, wenn man die Informationssuche nicht ex-post erhebt, sondern unmittelbar **während der Befragung**. Im Rahmen vorliegender Untersuchung wurde den Teilnehmern hierfür am Ende des Fragbogens die Möglichkeit eingeräumt, weitere Informationen vom Anbieter einzuholen. Sie konnten Informationsmaterial sowie Ergebnisse der Studie erbitten, eine Einladung zu einem Symposium über die Elektronenstrahltechnologie anfordern und angeben, ob sie wünschen, dass der Anbieter Kontakt mit ihnen aufnimmt. Damit handelt es sich quasi um die Beobachtung eines konkreten Verhaltens, denn ein Kreuz zu setzen, löste einen konkreten Informationsfluss aus.

An dieser Vorgehensweise ließe sich kritisieren, dass Ankreuzen wenig aufwändig ist und die Befragten im Sinne der allenthalben beobachtbaren Anspruchsinflation sämtliche Informationen erbitten. Allerdings stehen Unternehmensvertreter im Arbeitsleben, sind also vergleichsweise belastet. Oftmals leiden sie unter der ständig zunehmenden Informationsüberlastung und empfinden sie als Stress (vgl. Grote 2003). Es ist daher kaum zu vermuten, dass sie Prospekte u.ä. anfordern, die sie nicht benötigen. Auch sind zumindest zwei Optionen (Teilnahme am Symposium, Ergebnisse der Studie) an eine Geldzahlung durch den Besteller geknüpft. Im Einzelnen standen **folgende Optionen** zur Auswahl (Mehrfachantworten möglich; vgl. Anhang 1.3):

- Bitte senden Sie mir Informationsmaterial zur xy-Technologie zu.
- Bitte senden Sie mir eine Einladung zum Symposium für Elektronenstrahltechnologie zu.
- Ich interessiere mich für die xy-Technologie. Bitte treten Sie mit mir in Kontakt.
- Bitte senden Sie mir die elektronische Version der CD-ROM mit Ergebnissen der Studie zu.

Die Antworten wurden jeweils mit 1 („Option gewählt") bzw. 0 („Option nicht gewählt") kodiert. Durch einfache Addition entstand eine Skala von 0 („keine Informationssuche") bis 4 („starke Informationssuche"). Damit wurde das Messinstrument für „Informationssuche" von einer dichotomen Nominalskalierung auf ein **quasi-metrisches Niveau** angehoben.

4 Emotionstheorien und ihre Eignung für die Adoptionsforschung

4.1 Emotionen: Biologischer vs. kognitiver Erklärungsansatz

Die verschiedenen Erklärungsansätze für die Entstehung von Emotionen[14] lassen sich vereinfachend auf eine **grundlegende Frage** reduzieren, die auch als *Zajonc-Lazarus*-Debatte bezeichnet wird (vgl. Lazarus 1999; Leventhal/Scherer 1987). Sind kognitive Vorgänge Bestandteil von Emotionen oder nicht? Eng im Zusammenhang damit steht eine Grundsatzfrage, die in der Psychologie seit jeher kontrovers diskutiert wird (vgl. Buss 2004, S. 60): Sollte sich diese Wissenschaft darauf beschränken, beobachtbare menschliche Reaktionen auf Umweltreize zu untersuchen (= **Behaviorismus**)? Oder ist es nötig, in die Köpfe der Menschen hineinzusehen, um menschliches Verhalten zu erklären (= **kognitiver Ansatz**)? Dabei dominierte wechselseitig die eine oder andere Richtung. Während in der Nachkriegszeit der Behaviorismus die Psychologie prägte, sprach man in den 60er und 70er Jahren von der „kognitiven Wende" (Ulich 1989, S. 71). Mitte der 90er Jahre wurde es populär, sämtliche psychologische Mechanismen mit dem Anpassungsverhalten des Menschen an die Natur zu erklären (vgl. Buss 1995, S. 5), womit wieder das beobachtbare Verhalten in den Mittelpunkt rückte.

So lassen sich auch mit Blick auf Emotionen zwei Richtungen von Theorien unterscheiden: die **biologisch bzw. physiologisch** orientierten einerseits und die **kognitiven** andererseits. Erstere haben ihre Wurzeln in der Theory of Emotions von *W. James*. Sie gehen davon aus, dass Stimuli körperliche Reaktionen hervorrufen, die als Gefühle bezeichnet werden. Exemplarisch ausgedrückt: Der Mensch sieht ein gefährliches Tier und zittert. Dieses Zittern wird als Furcht bezeichnet (vgl. Kap. 4.2). Kognitive Erklärungsansätze haben ihre Wurzeln in der Attributionstheorie. Demnach suchen Individuen nach Ursachen für innere Erregungszustände, sodass je nach Situation bzw. Interpretation dieser Situation unterschiedliche Gefühle entstehen (vgl. Kap. 4.3). Dabei beschränken sich *Appraisal*-Theoretiker im Gegensatz zu Attributionstheoretikern nicht auf die Bewertung der Ursachen für eine Situation, sondern beurteilen sie umfassender, anhand sog. Einschätzungsdimensionen (vgl. Kap. 4.4). Abb. 24 zeigt die Wurzeln und Ausprägungen der beiden grundlegenden Richtungen sowie wichtige Vertreter.

---

[14] Vom Emotionsbegriff abzugrenzen ist der Affekt. Beide werden zwar teilweise synonym verwendet. Aber Affekt kann sich auch einfach nur auf die Wertigkeit (*Valence*) einer Sache beziehen, also auf ihre positiven und negativen Aspekte. Da Gefühle mit einem Werturteil einhergehen, sind sie immer affektiv, aber nicht alle Affekte sind Emotionen. Bspw. kann man Einstellungen und Präferenzen als affektive Dispositionen ansehen, aber nicht als Gefühle (vgl. Schwarz/Clore 1996, S. 434).

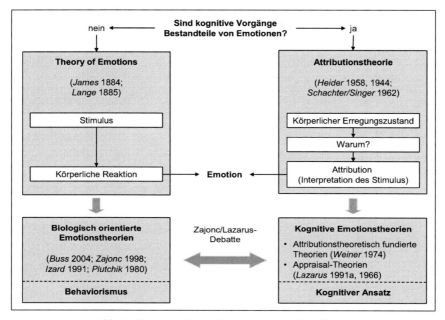

Abb. 24: Zwei grundlegende Arten von Emotionstheorien

4.2 Biologisch orientierte Emotionstheorien

4.2.1 Theory of Emotions

1884 begründete W. James im Rahmen seiner *Theory of Emotions* die **Feedback-Hypothese** (vgl. James 1922). Ein Gefühl entsteht demnach wie in Abb. 25 dargestellt (vgl. Adelman/Zajonc 1989, S. 251ff.):

(1) Ein Reiz wirkt auf den Menschen ein. Er kann externer Natur sein, etwa ein gefährliches Tier. Möglicherweise entspringt er aber auch der bloßen Vorstellungskraft, also z.B. der Erinnerung an ein gefährliches Tier (= interner Reiz).
(2) Ein sensorischer Impuls wird an die Hirnrinde übertragen und dort wahrgenommen.
(3) Der Mensch reagiert mit Reflexen der Muskeln (z.B. Kontraktion), der Haut (z.B. Schwitzen) und der inneren Organe (z.b. erhöhter Herzschlag).
(4) Diese Reflexe werden als Impulse zum Gehirn zurückgesandt (= *Feedback*).
(5) Das Gehirn registriert diese Rückkoppelung und empfindet sie gemeinsam mit der Wahrnehmung des ursprünglichen Stimulus als Gefühl (z.B. Angst).

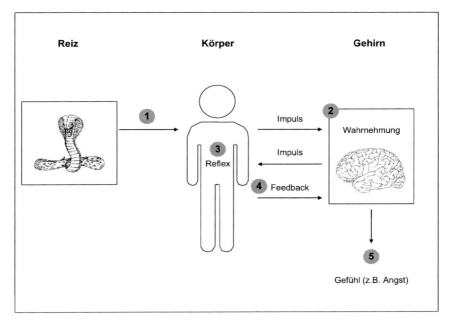

Abb. 25: Entstehung eines Gefühls nach der *Feedback*-Hypothese

Zajonc (1980) gab den biologisch orientierten Theorien Auftrieb, als er in seinem viel beachteten Artikel experimentell nachwies, dass Gefühle entstehen können, ohne dass der Mensch kognitiv involviert ist. Er präsentierte seinen Probanden emotionale Reize extrem kurz, sodass sie ihn nicht bewusst bewerten konnten. Trotzdem reagierten die Teilnehmer emotional, d.h. sie fühlten sich jeweils hingezogen oder abgestoßen. Affektive Reaktionen, so schlussfolgert der Autor, sind die ersten Reaktionen auf Stimuli, für niedere Lebewesen sind es die dominanten. Ein Gefühl sei demnach lediglich die **körperliche Reaktion** auf einen Stimulus.

4.2.2 Evolutorische Emotionstheorie

Mitte der 90er Jahre führte *D. M. Buss* die evolutionäre Psychologie als neues Paradigma dieser Wissenschaft ein. Es bewegte sich in der **Darwin'schen Tradition**, wonach Evolution durch natürliche Selektion entsteht; langfristig überleben nur jene Individuen, die sich am besten an ihre Umwelt anpassen (vgl. Darwin 1859). Und so dienen sämtliche psychologischen Mechanismen einzig und allein dem Zweck der Adaption. Sie sind biologisch –

genauer: evolutorisch – bedingt. Evolutorische psychologische Mechanismen definiert Buss (2004, S. 83ff.; 1995, S. 5f.) als ein **Set von Prozessen** innerhalb eines Organismus,

- das in dieser Form existiert, weil es ein spezifisches Problem des Überlebens oder der Reproduktion löst, das im Verlaufe Menschheitsgeschichte ständig wiederkehrt,
- das dafür sorgt, dass das Lebewesen Informationen externer oder interner Natur selektiv aufnimmt, d.h. nur dann, wenn sie für das jeweilige Anpassungsproblem relevant sind,
- in deren Verlauf diese Informationen, auch als Input bezeichnet, in einen Output umgewandelt werden, der die körperliche Aktivität steuert und das Anpassungsproblem löst.

Auch **Gefühle** gelten nach dieser Sichtweise nur als phylogenetisch bedingte **Reflexe** bzw. Reaktionen, die das Überleben sichern (vgl. Plutchik 1994, S. 364). Bspw. hat die Angst vor einer Schlange und die damit einhergehende instinktive Fluchtreaktion die Funktion, einer Vergiftung zu entgehen und so das Fortbestehen der Menschheit zu sichern (vgl. Buss 1995, S. 6). Plutchik (1980, S. 16) identifiziert acht sog. Basis-Emotionen, denen er je eine spezifische Überlebensfunktion zuordnet (vgl. Tab. 7). Indem Buss (1995, S. 2) sämtliche psychologische Mechanismen, also auch das **Nachdenken**, als evolutorische Funktion ansieht, unterwirft er implizit und auch explizit sämtliche psychologische Theorien diesem Paradigma.

Reiz-Ereignis	Gefühl	Verhalten	Überlebensfunktion
Bedrohung	Furcht, Schreck	Flucht	Schutz
Hindernis	Ärger, Wut	Beißen, schlagen	Zerstören
Möglicher Geschlechtspartner	Freude, Extase	Werbung, Paarung	Reproduktion
Verlust einer geschätzten Person	Traurigkeit, Kummer	Hilferuf	Re-Integration
Gruppenmitglied	Akzeptanz, Vertrauen	Herausputzen, teilen	Anschluss
Scheußlicher Gegenstand	Ekel	Erbrechen, wegstoßen	Zurückweisen
Neue Umwelt	Erwartung	Untersuchen	Exploration
Plötzlicher neuartiger Gegenstand	Überraschung	Anhalten, alarmiert sein	Orientierung

Tab. 7: Emotionen als Mittel zum Überleben
Quelle: Plutchik (1980, S. 16), gekürzt und modifiziert.

4.2.3 Primary Emotions und Compound Emotions aus evolutorischer Sicht

Es gibt zahlreiche Versuche, die Vielfalt der Emotionen zu erfassen, zu systematisieren bzw. auf ihre **Grunddimensionen** zu reduzieren. Evolutionspsychologen leiten die sog. Basis-Emotionen (*Primary Emotions*) aus ihrer jeweiligen Überlebensaufgabe ab. So unterscheidet Plutchik (1991, S. 65ff.) die im vorangegangenen Kapitel vorgestellten acht Basis-Gefühle, die dem Menschen angeboren und auch im Tierreich nachweisbar seien: Freude, Vertrauen, Furcht, Überraschung, Traurigkeit, Ekel, Ärger und Erwartung (vgl. Tab. 8). Izard (1994) wiederum unterscheidet zehn *Primary Emotions*: Interesse, Freude, Überraschung, Kummer, Zorn, Ekel, Geringschätzung, Furcht, Scham, Reue. Er führt diese, wie *Plutchik*, auf ihre jeweilige Anpassungsfunktion zurück, stellt aber höhere theoretische Anforderungen: So müsse jede Basis-Emotion eine spezifische, von der Natur festgelegte neurale Grundlage haben, mit einem charakteristischen Gesichtsausdruck bzw. neuromuskulär-expressiven Muster einhergehen und eine eigene phänomenologische Qualität haben (vgl. Izard 1981, S. 106).

Compound Emotion	Primary Emotion							
	Freude	Vertrauen	Furcht	Überraschung	Traurigkeit	Ekel	Ärger	Erwartung
Abneigung						■	■	
Aggression							■	■
Angst			■					■
Bestürzung			■	■				
Dominanz			■				■	
Ehrfurcht		■	■					
Empörung				■		■		
Entrüstung				■			■	
Enttäuschung				■	■			
Fatalismus					■			■
Feigheit			■		■			
Feindlichkeit						■	■	
Freundlichkeit	■	■						
Hass							■	
Liebe	■	■						
Morbidität	■					■		
Mürrischkeit					■		■	
Mut	■		■					■
Neid					■		■	
Neugier		■		■				
Optimismus	■							■
Pessimismus					■			■
Resignation		■			■			
Reue					■	■		
Scham			■			■		
Schuld	■					■		
Sentimentalität	■				■			
Stolz	■						■	
Sturheit		■					■	
Unglück				■	■			
Verachtung						■	■	
Vergnügen	■			■				
Verlegenheit		■				■		
Verzweiflung			■		■			
Vorsicht			■					■
Zynismus						■		■

Tab. 8: Compound Emotions

Quelle: Plutchik (1991, S. 17f.); Plutchik (1980).

Aus den grundlegenden Gefühlen lassen sich nach Meinung von Evolutionspsychologen **alle weiteren zusammensetzen**, die sog. *Compound Emotions* bzw. *Secondary Emotions* (vgl. Plutchik 1991, S. 115ff.). Vergnügen sei eine Mischung aus Freude und Überraschung, Schuldgefühl ließe sich aus Freude und Angst „mischen" und Liebe aus Freude und Vertrauen. Insgesamt führt Plutchik (1994) 84 dyadische bzw. triadische Kombinationen auf. Tab. 8 zeigt einige von ihnen.

4.2.4 Zusammenfassung und Kritik

Zusammenfassend stellen die physiologisch orientierten Ansätze die **körperliche Aktivierung** des Menschen in den Fokus ihrer Forschung. Emotionen sind ihrer Ansicht nach biologisch programmiert. Sie sind eine im Laufe des menschlichen Entwicklungsprozesses entstandene Form der Aktivierung, die durch einen externen oder internen Reiz hervorgerufen wird. Aus Sicht von Evolutionspsychologen lösen diese Aktivierungsprozesse spezifische Anpassungsprobleme.

> Biologisch orientierte Emotionspsychologen definieren **Emotion** als biologisch programmierte, körperliche Reaktion auf einen Reiz.

Der **größte Vorteil** dieser Sichtweise mag die relativ einfache, einleuchtende Erklärung dafür sein, wie bestimmte Emotionen entstehen. Dass die Angst vor der Schlange und die anschließende Fluchtreaktion dem menschlichen Überleben dienen, klingt plausibel. Abgesehen von dieser Augenscheinvalidität erklären physiologische Ansätze reflexartiges und impulsives Verhalten, was Kognitionspsychologen weniger gut gelingt (vgl. Kap. 4.4.6).

Allerdings räumen selbst Protagonisten dieser Sichtweise ein, dass **Ursache und Wirkung** nicht eindeutig geklärt sind, d.h. einerseits entstehen Gefühle als Folge physiologischer Veränderungen (z.B. Muskelkontraktion), andererseits rufen sie körperliche Reaktionen hervor (vgl. Adelmann/Zajonc 1989, S. 250). Diese Henne/Ei-Problematik „löste" Bull (1951, S. 6) mit ihrer *Attitude Theory*. Man hätte James (1922) missverstanden; ein Gefühl entstünde nicht als Folge der physiologischen Reaktion auf einen Stimulus (z.B. Wegrennen), sondern wegen der Bereitschaft zu dieser Handlung, des sog. *Preparatory Motor Attitude*. Demnach fühlen wir uns bspw. nicht deshalb ängstlich, weil wir wegrennen, sondern weil wir zur Flucht bereit sind.

N. Bull unterlegte ihre Hypothese mit Experimenten, in denen sie den Probanden einen bestimmten *Preparatory Motor Attitude* vorgab, z.b. für Ärger: „Ihr Kiefer ist zusammengepresst, Ihre Hände und Arme sind angespannt". Sodann gab sie ihnen ein konträres Gefühl vor (z.B. Freude). Die Teilnehmer berichteten ausnahmslos, dass sie nicht „umschalten" konnten. Sie waren in der vorgegebenen Handlungsbereitschaft gefangen und konnten nicht plötzlich etwas anderes empfinden (vgl. Adelmann/Zajonc 1989, S.254).

Abgesehen von der „Henne/Ei-Problematik" wurde die *Theory of Emotions* in **weiteren Punkten kritisiert** (vgl. Adelman/Zajonc 1989, S. 253):

- In Experimenten wurden Hunden die sensorischen Nervenbahnen durchtrennt, sodass eine Rückkoppelung zum Gehirn unmöglich war. Die Versuchstiere reagierten auf emotionale Stimuli jedoch wie gehabt, mit einem veränderten „Gesichtsausdruck", mit spezifischen Lauten sowie Kopf- und Beinbewegungen. Demnach können **körperliche Veränderungen** und deren Wahrnehmung im Gehirn **Gefühle nicht auslösen**, sondern nur verstärken.

- Körperliche Reflexe, wie erhöhte Herzfrequenz oder Schwitzen, entstehen im Zusammenhang mit mehreren Gefühlen gleichermaßen und sind daher zu **unspezifisch**, um für eine bestimmte Emotion verantwortlich zu sein. Nachweisen ließ sich dies mithilfe von Experimenten, in denen Versuchspersonen Adrenalin verabreicht bekamen. Sie sollten sodann ihre Gefühle schildern. Die Probanden interpretierten ihre Erregung jedoch sehr verschieden. Damit ein spezifisches Gefühl entstand, musste dieses erst von einem Mitarbeiter des Versuchsleiters vorgegeben werden (vgl. Schachter/Singer 1962). Selbst der Gesichtsausdruck, den viele für das aussagekräftigste Signal für ein spezifisches Gefühl halten (vgl. Gellhorn 1964; Tomkins 1962, S. 205f.), lässt sich oft nicht eindeutig interpretieren. Dies ergaben Studien von Argyle (1975), der Briten, Italiener und Japaner Gesichtsaudrücke von Vertretern dieser drei Kulturen interpretieren ließ. Neuere Untersuchungen unterstützen die Annahme, dass kulturelle Emotionsregeln darüber entscheiden, welche Gefühle in welcher Situation angemessen mimisch ausgedrückt werden sollten (vgl. Argyle 2002).

- Die Theorie kann nicht erklären, warum Menschen **unterschiedlich** auf ein und denselben Reiz **reagieren** – ein Phänomen, das sich anhand verschiedener Untersuchungen feststellen ließ (vgl. Lazarus/Eriksen 1952). Wenn Gefühle reflexartige Reaktionen auf Reize sind, dann dürften solche interindividuellen Unterschiede nicht auftreten. (vgl. Lazarus 1966, S. 13). Plutchik (1991, S. 19) stellt diesem Vorwurf das sog. *Law of Initial Values* gegenüber. Demnach ist die unterschiedliche Reaktion auf den jeweiligen ursprünglichen Erregungszustand (*Initial Prestimulus Level*) zurückzuführen. So maßen Bridger/Reiser (1959) die Herzfrequenz von Säuglingen in Reaktion auf Windstöße. Lag die ursprüngliche Frequenz unter 120 Schlägen pro Minute, dann erhöhte sie sich durch die Stimulation, schlug das Herz anfangs mehr als 120 Mal pro Minute, dann verringerte sie sich durch den Reiz. Dies belegt allerdings nur den Einfluss des ursprünglichen Erregungszustandes. Um o.g. Vorwurf zu entkräften, müsste man das *Initial Prestimulus Level* für alle Probanden konstant halten und dann zeigen, dass alle gleich auf einen Reiz reagieren.

Abgesehen davon bleiben **Evolutionspsychologen** den **Beweis** schuldig, dass die jeweiligen Emotionen tatsächlich dem Überleben der Art dienen. Buss (2004, S. 133ff.) beruft sich zwar auf empirische Untersuchungen, wonach bspw. eine Reihe von Angstreaktionen mit Risiken korrespondieren, denen sich der Mensch in seiner angestammten Umgebung gegenüber sieht (vgl. Marks 1987). Auch weist der Autor darauf hin, dass bei Angst der Blutfluss vom Magen zu den Muskeln umgeleitet wird (vgl. Marks/Nesse 1994), da leistungsfähige Muskeln in einer gefährlichen Situation (überlebens-)wichtiger sind als die Verdauung. Ein Beweis für den erbbiologisch programmierten Zusammenhang von Gefühl und Überlebensfunktion ist dies jedoch nicht. Denn Evolution umfasst mehrere Generationen. Somit lassen sich scheinbare Wirkungszusammenhänge („Wer sich vor einem gefährlichen Tier ängstigt und ausreißt, schützt sich und sorgt besser für das Überleben seiner Art als jemand, der dies nicht tut.") nur ex post interpretieren. Und im Nachhinein deutet man ein Ergebnis immer vor dem Hintergrund seines jetzigen Wissens. Die Prognosevalidität o.g. Aussage lässt sich nicht überprüfen; die Theorie ist mithin **nicht falsifizierbar**.

Nun mag dies ein willfähriges Argument von Kritikern sein; denn es liegt in der Natur der Sache, dass sich Evolution nicht im Verlauf eines Menschenlebens überprüfen lässt. Hinzu kommt aber, dass es sich bei den von Plutchik (1980, S. 16) aufgeführten Zusammenhängen von Gefühl und Adaptionsfunktion um ein **Gedankenspiel** handelt, das zwar plausibel klingt, aber nicht zwangsläufig ist. Der Autor selbst räumt ein, dass die Ketten nur eine Folge von Wahrscheinlichkeiten seien, von denen es Abweichungen gäbe, erklärt aber nicht, unter welchen Umständen (vgl. Ulich 1989, S. 130f.). „Schutz vor Bedrohung" bspw. lässt sich nicht nur durch Angst/Flucht erreichen, sondern auch durch Angriff, List oder das Darbringen eines Opfers. Warum sollte ausgerechnet Angst die beste Überlebensgarantie sein? Erntet nicht gerade Anerkennung, wer einer Gefahr mutig begegnet? Und erhöht dies nicht, insb. wenn es sich um einen Mann handelt, seine Attraktivität in den Augen des anderen Geschlechts, und damit die

Chance, seine Gene zu reproduzieren? Dass Angst und Flucht dem Bestehen der Art dienen, klingt zwar plausibel, aber ebenso einleuchtend sind andere Erklärungen.

Schließlich wird auch die Einteilung in *Primary* und *Compound Emotions* kontrovers diskutiert. Für diese **Gefühls-Taxonomie** spricht, dass sie vergleichsweise einfach ist, im Gegensatz etwa zu der des Kognitionspsychologen *B. Weiner* in attributionsunabhängige, dimensionenabhängige und normabhängige Emotionen (vgl. Reisenzein et al. 2003, S. 105). Auch ließen sich in entwicklungspsychologischen Studien bei einjährigen Kindern entsprechende grundlegende Emotionen ausmachen, z.b. Schmerz oder Furcht (vgl. Ulich 1989). Schließlich verführt der Gedanke, dass sich aus den *Primary Emotions* alle weiteren Gefühle zusammensetzen lassen, wie eine Farbpalette aus ihren Grundfarben (vgl. Plutchik 1991, S. 91).

Genau am letzten Punkt setzen Kritiker an. Sie bemängeln die Taxonomien von *R. Plutchik* und *C. E. Izard* für ihre **fehlende empirische Grundlage** (vgl. ausführlich Vogel 1996, S. 96ff.). Wenn Plutchik (1991, S. 116) seine Aufgabe nur noch darin sieht, die neu entstandenen Gefühlskombinationen mit einem passenden Begriff zu versehen, wie es „Chemiker mit neuen Substanzen" tun, dann vergisst er dabei zweierlei:
- Die Elemente des Periodensystems sind – um bei dem Bild des Chemikers zu bleiben – nachweislich **grundlegend**, weil ihre Atome einzigartig sind. Plutchik (1991, S. 56) führt zwar Kriterien an, die *Primary Emotions* erfüllen müssen. Sie sollten relevant für einen biologischen Adaptionsprozess sein, sich in irgendeiner Form auf jedem evolutorischen Niveau finden, nicht über einen einzigen physiologischen Vorgang (z.B. Herzfrequenz) und nicht ausschließlich über Introspektion definiert werden, sondern über das Gesamtverhalten eines Menschen. Aber dieser Definition genügt bspw. auch Aggressivität, die als zusammengesetztes Gefühl gilt. Deren Überlebensaufgabe mag man im Schutz der Nachkommen erblicken, und sie lässt sich bei den verschiedensten Lebewesen beobachten, die ihre Jungen verteidigen. Ortony/Turner (1990, S. 136) kommen daher nach Sichtung einschlägiger Gefühls-Taxonomien zu der Erkenntnis, dass keine Einigkeit darüber herrscht, wie viele, welche und warum Emotionen grundlegend sind.
- Wenn ein Chemiker eine Substanz synthetisiert, dann tut er dies im Reagenzglas und dokumentiert die verwendeten Grundstoffe, sodass sich das Experiment **replizieren** lässt. Diesen Nachweis bleiben Evolutionspsychologen schuldig. Wie lässt sich etwa belegen, dass aus Ärger und Angst Aggression entsteht? Plutchik (1991, S. 117) verweist lediglich auf 34 Experten, die eine Liste von Emotionswörtern vorgelegt bekamen und dann angeben sollten,

aus welchen der *Primary Emotions* sich diese zusammensetzen: „In some cases, there was great consistency; in others, less". Sodann listet der Autor die Kombinationen auf, die am häufigsten vorkamen.

Zusammenfassend verwundert es kaum, dass **Wirtschaftswissenschaftler** das evolutionsbiologische Paradigma nur **selten** aufgreifen, etwa Saad/Gill (2000), um geschlechtsspezifisches Konsumverhalten zu erklären oder Ross/Dumouchel (2004), um das spieltheoretische Verhalten von Menschen im Gefangenen-Dilemma zu beleuchten.

4.3 Attributionstheoretisch fundierte Theorien

4.3.1 Zwei-Faktoren-Theorie von Schachter und Singer

Schachter/Singer (1962) bewegten sich zunächst in der Tradition der Emotionstheorie von James (1922), wonach ein Reiz physiologische Erregung auslöst, die wiederum ein Gefühl erzeugt. Allerdings sei die körperliche Aktivierung nur eine notwendige Bedingung, um Gefühle zu entwickeln, keine hinreichende. Der ursprüngliche Reiz sowie die Reaktion darauf müssen vielmehr noch interpretiert werden (vgl. Reisenzein et al. 2003, S. 101ff.). Diese Zwei-Faktoren-Theorie unterlegten Schachter/Singer (1962) mit einem Experiment. Sie spritzten ihren Probanden Adrenalin, die daraufhin ihre Erregung äußerst verschieden interpretierten, mal als Verärgerung, mal als Euphorie, je nachdem, welches Gefühl ein Mitarbeiter des Versuchsleiters ihnen „vorspielte". Folglich bestimmt die körperliche Erregung lediglich die **Intensität** eines Gefühls. Damit jemand Furcht, Liebe, Trauer oder Zorn empfindet, muss er den Reiz und seine Reaktion darauf erst deuten. Er tut das vor dem Hintergrund der Umgebung bzw. seinen Erfahrungen mit ähnlichen Situationen. Erst so entsteht die **Qualität** der Emotion (vgl. Meyer 2000, S. 107ff.). Abb. 26 verdeutlicht dieses Prinzip.

Ihre Wurzeln hat diese Annahme in der von *F. Heider* begründeten **Attributionstheorie**, die sich damit beschäftigt, wie der Mensch nach Gründen für bestimmte Ereignissen sucht, was auch als Ursachenzuschreibung bzw. Kausalattribution bezeichnet wird (vgl. Heider 1958, 1944). Bezogen auf die Emotionsforschung suchen Individuen nach Ursachen für innere Erregungszustände, sodass je nach Situation unterschiedliche Gefühle entstehen. Wenn sich also bspw. die Herzfrequenz erhöht, dann wird dies mal als freudige Erregung (Grund: „Ich treffe bald einen geliebten Menschen wieder."), mal als Angst (Grund: „Ich muss gleich eine Klausur schreiben.") interpretiert.

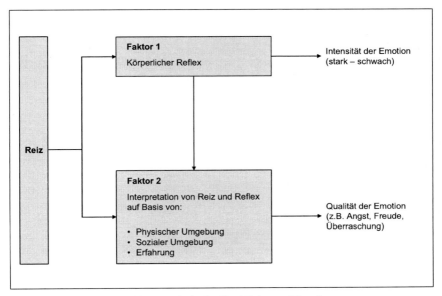

Abb. 26: Prinzip der Zwei-Faktoren-Theorie

4.3.2 Emotionstheorie nach Weiner

4.3.2.1 Prozess der Kausalattribution

Während Schachter/Singer (1962) in Anlehnung an biologische Ansätze davon ausgehen, dass Emotionen mit körperlicher Erregung einhergehen, unterstellt Weiner (1994, 1974), dass für die Entstehung von Gefühlen keine physiologische Erregung notwendig ist. Der Mensch würde lediglich nach Ursachen für eine **bestimmte Situation** suchen. Emotionen entstünden als Ergebnis dieses Einschätzungsprozesses. Im Einzelnen durchläuft der Mensch dabei nach Weiner (1995, 1986) mehrere Stufen (vgl. Abb. 27).

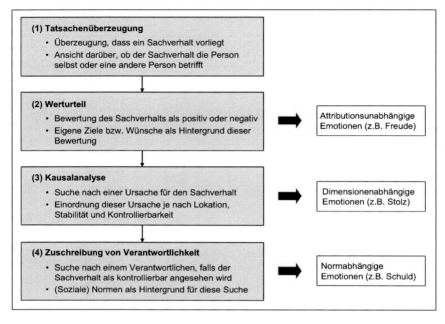

Abb. 27: Kognitiver Prozess nach Weiner

Quelle: auf Basis von Reisenzein et al. (2003, S. 105); Weiner (1986, S. 957ff.); Weiner (1985, S. 560f.), modifiziert.

(1) Der Mensch gewinnt die Ansicht, dass ein Sachverhalt vorliegt, von Weiner (1995) als **Tatsachenüberzeugung** bezeichnet.

(2) Der Betreffende **bewertet** den Sachverhalt auf Basis seiner Wünsche und Ziele, von den weiter unten vorgestellten *Appraisal*-Theoretikern als Wertüberzeugung bezeichnet. Diese entscheidet über die Richtung der Emotion. Korrespondieren die Wünsche und Ziele des Betreffenden mit dem Sachverhalt, dann entsteht ein positives Gefühl (z.B. Freude), ansonsten ein negatives (z.b. Niedergeschlagenheit). Weiner (1985, S. 560) bezeichnet solche Emotionen als attributionsunabhängig, weil sie nicht von der Ursache abhängen, auf die der Betreffende einen Sachverhalt zurückführt. Da diese Frage aber gerade im Fokus der Attributionstheoretiker liegt, untersuchten sie die in Stufe zwei des Bewertungsprozesses entstehenden Emotionen nicht im Detail.

(3) Sie konzentrierten sich vielmehr auf den dritten Schritt, in dem die Person nach den Gründen für einen Sachverhalt sucht. Diese lassen sich vereinfachend anhand von **drei Kausaldimensionen** klassifizieren (vgl. im Folgenden Weiner 1982, S. 186ff.), die bereits

Heider (1958) eingeführt hatte. Je nach Ausprägung entstehen spezifische Gefühle, wie z.B. Stolz oder Mitleid, von *B. Weiner* als dimensionenabhängige Emotionen bezeichnet. Diese Kausaldimensionen sind:

- **Stabilität über die Zeit.** Eine Ursache kann im Zeitverlauf konstant bleiben. Das betrifft etwa Fähigkeiten oder physische Attraktivität, während bspw. Stimmungen oder Glück schwanken können.
- **Ursachenlokation.** Eine internale Ursache liegt in der Person begründet, deren Verhalten oder Erleben erklärt werden soll (z.B. „Die Firma hat mich zum Bewerbungsgespräch eingeladen, weil mein Abschlusszeugnis gut war."). Eine externale Ursache ist auf die Umwelt oder eine andere Person zurückzuführen (z.B. „Die Firma hat mich zum Bewerbungsgespräch eingeladen, weil gerade wenige Fachkräfte auf dem Arbeitsmarkt zur Verfügung stehen oder weil ein Freund mich empfohlen hat.").
- **Kontrollierbarkeit.** Damit ist gemeint, inwieweit jemand (das kann man selbst oder eine andere Person sein) eine Ursache steuern kann. Bspw. lassen sich viele Krankheiten nicht kontrollieren, Anstrengungen hingegen schon. Hält der Urteilende einen Grund für kontrollierbar, dann macht er den Verursacher dafür verantwortlich. Reisenzein et al. (2003, S. 106) bezeichnen Emotionen, die auf diese Art und Weise entstehenden, als normabhängig, denn der Verantwortliche hat entweder eine Norm erfüllt oder verletzt.

4.3.2.2 Spezifische Emotionen und Handlungstendenzen

Auf Basis der drei Kausaldimensionen (Stabilität, Ursachenlokation, Kontrollierbarkeit) lassen sich spezifische Gefühle beschreiben, je nachdem, wie ein Mensch die Ursache eines Sachverhalts einordnet. Zuvor entscheidet das weiter oben beschriebene Werturteil über die Richtung des Gefühls (positiv vs. negativ).

So empfindet der Mensch nach Weiner (1985, S. 563) Resignation und Hilflosigkeit (*Hopelessness*), wenn er ein negatives Erlebnis auf **stabile Ursachen** zurückführt („Ich fühle mich hilflos bzw. resigniert, wenn ich einen Job nicht bekomme, weil die Arbeitsmarktsituation schon seit Langem schlecht ist."). Weiterhin entstehen je nach **Ursachenlokation** verschiedene Emotionen (vgl. Weiner 1985, S. 561f.). Wer ein positives Ereignis auf sich selbst zurückführt (= internale Attribution), der ist stolz (z.B. „Ich habe den Job bekommen, weil ich mich im *Assessment Center* gut präsentiert habe."). Wird ein negatives Ereignis auf eigenes Verhalten zurückgeführt (= externale Attribution), dann entsteht erniedrigter Selbstwert (z.B. „Ich habe den Job nicht bekommen, weil ich mich im *Assessment Center* schlecht präsentiert habe."). Dabei ist es unerheblich, ob der Betreffende die Ursache für kontrollierbar hält (im Beispiel: „sich gut präsentieren") oder nicht (z.B. „der geforderten Berufserfahrung genügen"). Für andere Gefühle spielt die **Kontrollierbarkeit** eine Rolle (vgl. Abb. 28).

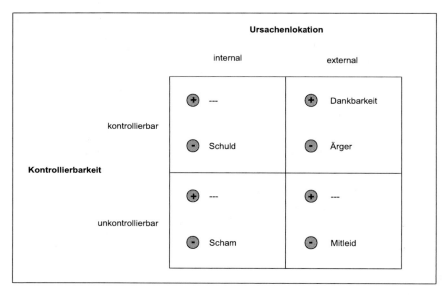

Abb. 28: Spezifische Gefühle ja nach Ursachenlokation und Kontrollierbarkeit

Quelle: auf Basis von Weiner (1995, S. 14ff.; 1985, S. 562ff.).

- **Kontrollierbarkeit bei internaler Attribution.** Wenn sich jemand selbst als Verursacher eines negativen Ereignisses ansieht und zugleich glaubt, dass er es hätte kontrollieren können, dann fühlt er sich schuldig. Angenommen, jemand hat vor dem Skifahren Alkohol getrunken, ist danach mit einem anderen Urlauber zusammengestoßen und hat diesen verletzt. Dann weiß der Betreffende, dass er den Zusammenstoß hätte verhindern können, wenn er nicht zuvor eine Norm verletzt hätte (Skifahren unter Alkoholeinfluss). Anders mag es sich verhalten, wenn der Unfall ohne Alkoholeinfluss zustande kommt. Dann glaubt der Skifahrer z.B., dass der Zusammenstoß nicht zu verhindern war. Nach *B. Weiner* entsteht in solchen Situationen Scham. Der Betreffende schämt sich, weil er ein schlechter Fahrer ist, der seine Skier nicht kontrollieren kann.

- **Kontrollierbarkeit bei externaler Attribution.** Glaubt jemand, ein positives Ereignis sei auf eine andere Person zurückzuführen, die ihr Handeln selbst kontrollieren konnte, dann ist er dieser Person dankbar. Hat diese Person dem Betreffenden jedoch bewusst geschadet, dann entsteht Ärger. Bspw. kann der Urteilende durch die Empfehlung eines Bekannten eine Arbeitsstelle bekommen (dann ist er ihm dankbar) oder durch dessen Abraten gerade nicht (dann ärgert er sich über ihn). In beiden Fällen konnte der Bekannte sein Verhalten kontrollieren. Mitleid hingegen empfindet man, wenn jemand anderem ein negatives Erlebnis zugestoßen ist, das der nicht beeinflussen konnte (z.b. „Er hat seinen Job verloren.").[15]

Jede dieser Emotionen gibt Anlass zu bestimmten Handlungen, d.h. sie geht mit **Handlungstendenzen** einher (vgl. Weiner 1995, S. 21; Weiner 1986, S. 119; Weiner 1985, S. 565f.). Wer sich schuldig fühlt, möchte sich entschuldigen bzw. seine Tat wiedergutmachen. Wer sich über einen anderen Mensch oder über einen Sachverhalt ärgert, sinnt nach Rache. Wer Mitleid empfindet, möchte helfen etc. Emotionen haben damit eine motivierende Funktion.

Die Annahme, dass sich bestimmte Handlungstendenzen auf spezifische Gefühle zurückführen lassen, die wiederum Folge von Kausalattributionen sind, beruht vorrangig auf alltäglich erlebbaren Verhaltensweisen und alltagspsychologischen Überzeugungen. Weiner (1995, S. XI) hat diese zunächst „nur" klassifiziert, primär durch **Beobachtung und Introspektion**. Allerdings haben er und seine Kollegen die postulierten Zusammenhänge in verschiedenen Studien auch empirisch nachweisen können (vgl. Weiner 1995).

Exemplarisch sei eine Studie zu den Ursachen und Konsequenzen von Ärger und Mitleid beschrieben. Wie oben ausgeführt, entstehen beide Emotionen, wenn jemand ein Ereignis einer anderen Person zuschreibt (externale Attribution). Im Falle von Ärger kann diese die Ursache kontrollieren, ist also für das Ereignis verantwortlich, im Falle von Mitleid nicht. Weiner et al. (1988) baten die Teilnehmer ihrer Studie, sich vorzustellen, dass sie an jemandem Krankheiten (z.B. Alzheimer, Blindheit, Krebs) oder andere negative Merkmale (z.B. Übergewicht) bzw. Verhaltensweisen (z.B. Drogenmissbrauch) feststellen. Die Befragten sollten auf Ratingskalen für jedes dieser Stigmata angeben, ob sie den Betreffenden selbst dafür verantwortlich machen (= Kontrollierbarkeit), wie viel Mitleid oder Ärger sie für ihn empfinden würden

---

[15] Statt Mitleid kann jemand auch Schadenfreude empfinden, je nachdem, ob ihm die betroffene Person sympathisch ist oder nicht. Zwischen solchen Sympathie- und Antipathie-Emotionen differenzieren *Appraisal*-Theoretiker (vgl. Kap. 4.4.4.2).

(= spezifische Emotion) und ob sie bereit wären, demjenigen zu helfen (= Handlungstendenz). Abb. 29 zeigt die Ergebnisse beispielhaft für Alzheimer und Drogenmissbrauch; sie bestätigten sich auch für die anderen Stigmata. Man bemitleidet einen anderen Menschen, wenn man ihn nicht für seinen Zustand verantwortlich macht (Alzheimer). Dies geht mit der Bereitschaft einher zu helfen. Anders verhält es sich, wenn der Betreffende als verantwortlich gilt (Drogenmissbrauch). Dann entsteht Ärger statt Mitleid, und man hilft nur ungern.

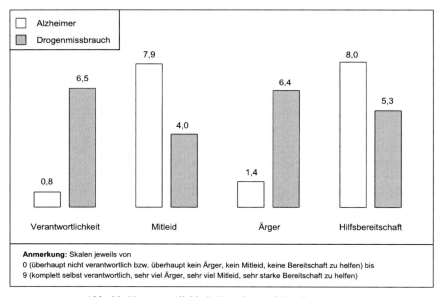

Abb. 29: Verantwortlichkeit, Emotion und Handlungstendenz

Quelle: auf Basis von Weiner et al. (1988, S. 740).

Ähnliche Kausalketten ließen sich in **weiteren Studien** nachweisen, z.B. von Juvonen/Weiner (1993) die Tatsache, dass sich Schüler über jemanden ärgern, den sie für ein negatives Ereignis verantwortlich machen und daraufhin mit Ablehnung bzw. Vernachlässigung dieser Person reagieren. Ärger empfanden auch diejenigen, von Graham et al. (1993) befragten afroamerikanische Studenten, die den bekannten Baseballspieler *Michael Johnson* selbst für seine HIV-Infektion verantwortlich machten (externale Ursache, kontrollierbar). Demgegenüber berichteten solche Studenten, die ihm keine Verantwortung für die Krankheit zuschrieben (externale Ursache, nicht kontrollierbar), von Mitleid bzw. Sympathie.

4.3.3 Zusammenfassung und Kritik

Aus attributionstheoretischer Sicht entsteht ein Gefühl dadurch, dass der Mensch einen Reiz bzw. eine Situation zunächst als positiv oder negativ bewertet und dann nach **Ursachen** dafür sucht. Je nachdem, ob diese Gründe als „external – internal", „stabil – instabil" bzw. „kontrollierbar – unkontrollierbar" eingeschätzt werden, entstehen spezifische Gefühle.

> ▶ Aus attributionstheoretischer Sicht handelt es sich bei einer **Emotion** um einen mentalen Zustand, der sich aus der Ursachenzuschreibung für einen Sachverhalt ergibt (Kausalattribution) und üblicherweise mit einer spezifischen Handlungstendenz einhergeht. Dabei gehen einige Forscher davon aus, dass körperliche Erregung, eine notwendige Bedingung für das Entstehen von Emotionen ist (vgl. z.b. Schachter/Singer 1962), andere nicht (vgl. z.B. Weiner 1995, 1985).

Allerdings lassen es Attributionstheoretiker weitgehend offen, was ein Mensch empfindet, wenn ihm die **Erfahrung fehlt**, eine Situation zu beurteilen und er die Ursache seiner Erregung oder eines Ereignisses nicht ausmachen kann. In dem Experiment von *Schachter & Singer* hatten Mitarbeiter des Versuchsleiters den Probanden die jeweilige Emotion im Sinne eines Modell-Lernens nahe gelegt; nur sind in der Realität solche „Vorbilder" nicht immer vorhanden. Wie es dazu kommt, dass ein Mensch eine bestimmte Situation so und nicht anders interpretiert, wenn ein solches Modell nicht zur Verfügung steht, ließ sich nicht zeigen (vgl. LeDoux 1998, S. 55).

Weiner (1986, S. 119) räumt weiterhin explizit ein, dass emotionalen Reaktionen nicht immer Kognitionen vorausgehen müssen. Gefühle könnten vielmehr auch konditioniert worden sein (z.B. Furcht). Der Autor bezeichnet dies als unbewussten, **automatischen Prozess** der Emotionsentstehung (vgl. Weiner 1995, S. 12). Er tritt auf, wenn ein Mensch sich im Verlaufe seines Lebens Schemata zurechtgelegt hat, um bestimmte Ereignisse zu bewerten. Er glaubt, die Ursachen dafür zu kennen und reagiert reflexartig mit einem im Gehirn gespeicherten Gefühl, ohne darüber nachzudenken (vgl. Reisenzein et al. 2003, S. 108). So löst wahrscheinlich ein dumpfes Grollen bei Menschen, die schon einmal Opfer eines Erdbebens waren, automatisch Angst und Panik aus. Ein Mitteleuropäer hingegen, der so eine Katastrophe noch nie erlebt hat, wird sich höchstens wundern („Was ist das?") oder sorgen („Gleich wird es regnen. Hoffentlich schaffe ich es noch bis nach Hause, ohne nass zu werden.").

Weiterhin lässt *Weiners* Taxonomie der Gefühle aus Kap. 4.3.2.2 zwei Probleme erkennen:
- Sie enthält mehrere „**weiße Flecken**"; für einige positive Gefühle (z.b. internal und kontrollierbar) gibt es schlicht keine Begriffe. Begründet wird dies damit, dass der Mensch diese sprachlich weniger differenziert als negative (vgl. Reisenzein et al. 2003, S. 100). Etymologisch belegen lässt sich dies jedoch nicht.
- Die **Kausaldimensionen reichen nicht aus**, die aufgeführten Gefühle zu beschreiben. So konstatiert Weiner (1982, S. 185ff.) selbst, dass bspw. Dankbarkeit oder Mitleid nicht nur von der Kontrollierbarkeit und der Ursachenlokation abhängen, sondern auch davon, wen ein Ereignis betrifft – bei Dankbarkeit die eigene Person, bei Mitleid eine andere. Die nachfolgend vorgestellten *Appraisal*-Theoretiker führen daher weitere Dimensionen ein, um einen Sachverhalt zu beurteilen, in diesem Falle die Bezugsperson.

Somit analysieren die Vertreter dieser Richtung vor allem solche Gefühle, die sich durch Kausalattributionen beschreiben lassen – und das auch noch ungenügend. Dies **schränkt die Anwendbarkeit** der Theorie ein. Allerdings erheben ihre Verfechter im Gegensatz zu einigen Evolutionspsychologen (vgl. z.B. Plutchik 1994) gar nicht den Anspruch, sämtliche Gefühle erklären zu können. Auch ist es ein Verdienst insb. von *Weiner*, die kognitiven Grundlagen von Emotionen systematisch zu untersuchen, die Entstehung spezifischer Gefühle und Handlungskonsequenzen zu erläutern und dies wie kaum ein anderer Emotionstheoretiker in empirischen Studien nachzuweisen (vgl. Meyer 2000, S. 115).

4.4 Appraisal-Theorien

4.4.1 Überblick

Arnold (1960) und Lazarus (1966) sind die prominentesten Vertreter der *Appraisal Theories*, die auch kognitive Bewertungstheorien bzw. kognitive **Einschätzungstheorien** heißen. Sie basieren, wie die attributionstheoretischen Ansätze, auf der Annahme, dass Emotionen das Ergebnis der kognitiven Auseinandersetzung mit einem Reiz sind, dem sog. *Appraisal*-Vorgang (vgl. Lazarus 1991a, 1991b, 1982). Ob und was ein Mensch in einer bestimmten Situation fühlt, hängt davon ab, wie er diese einschätzt bzw. bewertet (vgl. Reisenzein 2000, S. 117). Der geistige Vater dieser Richtung, der österreichische Philosoph und Psychologie *A. Meinong*, schreibt daher auch von Urteilsgefühlen (vgl. Meinong 1906).

Der **Gegenstand der Bewertung** (= Reiz) kann ein Ereignis (z.B. die Geburt eines Kindes), eine Handlung (z.B. ein Streitgespräch) oder ein Objekt (z.B. eine Landschaft) sein (vgl. Kap. 4.4.4.1). Verallgemeinernd sprechen Kognitionspsychologen von einer Situation bzw. einem Sachverhalt (vgl. z.B. Arnold 1960). Um diesen zu beurteilen, zieht der Betreffende verschiedene Kriterien heran, die sog. **Einschätzungsdimensionen** (vgl. Reisenzein 2000, S. 120), im Englischen als *Appraisal Dimensions* bezeichnet (vgl. Frijda et al. 1989, S. 212):

- Zunächst einmal sind dies **Wertüberzeugungen** – also Ansichten darüber, ob etwas positiv, lobenswert, wünschenswert, gut etc. oder negativ, tadelnswert, unerwünscht, schlecht etc. ist (vgl. Arnold 1960, S. 171). Je nach Auffassung entsteht ein positives oder ein negatives Gefühl, von Meinong (1894) als „Lust" bzw. „Unlust" bezeichnet (vgl. Kap. 4.4.2).

- Nachdem die grundlegende Richtung des Gefühls geklärt ist, stellt sich die Frage, unter welchen Umständen welche spezifische Emotion auftritt. Nach Ansicht der *Appraisal*-Theoretiker hängt dies davon ab, wie **weitere Einschätzungsdimensionen** beschaffen sind, z.B. die Eintrittswahrscheinlichkeit einer Situation (sicher vs. unsicher) oder die subjektiv empfundene Leichtigkeit, mit der sie sich bewältigen lässt (leichte vs. schwere Bewältigbarkeit). Kap. 4.4.3 stellt dar, wie auf diese Weise jeder Emotion ein spezifisches Einschätzungsmuster, Engl. *Appraisal Profile* (Frijda 1987, S. 115), zugeordnet wird.

Dass sich die Vertreter der *Appraisal*-Theorien intensiv mit den einzelnen Einschätzungsdimensionen beschäftigen, unterscheidet sie von **attributionstheoretischen Ansätzen**, die einige Autoren als spezielle Form der *Appraisal*-Theorien ansehen (vgl. z.B. Reisenzein et al. 2003, S. 11). Allerdings sind attributionstheoretische Ansätze primär auf ein einziges Bewertungskriterium fixiert: auf die Überzeugung davon, was die Ursache für eine Situation ist (= Ursachenzuschreibung). Die *Appraisal*-Theorien beleuchten hingegen verschiedene Kriterien, weshalb vorliegende Arbeit beide Richtungen als eigenständig aufführt.

4.4.2 Wertüberzeugungen als Richtungsgeber des Gefühls: Konzept der Zielkongruenz

Wertüberzeugungen geben Auskunft darüber, ob etwas bzw. jemand **erwünscht oder unerwünscht**, gut oder schlecht, attraktiv oder unattraktiv etc. ist (vgl. Schmitz 2000, S. 349). Sie basieren auf teils individuellen Einstellungen und Wünschen, teils auf sozialen Moralvorstellungen und Normen (vgl. Reisenzein et al. 2003, S. 136ff.). So ist die Geburt eines Mädchens in unserem Kulturkreis ebenso wünschenswert wie die eines Jungen; sie löst Freude aus. Anderenorts, z.B. in Indien, ist das Ereignis für viele Eltern ein Unglück.

Tochter als Unglück

„Die Geburt einer Tochter, wenn sie nicht schon vorher abgetrieben worden ist, bedeutet für den Inder kein Glück, sondern eher finanziellen Ruin. Zur Geburt einer Tochter zu gratulieren wäre dementsprechend eine Beleidigung. Die junge Frau wird so früh wie möglich von den Eltern verheiratet, welche für die Aufnahme der Tochter als Arbeitskraft in eine andere Familie viel bezahlen müssen. Erbringt sie dort keine Leistung oder sind ihre Eltern unfähig, den Mitgiftforderungen nachzukommen, werden manche Frauen Opfer der sog. Mitgiftmorde. In der Zeitung steht dann meistens, dass die Frau einem Haushaltsunfall (z.B. Verbrennungen) zum Opfer gefallen ist, während sie jedoch in Wirklichkeit mit Kerosin überschüttet und angesteckt worden ist. […] Der Ruf einer Frau richtet sich in Indien danach, wie viele Söhne sie gebiert, wie gut sie in der Küche arbeitet und wie untertänig sie ihrem Vater, Mann oder Sohn folgt und dient."

o.V. (2003b)

Praktisch alle Vertreter der *Appraisal*-Theorien erachten die Wertüberzeugung als grundlegende Einschätzungsdimension, etikettieren sie allerdings unterschiedlich. Meinong (1894) schreibt von Erwünschtheit (erwünscht vs. unerwünscht), Arnold (1960) von Bewertung (gut vs. schlecht) und Lazarus (1991a) von **Zielkongruenz** (*Goal Congruence*). Demnach fragt sich der Betreffende, ob ein Sachverhalt eigenen Zielen dient oder nicht. Zielkongruenz lässt positive Gefühle entstehen; Zielinkongruenz negative (vgl. Abb. 30).

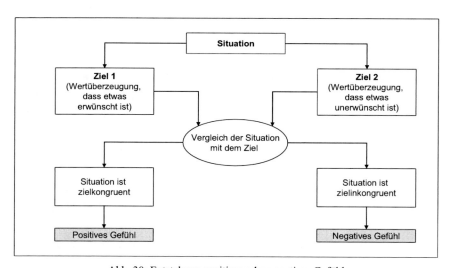

Abb. 30: Entstehung positiver oder negativer Gefühle

4.4.3 Weitere Einschätzungsdimensionen als Grundlage spezifischer Gefühle

Mit der Frage, welches spezifische „Lust- oder Unlustgefühl" auftritt, setzen sich *Appraisal-*Theoretiker intensiv auseinander. Die Antwort hängt nach Meinong (1894) von zwei weiteren Einschätzungsdimensionen ab, nämlich von:
- dem Grad der **Sicherheit** eines Sachverhalts (gewiss oder ungewiss) und
- der **Bezugsperson** (das eigene Wohlergehen betreffend vs. das Wohlergehen einer anderen Person betreffend).

Andere Autoren schlagen im Wesentlichen **dieselben Einschätzungsdimensionen** vor, benennen sie aber anders bzw. vermischen sie mit der Dimension der Erwünschtheit, z.B.:
- Arnold (1960) bspw. schreibt von Anwesenheit (= gegenwärtig und sicher) bzw. Abwesenheit (= künftig und unsicher), was *Meinongs* Grad der Sicherheit entspricht. Implizit erscheint diese Einteilung auch in der Einschätzungstheorie von Ortony et al. (1988, S. 109ff.). Sie unterscheiden zwischen solchen Ereignissen, die für die Zukunft erwartet werden (= künftig und unsicher) und solchen, die bereits eingetreten sind (gegenwärtig und sicher). Roseman et al. (1990, S. 899) nennen diese Dimension Wahrscheinlichkeit (sicher vs. unsicher).
- Ortony et al. (1988, S. 22) führen den Ereignisfokus an, der angibt, ob ein Geschehnis die erlebende Person bzw. deren Wohlergehen betrifft (*Consequences for Self*) oder eine andere Person bzw. deren Wohlergehen (*Consequences for Other*), was o.g. Bezugsperson gleichkommt. Roseman et al. (1990, S. 899) schreiben alternativ von *Agency* und meinen damit ebenfalls die Bezugsperson.
- Lazarus/Launier (1978) unterscheiden verschiedene Einschätzungen eines Sachverhalts, die letztlich eine Kombination aus der Erwünschtheit und dem Grad der Sicherheit sind. Bspw. führen sie eine bedrohliche Situation an, was einem unerwünschten, ungewissen Sachverhalt entspricht (vgl. zu weiteren Parallelen ausführlich Reisenzein et al. 2003, S. 68f.).

Ortony et al. (1988, S. 23) schlagen **weiterhin** die Urheberschaft einer Handlung vor (*Self Agent* vs. *Other Agent*) – eine Dimension, die auch Attributionstheoretiker heranziehen (internale vs. externale Ursachenlokation). *M. B. Arnold* und *R. S. Lazarus* führen ein Kriterium an, das andere Autoren nicht untersuchen: die Bewältigbarkeit einer Situation. Trübsinn etwa entstünde, wenn ein Sachverhalt anwesend (d.h. gewiss), negativ und nicht zu bewältigen sei. Hoffnung würde der Mensch empfinden, wenn eine Situation abwesend (= ungewiss), positiv und prinzipiell erreichbar sei, wenn auch schwierig (vgl. Lazarus 1991a, S. 284; Arnold 1960). *R. S. Lazarus* untersuchte diese Einschätzungsdimension besonders intensiv, weil er seine Theorie ursprünglich aus der Stressforschung ableitete, in deren Mittelpunkt die Reaktion von Menschen auf psychische Belastungen steht (vgl. Lazarus 1991a, S. 133; Lazarus/Spiesman 1960). Dabei setzt sich der Autor auch mit den Möglichkeiten auseinander, Stresssituationen zu bewältigen, dem sog. *Coping*. Da es sich hierbei um Handlungsreaktionen auf Gefühle handelt, wird dieses Phänomen gesondert in Kap. 4.4.5 behandelt.

Auf Basis der Einschätzungsdimensionen und ihrer Ausprägungen lassen sich spezifische Emotionen beschreiben. Die so von den verschiedenen *Appraisal*-Theoretikern entwickelten **Gefühls-Taxonomien** ähneln einander in weiten Teilen, da sie mehr oder minder auf denselben Dimensionen beruhen. Der wohl umfassendste und daher im Folgenden vorgestellte Ansatz stammt von Ortony et al. (1988, S. 19). Die Autoren beschreiben insgesamt 22 spezifische Emotionen.

4.4.4 Taxonomie der Gefühle nach Ortony et al.

4.4.4.1 Überblick: Gegenstand der Bewertung

Wie alle Einschätzungstheoretiker bezeichnen *A. Ortony* und Kollegen Gefühle als Ergebnis eines Bewertungsprozesses (vgl. zu den Ausführungen in Kap. 4.4.4 Ortony et al. 1988, S. 18ff.). Dieser hängt zunächst davon ab, **was** der Mensch **bewertet**, nämlich ein Ereignis, eine Handlung oder ein Objekt (vgl. Tab. 9).

Bewertungsgegenstand	Beschreibung
Ereignis	Vorliegen eines Sachverhalts, unabhängig von einem möglichen oder tatsächlichen Verantwortlichen („Ein Ereignis tritt ein.").
Handlung	Herbeiführen oder Verhindern eines Ereignisses durch einen Agenten. Dabei handelt es sich zumeist um einen Menschen; möglich sind aber auch Tiere oder Institutionen o.ä. („Ein Agent führt die Handlung herbei.").
Objekt	Person, Tier oder Gegenstand, mit denen etwas geschieht. Sie werden im Gegensatz zu Agenten nicht als Handelnde betrachtet. („Ein Objekt ist vorhanden.").

Tab. 9: Drei mögliche Gegenstände der Bewertung
Quelle: Ortony et al. (1988, S. 18f.).

Diese Differenzierung ist notwendig, weil der Fühlende zum Teil unterschiedliche **Einschätzungsdimensionen** heranzieht, um die Situation zu bewerten. So spielt bei einer Handlung die Urheberschaft eine Rolle, bei einem Ereignis nicht zwangsläufig. Dort ist u.a. von Bedeutung, ob es erwartet wird bzw. wurde oder nicht (vgl. Kap. 4.4.4.2 bis Kap. 4.4.4.4).

4.4.4.2 Ereignisfundierte Emotionen

Der Mensch beurteilt Ereignisse als wünschenswert bzw. unerwünscht (= Werturteil). Im ersten Fall entsteht ein positives, im zweiten Fall ein negatives Gefühl. Um welche spezifische Emotion es sich dabei handelt, hängt von der jeweiligen Ansicht darüber ab,

- ob das Ereignis die Person selbst oder andere betrifft (Ereignisfokus),
- ob die Person den Eintritt des Ereignisses erwartet oder nicht oder ob gar keine Erwartung besteht (Erwartungen) und
- wie wahrscheinlich das Ereignis eintritt (subjektive Wahrscheinlichkeit)[16].

Während der Ereignisfokus und die subjektive Wahrscheinlichkeit so bzw. in ähnlicher Form auch aus anderen *Appraisal*-Theorien bekannt sind, ermöglichen es die **Erwartungen**, solche Gefühle zu beschreiben, die einerseits entstehen, bevor ein Ereignis eintritt (also unter Unsicherheit) und andererseits solche, die erst nach einem Ereignis auftreten. Dann können sich die Erwartungen bestätigen (z.B. Befriedigung) oder nicht (z.B. Enttäuschung). Abb. 31 gibt die jeweils entstehenden Emotionen wieder.

---

[16] Ortony et al. (1988, S. 19ff.) schreiben nicht ausdrücklich von subjektiver Wahrscheinlichkeit. Der Begriff taucht nur in deutschsprachigen Besprechungen der Theorie auf (vgl. z.B. Reisenzein 2000, S. 124). Aber die subjektive Wahrscheinlichkeit ist impliziter Bestandteil des von den Autoren beschriebenen *Appraisal*-Prozesses, denn sie unterscheiden zwischen künftigen (also unsicheren) und bereits eingetretenen (also sicheren) Ereignissen.

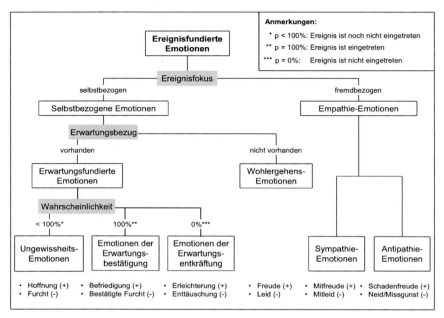

Abb. 31: Spezifische ereignisfundierte Emotionen
Quelle: auf Basis von Ortony et al. (1988, S. 19); modifiziert. [17]

Wie Abb. 31 zeigt, können sich Ereignisse auf die Person selbst (selbstbezogene Emotionen) oder auf andere beziehen (**Empathie-Emotionen**). In der ersten Kategorie ist wiederum zu unterscheiden, ob der Betreffende irgendwelche Erwartungen an ein Ereignis hat bzw. hatte (**Erwartungsfundierte Emotionen**) oder nicht (**Wohlergehens-Emotionen**).

Erwartungsfundierte Emotionen
Solche Gefühle entstehen, wenn der Mensch ein Ereignis, das ihn selber betrifft, mit bestimmten Annahmen verbindet. Handelt es sich um Reaktionen auf ein künftiges und damit unsicheres Ereignis (p < 100%), dann sprechen *Ortony* und Kollegen von *Prospect Emotions*, im Deutschen als **Ungewissheits-Emotionen** bezeichnet (vgl. Reisenzein et al. 2003, S. 147). Ist das Ereignis positiv (zielkongruent), dann entsteht Hoffnung; ist es negativ (zielinkongruent), entsteht Furcht. Bspw. vermutet ein Hochschulabsolvent, dass er auf seine Bewerbung hin zu

---

[17] Die deutschen Begriffe lehnen sich an die Übersetzungen von Reisenzein et al. (2003, S. 144) an.

einem Vorstellungsgespräch eingeladen wird. Das Ereignis (Einladung) ist unsicher und bezieht sich auf ihn selbst. Da er sich außerdem wünscht, eingeladen zu werden, entsteht ein positives Gefühl: Hoffnung. Gleichzeitig besteht eine gewisse Wahrscheinlichkeit, doch nicht eingeladen zu werden. Das unerwünschte Ereignis (ablehnender Bescheid) ist ebenfalls unsicher: Der Absolvent befürchtet, abgewiesen zu werden.

Nach Ansicht anderer Autoren muss das Ereignis nicht unbedingt den Urteilenden selbst tangieren; Hoffnung und Furcht können auch entstehen, wenn eine **andere Person** betroffen ist, der man sich in irgendeiner Weise verbunden fühlt (vgl. z.B. Roseman 1991). Bspw. hofft jemand, dass ein Freund eine Anstellung bekommt oder befürchtet, dass ein Verwandter krank wird. Wie die Beispiele verdeutlichen, besteht Unsicherheit praktisch immer dann, wenn das Ereignis in der Zukunft liegt (vgl. Arnold 1960).

Ist es schließlich eingetreten, dann hat sich eine bestimmte Erwartung entweder bestätigt (p = 100%) oder nicht (p = 0%). Im Ergebnis besteht keine Unsicherheit mehr – und damit auch keine Furcht bzw. Hoffnung. Empirisch wiesen dies Averill et al. (1990) nach: Ihre studentischen Versuchspersonen berichteten, dass ihre Hoffnung verschwand, nachdem der Zeitpunkt überschritten war, bis zu dem das erwünschte Ereignis hatte eintreten sollen. Dafür entstehen andere Gefühle (vgl. Ortony et al. 1988, S. 109ff.):

- **Emotionen der Erwartungsbestätigung.** Wenn das Ergebnis eintritt, welches der Betreffende erwartet hat und es sich dabei um ein erwünschtes Ereignis handelte (z.B. Einladung zum Bewerbungsgespräch), dann stellt sich Befriedigung ein. Dieses Gefühl ist das im Marketing wohl am häufigsten untersuchte. Denn (Kunden-)zufriedenheit als bestätigte (positive) Erwartung an die Leistung eines Unternehmens (*Confirmation*) hat positive Konsequenzen für den Anbieter. So beziehen zufriedene Kunden weitere Leistungen von ihrem Anbieter (*Cross-Buying*; vgl. Verhoef et al. 2001), berichten anderen Käufern von ihren positiven Erfahrungen (Weiterempfehlung; vgl. File/Prince 1992, S. 25f.), bleiben bei ihrem Anbieter (Loyalität; vgl. Homburg et al. 1998) und haben eine höhere Zahlungsbereitschaft als unzufriedene Käufer (vgl. Homburg et al. 2005, S. 84ff.). Andersherum kann auch ein erwartetes unerwünschtes Ereignis eintreten, im Beispiel der ablehnende Bescheid auf die Bewerbung. In diesem Fall wurde die Furcht bestätigt. In Ermangelung einer genauen Bezeichnung dieses Gefühls nennen Ortony et al. (1988, S. 22) es *Fears-Confirmed*.

- **Emotionen der Erwartungsentkräftung.** Enttäuscht ist man, wenn ein erwartetes positives Ereignis (hier: Einladung zum Bewerbungsgespräch) nicht eintritt. Und erleichtert ist, wer erfährt, dass ein erwartetes negatives Ereignis (hier: ablehnender Bescheid) nicht eintritt.

Wohlergehens-Emotionen
Solche Gefühle entstehen, wenn jemand ein Ereignis auf sich bezieht, ohne dass er irgendwelche Erwartungen diesbezüglich hat bzw. hatte. So freut sich z.b. ein Vater über die Ankunft eines Babys (erwünschtes Ereignis). Und er leidet, wenn er längere Zeit von seiner Lebenspartnerin getrennt leben muss (unerwünschtes Ereignis).

Empathie-Emotionen
Gefühle dieser Art entstehen als Reaktion auf Ereignisse, die eine andere Person betreffen. Daraus ergibt sich eine Doppelperspektive: Der Urteilende schätzt zum einen ein, ob das Ereignis für den anderen erwünscht bzw. unerwünscht ist (Fremdperspektive) und ob er selbst es für wünschenswert hält (Selbstperspektive). Stimmen beide Sichtweisen überein, entstehen Sympathie-Emotionen, ansonsten Antipathie-Emotionen (vgl. Tab. 10):
- Von **Sympathie-Emotionen** (*Good-Will Emotions*) ist die Rede, wenn das eigene Empfinden mit dem des Anderen korrespondiert. Tritt etwas für den Anderen Positives ein (z.B. Geburt eines Kindes) und empfindet auch man selbst dies als etwas Positives, dann freut man sich mit ihm. Umgekehrt hat jemand Mitleid, wenn er – wie der Andere – traurig darüber ist, dass z.B. ein Unternehmen dessen Bewerbung abgewiesen hat.
- **Antipathie-Emotionen** (*Ill-Will Emotions*) treten auf, wenn man der anderen Person gegenüber nicht wohl gesonnen ist, d.h. dasselbe Ereignis nicht gleichgerichtet bewertet. So kann man Schadenfreude empfinden, wenn der Andere bspw. von einem Unternehmen abgewiesen wird bzw. neidisch sein, weil er eine gut dotierte Stelle angetreten hat.

Ereignis ist ...		... für den anderen ...	
		erwünscht	unerwünscht
... für einen selbst ...	erwünscht	Mitfreude	Schadenfreude
	unerwünscht	Neid	Mitleid

Tab. 10: Erwünschtheit von Ereignissen aus der Selbst- und Fremdperspektive
Quelle: auf Basis von Ortony et al. (1988, S. 92), modifiziert.

4.4.4.3 Handlungsfundierte Emotionen

Eine Handlung kann man je nach Wertüberzeugung billigen (dann entsteht ein positives Gefühl) oder missbilligen (dann entsteht ein negatives Gefühl). Welche spezifische Emotion sie auslöst, hängt vom Glauben an den **Urheber** des Geschehens ab. Dies kann – wie aus den attributionstheoretischen Ansätzen bekannt – der Urteilende selbst oder ein anderer sein (vgl. Ortony et al. 1988, S. 134):

- Handelt man selbst und betrachtet sein tun als lobenswert, dann entsteht Stolz. Wenn bspw. ein Angestellter im Unternehmen eine Hierarchiestufe nach oben klettert, dann ist der Betreffende stolz. Denn aufzusteigen gilt in den meisten Gesellschaften als erstrebenswert. Hat er hingegen eine Norm verletzt, also z.B. Investitionsmittel zweckentfremdet, dann fühlt er sich schuldig. Dies setzt allerdings voraus, dass er sich dieser Norm verpflichtet sieht. Gefühle dieser Art nennen *Ortony* und Kollegen Selbstlob bzw. Selbst-Vorwurf.

- Ist der Urheber ein anderer, dann entstehen Lob-Emotionen (Bewunderung) bzw. Vorwurfs-Emotionen (Empörung), je nachdem, ob der Handelnde aus Sicht des Fühlenden etwas Positives oder Negatives getan hat.

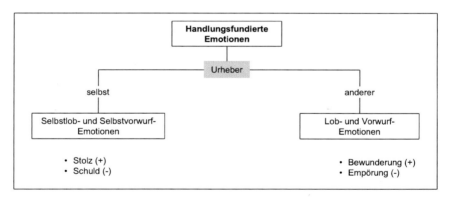

Abb. 32: Spezifische handlungsfundierte Emotionen
Quelle: Ortony et al. (1988, S. 19). [18]

---

[18] Die deutschen Begriffe lehnen sich an die Übersetzung von Reisenzein et al. (2003, S. 144) an.

4.4.4.4 Objektfundierte Emotionen

Im Fokus der Betrachtung stehen Personen, Tiere oder Gegenstände; über die Richtung des Gefühls entscheidet deren Attraktivität (= Werturteil). Haben wir eine positive Einstellung gegenüber dem Objekt, dann finden wir es attraktiv. *Ortony* und Kollegen sprechen dann von Gefühlen des **Mögens** (*Liking Emotions*). Hierzu zählen bspw. Verehrung, Zuneigung, Sich angezogen fühlen oder Liebe. Ist unsere Einstellung negativ, dann finden wir das Objekt unattraktiv, und das Ergebnis des *Appraisal*-Prozesses ist **Nichtmögen** (*Disliking Emotions*). Hierzu zählen u.a. Abneigung, Aversion, Ekel oder Hass.

4.4.4.5 Verbundene und weitere Emotionen

Insgesamt identifizieren und erklären *Ortony* et al. nach dem vorgestellten Muster 18 „reine", grundlegende Emotionen. Außerdem treten nach ihrer Ansicht die ereignisfundierten Wohlergehensemotionen (Freude und Leid) oft gemeinsam mit handlungsfundierten Gefühlen auf. Dies ist der Fall, wenn Geschehnisse auf den Aktionen von Personen beruhen, nicht auf „höherer Gewalt" (z.B. Erdbeben). Wenn nun der Urteilende Ereignis und Handlung gemeinsam bewertet, dann vermischen sich ereignis- und handlungsfundierte Emotionen. Die Autoren unterscheiden vier solcher **verbundener Gefühle** nämlich:

- Selbstzufriedenheit (Freude + Stolz),
- Dankbarkeit (Freude + Bewunderung),
- Reue (Leid + Schuld),
- Ärger (Leid + Empörung).

Nun gibt es jedoch viele weitere Gefühlsbegriffe (*Emotion Words*), die sich nicht durch die vorgestellte Taxonomie abdecken lassen, z.B. Bedauern oder Einsamkeit. Nach Ansicht von *Ortony* et al. handelt es sich dabei allerdings um keine eigenständigen Konstrukte. Vielmehr würden sie sich allesamt den 18 reinen und vier verbundenen **Emotionstypen** (*Emotion Types*) zuordnen lassen, die im Sinne von Oberkategorien ein spezifisches kognitives Beurteilungsmuster repräsentieren. Zur Kategorie „Leid" bspw. zählen sie deprimiert, verzweifelt, verärgert, unzufrieden, einsam, traurig, bestürzt oder unglücklich sein, sich schlecht oder unbehaglich fühlen, etwas bedauern sowie Kummer, Heimweh oder einen Schock haben (vgl. Ortony et al. 1988, S. 87). Die jeweiligen Subkategorien würden sich oft nur in der Intensität des Gefühls sowie im spezifischen Gegenstand der Beurteilung unterscheiden. Bspw. halten die Autoren

Sorge für eine mildere Form der Furcht; Bestürzung und Entsetzen hingegen für intensivere Ausprägungen (**Intensität**). Weiterhin seien z.b. verschiedene Varianten von Leid denkbar. Wer etwa den endgültigen Verlust eines geliebten Menschen beklagt, empfindet Gram. Wer einsam ist, leidet, weil er keinen sozialen Kontakt hat (**spezifischer Gegenstand**).

Allerdings entbehrt diese Zuordnung jeglicher **empirischen Basis** (vgl. Ortony et al. 1988, S. 173). Und die jeweiligen Nuancen der *Emotion Words* werden nur ansatzweise erläutert (vgl. Reisenzein et al. 2003, S. 151).

4.4.5 Handlungsbereitschaft als Folge von Gefühlen

Das beobachtbare Verhalten im Zusammenhang von Gefühlen interessiert naturgemäß biologisch orientierte Forscher, die dem Behaviorismus verhaftet sind. Aber auch *Appraisal*-Theoretiker, insb. *R. S. Lazarus*, haben sich mit diesem Thema auseinandergesetzt. Er betrachtete Gefühle ursprünglich als Reaktion von Menschen auf Stresssituationen (vgl. Lazarus 1966; Lazarus/Folkman 1984). In diesem Zusammenhang spielt eine Einschätzungsdimension eine besondere Rolle: die **Bewältigbarkeit** einer Situation. Dieses Kriterium zieht der Mensch im sog. sekundären *Appraisal*-Prozess heran, nachdem er im primären *Appraisal*-Vorgang eingeschätzt hat, ob ein Ereignis positiv oder negativ bzw. sicher oder unsicher ist (vgl. Lazarus 1991a, S. 133f.; Lazarus 1968). Je nachdem, ob man glaubt, eine (bedrohliche) Situation bewältigen zu können, entstehen spezifische Gefühle (vgl. Reisenzein et al. 2003, S. 73):

- Wer glaubt, nichts gegen ein negatives Ereignis ausrichten zu können, der fürchtet sich.
- Ärger entsteht, wenn jemand sich sicher ist, einer Bedrohung durch Angriff entgegentreten zu können.
- Hoffnungslos ist der Mensch, wenn er keine Chance sieht, eine Bedrohung abzuwenden.

Im Ergebnis des Einschätzungsprozesses entwickelt das Individuum eine Handlungstendenz, etwa einen Fluchtimpuls, wenn es sich fürchtet. Diese von biologisch orientierten Emotionspsychologen wie Bull (1951, S. 6) auch als *Preparatory Motor Attitude* bezeichnete Handlungsbereitschaft wird zum einen von physiologischen Reaktionen begleitet (z.B. erhöhte Herzfrequenz), zum anderen von einer zielgerichteten Bewältigungshandlung, von *Lazarus* als **Coping** bezeichnet (vgl. Lazarus 1991a, S. 112; Lazarus 1966; Lazarus/Folkman 1984).

Lazarus (1991a, S. 112) unterscheidet zwei **Arten von Bewältigungshandlungen**: *Problem-Focused Coping* (problemzentriert) und *Emotion-Focused Coping* (emotionszentriert). Eine dritte Form bezeichnen Billings/Moos (1984) als *Appraisal-Focused Coping* (bewertungszentriert). Während problemzentriertes *Coping* eine „echte" Handlung ist, kommen bei der bewertungszentrierten Strategie kognitive Täuschungsmechanismen zum Tragen, die dem Selbstschutz dienen und in ähnlicher Form aus der Theorie der kognitiven Dissonanz bekannt sind (vgl. Festinger 1964, 1957). Emotionszentriertes *Coping* wiederum betreibt, wer versucht, seine Erregung zu regulieren, z.b. indem er weint oder sich bei jemand anderem beklagt. Es kann sich dabei also sowohl um eine Handlung als auch um eine emotionale Reaktion handeln[19]. Tab. 11 verdeutlicht die drei Strategien anhand eines Hochschulabsolventen, der demnächst an einem *Assessment Center* teilnehmen wird und fürchtet, abgelehnt zu werden (= negatives Ereignis, das er als nicht bzw. schwer zu bewältigen ansieht).

Coping-Strategie	Prinzip	Beispiel
Problem-zentriert	Aktive Beseitigung der Situation	Der Student besucht ein *Assessment Center*-Training und versucht dadurch, die Wahrscheinlichkeit einer Ablehnung und damit seine Furcht zu verringern.
Bewer-tungs-zentriert	Verdrängung oder Neubewertung der Situation	• Verdrängung: Der Absolvent ignoriert einfach, dass er in den nächsten Tagen zum *Assessment Center* geladen ist und lenkt sich bspw. ab, indem er Freunde trifft. • Neubewertung: Der Betreffende redet sich ein, dass eine Situation bzw. die sich daraus ergebenden negativen Konsequenzen nicht eintreten. So sagt sich der Absolvent bspw., dass er bei seinen Fähigkeiten schon nicht durchfallen werde. Schließlich habe er ja auch das Diplom mit „sehr gut" bestanden. Er kann alternativ auch die negativen Konsequenzen herunterspielen, indem er sich sagt, dass es im Falle eines Misserfolgs eben beim nächsten Arbeitgeber klappt.
Emotions-zentriert	Emotionale Regulation durch Abbau der Erregung	Der Absolvent versucht, ruhig durchzuatmen und sich zu entspannen oder seine Spannung abzubauen, indem er sich bei anderen über seine schwierige Aufgabe beklagt.

Tab. 11: Drei Wege zur Bewältigung einer beispielhaften Stresssituation
Quelle: auf Basis von Billings/Moos (1984), ergänzt und modifiziert.

---

[19] Lazarus (1991a, S. 112) unterscheidet nur zwischen problemzentrierten und emotionszentrierter Bewältigung, wobei seine Definition von *Emotion-Focused Coping* dem hier beschriebenen *Appraisal-Focused Coping* entspricht. Die in Tab. 11 verwendeten Begrifflichkeiten und Erläuterungen entsprechen der Diktion von Billings/Moos (1984).

Folgt man der Logik von R. S. *Lazarus*, dann sind Emotionen nicht nur Gefühlszustände, sondern spezifische Reaktionen, die ihrerseits sowohl psychischer als auch körperlicher Natur sein können (vgl. Reisenzein et al. 2003, S. 69). Damit betont er im Einklang mit biologisch orientierten Forschern die **konative Komponente** der Emotion. Er betrachtet sie im Gegensatz zu anderen Kognitionspsychologen, wie bspw. Ortony et al. (1988, S. 11), als integralen Bestandteil jedweden Gefühls.

Da seine Erkenntnisse aus der Stresstheorie stammen, steht die **Bewältigung negativer Gefühle** (z.B. Angst) im Fokus der *Coping*-Strategien. Untersucht werden sie zumeist im Zusammenhang mit Krankheiten, wie bspw. Depressionen (vgl. Coyne et al. 1981) oder Parkinson (vgl. Lazarus 1997). Nach Lazarus/Launier (1978) können Menschen Stresssituationen aber auch als herausfordernd empfinden, z.b. wenn sie darin die Chance erblicken, ihre Problemlösungsfähigkeit oder Belastbarkeit zu demonstrieren. Dann entstehen Gefühle wie Enthusiasmus oder Vorfreude (vgl. Reisenzein et al. 2003, S. 73).

Allerdings erscheint es angesichts positiver Gefühle nicht gerade passend, von Bewältigung zu sprechen. Verallgemeinernd soll daher in Anlehnung an Frijda (1993, 1986) sowie Frijda et al. (1989, S. 213) von einer Handlungsbereitschaft (*Action Readiness*) bzw. Handlungstendenzen (*Action Tendency*) die Rede sein: Gefühle, egal ob positiver oder negativer Natur, gehen mit der **Bereitschaft zu bestimmten Handlungen** einher, wobei diese „Tätigkeiten" psychischer oder körperlicher Natur sein können und emotionsspezifisch sind[20]. Vereinfacht ausgedrückt neigen wir, wenn wir uns über jemanden ärgern, dazu, den Verursacher zu attackieren (vgl. Lazarus 1991a, S. 226); auf Angst reagieren wir mit Flucht (vgl. Lazarus 1991a, S. 238) oder Vermeidung (vgl. Frijda 1987, S. 136). Und wer Mitleid empfindet, möchte helfen (vgl. Weiner et al. 1988; Weiner 1986).

Die wohl **umfassendste Studie** über den Zusammenhang zwischen spezifischen Gefühlen und entsprechenden Handlungstendenzen stammt von Fijda et al. (1989, S. 218). Die Autoren baten

---

[20] Frijda et al. (1989, S. 213) unterscheiden zwischen *Action Readiness* und *Action Tendency*. Erstere bezeichnen sie als die Bereitschaft eines Individuums, mit seiner Umwelt zu interagieren. Letztere ist spezifischer; die Autoren verstehen darunter die Bereitschaft, sich mit einem Zielobjekt auf eine bestimmte Art und Weise auseinanderzusetzen. Im Folgenden sollen beide Begriffe jedoch synonym verwendet werden.

die Teilnehmer ihrer Befragung, sich für vorgegebene Emotionen (z.B. Furcht, Freude, Ekel) ein Beispiel in Erinnerung zu rufen und dieses kurz zu beschreiben. Sodann sollten sie für jeden dieser Fälle auf jeweils siebenstufigen unipolare Skalen (von „überhaupt nicht" bis „sehr stark") angeben, wie sie reagiert hatten. Hierfür standen ihnen 29 mögliche Handlungsoptionen zur Auswahl, z.B. „I wanted ... to have nothing to do with something or someone, ... to be bothered by it as little as possible, ... to stay away" für „Vermeidung". Insgesamt konnten die Autoren je 30 Datensätze für 32 Emotionen auswerten. Diskriminanzanalytisch prüften sie, wie gut sich die 32 Gefühlszustände mithilfe der 29 verschiedenen Handlungstendenzen vorhersagen lassen. Die Prognosegüte lag bei 46% korrekt klassifizierten Emotionen, was deutlich über der A-priori-Wahrscheinlichkeit von 3% liegt (1/32 = 0,031). Es zeigte sich bspw., dass Menschen gerne unsichtbar sein möchten, wenn sie sich schämen, auf Freude mit Überschwang und Annäherung reagieren und auf traurige Ereignisse mit Hilflosigkeit (vgl. Fijda et al. 1989, S. 222).

4.4.6 Zusammenfassung und Kritik

Zusammenfassend postulieren die Vertreter der *Appraisal*-Theorien, dass ein Gefühl durch einen Reiz (= Situation) ausgelöst wird. Dabei kann es sich – in Anlehnung an die hier vorgestellte Theorie von *Ortony* et al. – um ein Ereignis, eine Handlung oder ein Objekt handeln. Der Mensch bewertet die Situation anhand verschiedener **Einschätzungsdimensionen**. Eine davon, die Wertüberzeugung, entscheidet über die Richtung des Gefühls. Weitere Kriterien sind z.B. die subjektive Wahrscheinlichkeit, der Glaube an die Urheberschaft bzw. der Ereignisfokus. Im Ergebnis des Bewertungsprozesses entsteht ein bestimmtes Gefühl, z.B. Furcht, Leid, Freude oder Hoffnung, das mit einer spezifischen Handlungstendenz einhergeht.

Emotionen erfüllen damit eine „praktische" Funktion: Entsprechend der *Feelings as Information*-Hypothese von Schwarz (1990) **informieren** sie die fühlende Person auf relativ einfache Weise darüber, ob eine Situation problematisch oder unproblematisch für sie ist (vgl. Schwarz/Bohner 1996, S. 120; Schwarz/Clore 1996, S. 437). Damit helfen Gefühle dabei, sich in einer reizüberfluteten Umwelt zurechtzufinden und eine kognitive Überlastung zu verhindern. Denn es ist bspw. relativ leicht, die Empfindungen gegenüber einer anderen Person in seinem Gedächtnis zu speichern – leichter jedenfalls, als sich an sämtliche Eigenschaften dieses Menschen zu erinnern (vgl. Reisenzein 2003, S. 36).

> Zusammenfassend handelt es sich aus Sicht der *Appraisal*-Theoretiker bei einer **Emotion** um einen mentalen Zustand, der sich aus der kognitiven Bewertung eines Sachverhalts ergibt und üblicherweise mit einer spezifischen Handlungstendenz einhergeht.

Kritisieren lässt sich, dass *Appraisal*-Theorien nur schwer erklären können, warum manche Emotionen unmittelbar und sehr schnell auftreten, wie es Zajonc (1980) in seinen Experimenten gezeigt hatte. So gestehen Vertreter der kognitiven Richtung ein, dass Menschen einen Sachverhalt manchmal unbewusst einschätzen und Gefühle reflexartig auftreten (vgl. Weiner 1994; Lazarus 1991b, S. 361; Lazarus 1982, S. 1022). Bemängelt wird an den Theorien auch, dass sie dem Menschen eine Selbstverantwortlichkeit und Souveränität zugestehen, die er womöglich gar nicht besitzt. Langfristige Wirkungen von Belastungen, z.B. Depressionen, lassen sich so kaum erklären (vgl. Ulich 1989, S. 116).

Zugute halten muss man den Einschätzungstheorien, dass sie ebenso wie die attributionstheoretischen Ansätze erklären, warum Menschen auf ein und dieselbe Situation emotional unterschiedlich reagieren: Sie beurteilen sie zwar anhand derselben Kriterien, aber mit unterschiedlichem Ergebnis. So hängt bspw. die emotionale Reaktion eines Menschen auf das Missgeschick eines anderen, davon ab, ob er dieses Ereignis für wünschenswert hält oder nicht. Der eine mag dabei Schadenfreude empfinden, der andere Mitleid.

Im Gegensatz zu Attributionstheoretikern beschränken die Vertreter der *Appraisal*-Theorien den Bewertungsprozess nicht auf die Ursachenzuschreibung, sondern führen weitere Einschätzungsdimensionen ein. Folglich können sie mehr **differenzierte Gefühle** beschreiben. Allerdings erscheint die Behauptung von *Ortony* und Kollegen etwas vermessen, man könne sämtliche Gefühle auf die von ihnen beschriebenen 18 grundlegenden und vier verbundenen Emotionen zurückführen, zumal die Autoren mitunter ein und demselben Einschätzungsmuster recht verschiedene Gefühlsbegriffe zuordnen (z.B. Heimweh und Kummer als Unterformen von Leid).

Es liegen **empirische Untersuchungen** zu etlichen der von *Ortony* et al. und anderen Einschätzungstheoretikern vorgeschlagenen Basis-Emotionen vor (vgl. z.B. Frijda et al. 1989; Shaver et al. 1987; Smith/Ellsworth 1985). Im Regelfall werden die Versuchspersonen dabei gebeten, sich eine Situation vorzustellen und die dabei auftretenden Gefühle anzugeben. Gleichzeitig sollen sie die Situation beurteilen, also z.B. mitteilen, ob sie ein Ereignis für erwünscht oder unerwünscht hielten, ob es sich auf sie selbst oder eine andere Person bezog etc. Diese Aussagen werden dann mit den Gefühlen in Beziehung gesetzt (vgl. Reisenzein et al. 2003, S. 153). Im Wesentlichen bestätigten die Studien die vorhersagen Zusammenhänge zwischen bestimmten Emotionen und *Appraisal Profiles* (vgl. ausführlich Reisenzein 2000, S. 130ff.).

Beispielhaft sei erneut auf die Studie von Frijda et al. (1989, S. 218ff.) verwiesen. Sie ließen ihre Probanden nicht nur angeben, wie sie auf bestimmte Emotionen reagierten (Handlungstendenzen), sondern auch, wie sie die emotionsauslösende Situation beurteilt haben (Einschätzungsdimensionen). Hierfür wurden ihnen 19 Items mit je siebenstufigen bipolaren Ratingskalen vorgelegt, z.B. „War die Situation förderlich oder hinderlich für Ihre Ziele?" (Zielkongruenz) oder „Betraf die Situation Sie persönlich?" (Ereignisfokus). Mithilfe der Einschätzungsdimensionen konnten die Autoren diskriminanzanalytisch 43% der 32 untersuchten Emotionen richtig klassifizieren, was deutlich über der A-priori-Wahrscheinlichkeit von 3% korrekt klassifizierten Fällen liegt (1/32 = 0,031). So wiesen sie bspw. nach, dass Furcht in ungewissen Situationen entsteht, Freude hingegen bei sicheren Ereignissen, wie u.a. von Ortony et al. (1988, S. 19) unterstellt. Ärger empfanden die Probanden, wenn sie jemand anderen verantwortlich für ein Ereignis machten, was u.a. auch Weiner (1995, S. 17) nachweisen konnte.

Kritisch ist bei dieser Art von Nachweis wie bei jeder Ex-post-Befragung anzumerken, dass die Befragten sich jeweils an eine gefühlauslösende Situation **erinnern** sollten. Ihre damaligen Gefühle sowie ihre Reaktion darauf beurteilen sie jedoch vor dem Hintergrund ihres derzeitigen Wissens, sodass ein *Hindsight Bias* zu erwarten ist. Angenommen, jemand soll sich heute vor Augen führen, welche Gefühle bei ihm die fallenden Aktienkurse zu Beginn der letzten *Baisse* ausgelöst haben. Wenn der Wert seiner Papiere, die er damals und bis heute nicht verkauft hat, seitdem um weitere 50% gefallen ist, dann wird er rückblickend vermutlich die damalige Furcht, sein Vermögen zu verlieren, als weitaus stärker schildern als sie tatsächlich war. Denn er hat den steil fallenden Kurvenverlauf der letzten Wochen vor Augen (den er damals noch nicht kannte und höchstwahrscheinlich auch nicht vorhersah).

4.5 Kritische Würdigung der Theorien und ihre Eignung für die Adoptionsforschung

4.5.1 Allgemeinen Stärken und Schwächen der drei theoretischen Strömungen

Tab. 12 stellt gegenüber, wie die drei theoretischen Strömungen der Emotionspsychologie das Entstehen von Gefühlen erklären und was ihre spezifischen Stärken und Schwächen sind.

Strömung	Entstehung von Emotionen	Stärken	Schwächen
Biologisch orientiert	Ein Reiz löst biologisch programmierte körperliche Reaktionen aus, die aus Sicht von Evolutionspsychologen eine spezifische Anpassungsfunktion erfüllen. Das *Feedback* der körperlichen Reaktion zum Gehirn und die gleichzeitige Wahrnehmung des Reizes sorgen für ein Gefühl.	• Einfache und logische Erklärung für die Entstehung von Emotionen • Erklärung aller Emotionen als Mischformen einiger weniger, grundlegender Gefühle • Erklärung für reflexartiges und impulsives Verhalten	• Henne/Ei-Problematik von Gefühlen und physiologischer Reaktion • Fehlende Falsifizierbarkeit der evolutionären Funktion von Gefühlen • Unzureichende Erklärung für interindividuelle Unterschiede auf denselben Reiz • Fehlende Spezifität körperlicher Reflexe, um differenzierte Gefühle zu beschreiben
Attributionstheoretisch	Erregungszustände bzw. Situationen werden zuerst als positiv/negativ interpretiert und dann auf ihre Ursachen zurückgeführt. Je nach Einordnung der Ursachen auf drei Kausaldimensionen entstehen spezifische Gefühle.	• Erklärung von Informationsverarbeitungsprozessen • Erklärung für das Entstehen spezifischer, differenzierter Gefühle • Erklärung interindividueller Unterschiede der Reaktion auf Reize bzw. Situationen • Empirischer Nachweis des Zusammenhangs zwischen Emotion, Kausalattribution und Handlungstendenz	• Mangelnde Erklärung der Gefühlsentstehung bei fehlender Erfahrung für eine Situation • „Weiße Flecken" in der Gefühls-Taxonomie • Beschränkung des Bewertungsprozesses auf Ursachenzuschreibung (Kausalattribution)
Einschätzungstheoretisch	Situationen (Ereignisse, Handlungen oder Objekte) werden anhand von Wertüberzeugungen als positiv bzw. negativ beurteilt (Richtung des Gefühls). Je nach Einordnung der Situation auf verschiedenen Einschätzungsdimensionen entstehen spezifische Gefühle.	• Erklärung von Informationsverarbeitungsprozessen • Vergleichsweise umfassende Taxonomie der Gefühle auf Basis mehrerer Einschätzungsdimensionen • Erklärung interindividueller Unterschiede in der Reaktion auf Situationen • Empirische Überprüfung der Einschätzungsmuster für spezifische Emotionen	• Mangelnde Erklärung reflexartigen und impulsiven Verhaltens • Unterstellung eines vollkommen souveränen Menschenbildes • Keine vollständige Zuordnung sämtlicher Emotionen zu spezifischen Einschätzungsmustern

Tab. 12: Vergleich der drei wichtigsten Emotionstheorien

Angesichts der jeweiligen Vor- und Nachteile lässt sich nicht abschließend beurteilen, welcher der Ansätze der richtige ist. Wenn es um die ökonomischen Auswirkungen von Emotionen geht, erscheint es vielmehr sinnvoll, vor dem Hintergrund der **jeweiligen Fragestellung** zu entscheiden, welcher Ansatz Entscheidungen bzw. Verhaltensweisen von Wirtschaftssubjekten besser zu erklären vermag.

Wer bspw. ergründen möchte, warum sich Konsumenten bestimmten, in der Werbung verwandten Schlüsselreizen (z.B. Darstellung kleiner Kinder) automatisch zuwenden, dann ist der biologische Ansatz hilfreich. Das sog. Kindchenschema aktiviert Beschützerinstinkte und mithin Gefühle des Mitleids und der Fürsorge (vgl. Kroeber-Riel/Weinberg 2003, S. 13f., 535). Geht es hingegen darum, den demonstrativen Konsum von Statussymbolen zu erklären, dann liefert die *Appraisal*-Theorie bessere Ansatzpunkte. Denn der Käufer verfolgt mit dem Kauf von Status-Symbolen bestimmte Ziele, etwa die Anerkennung in seiner sozialen Bezugsgruppe: Er ist stolz, ein bestimmtes Produkt zu besitzen und anderen zu präsentieren. Und wenn Unternehmen in Krisensituationen erfolgreiche Öffentlichkeitsarbeit betreiben möchten, dann kann es sinnvoll sein, die Kausaldimensionen samt Ausprägung zu kennen, die dafür sorgen, dass die relevanten Interessensgruppen Ärger oder Mitleid empfinden – und Dank der Attributionstheorie zu wissen, wie man diese Gefühle beeinflussen kann. Um zu entscheiden, welcher Ansatz für vorliegende Arbeit verwendet werden soll, sind die **Anforderungen an die Theorie** abzuleiten, die sich aus der Aufgabenstellung ergeben, die Akzeptanz einer Innovationsidee zu erklären.

4.5.2 Anforderungen an eine Emotionstheorie zur Erklärung der Akzeptanz einer Innovationsidee

Im Rahmen dieser Arbeit soll untersucht werden, welchen Einfluss Gefühle darauf haben, ob jemand eine Innovationsidee akzeptiert, d.h. ob er sich vorstellen könnte, eine Neuheit zu übernehmen. Damit liegt der Fokus auf einer frühen Phase des Adoptionsprozesses: Der potenzielle Adopter ist dabei, sich eine Meinung über die Innovation zu bilden, von der er gerade erst erfahren hat. Er selbst und seine Konkurrenten haben bislang noch keine Erfahrungen mit der Neuheit sammeln können. Zudem ist die Bestrahlung von Kunststoffen mit Elektronen ein relativ kompliziertes Verfahren. Ihre Wirkung lässt sich erst bei bzw. nach der weiteren Verarbeitung des veredelten Werkstoffs erkennen – und auch dann teilweise nur durch aufwändige Tests oder nach längerem Einsatz der Endprodukte. Damit handelt es sich um eine **komplexe** und **hochgradig unsichere Entscheidungssituation**. Aus diesen Informationen lassen sich mehrere Anforderungen an eine Emotionstheorie ableiten. Diese sollte

(1) Emotionen beschreiben und erklären können, die unter Unsicherheit auftreten,
(2) davon ausgehen, dass Gefühle als Reaktion auf einen Reiz entstehen (hier: Darbietung der Innovation),
(3) eine Emotion als Zustand (*State*) ansehen, der in einer spezifischen Situation auftritt, nicht als überdauerndes Persönlichkeitsmerkmal (*Trait*),
(4) Hinweise darauf geben, dass Emotionen eine Handlungsbereitschaft folgt (hier: Akzeptanz der Innovationsidee),
(5) mit der von Adoptionsforschern postulierten Annahme korrespondieren, dass die Adoption einer Neuheit im Allgemeinen sowie die Akzeptanz der Innovationsidee im Besonderen das Ergebnis eines Informationsverarbeitungsprozesses ist. Emotionen sollten Bestandteil dieses Informationsverarbeitungsprozesses sein.

Emotionen unter Unsicherheit

Mit Gefühlen, die unter Unsicherheit entstehen, haben sich lediglich Einschätzungstheoretiker eingehend auseinandergesetzt. Ihrer Ansicht nach beurteilt der Mensch eine Situation u.a. danach, wie sicher sie ist. Diese *Appraisal Dimension* wurde in Kap. 4.4.4.2 (Abb. 31) als subjektive Wahrscheinlichkeit bezeichnet. Ereignisse, die nur wahrscheinlich eintreten, heißen in der Theorie von *Ortony* und Kollegen Ungewissheits-Emotionen. Ist das Ereignis erwünscht, entsteht Hoffnung; ist es unerwünscht, empfindet der Urteilende Furcht. Attributionstheoretiker diskutieren die Unsicherheit bzw. Wahrscheinlichkeit, mit der ein Sachverhalt auftritt, nicht explizit – und folglich auch nicht die Gefühle, die in solchen Situation entstehen. Furcht und Hoffnung erscheinen in *Weiners* Gefühls-Taxonomie daher nicht. Auch biologisch orientierte Forscher beziehen sich nicht explizit auf Unsicherheit. Allenfalls implizit schreibt bspw. Izard (1991, S. 282), dass Furcht entsteht, wenn jemand eine Bedrohung ahnt.

Emotionen als Reaktion auf einen Reiz

Sowohl die biologisch orientierten als auch die beiden kognitiven Emotionstheorien gehen davon aus, dass Gefühle als Reaktion auf einen Reiz entstehen, der sowohl externer als auch interner Natur sein kann. Im vorliegenden Falle trifft der Stimulus von Außen auf den potenziellen Adopter: Er bekommt die Innovation vorgestellt.

Emotionen als State

In einigen Bereichen der Innovationsforschung spielen überdauernde Persönlichkeitsmerkmale (*Traits*) eine wichtige Rolle, so etwa die Risikobereitschaft bei der Beschreibung von Adopter-Typen (vgl. z.B. Rogers 2003, S. 281ff.). In vorliegender Arbeit geht es aber darum, Emotionen zu untersuchen, die in einer spezifischen Situation auftreten, nämlich als Reaktion auf eine soeben zur Kenntnis genommene Innovation. Hierfür dürfen Gefühle nicht als stabile Disposition angesehen werden, sondern als situationsspezifischer Zustand (*State*). Dieser Anforderung genügen alle oben vorgestellten Emotionstheorien, da sie davon ausgehen, dass ein spezifischer Reiz bzw. eine bestimmte Situation Gefühle auslöst.

Emotion State vs. Emotion Trait

Lazarus (1991a, S. 46f.) oder Izard (1991, S. 17) bspw. grenzen vom hier gemeinten *Emotion State* eindeutig den Begriff *Emotion Trait* ab, womit die Tendenz bzw. Disposition eines Individuums gemeint ist, häufig ein bestimmtes Gefühl zu empfinden. Aus Ursache dafür sieht Izard (frühkindliche) Adaptionsprozesse an. So würden schüchterne Kinder (*Emotion Trait* = Schüchternheit) sich Fremden mit Vorsicht nähern, was sie vor Gefahren schützt (vgl. Izard 1991, S. 319).

Ähnlich erklärt Zuckerman (1976) den Unterschied zwischen *Emotion Trait* und *Emotion State* in Bezug auf Angst. Ängstliche Menschen (*Trait Anxiety*) empfinden in bestimmten Situationen mehr und öfter Angst (*State Anxiety*). Allerdings sei das Persönlichkeitsmerkmal keine Reaktion auf ein spezifisches Überlebensproblem, sondern entstünde in der Summe aller vorangegangen *Anxiety States*. Damit ist das Gefühl als Persönlichkeitsmerkmal ein Derivat einzelner Gefühlszustände: Wenn jemand fortgesetzt Angstreizen ausgesetzt ist, entwickelt er eine Tendenz zur Ängstlichkeit. Spiegelbildlich argumentiert Spielberger (1972) in seinem *Trait-State*-Angstmodell: Demnach haben Hochängstliche (*Trait*) in selbstwertbedrohlichen Situationen eine stärkere Zustandsangst als Niedrigängstliche. Beide Sichtweisen sind plausibel, sodass man annehmen kann, dass Disposition und Zustand einander wechselseitig bedingen. Auf jeden Fall aber sind es zwei getrennte Konzepte; und in vorliegender Arbeit interessiert das letztere.

Handlungskonsequenzen von Emotionen

Mit dem Verhalten bzw. mit der Handlungsbereitschaft, die mit einem Gefühl einhergeht, beschäftigen sich naturgemäß behavioristische Emotionspsychologen intensiv, also die biologisch orientierten. Sie bezeichnen spezifische physiologische Reaktionen (z.B. erhöhter Hautwiderstand, Gesichtsausdruck) gar als das Gefühl an sich. Aber auch Kognitionspsychologen thematisieren Handlungstendenzen, wenngleich sie diese mehrheitlich nicht als Bestandteil, sondern als Konsequenz von Gefühlen ansehen. Diese haben sie beschrieben und in empirischen Studien nachgewiesen. Weiner (1986) zeigte, dass Hilfsbereitschaft auf Mitleid folgt. Lazarus (1991a) und Frijda (1987) demonstrierten spezifische *Coping*-Strategien, um bspw. Angst oder Ärger zu bewältigen. Besonders umfassend ist die Studie von Frijda et al. (1989)

sowie Frijda (1987), welche die spezifischen Handlungstendenzen für insgesamt 32 bzw. 30 verschiedene Emotionen nachwiesen.

Emotionen als Teil eines Informationsverarbeitungsprozesses

Adoptionsforscher gehen davon aus, dass der potenzielle Adopter von einer Neuheit erfährt, die dabei zur Kenntnis genommenen Informationen verarbeitet und sich daraufhin eine Meinung über die Innovation bildet. Emotionstheorien, die den Menschen als *Black Box* ansehen und im behavioristischen Sinne lediglich die sichtbaren Handlungsreaktionen auf einen Reiz zum Maßstab der Untersuchung erheben, bilden keine Gedankengänge ab. Biologisch orientierte Ansätze entfallen daher, um die Akzeptanz der Innovationsidee zu erklären. Sie eignen sich eher als theoretische Grundlage für rasch ablaufende Kaufprozesse, bei denen von einer geringen kognitiven Kontrolle auszugehen ist, wie etwa impulsive Käufe. Von einer spontanen Entscheidung kann jedoch nicht ausgegangen werden, wenn es um die Übernahme einer Neuheit geht (vgl. Bagozzi/Lee 1999, S. 219). Der Entschluss will vielmehr wohlüberlegt sein. Mit dem Prozess der Kausalattribution bzw. dem *Appraisal*-Vorgang stellen die kognitiven Emotionstheorien die Bewertung von Situationen in den Mittelpunkt ihrer Forschung.

Zusammenfassend zeigt Tab. 13, dass die *Appraisal*-Theorien den Anforderungen der spezifischen Aufgabenstellung am besten gerecht werden. Sie vermögen es, wie auch die attributionstheoretischen Ansätze, den Informationsverarbeitungsprozess abzubilden, der im Menschen in Reaktion auf einen Reiz abläuft. Und sie beschreiben darüber hinaus, welche Emotionen unter Unsicherheit auftreten.

Anforderung	Biologisch orientierte Theorien	Attributionstheoretisch fundierte Theorien	*Appraisal*-Theorien
Emotionen unter Unsicherheit	nein	nein	☑
Emotionen als Reaktion auf einen Reiz	☑	☑	☑
Emotion als *State*	☑	☑	☑
Handlungskonsequenzen von Emotionen	☑	☑	☑
Emotionen als Teil eines Informationsverarbeitungsprozesses	nein	☑	☑

Tab. 13: Vergleich von Emotionstheorien anhand spezifischer Anforderungen

4.5.3 Appraisal-Theorie als Grundlage für das Erklärungsmodell

4.5.3.1 Konzept der antizipierten Emotionen

Wie im vorangegangenen Kapitel ausgeführt, eignen sich die *Appraisal*-Theorien am besten, den Einfluss von Emotionen auf die Akzeptanz der Innovationsidee zu untersuchen. Denn abgesehen von weiteren Vorteilen beschreiben sie solche Gefühle, die unter Unsicherheit auftreten, wie es bei einer Adoptionsentscheidung der Fall ist: Der Nachfrager kann nur erahnen, was passiert, wenn er die Neuheit übernimmt. Das unsichere Ereignis ist dabei nicht die Adoptionsentscheidung, denn diese unterliegt der Kontrolle des Handelnden. Nur schwer vorhersehbar sind vielmehr die Konsequenzen, die sich aus der Adoption ergeben. Nach Rogers (2003, S. 172) ist diese Ungewissheit einer Innovation inhärent. Bagozzi/Lee (1999, S. 221) führen in diesem Zusammenhang in Anlehnung an Bagozzi et al. (1998, S. 1), die sich auf Kaufentscheidungen allgemein beziehen, den Begriff der antizipierten Emotionen ein (*Anticipated Emotions*). Gemeint sind Gefühle, die sich aus der Beurteilung der **vermuteten Konsequenzen** der Adoption einer Innovation ergeben. Sie beziehen sich auf das Ergebnis einer (Kauf-)Entscheidung, nicht auf diese selbst (vgl. MacInnis/de Mello 2005, S. 3).

Dabei werden oft nur die Folgen einer **positiven Kaufentscheidung** diskutiert. Die möglichen Konsequenzen einer Ablehnung (Rejektion) bleiben unberücksichtigt. Dies geschieht zu Unrecht, denn die von Perrillieux (1987) befragten Unternehmensvertreter bspw. gaben die Befürchtung, den Einstieg in eine neue Technik zu verpassen, als wichtigen Grund dafür an, Produktinnovationen möglichst früh zu übernehmen. Gemeinsam mit der mehrfach nachgewiesenen Bedeutung der Opportunitätskosten von Handlungen (vgl. Scott 2000; Son/Park 1990) spricht dieser Befund dafür, auch die Alternative zur Adoption zu berücksichtigen. Was könnte passieren, wenn jemand die Innovation nicht übernimmt? Damit ergibt sich im Kontext des Adoptionsprozesses für antizipierte Emotionen folgende Arbeitsdefinition:

 Antizipierte Emotionen sind Gefühle, welche durch die vermuteten Konsequenzen eines Ereignisses (z.B. Adoption bzw. Rejektion einer Innovation) ausgelöst werden.

4.5.3.2 Furcht und Hoffnung als antizipierte Emotionen

In die Gefühls-Taxonomie der Einschätzungstheoretiker um *Ortony* eingeordnet, sind antizipierte Emotionen **Ungewissheits-Emotionen**. Sie entstehen, wenn der Fühlende ein Ereignis, das ihn selbst betrifft, mit einer bestimmten Wahrscheinlichkeit (p < 100%) erwartet. Korrespondiert dieses künftige Geschehen zudem mit seinen Wertüberzeugungen, dann entsteht Hoffnung, sonst Furcht (vgl. Abb. 33).

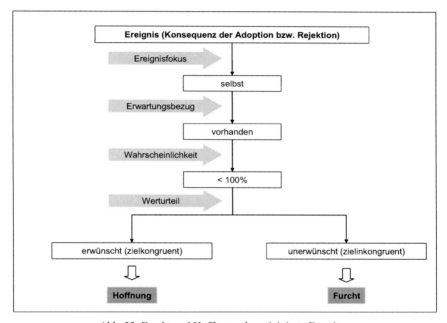

Abb. 33: Furcht und Hoffnung als antizipierte Emotionen

Hoffnung ist ein positives Gefühl, ausgelöst durch ein ungewisses zielkongruentes Ereignis (vgl. MacInnis/de Mello 2005, S. 2). Es geht mit einer positiven Zukunftsvorstellung einher (vgl. Ulich/Mayring 1992, S. 145). Im Kontext des Adoptionsprozesses handelt es sich um eine antizipierte Emotion, die ein Nachfrager empfindet, wenn er es für möglich hält, dass sich aus seiner Adoptionsentscheidung positive Konsequenzen ergeben.

Spiegelbildlich ist **Furcht** ein negatives Gefühl, ausgelöst durch ein ungewisses, zielinkongruentes Ereignisses (vgl. Ortony et al. 2003, S. 115). Mit Blick auf den Adoptionsprozess handelt es sich um eine antizipierte Emotion, die ein Nachfrager empfindet, wenn er es für möglich hält, dass sich aus seiner Adoptionsentscheidung negative Konsequenzen ergeben. Im deutschen Sprachgebrauch spricht man auch von Befürchtungen.

Oft ist statt von Furcht von Angst die Rede. Auch weist obige Begriffsbestimmung Parallelen zum wahrgenommenen Risiko auf, bekanntlich definiert als die Folgen seines (Kauf-) Verhaltens, die sich ein Nachfrager nicht sicher vorstellen kann und die er subjektiv als negativ wahrnimmt (vgl. Bauer 1967). Alle drei Begriffe sind jedoch voneinander **abzugrenzen**:

Furcht, Angst oder Risiko?

Angst (*Anxiety*) bzw. Furcht (*Fear*) ist die am intensivsten untersuchte Emotion (vgl. Ulich/Mayring 1992, S. 152). Beide Begriffe werden oft synonym verwendet. Entsprechende Gefühle entstehen, wenn jemand eine ungewisse Situation als bedrohlich erlebt. Allerdings bezieht sich Furcht auf eine konkrete Bedrohung, während Angst ein unspezifisches, globales Gefühl ist (vgl. Ulich/Mayring 1992, S. 153; Lazarus 1991a, S. 234). Da sie den Auslöser ihres Angstgefühls nicht genau kennen, fühlen sich betroffene Personen häufiger hilflos und gehemmt als solche, die sich vor etwas Konkretem fürchten (vgl. Frijda et al. 1989, S. 222). Angst ist daher vor allem in der klinischen Psychologie von Interesse, z.b. wenn es um die Untersuchung und Behandlung von Depressionen geht. Vorliegende Arbeit bezieht sich auf das Konzept der Furcht bzw. Befürchtung. Es wird von konkreten Konsequenzen ausgegangen, die sich aus der Adoption bzw. Rejektion einer Innovation ergeben.

Auch das **Risikokonzept** weist Parallelen zum Emotionsbegriff „Furcht" auf. Vor dem Hintergrund einer Kaufsituation werden beide Konstrukte definiert als die ungewissen Konsequenzen der Kaufentscheidung, die als negativ wahrgenommen werden. Damit enthalten sie eine probabilistische sowie eine wertende Komponente. Wahrgenommenes Risiko und Furcht sind umso höher, je wahrscheinlicher ein Ereignis eintritt und je negativer es bewertet wird. Allerdings unterscheiden sich die Begriffe in zweierlei Hinsicht voneinander:
- Es gibt risikoaverse und risikofreudige Menschen. Zwei Personen können ein Ereignis gleich risikoreich bewerten (gleich wahrscheinlich und gleich negativ). Dennoch empfindet der erste diese Bedrohung als etwas Negatives, der zweite als etwas Positives. So würde der Risikoaverse nicht versuchen, einen 8000er Gipfel zu besteigen. Der Risikofreudige sieht darin eine Herausforderung. Furcht hingegen empfindet der Betroffene immer als negativ.
- Furcht geht wie jede Emotion mit spezifischen Handlungskonsequenzen einher, die darauf gerichtet sind, diesen Zustand abzubauen. Im Regelfall sind dies Vermeidung bzw. Flucht (vgl. Lazarus 1991a, S. 237f.). Ein hohes wahrgenommenes Risiko sorgt oft für ein anderes spezifisches Verhalten: Der Mensch versucht, seine Unsicherheit zu reduzieren, indem er nach Informationen sucht (vgl. Bänsch 1993, S. 77; Gemünden 1985, S. 27). Weiterhin neigt der oben beschriebene, risikofreudige Mensch dazu, ungewisse Situationen gerade zu suchen und die negativen Konsequenzen in Kauf zu nehmen. Er reagiert also mit Annäherung, ein Verhalten, das für Furcht nicht berichtet wird.

Wie in Kap. 4.4.4.2 am Beispiel eines Absolventen beschrieben, der auf eine Einladung zum Bewerbungsgespräch hofft, aber auch befürchtet, abgelehnt zu werden, kann man **gleichzeitig hoffen und sich fürchten**. In der Umgangssprache findet dieses Schwanken zwischen Furcht und Hoffnung einen treffenden Ausdruck: „bangen". Auch im Falle einer Kaufentscheidung ist davon auszugehen, dass beide Gefühle auftreten; denn die Konsequenzen sind vielfältig und können sowohl positiver als auch negativer Natur sein. Bspw. ist es möglich, dass jemand durch den Erwerb einer Luxuslimousine an Ansehen in seinem sozialen Umfeld gewinnt und den Fahrkomfort genießt (zielkongruente Konsequenzen). Gleichzeitig kann es sein, dass das Auto mehr Benzin verbraucht als der Hersteller versprach oder dass der große Wagen sich nur schwer durch enge Gassen, Einfahrten und Parkhäuser rangieren lässt (negative Konsequenzen). Zusammenfassend ergeben sich für die beiden spezifischen antizipierten Emotionen folgende **Arbeitsdefinitionen**:

> ▶ **Hoffnung** ist ein positives Gefühl, welches durch die vermuteten zielkongruenten Konsequenzen eines Ereignisses (z.B. Adoption bzw. Rejektion einer Innovation) ausgelöst wird.

> ▶ **Furcht** ist ein negatives Gefühl, welches durch die vermuteten zielinkongruenten Konsequenzen eines Ereignisses (z.B. Adoption bzw. Rejektion einer Innovation) ausgelöst wird.

4.5.3.3 Abgrenzung antizipierter Emotionen vom Erwartungsnutzen

Die Konzeptualisierung von Furcht und Hoffnung als antizipierte Emotionen weist Parallelen zur aus der Mikroökonomie bekannten **Erwartungsnutzentheorie** von Neumann/Morgenstern (1947) auf, die sich ebenfalls mit Entscheidungen unter Unsicherheit befasst. Sie besagt, dass ein Konsument die zur Auswahl stehenden Möglichkeiten anhand ihres erwarteten Nutzens (*Expected Utility*) vergleicht und dann die Alternative mit dem größten Wert wählt. Der Erwartungsnutzen berechnet sich wie folgt (vgl. Eisenführ/Weber 2003, S. 211ff.):

$$EU(a) = \sum_{i=1}^{n} p_i \bullet u(a_i) \quad (1)$$

a	.... zur Wahl stehende Alternative
EU(a)	.... Erwarteter Nutzen von Alternative a
u (a_i)	.... Nutzen möglicher Konsequenzen i aus der Wahl von a
p_i	.... Wahrscheinlichkeit, dass Konsequenz i eintritt

Laut Formel (1) bewertet der Entscheider die jeweiligen Konsequenzen seiner Wahl (a_i) anhand ihres Nutzens (u), gewichtet sie mit der Wahrscheinlichkeit ihres Eintretens und addiert sie zu einem Erwartungswert. Ebenso wie beim emotionstheoretischen Konzept der Zielkongruenz kann er die mit einer Alternative einhergehenden Konsequenzen sowohl positiv als auch negativ bewerten. Sie werden bspw. im Rahmen der *Prospect*-Theorie daher auch als Gewinne (*Gains*) und Verluste (*Losses*) bezeichnet. Gewinne stiften einen positiven Nutzen, Verluste einen negativen Nutzen bzw. Schaden (vgl. Kahneman/Tversky 1979, S. 279). Gewichtet mit ihrer Eintrittswahrscheinlichkeit werden sie zu einem erwarteten Nettonutzenwert aggregiert. Ein rationaler Entscheider wählt immer die Alternative mit dem höchsten Wert.

Diese Art der Bewertung ungewisser Konsequenzen einer Kaufentscheidung **unterscheidet sich** jedoch vom Konzept der **antizipierten Emotionen** in dreierlei Hinsicht:

(1) Der Erwartungsnutzen ist das Ergebnis eines **rationalen Verrechnungsprozesses**: Positive und negative Konsequenzen einer Kaufentscheidung werden zu einem erwarteten Nettonutzenwert aggregiert. Verhaltenswissenschaftlich geprägte Weiterentwicklungen der Nutzentheorie, wie *Prospect*-Theorie (vgl. Kahneman/Tversky 1979) und *Mental Accounting* (vgl. Tahler 1985), stellen zwar die Rationalität des Bewertungsprozesses in Frage. Sie gehen davon aus, dass bei der Verrechnung systematische Wahrnehmungsverzerrungen auftreten, z.B. ignoriert der Entscheider Komponenten, die alle Alternativen gemeinsam haben (*Cancellation*), runden Wahrscheinlichkeiten auf oder ab (*Simplification*; vgl. Kahneman/Tversky 1979) oder entwertet Verluste aus der Vergangenheit (vgl. Prelec/Loewenstein 1998). Aber auch diese Theorien unterstellen, dass der Mensch in der Lage ist, mentale Verrechnungskonten anzulegen, d.h. Gewinne und Verluste zunächst separat zu verbuchen, und dann gegeneinander aufzuwiegen. Emotionen hingegen lassen sich nicht „verrechnen", weil sie sich nicht nur in ihrer Valenz unterscheiden, sondern auch in ihrer Qualität (vgl. Schachter/Singer 1962). Furcht und Hoffnung können in einer Entscheidungssituation separat voneinander auftreten. Sie lassen sich aber nicht auf einen „Hoffnungs- oder Furchtüberschuss" reduzieren oder gar zu einem „Netto-Gefühl" von null neutralisieren.

(2) *Appraisal*-Prozesse folgen nicht dem mikro-ökonomischen Prinzip der Nutzenmaximierung, sondern unterliegen **systematischen Wahrnehmungsverzerrungen**, z.B.:

- **Selektivität** der Wahrnehmung. Möglicherweise nimmt jemand die negativen Konsequenzen einer Handlung gar nicht wahr, sondern sieht nur die positiven Facetten und entscheidet sich deshalb für eine Alternative – oder umgekehrt gegen eine Wahlmöglichkeit, weil er sie primär als Bedrohung empfindet (vgl. Bagozzi/Lee 1999, S. 219). In den Erwartungsnutzenwert fließen demgegenüber sämtliche Konsequenzen einer Alternative ein; interindividuelle Unterschiede im Entscheidungsverhalten sind dann allenfalls auf die unterschiedliche Nutzenfunktion u(a_i) des Konsumenten zurückzuführen, die sich wiederum aus seiner Risikoneigung ergibt (vgl. Bamberg/Coenenberg 2004, S. 70ff.).

- **Subjektivität** der Wahrnehmung. Gefühle basieren auf der Bewertung der Möglichkeit (*Possibility*), dass ein Ereignis eintritt, während sich das in der Nutzentheorie verwandte Konzept der Erwartungen auf die Wahrscheinlichkeit (*Probability*) bezieht, d.h. einer streng probabilistischen Bewertung gleichkommt (vgl. MacInnis/de Mello 2005, S. 2). Daher hoffen z.b. manche Schwerkranke auf Genesung, obwohl die Wahrscheinlichkeit dafür praktisch bei null liegt; sie interpretieren bereits die geringste Chance als Indiz für die Möglichkeit, wieder gesund zu werden (vgl. Taylor et al. 2000).

(3) Emotionstheoretiker gehen mehrheitlich davon aus, dass Gefühle mit **körperlicher Aktivierung** (vgl. z.b. Plutchik 1994; Zajonc 1980) bzw. zumindest mit einer Handlungstendenz (vgl. Weiner 1995; Frijda 1993; Lazarus 1991a) einhergehen. So mag einen Unternehmer die Hoffnung, durch eine strategische Beschaffungsentscheidung zum Marktführer zu avancieren, in positive Aufregung versetzen. Und ein Einkäufer, der sich aus Kostengründen erstmals für einen Lieferanten aus Fernost entscheidet, mag befürchten, dass der neue Partner sich als unzuverlässig erweist und deshalb nervös sein. Zwar dürfte der Grad der Erregung von situativen (z.b. *Amount-at-Stake*) und individuellen Faktoren (z.b. allgemeines Erregungsniveau) abhängen und daher mitunter sehr gering ausfallen. Auf jeden Fall aber werden körperliche Zustände dieser Art lediglich im Zusammenhang mit Gefühlen unterstellt – nicht dem *Oeconomic Man*, der seinen Nutzen maximiert.

5 Emotionsbasiertes Adoptionsmodell (EAM)

5.1 Ablauf des Appraisal-Prozesses

Bagozzi/Lee (1999) betrachten in ihrer theoretischen Arbeit den Prozess der Adoptionsentscheidung erstmals als *Appraisal*-Vorgang. Demnach stuft der Nachfrager die Innovation, nachdem er sie zur Kenntnis genommen hat, zunächst pauschal als **Chance oder Bedrohung** ein, möglicherweise auch als eine Kombination aus beidem. Diesem ersten Urteil folgen im weiteren *Appraisal*-Prozess spezifische Emotionen (vgl. Bagozzi/Lee 1999, S. 219). Hinweise auf einen solchen zweistufigen Informationsverarbeitungsprozess liefern praktisch alle Einschätzungstheoretiker, indem sie unterstellen, dass der Urteilende einen Stimulus zunächst vor dem Hintergrund seiner Wertüberzeugungen ganz allgemein als etwas Positives oder Negatives ansieht (vgl. Kap. 4.4.2). Nach Lazarus (1991a, S. 133f.; 1968) ist dieses Pauschalurteil Bestandteil des primären *Appraisal*-Vorgangs, während das spezifische Gefühl erst im sog. sekundären *Appraisal*-Prozess entsteht.

> ▶ Unter Wahrnehmung einer Innovation als **Chance** ist die erste positive Bewertung der Neuheit zu verstehen. Spiegelbildlich spricht man von einer **Bedrohung**, wenn das Werturteil negativ ausfällt.

Wer die Innovation als Chance betrachtet, antizipiert mit deren Adoption positive Gefühle, mit der Rejektion negative. Umgekehrt verhält es sich mit Nachfragern, welche die Neuheit als bedrohlich einschätzen. Sie sehen eher die negativen Konsequenzen einer Übernahme und die positiven Folgen, wenn sie sich gegen die Neuerung entscheiden (vgl. Bagozzi/Lee 1999, S. 219ff.).[21] Entsprechend der weiter oben vorgestellten Gefühls-Taxonomie von *Ortony* und Kollegen handelt es sich hierbei um **Furcht und Hoffnung** (vgl. Abb. 34). Was die Nachfrager hoffen bzw. befürchten und welche Auswirkung dies auf die Akzeptanz der Innovationsidee hat, wird in den nächsten Kapiteln näher beschrieben.

---

[21] Die beiden Autoren gehen vereinfachend davon aus, dass die Wahrnehmung einer Innovation als Chance positive Emotionen nach sich zieht und die Wahrnehmung als Bedrohung negative. Allerdings betrachten sie lediglich die Konsequenzen der Adoption. Bezieht man auch die „Opportunitätshandlung" (Rejektion) mit ein, dann muss, wie hier dargestellt, differenziert werden.

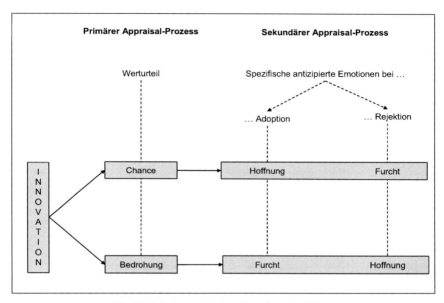

Abb. 34: Primärer und sekundärer *Appraisal*-Prozess

5.2 Antizipierte Emotionen bei Adoption bzw. Rejektion der Innovation

5.2.1 Ziele bzw. Wünsche der Nachfrager als Basis der Emotionsentstehung

Ob und was ein Nachfrager sich von der Adoption bzw. Rejektion der Innovation erhofft bzw. wovor er sich dabei fürchtet, hängt von seinen **Zielen** ab. Denn Hoffnung entsteht bei Zielkongruenz, Furcht bei Zielinkongruenz. Dabei sind Ziele „internale Repräsentationen erwünschter Zustände" (Austin/Vancouver 1996, S. 338). Webster/Wind (1972b, S. 13, 19) gehen davon aus, dass industrielle Nachfrager sowohl aufgabenbezogene (*Task-Related Motives*) als auch nicht-aufgabenbezogene Wünsche haben (*Nontask-Related Motives*)[22]. Erstere beziehen sich auf das konkrete Kaufproblem (z.B. Verbesserung der Leistungsfähigkeit der Organisation durch das gekaufte Produkt). Letztere sind persönlicher Natur. Die Autoren unterteilen sie in *Achievement Motives* (persönliches Vorankommen, Anerkennung) sowie *Risk-Reduction Motives* (Reduktion des eigenen Risikos).

---

[22] Motive setzen die Autoren mit Wünschen gleich.

Es mag Situationen geben, in denen sich industrielle Nachfrager **ausschließlich von individuellen** Zielen leiten lassen, nämlich wenn „alle anderen Dinge gleich sind" (Webster/Wind 1972b, S. 19). Dies wäre bspw. der recht unwahrscheinliche Fall, dass alle Anbieter das Beschaffungsobjekt zu einer vergleichbaren Qualität, mit einem austauschbaren Service und zum identischen Preis anbieten. Dann kann die persönliche Beziehung des Entscheiders zu einem Verkäufer den Ausschlag geben, oder ein materieller Anreiz, mit dem dieser ihm die Entscheidung „erleichtern" möchte.

In der Realität stehen aufgabenbezogene und persönliche Wünsche im Regelfall **nicht konträr** zueinander. So korrespondiert bspw. das individuelle Anliegen, im Unternehmen aufzusteigen, mit dem *Task-Related Motive*, das „richtige" Produkt zu kaufen (vgl. Webster/Wind 1972b, S. 19). Allgemeiner formuliert: Wer dem Unternehmen mit einer sinnvollen Entscheidung dient, der erreicht auch eigene Ziele. Bspw. wird ein Fertigungsleiter, dem es mit einer innovativen Technologie gelingt, seine Produkte maßgeblich zu verbessern, Kosten zu senken, den Produktionsprozess zu beschleunigen, sich damit das Wohlwollen der Geschäftsführung sichern und an Ansehen in der Firma gewinnen. Und wenn ein CEO selber eine Kaufentscheidung getroffen hat, die sich im Nachhinein als richtig herausstellt, dann kann er sie als persönlichen Erfolg verbuchen. Dies wiederum dürfte seinem Selbstwertgefühl dienlich sein (= persönliches Motiv).

Diese Beispiele lassen die in der psychologischen Forschung dominierende Annahme plausibel erscheinen, dass **Ziele hierarchisch strukturiert** sind (vgl. Austin/Vancouver 1996, S. 341). Die aufgabenbezogenen Ziele, dienen dazu, persönliche Ziele zu erreichen. Sie sind Mittel zu dem Zweck, sich übergeordnete Wünsche zu erfüllen, die persönlicher Natur sind. Diese Art von Ziel-Hierarchie wurde empirisch bereits vielfach nachgewiesen (vgl. ausführlich Austin/Vancouver 1996, S. 341f.). Darüber hinaus sind sie Grundelemente verschiedener verhaltenswissenschaftlicher Theorien, bspw. der Theorie der Individualität von Royce/Powell (1983) oder der *Means-End*-Theorie (vgl. Huber et al. 2004).

Allerdings erfüllen persönliche Motive zumeist **individuelle Eitelkeiten**. Es ist daher sozial nicht gerade erwünscht, diese offen zu legen, erst recht nicht im Falle industrieller Nachfrager. So verwundert es kaum, dass bspw. die von Schafmann (2004, S. 294ff.) mündlich interviewten 205 deutschen IT-Fachhändler kaum angaben, sich bei ihren Entscheidungen vom Streben nach Prestige oder beruflichem Ansehen leiten zu lassen. Auch das Aufstiegsmotiv ist in einer

Kultur wie der deutschen besonders sensibel; denn hierzulande werden Hierarchie-Unterschiede und elitäres Denken eher mit Argwohn betrachtet, was sich in dem niedrigen Machtdistanz-Index der interkulturellen Studie von Hofstede (1994) niederschlägt. Hinzu kommt, dass bspw. der Wunsch nach persönlichen materiellen Vorteilen, auf die manche Einkäufer nicht zu unrecht hoffen können, wenn sie einen bestimmten Anbieter bevorzugen, höchst sensibel und u.U. strafrechtlich relevant ist: Wer sich bestechen lässt, verstößt gegen Gesetze (vgl. DIHK 2006). Es ist daher kaum anzunehmen, dass industrielle Nachfrager persönliche Ziele dieser Art in einer Befragung offen legen, sondern vielmehr aufgabenbezogene Motive nennen. Da diese aber entsprechend o.g. Hierarchie Mittel zum Zweck für persönliche Ziele sein können, wirkt sich dies nicht nachteilig auf die Validität der Befunde aus.

5.2.2 Identifikation von Hoffnungen und Befürchtungen

5.2.2.1 Beschreibung der qualitativen Vorstudie

Um die Ziele und die damit verbundenen Hoffnungen und Befürchtungen potenzieller Adopter veredelter Polymere zu ermitteln, wurden zwei **qualitative Gruppeninterviews** mit je vier Kunststoff-Experten durchgeführt. Im Gegensatz zu einer quantitativen, repräsentativen Befragung bestand das Ziel dieser explorativen Studie darin, Einblick in ein Marketingproblem zu erhalten (vgl. Nieschlag et al. 2002, S. 381): Sie sollte die antizipierten Emotionen der Zielgruppe möglichst umfassend aufdecken. Gruppeninterviews eignen sich hierfür besonders, weil die Teilnehmer dabei miteinander kommunizieren, sich gegenseitig anregen und divergierende Meinungen diskutieren können (vgl. Kuß 2004, S. 31, 108f.).

Rekrutiert wurden die Teilnehmer aus Kooperationspartnern des Anbieters der Innovation. Es handelte sich damit um eine *Convenience*-Stichprobe, was im Rahmen einer explorativen Studie legitim ist, da Repräsentativität hierbei nicht im Vordergrund steht. Um dennoch mögliche Verzerrungen auszuschließen, kamen im Rahmen der Interviews u.a. projektive Techniken zum Einsatz. Die Teilnehmer sollten nicht nur ihre eigene Meinung äußern, sondern auch die Hoffnungen und Befürchtungen, die Unternehmen aus der Kunststoffbranche generell aus ihrer Sicht haben könnten. Diese projektive Fragetechnik hat sich als erfolgreich erwiesen, um bspw. Befürchtungen zu eruieren, welche Interviewpartner sich nicht eingestehen, geschweige denn offenbaren würden (vgl. Schafmann 2000, S. 316).

Zu Beginn der Interviews bekamen die Teilnehmer die innovative Veredlungstechnologie und die damit erzielbaren Wirkungen vorgestellt. Sie sollten sich dann vorstellen, dass ein Unternehmen der Kunststoffbranche veredelte Polymere bei sich einsetzt und angeben, welche **Hoffnungen bzw. Befürchtungen** sie damit verbinden würden (vgl. Kap. 5.2.2.2). Anschließend sollten sie mögliche Hoffnungen und Befürchtungen eines Nicht-Adopters angeben (vgl. Kap. 5.2.2.3). Die genannten Punkte wurden ausdrücklich hinterfragt: Die Experten sollten sie ausführlich erläutern und auch miteinander diskutieren. Daraufhin ergaben sich zum Teil neue Hoffnungen und Befürchtungen, die zunächst nicht genannt wurden. Zum Teil erwiesen sich die eingangs aufgeführten Punkte auch als irrelevant bzw. identisch mit anderen, bereits genannten.

5.2.2.2 Befürchtungen und Hoffnungen bei Adoption der Innovation

Befürchtungen bei Adoption

Der Mensch neigt dazu, die Änderung eines Status Quo als etwas Negatives zu empfinden (vgl. Sheth 1981, S. 275). Zwei der Befürchtungen, welche die Teilnehmer der Gruppendiskussionen nannten, spiegeln dies unmittelbar wieder: mögliche technische Probleme bzw. Störungen im Produktionsablauf. Beides sind unerwünschte Irritationen, die bei einer eingespielten Produktion mit herkömmlichen Methoden nicht zu erwarten sind. Insgesamt führten die Experten **sechs mögliche Befürchtungen** auf, nämlich dass:

- technische Probleme auftreten, z.B. bei der Verarbeitung des „bestrahlten" Kunststoffes,
- bestehende Produktionsabläufe gestört werden,
- die Technologie die Effekte nicht in dem Maß erzielen kann wie gewünscht / versprochen,
- der Effekt geringer ist als der von Additiven,
- die Veredlung – und damit die veredelten Polymere – zu teuer wird und
- keine Möglichkeit besteht, den höheren Produktpreis an den Kunden weiterzugeben.

Die ersten vier Befürchtungen sind funktioneller Natur, die letzten beiden finanzieller. Wie erwartet, nannten die Teilnehmer keinen negativen **sozialen Konsequenzen**, wie sie nach der Theorie des wahrgenommenen Risikos bei Kaufentscheidungen im Allgemeinen und Adoptionsentscheidungen im Besonderen unterstellt werden (vgl. Kap. 2.1.1). Denn es war davon auszugehen, dass die Teilnehmer persönliche Motive eher nicht offenbaren (vgl. Kap. 5.2.1). Aufgrund der weiter oben unterstellten Zielhierarchie, wonach *Nontask-Related Motives* ohnehin über aufgabenbezogenen Zielen stehen, mindert dies den Erkenntnisgehalt der qualitativen Vorstudie nicht. Hinzu kommt, dass persönliche Befürchtungen, wie etwa der mögliche Verlust an Anerkennung bei wichtigen Bezugsgruppen, vor allem privaten Nachfrager unterstellt werden. Denn ihre Käufe, zumindest die sog. auffälliger Güter, sind oft dadurch motiviert, an Status zu gewinnen. Bekannt ist dieses Phänomen auch als demonstrativer Konsum (vgl. Kroeber-Riel/Weinberg 2003, S. 484ff.).

Allerdings glauben Schmalen/Pechtl (1996, S. 820), dass industrielle Nachfrager befürchten, die **Kontrollorgane des Unternehmens** (z.B. Controlling-Abteilung) könnten ihre Entscheidung missbilligen. Im vorliegenden Falle war dies jedoch nicht der Fall. Begründen lässt sich dies möglicherweise damit, dass es sich um eine Gremienentscheidung von fachlichen Beeinflussern und Entscheidern handelt. Erstere müssen die Kontrollorgane nicht fürchten, weil sie nicht die letztliche Kaufentscheidung fällen. Dies obliegt dem Entscheider. Der wiederum ist aufgrund der strategischen Bedeutung der Innovation oft der Geschäftsführer selbst und als solcher mit einer gewissen Machtfülle ausgestattet. Wahrscheinlich fürchteten die Unternehmensvertreter die Kontrollorgane auch deshalb nicht, weil es sich bei veredelten Polymeren um ein Verbrauchsgut handelt, das man probeweise einsetzen kann. Die Adoptionsentscheidung lässt sich revidieren.

In der weiteren Diskussion ergab sich, dass die beiden Befürchtungen in **finanzieller Hinsicht** nicht aufrechtzuerhalten waren, weil der Anbieter die Innovation ausdrücklich als preiswerte Alternative zu Additiven auswies. Und die Annahme, dass die erzielbaren Effekte möglicherweise geringer sind als die chemischer Zusätze (**funktionelle Befürchtung**), ergab sich zwangsläufig aus dem davor genannten Punkt, die Technologie könne die Effekte nicht wie gewünscht bzw. wie versprochen erzielen. Somit reduzierten sich die Befürchtungen auf drei mögliche zielinkongruente Konsequenzen der Adoption:
- Es treten technische Probleme auf.
- Der Produktionsablauf wird gestört.
- Der Effekt tritt nicht in dem Maße ein, wie erhofft.

Hoffnungen bei Adoption

Über die Hoffnungen, die im Falle einer Adoption auftreten könnten, waren sich die Teilnehmer der qualitativen Vorgespräche weitgehend einig. Mit Ausnahme von einer (Verbesserung der Kunststoff-Produkte) bezogen sich alle auf die positiven Konsequenzen, die sich auf dem Markt ergeben. Die Befragten äußerten die Hoffnung, dass das Unternehmen durch Übernahme der Neuheit

- Wettbewerbsvorteile erzielt,
- seine Kunststoff-Produkte verbessert,
- sich der Marktanteil erhöht,
- die Zufriedenheit der Abnehmer ihrer Produkte steigert,
- seine Endprodukte mit mehr Gewinn verkaufen kann, weil es bessere Eigenschaften hat.

Für die **Validität dieser Befunde** sprechen die Ergebnisse einer repräsentativen Befragung deutscher Industrieunternehmen durch Raffée/Fritz (1992, S. 310): Bis auf Marktanteil (Platz 18) befanden sich die genannten Punkte allesamt unter den Top 6 der von den Befragten genannten Unternehmensziele.

5.2.2.3 Befürchtungen und Hoffnungen bei Ablehnung der Innovation

Die Folgen der Unterlassungshandlung lassen viele Autoren außer Acht, z.B. Bagozzi et al. (1998). Vor die Frage gestellt, welche Konsequenzen sie bei Ablehnung der Innovation befürchten bzw. erhoffen würde, nannten die Interviewten die folgenden Punkte.

Befürchtungen bei Rejektion

Die negativen Folgen der Unterlassungshandlung sind mit dem Konzept der **Opportunitätskosten** vergleichbar. Darunter versteht man den Schaden, der jemandem aus einer nicht gewählten Handlungsoption entsteht (vgl. Corsten 1992, S. 635). In den qualitativen Gruppeninterviews nannten die Experten die beiden Befürchtungen,

- den Einstieg in eine neue Technologie zu verpassen und
- von Wettbewerbern übervorteilt zu werden, welche die Innovation bereits einsetzen.

Die erste Befürchtung deckt sich mit den Ergebnissen einer Untersuchung von Perrillieux (1987), derzufolge Unternehmensvertreter die Gefahr, den Einstieg in eine neue Technik zu verpassen, als wichtigen Grund dafür nannten, technische Produktinnovationen lieber früher als später zu übernehmen. Die Furcht, von Konkurrenten übervorteilt zu werden, wenn man sich gegen die Neuerung entscheidet, ist plausibel, zumal frühe Adopter Wettbewerbsvorteile

(*Adoption Rents*) gegenüber Nachzüglern erzielen, weil sie als Pioniere von den Vorzügen der Neuerung eher profitieren (vgl. Schmalen/Pechtl 1996, S. 819).

Hoffnungen bei Rejektion

Nachdem sich die Befürchtungen bei einer Adoption u.a. daraus ergeben, dass der Mensch die Änderung eines Status Quo als negativ wahrnimmt, kann nach MacInnis/de Mello (2005, S. 2) Hoffnung u.a. entstehen, wenn sich ein solcher Wandel abwenden lässt. **Vermeiden** kann ein Nachfrager eine **Änderung** des gegenwärtigen Zustandes, indem er eine Innovation ablehnt, d.h. an den derzeit eingesetzten Methoden, Produkten etc. festhält. Diese Macht der Gewohnheit bezeichnet Sheth (1981, S. 275) als wichtigsten Grund für den Widerstand, der Neuheiten entgegengesetzt wird. Wer an ihr festhält, kann spiegelbildlich zu den o.g. Befürchtungen bei Adoption hoffen, dass „alles beim Alten bleibt", also z.b. bestehende Produktionsabläufe nicht gestört werden und die Qualität der Produkte dieselbe bleibt.

Allerdings stellte sich in den qualitativen Interviews heraus, dass die Konsequenzen dieser Art für die Befragten zwar erwünscht sind, aber bei Ablehnung der Innovation eine **Selbstverständlichkeit**. Sie stellen somit keine Hoffnung dar, da dieses Gefühl nur unter Unsicherheit entsteht. Die Experten waren vielmehr der Ansicht, dass sich der Wunsch nach dem Status Quo bereits in den Befürchtungen bei Adoption der Innovation widerspiegelt (dort: Auftreten technischer Probleme, Störung der Produktionsabläufe).

Die Unterlassungshandlung (Rejektion) wird also lediglich mit Blick auf ihre negativen Konsequenzen bewertet (hier: Einstieg in neue Technologie verpassen, von Wettbewerbern übervorteilt werden). Die positiven Folgen stellen keine Hoffnung dar, weil sie lediglich eine Fortschreibung des Status Quo entsprechen. Positive Ungewissheits-Emotionen bei Rejektion entstehen nicht und sind daher **nicht Bestandteil** des emotionsbasierten Adoptionsmodells.

5.3   Akzeptanz und externe Informationssuche als Folgen von Furcht und Hoffnung

Gefühle gehen mit einer spezifischen Handlungsbereitschaft einher, die Lazarus (1991a, S. 112) mit Fokus auf die Bewältigung negativer Situationen als *Coping* bezeichnet. Entsprechend dem **konsistenztheoretischen Ansatz** versucht der Mensch, sein Handeln an seinen Wertüberzeugungen auszurichten (vgl. Schmitz 2000, S. 353). Ganz allgemein ist daher davon auszugehen, dass er zielkongruente Ereignisse anstrebt und zielinkongruente vermeiden, abwenden oder verdrängen möchte.

Folgen von Befürchtungen

Da der Mensch Furcht als bedrückend empfindet, versucht er, diesen Zustand möglichst schnell zu beenden (vgl. Stöber/Schwarzer 2000, S. 195). Eine charakteristische Bewältigungshandlung für **Furcht** ist die **Vermeidung** (*Avoidance*) des als bedrohlich empfundenen Ereignisses (vgl. Laux/Weber 1991, S. 239; Lazarus 1991a, S. 237). Frijda (1987) wies diesen Wirkungsmechanismus empirisch nach, und darüber hinaus ähnliche Reaktionsmuster wie Ablehnung und Widerstand. Neben diesen selbstbestimmten Reaktionen kam es auch zu Unterwerfung, Apathie, Hemmung und Hilflosigkeit (vgl. Tab. 14). Allerdings zeigt die Studie von Frijda et al. (1989, S. 222), dass solche Reaktionen eher bei Angst, also einem diffusen negativen Gefühl, entstehen, bei Furcht nicht. Dies lässt sich damit erklären, dass man sich einer schwer fassbaren Bedrohung eher hilflos ausgesetzt fühlt als einer konkreten Gefahr.

Handlungstendenz	Beschreibung
Vermeidung (*Avoidance*)	Tendenz, etwas zu meiden, zu flüchten oder sich zu schützen
Ablehnung (*Rejection*)	Tendenz, etwas abzulehnen oder einen Kontakt abzubrechen
Widerstand (*Antagonism*)	Tendenz, ein Hindernis zu beseitigen, zu verletzen oder zu widerstehen
Unterwerfung (*Submission*)	Tendenz, sich einer Kontrolle zu unterwerfen
Apathie (*Apathy*)	Generelles Fehlen einer Handlungsbereitschaft, gar nicht ansprechbar sein
Hemmung (*Inhibition*)	Handlungsbereit sein, aber nicht in der Lage sein zu handeln
Hilflosigkeit (*Helplessness*)	Handlungsbereit sein, aber sich unsicher sein, was zu tun ist

Tab. 14: Handlungstendenzen bei Furcht
Quelle: Auf Basis von Frijda (1987, S. 133ff.).

Aus o.g. Gründen ist bei Befürchtungen primär mit **Vermeidung, Ablehnung und Widerstand** zu rechnen. Bei Adoptionsentscheidungen sind allerdings zwei Fälle zu unterscheiden: die Übernahme und die Ablehnung der Innovation:

- Verhindern lassen sich die negativen Konsequenzen der **Adoption einer Innovation** (Befürchtungen bei Adoption), indem der Nachfrager die Innovationsidee nicht akzeptiert, was den drei Handlungstendenzen „Vermeidung", „Ablehnung" und „Widerstand" entspricht. Dabei handelt es sich um eine bewertungszentrierte *Coping*-Strategie. Der Betreffende baut seinen Befürchtungen vor, indem er die Neuheit ignoriert bzw. abwertet (vgl. Bagozzi/Lee 1999, S. 221). Er begibt sich nicht in die Evaluierungsphase, holt also keine weiteren Informationen ein, um die Neuheit eingehender zu beurteilen.

- Spiegelbildlich müssten die **Befürchtungen bei Rejektion** (z.B. den Einstieg in eine neue Technologie zu verpassen) die Akzeptanz der Innovationsidee fördern, d.h. man meidet die Furcht auslösende Situation, die sich aus einem „Stillhalten" ergibt. Bagozzi/Lee (1999, S. 221) ordnen eine solche positive Antwort auf ein bedrohliches Ereignis als problemzentriertes *Coping* ein, das tendenziell darauf gerichtet ist, die Stresssituation durch eine Handlung abzubauen. Der Nachfrager sieht die Innovation als prinzipielle Lösungsmöglichkeit für seine Probleme an und holt in der Folge weitere Informationen über die Neuheit ein.

Folgen von Hoffnung

Hoffnungen bestehen, wie weiter oben aufgeführt, nur bei einer Adoption, bei einer Rejektion nicht. Die Konsequenzen von Hoffnung wurden weit seltener thematisiert bzw. untersucht als die von Furcht. Da dieses Gefühl entsteht, wenn man sich etwas wünscht, was möglicherweise erreichbar ist, erscheint die Handlungstendenz der **Annäherung** (*Approach*) an den erwünschten Zustand logisch (vgl. Lazarus 1991a, S. 285). Dass Menschen entsprechende Anstrengungen unternehmen, konnten Greitemeyer/Lebek (2005, S. 13ff.) in einem Experiment zeigen. Sie ließen 80 Personen einen Intelligenztest bestreiten und suggerierten einem Teil, dass Intelligenz die Lebenszufriedenheit fördert. Nachdem Lebenszufriedenheit allgemein erwünscht ist, war davon auszugehen, dass die so Instruierten hofften, mit einem guten Testergebnis nicht nur ihre Intelligenz zu demonstrieren, sondern auch ihre Lebenszufriedenheit. Tatsächlich zeigten die betreffenden Teilnehmer signifikant mehr Ausdauer und Eifer beim Ausfüllen der Tests als eine Kontrollgruppe, die nicht instruiert wurde. Die Ergebnisse zeigen, dass Menschen eine Handlung umso nachhaltiger verfolgen (= Persistenz), je mehr sie hoffen, dass diese sie einem bestimmten Ziel näher bringt (hier: Demonstration von Lebensqualität).

Übertragen auf die Adoptionsentscheidung kann sich der Nachfrager seinen Zielen annähern, indem er die **Innovationsidee akzeptiert**. Umgemünzt in Handlungen, ist davon auszugehen, dass er in der Evaluationsphase nach weiteren Informationen über die Neuheit sucht, um den Adoptionsprozess voranzutreiben (externe Informationssuche).

5.4 Zusammenfassende Modellübersicht und Hypothesen

Abb. 35 fasst die obigen Annahmen in einem S-O-R-Modell zusammen. Zuerst erfährt der Nachfrager von der Neuheit. Dieser externe Stimulus wird, wie auch im Problembasierten Adoptionsmodell, konstant gehalten. Allen Befragungsteilnehmern wird die Innovation zur gleichen Zeit und auf dieselbe Art und Weise präsentiert. In der hier dargestellten Phase der Meinungsbildung fällt der Nachfrager zunächst ein pauschales Werturteil über die Neuheit: Er nimmt sie als **Chance** bzw. **Bedrohung** wahr. Nach Bagozzi/Lee (1999, S. 219) handelt es sich dabei um zwei getrennte Konstrukte, d.h. man kann den Stimulus nur als Chance, nur als Bedrohung oder als eine Kombination davon wahrnehmen. Allerdings wird im Folgenden davon ausgegangen, dass beide negativ miteinander korrelieren, da es sich hierbei um ein wenig differenziertes, erstes Pauschalurteil handelt („gut" vs. „schlecht"). Außerdem neigt der Mensch dazu, Dissonanz – ausgelöst durch widersprüchliche Kognitionen – zu vermeiden (vgl. Festinger 1954). Wer in der Innovation eine Chance sieht, wird daher dazu tendieren, die mögliche Bedrohung nicht so stark wahrzunehmen und umgekehrt.

Wer die Neuheit als Chance begreift, neigt dazu, die positiven Konsequenzen einer Adoption (**Hoffnung**) sowie die negativen Folgen einer Rejektion zu sehen (**Furcht**). Beide Gefühle beeinflussen die Akzeptanz der Innovationsidee positiv. Wer sich von der Innovation bedroht fühlt, fürchtet die negative Konsequenzen einer Übernahme und akzeptiert die Innovationsidee eher nicht.

Das Werturteil, die antizipierten Emotionen und auch die Akzeptanz der Innovationsidee sind nicht sichtbare Vorgänge, die im Kopf des Nachfragers ablaufen. Wie auch im Problembasierten Adoptionsmodell unterstellt, folgt aus der Handlungsbereitschaft (Akzeptanz) eine sichtbare Handlung: die **externe Informationssuche**. Dass der Nachfrager, der sich prinzipiell vorstellen könnte, die Innovation zu übernehmen, weitere Erkundigungen über die Neuheit einholt, ist ein Indikator für seinen Eintritt in die Entscheidungsphase. Im Einzelnen werden die unter Abb. 35 aufgeführten **Hypothesen** getestet.

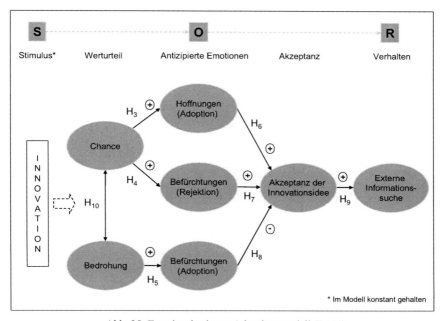

Abb. 35: Emotionsbasiertes Adoptionsmodell (EAM)

H₃: Die Wahrnehmung der Innovation als Chance hat einen positiven Einfluss auf die Hoffnungen bei Adoption der Innovation.

H₄: Die Wahrnehmung der Innovation als Chance hat einen positiven Einfluss auf die Befürchtungen bei Rejektion der Innovation.

H₅: Die Wahrnehmung der Innovation als Bedrohung hat einen positiven Einfluss auf die Befürchtungen bei Adoption der Innovation.

H₆: Die Hoffnungen bei Adoption der Innovation haben einen positiven Einfluss auf die Akzeptanz der Innovationsidee.

H₇: Die Befürchtungen bei Rejektion der Innovation haben einen positiven Einfluss auf die Akzeptanz der Innovationsidee.

H₈: Die Befürchtungen bei Adoption der Innovation haben einen negativen Einfluss auf die Akzeptanz der Innovationsidee.

H₉: Die Akzeptanz der Innovationsidee hat einen positiven Einfluss auf die externe Informationssuche (Hypothese identisch mit H₂ im Problembasierten Adoptionsmodell).

H₁₀: Die Wahrnehmung der Innovation als Chance und die Wahrnehmung der Innovation als Bedrohung korrelieren negativ miteinander.

5.5 Rolle des Nachfragers im Buying Center als Moderatorvariable im EAM

In Kap. 3.2.5 wurde zwischen zwei grundlegenden Rollen im *Buying Center* unterschieden: **Entscheider und fachlicher Beeinflusser**. Beide erfüllen spezifische Funktionen und können daher zum Teil unterschiedliche Ziele verfolgen (vgl. Sheth 1973, S. 53). Der fachliche Beeinflusser ist am ehesten in der Lage, fachspezifische Probleme zu erkennen und so den Adoptionsprozesses zu initiieren. Demgegenüber trägt der Entscheider die Verantwortung für die Kaufentscheidung. Ihm lässt sich daher mehr Weitblick unterstellen, wenn es um die Konsequenzen der Adoption bzw. Rejektion einer Neuheit geht.

Die antizipierten Emotionen dürften daher bei den Entscheidern einen stärkeren Einfluss auf die Akzeptanz der Innovationsidee haben als bei fachlichen Beeinflussern. Die anderen in Modell dargestellten Zusammenhänge bleiben davon unberührt. Die Rolle des Nachfragers hat also eine **moderierende Funktion** (vgl. Abb. 36). Betroffen davon sind die Annahmen 6, 7 und 8, sodass sich die in der Abbildung hervorgehobenen drei Unterhypothesen ergeben.

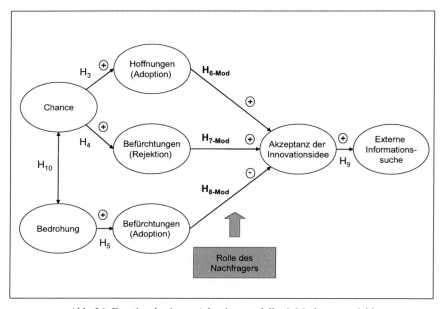

Abb. 36: Emotionsbasiertes Adoptionsmodell mit Moderatorvariable

$H_{6-8\text{-Mod}}$:	Bei Entscheidern haben die antizipierten Emotionen einen stärkeren Einfluss auf die Akzeptanz der Innovationsidee als bei fachlichen Beeinflussern.
$H_{6\text{-Mod}}$:	Bei Entscheidern haben die Hoffnungen bei Adoption der Innovation einen stärkeren positiven Einfluss auf die Akzeptanz der Innovationsidee als bei fachlichen Beeinflussern.
$H_{7\text{-Mod}}$:	Bei Entscheidern haben die Befürchtungen bei Rejektion der Innovation einen stärkeren positiven Einfluss auf die Akzeptanz der Innovationsidee als bei fachlichen Beeinflussern.
$H_{8\text{-Mod}}$:	Bei Entscheidern haben die Befürchtungen bei Adoption der Innovation einen stärkeren negativen Einfluss auf die Akzeptanz der Innovationsidee als bei fachlichen Beeinflussern.

5.6 Operationalisierung der Modellbestandteile

Das emotionsbasierte Adoptionsmodell unterscheidet sich vom Problembasierten Modell nur hinsichtlich der Antezendenzen der Akzeptanz der Innovationsidee. Während im PAM die Problemwahrnehmung gemessen wird, sind es im EAM die Wahrnehmung als Chance oder Bedrohung sowie die antizipierten Emotionen. Deren Operationalisierung wird im Folgenden vorgestellt; für die Messung der Akzeptanz und der externen Informationssuche sei auf die Kap. 3.6.3.2 und 3.6.3.3 verwiesen.

5.6.1 Werturteil: Bedrohung vs. Chance

Die Wahrnehmung einer Innovation als Chance oder Bedrohung wurde bislang nur in einem theoretischen Artikel von Bagozzi/Lee (1999, S. 220) thematisiert. Einschlägige Operationalisierungen liegen daher nicht vor. Sie müssen im Rahmen dieser Arbeit **entwickelt werden**. Wie in Kap. 5.1 dargestellt, handelt es sich bei den Konstrukten um ein erstes positives bzw. negatives Werturteil des Nachfragers über die Innovation.

Von einer **Chance** ist zu sprechen, wenn ein Stimulus als Herausforderung betrachtet wird (vgl. Lazarus/Launier 1978, S. 287ff.). Operationalisiert wird das Konstrukt anhand von zwei

Items, jeweils gemessen auf fünfstufigen Ratingskalen von 1 („trifft nicht zu") bis 5 („trifft zu"):

- „Die xy-Technologie könnte eine Chance für unser Unternehmen sein."
- „Die xy-Technologie könnte unserem Unternehmen viele Vorteile bringen."

Von einer **Bedrohung** ist auszugehen, wenn der Nachfrager sie mit einer Gefahr, einem Misserfolg oder einer entgangenen Belohnung in Verbindung bringt (vgl. Bagozzi/Lee 1999, S. 219ff.). Es wird folgendes Item verwendet, ebenfalls gemessen auf einer fünfstufigen Ratingskala von 1 („trifft nicht zu") bis 5 („trifft zu"): „Die xy-Technologie würde unserem Unternehmen viele Probleme bringen".

Wie bereits festgestellt, lieferte die einschlägige Literatur keine konkreten Hinweise zur Operationalisierung der beiden Konstrukte. Auch wurden sie – anders als die weiter unten vorgestellten Hoffnungen und Befürchtungen – in den qualitativen Vorgesprächen nicht thematisiert. Im Rahmen der empirischen Untersuchung sollte daher zumindest geprüft werden, ob „Chance" und „Bedrohung" mit einem inhaltlich sinnvollen **Außenkriteriums** korrelieren (vgl. Kap. 7).

5.6.2 Hoffnungen und Befürchtungen

5.6.2.1 Allgemeine Möglichkeiten zur Messung von Emotionen

Es gibt verschiedene Möglichkeiten, Emotionen zu messen. **Verhaltensbeobachtungen** (z.B. des Gesichtsaudrucks) sowie **physiologische Messungen** (z.B. Hautwiderstand), wie sie Behavioristen verwenden, kommen im Rahmen dieser Arbeit nicht in Frage. Denn körperliche Reaktionen eignen sich zwar, die mit Gefühlen häufig einhergehende Erregung zu identifizieren, sind aber zu unspezifisch, um spezielle Gefühle zu ermitteln (vgl. Schachter/Singer 1962). Auch die Interpretation des Gesichtsausdrucks, der noch als das valideste Messinstrument biologisch orientierter Forscher gilt, ist oft uneindeutig. Ein verzerrtes Antlitz etwa muss nicht Furcht, sondern kann auch Ekel bedeuten (vgl. Stöber/Schwarzer 2000, S. 190). Es bietet sich daher die von Kognitionspsychologen favorisierte **Fragebogenmethode** an (vgl. Debus 2000, S. 409ff.), zumal Gefühle im Rahmen dieser Arbeit als Ergebnisse eines nicht beobachtbaren *Appraisal*-Prozesses angesehen werden.

Es liegen verschiedene **Skalen** zur Messung von Gefühlen mithilfe von Befragungen vor (vgl. Tab. 15). Sie eigenen sich jedoch nicht, die Emotionen zu erheben, die im Zusammenhang mit dem Kauf von Produkten auftreten (vgl. ausführlicher Richins 1997, S. 128ff.). So ignorieren die in der Tabelle vorgestellten Messinstrumente einige wichtige Gefühle, wie z.B. Hoffnung, weil sie nur sog. Basis-Emotionen enthalten (*Emotions Profile Index*, *Differential Emotions Scale*) oder in einem bestimmten Kontext entwickelt wurden (z.B. Werbewirkung), in dem nur einige wenige Gefühle vorgesehen sind (*Response to Advertising*). Auch kritisiert Richins (1997, S. 129), dass einzelne Items zu wenig geläufig sind, um sie Käufern zuzumuten bzw. außerhalb einer Laborsituation zu verwenden, z.B. *sheepish* (schüchtern, verlegen), *revulsion* (Abscheu, Ekel) oder *brooding* (brütend, grüblerisch). Mehrabian/Russell (1974) wiederum besetzen Pole des semantischen Differenzials ihrer *Pleasure-Arousal-Dominance Scale* (*PAD*) teilweise mit Begriffen, die nicht wirklich gegensätzlich sind (z.B. „gelangweilt – entspannt"). Und ganz allgemein eignen sich *PAD*-Skalen zwar dazu, die Intensität (Erregung) und Richtung (Gefallen) eines Gefühls zu messen, nicht aber die spezifische Ausprägung einer Emotion. Mitunter werden sie daher ergänzt durch Items wie „glücklich – traurig" (vgl. Kroeber-Riel/Weinberg 2003, S. 108).

Skala	Autor	Beschreibung
Emotions Profile Index	Pluchik/Kellerman (1974)	62 emotionale Begriffspaare zur Messung von acht Basis-Emotionen
Differential Emotions Scale (DES)	Izard (1977)	30 Adjektive zur Messung von zehn Basis-Emotionen (drei Adjektive pro Emotion)
Pleasure-Arousal-Dominance Scale (PAD)	Mehrabian/Russell (1974); Holbrook/Batra (1987) [1]	Entwickelt zur Messung der emotionalen Reaktion auf Umwelt-Stimuli; semantisches Differential mit 18 (*Mehrabian & Russell*) bzw. 94 Items (*Holbrook & Batra*), um *Pleasure* (z.B. „anziehend – abstoßend"), *Arousal* (z.B. „erregend – ruhig") und *Dominance* (z.B. „warm – kalt") zu messen.
Response to Advertising	Batra/Holbrook (1990) [2]	34 Items zur Beschreibung von zwölf affektiven Reaktionen auf Werbung

Anmerkungen:
1) Entspricht der *PAD*-Form, wurde aber entwickelt, um die Reaktion auf Werbung zu messen.
2) Es gibt viele verschiedene Skalen zur Messung der Reaktion auf Werbung. Die von *Batra & Holbrook* wird nur stellvertretend aufgeführt.

Tab. 15: Einschlägige Skalen zur Messung von Emotionen mittels Befragung
Quelle: auf Basis von Richins (1997, S. 128f.), ergänzt und modifiziert.

Richins (1997, S. 130ff.) entwickelte daher eine speziell auf den Kauf von Produkten zugeschnittene Skala, das **Consumption Emotion Set (CES)**. Sie misst verschiedene Gefühle, z.B. Ärger, Einsamkeit oder Liebe, anhand von zwei bis drei Items (*Emotion Descriptors*) auf jeweils vierstufigen Skalen. Dabei werden die Befragten gebeten, sich eine spezifische Konsumsituation ins Gedächtnis zu rufen und anzugeben, ob sie das jeweilige Gefühl „überhaupt nicht", „ein wenig", „mittelmäßig" oder „stark" empfunden hatten. Furcht und Hoffnung sind auch enthalten. Erstere ist durch die *Emotion Descriptors* „erschrocken", „besorgt" und „beunruhigend" repräsentiert. Letztere bezeichnet die Autorin als Optimismus und verwendet dafür drei Items: „optimistisch", „ermutigt", „hoffnungsvoll". Beide Skalen erreichen in zwei Studien der Autorin eine zufrieden stellende interne Konsistenz (Cronbach's Alpha ≈ 0,8).

Die *CES*-Skala wurde in einem mehrstufigen Prozess anhand umfangreicher qualitativer und quantitativer Vorstudien in verschiedenen Konsum-Situationen ermittelt. Sie kann daher als inhaltlich und extern valides Messinstrument für Emotionen beim privaten Kauf von Produkten bezeichnet werden, zumal sie eine größere Bandbreite von Gefühlen umfasst als die oben vorgestellten Messinstrumente. Aber um **antizipierte Emotionen** im Rahmen eines Adoptionsprozesses zu messen, eignet sie sich weniger. Denn diese entstehen definitionsgemäß als Reaktion auf die möglichen Konsequenzen der Adoptionsentscheidung (Adoption, Rejektion), die wiederum zielkongruent oder zielinkongruent sein können. Die Ziele bzw. Konsequenzen der Kaufentscheidung sollten daher Bestandteil des Messkonzepts sein.

5.6.2.2 Messung der antizipierten Emotionen

Entsprechend o.g. Forderung operationalisieren Bagozzi et al. (1998, S. 12ff.) die antizipierten Emotionen im Zusammenhang mit der Entscheidung, eine Diät zu halten bzw. Sport zu treiben. Sie beziehen die **Konsequenzen** beider Aktivitäten in das Messinstrument ein. So kann es dem Betreffenden gelingen, sein Gewicht zu reduzieren (positive, zielkongruente Konsequenz) oder nicht (negative, zielinkongruente Konsequenz). Auf jeweils elfstufigen Skalen („überhaupt nicht" bis „sehr") sollen die Probanden Stellung zu folgenden Aussagen nehmen:

- „Wenn es mir gelingt, mein Gewicht zu reduzieren, dann fühle ich mich ...." (sieben positive Gefühle, z.B. erfreut, glücklich, zufrieden, stolz)
- „Wenn es mir nicht gelingt, mein Gewicht zu reduzieren, dann fühle ich mich ...." (zehn negative Gefühle, z.B. besorgt, ärgerlich, unangenehm)

Sodann bilden die Autoren über die sieben bzw. zehn Antworten jeweils einen Mittelwert, der die positiven bzw. negativen antizipierten Emotionen im Zusammenhang mit der Entscheidung misst, eine Diät zu halten und Sport zu treiben (vgl. Bagozzi et. al 1998, S. 14). Ebenso gehen Perugini/Bagozzi (2001, S. 86) vor. Allerdings wird dabei nicht berücksichtigt, dass die **Konsequenzen ungewiss** sind. Gefühle wie Freude oder Zufriedenheit, entstehen nur, wenn ein Ereignis sicher ist, d.h. im Regelfall, nachdem es eingetreten ist (vgl. Kap. 4.4.4.2). Im Rahmen dieser Arbeit sind antizipierte Emotionen jedoch definiert als Gefühle, die sich aus den vermuteten Konsequenzen der Adoptionsentscheidung ergeben, also die beiden Ungewissheitsemotionen Furcht und Hoffnung. Die positiven und negativen Konsequenzen wurden in der qualitativen Vorstudie ermittelt (vgl. Kap. 5.2.2). In der Hauptstudie sollten die Befragten auf jeweils fünfstufigen Ratingskalen von 1 („trifft nicht zu") bis 5 („trifft zu") zu folgenden Aussagen Stellung nehmen (vgl. auch Anhang 1.5 und 1.6):

Variablen-Label	Wenn wir mit der xy-Technologie veredelte Polymere **kaufen** würden, dann hätte ich die **Hoffnung**, dass wir …
ha_1	… Wettbewerbsvorteile erzielen.
ha_2	… unsere Produkte verbessern.
ha_3	… unseren Marktanteil erhöhen.
ha_4	… die Zufriedenheit unserer Kunden steigern.
ha_5	… unsere Produkte mit mehr Gewinn verkaufen können.

Tab. 16: Messung der Hoffnung bei Adoption der Innovation

Variablen-Label	Wenn wir mit der xy-Technologie veredelte Polymere **kaufen** würden, dann hätte ich die **Befürchtung**, dass …
ba_1	… es viele technische Probleme gibt.
ba_2	… die Produktionsabläufe gestört würden.
ba_3	… der Effekt nicht in dem Maße eintritt, wie erhofft.

Tab. 17: Messung der Befürchtung bei Adoption der Innovation

Variablen-Label	Wenn wir mit der xy-Technologie veredelte Polymere **nicht kaufen** würden, dann hätte ich die **Befürchtung**, dass wir …
br_1	… den Einstieg in eine neue Technologie verpassen.
br_2	… möglicherweise von Wettbewerbern übervorteilt werden, die eine solche Veredlungstechnologie nutzen.

Tab. 18: Messung der Befürchtung bei Rejektion der Innovation

6 Beschreibung der empirischen Untersuchung

6.1 Steckbrief der Studie

6.1.1 Stichprobenziehung und Datenerhebung

Nach Angaben des *Verbandes Kunststofferzeugender Industrie* gab es im Jahre 2003 in Deutschland 2.800 Betriebe, die Polymere verarbeiten (vgl. VKE 2004). Angesichts dieser vergleichsweise übersichtlichen Zahl wurde eine **Vollerhebung** angestrebt. Als Adressquellen standen eine Datenbank der *Industrie- und Handelskammer* sowie die Firmendatenbank von *Hoppenstedt* zur Verfügung. Selektiert wurden jeweils solche Branchen, die sich der kunststoffverarbeitenden Industrie zuordnen ließen. Ein Großteil der Adressen enthielt einen Ansprechpartner, zumeist der Geschäftsführer, aber auch Einkäufer oder Verantwortliche einzelner Bereiche (z.B. Qualitätsmanagement). Die ausgewählten Adressen wurden zusammengespielt, auf Dubletten und Vollständigkeit der Angaben geprüft.

Insgesamt ließen sich so **3.639 deutsche Unternehmen** identifizieren. Dass diese Zahl über der vom *VKE* veröffentlichten liegt, ist darauf zurückzuführen, dass die vom Verband verbreitete Zahl von 2.800 Betrieben nur jene mit mehr als 20 Mitarbeitern enthält. Außerdem stellte sich später anhand des Rücklaufs heraus, dass unter den 3.639 ausgewählten Unternehmen auch einige waren, die hauptsächlich Kunststoffe produzieren und recyceln, aber nicht oder nur in marginalem Umfang verarbeiten.[23]

Die ausgewählten Unternehmen erhielten ein Fax mit einem einseitigen Anschreiben. Darin wurden sie gebeten, an einer Internet-Befragung zur Veredlung von Polymeren teilzunehmen. Als *Incentive* bekam jeder Teilnehmer eine *Swisscard* (Taschenmesser im Kreditkartenformat) in Aussicht gestellt. Das Anschreiben enthielt den Link zu einer Website mit einem Online-Fragebogen. Außerdem informierte der Brief die kontaktierten Kunststoff-Experten kurz über das **Anliegen der Befragung**, nämlich, ihre Anforderungen an Kunststoffe zu ermitteln sowie ihnen eine innovative Veredlungstechnologie vorzustellen und ihre Meinung dazu einzuholen.

Eine **Online-Befragung** bot sich bei Unternehmensvertretern an, weil laut einer Studie von *TNS Infratest* annähernd alle deutschen Firmen Internet-Zugang haben (vgl. Abb. 37). Weiter-

---

[23] Dies hängt damit zusammen, dass die Branchenzugehörigkeit (Kunststoffproduzent oder Kunststoffverarbeiter) in den Datenbanken nicht immer eindeutig war.

hin legte es die Position der Zielgruppe (Geschäftsführer, Qualitätsmanager etc.) nahe, dass sie diesen Zugang auch intensiv nutzen.

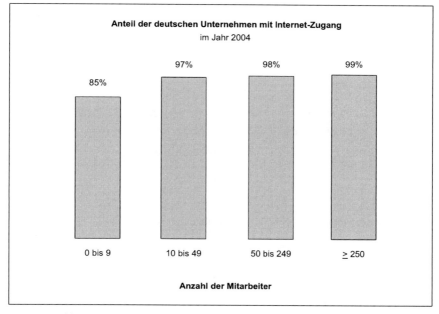

Abb. 37: Deutsche Unternehmen mit Internet-Zugang nach Mitarbeiterzahl
Quelle: TNS Infratest (2005).

Insgesamt füllten 136 Personen den Fragebogen aus, allerdings waren 19 von ihnen im Hauptgeschäft Recycler bzw. Hersteller von Kunststoff-Neuware, sodass sie nicht in die Auswertung einbezogen werden konnten. Die verbleibenden **117 Personen** gaben an, dass ihr Unternehmen vorrangig Polymere zu Produkten verarbeitet (vgl. Tab. 19). Die Netto-Rücklaufquote von 3,2% ist – wie bei Unternehmensbefragungen generell – vergleichsweise niedrig. Gierl (1987, S. 67) bspw., der ebenfalls deutsche Firmenvertreter zur Übernahme von Innovationen befragte, erreichte eine Quote von 4,5%; allerdings wurden die Personen angeschrieben und dann um ein persönliches Interview gebeten. Weitere Gründe für den relativ geringen Rücklauf sind:

- Möglicherweise assoziierten viele der kontaktierten Unternehmensvertreter die Studie mit einer Verkaufsaktion. Denn im Anschreiben wurde darauf hingewiesen, dass sie im Rahmen der Befragung eine Produktinnovation vorgestellt bekommen.

- Bei den Angeschriebenen handelte es sich um Geschäftsführer und Bereichsleiter mit entsprechend hoher Arbeitsbelastung.

Angeschriebene Unternehmen	Brutto-Rücklauf		Netto-Rücklauf	
n	n	%	n	%
3.639	136	3,7	117	3,2

Tab. 19: Rücklauf

Angesichts der niedrigen Rücklaufquote erschien es dringend geraten, die Repräsentativität der Stichprobe für die Gesamtheit der deutschen Kunststoff-Verarbeiter zu prüfen. Hierfür wurde eine **Non-Response-Analyse** durchgeführt, allerdings erst nach der Datenbereinigung (vgl. Kap. 6.1.4).

6.1.2 Fragebogen und Präsentation der Innovation

Der Fragebogen gliederte sich in **sechs Teile** (vgl. Abb. 38). Er enthielt Eisbrecherfragen (1). Sie sollten die Unternehmensvertreter auf das Thema einstimmen und ihr Interesse wecken (vgl. Kuß 2004, S. 92). In die Auswertung flossen sie nicht ein. Allerdings wurde ein Item verwendet, um die Kriteriumsvalidität zweier Konstrukte zu prüfen (vgl. Kap. 7.1.3). Dann wurden die Teilnehmer zu den momentan auftretenden Problemen bei der Verarbeitung von Kunststoffen befragt (2). Im Anschluss daran bekamen sie die Innovation kurz vorgestellt (3).

Vorstellung der Innovation im Fragebogen

Nicht immer erfüllen Polymere die gestellten Anforderungen der Industrie. Das betrifft sowohl Rezyklate als auch Neuware. Wir möchten Ihnen jetzt eine innovative Technik vorstellen, mit der sich Polymere veredeln und kompatibilisieren lassen: die xy-Technologie.

Indem man Polymere in Form von Schüttgut oder Granulat mit Elektronen behandelt, lassen sich chemische Bindungen modifizieren. Dadurch sind Eigenschaften gezielt einstellbar. Additive sind meist nicht erforderlich. Daher verbleiben keine Rückstände im Produkt, was die Anwendung auch in der Lebensmittelindustrie und der Medizintechnik attraktiv macht. Außerdem kann das Verfahren preiswerter sein als der Einsatz von Additiven. Die xy-Technologie kann inline direkt im Produktionsprozess eingesetzt werden. Möglich ist auch eine Dienstleistung vor Ort mit mobiler Technik.

Block (3) enthielt zusätzlich zu obigem Text auch eine Beschreibung der **Effekte**, die mithilfe der Technologie erzielbar sind (z.B. die Einstellung der Schmelzeigenschaften). Es folgte eine

Grafik samt einer Kurzbeschreibung der mobilen Anlage, z.B. Angaben zur Produktionsleistung.

In Teil (4) sollten die Unternehmensvertreter die **Innovation bewerten**, d.h. angeben, ob sie die Neuheit als Chance oder Bedrohung sehen, welche Hoffnungen und Befürchtungen sie mit einem Kauf bzw. Nicht-Kauf veredelter Polymere verbinden würden und ob sie sich vorstellen könnten, mit Elektronen behandelte Kunststoffe in ihrem Unternehmen einzusetzen. Es folgten einige unternehmensbezogene und soziodemografische Angaben. Wichtig war hier vor allem die Funktion des Befragten (z.B. Geschäftsführer), um seine Rolle im Einkaufsgremium zu ermitteln (5). Im letzten Teil konnten die Teilnehmer weitere Informationen über die Veredlungstechnologie anfordern (6).

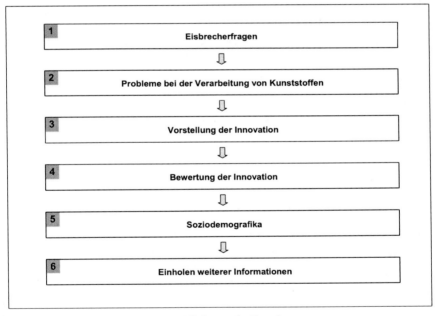

Abb. 38: Gliederung des Fragebogens

6.1.3 Datenbereinigung und Missing Value-Analyse

Bevor mit der Auswertung begonnen werden konnte, waren die Daten zu bereinigen und fehlende Werte zu ersetzen. Drei Datensätze enthielten zu viele *Missing Values*: Die Betreffenden hatten zum Teil lediglich die Eisbrecherfragen und soziodemografischen Angaben ausgefüllt sowie das *Incentive* angefordert. Ihre Angaben wurden daher gelöscht. Ein Teilnehmer fiel durch ein spezifisches Antwortmuster auf; er hatte bei sämtlichen Ratingskalen +1 („trifft eher zu") angekreuzt. Auch seine Angaben flossen nicht in die Analyse ein. Damit reduzierte sich die Anzahl der **auswertbaren Fragebögen auf 113**.

Für die Datenauswertung mussten fehlende Werte ersetzt werden. Das Problem stellte sich nicht bei dem Konstrukt der **Problemwahrnehmung**. Die entsprechenden Items waren von allen 113 Personen vollständig ausgefüllt worden, denn sie standen weit am Anfang des Fragebogens und ließen sich zudem mit wenig Aufwand ausfüllen. So mussten die Befragten nur die aus ihrer Sicht wichtigen Merkmale von Kunststoffen ankreuzen, was manchmal nur zwei, drei sein konnten. Lediglich für diese war anzugeben, wie schwierig ihre genaue Einstellung ist. Auch bei den Angaben zur externen Informationssuche am Ende des Fragebogens war keine *Missing Value*-Analyse nötig: Wer keines der vier Kästchen angekreuzt hatte, bekam automatisch den Wert null („keine Informationssuche") zugewiesen (vgl. auch Anhang 1.3).

Anders sah es bei der **Bewertung der Innovation** im vierten Fragenblock aus; dort fehlten einige Werte. Da sie allesamt metrisch skaliert sind, boten sich multiple Regressionsanalysen an, um *Missing Values* zu ersetzen. Dabei diente das Item mit dem fehlenden Wert jeweils als Kriteriumsvariable und alle anderen Items zur Beurteilung der Innovation als Prädiktoren. Um Mulitkollinearität zu vermeiden, wurde bei zwei hoch korrelierten Variablen jeweils nur die verwendet, welche in einer einfachen Regressionsanalyse den höheren Erklärungsgehalt aufwies.[24] Der jeweils fehlende Wert ließ sich sodann mithilfe der ermittelten Regressionsgleichung schätzen und ersetzen.

---

[24] Mulitkollinearität tritt nicht nur auf, wenn zwei der unabhängigen Variablen hoch korreliert sind, sondern immer dann, wenn sich eine Prädiktorvariable als Linearkombination anderer Prädiktoren darstellen lässt (vgl. Backhaus et al. 2006, S. 89). Um dieses Problem zu vermeiden, wurden zusätzlich die pro Variable ausgegebenen Toleranzwerte und Konditionsindizes herangezogen. Items mit Toleranzwerten nahe null (vgl. Brosius 2004) sowie Konditionsindizes über 30 (vgl. Koutsoyannis 1977) deuten auf starke Mulitkollinearität hin wurden aus der jeweiligen Regressionsanalyse ausgeschlossen.

6.1.4 Non-Response-Analyse

Um zu prüfen, ob die Stichrobe repräsentativ ist, war der **Non-Response-Bias** zu ermitteln. Eine solche Verzerrung liegt vor, wenn sich diejenigen, die den Fragebogen ausgefüllt haben, von den Nicht-Teilnehmern unterscheiden. Verschiedene Untersuchungen haben gezeigt, dass *Non-Responder* denjenigen Personen ähneln, die sich erst spät zur Teilnahme entscheiden (vgl. Armstrong/Overton 1977). Der *Non-Response*-Bias lässt sich daher durch einen Vergleich von solchen Nachzüglern (*Late Responder*) mit schnell Entschlossenen (*Early Responder*) ermitteln (vgl. Armstrong/Overton 1977). Abb. 39 zeigt, dass fast die Hälfte derjenigen, die den Fragebogen ausfüllten, noch am selben oder direkt am Tag nach Erhalt des Anschreibens reagierte (n = 56). Nach sechs Tagen hatten 80% der Teilnehmer geantwortet, nach neun Tagen 90%. Für die *Non-Response*-Analyse wurden jene 56 Personen, die in den ersten beiden Tagen geantwortet hatten, als *Early Responder* eingestuft, alle anderen als *Late Responder*.

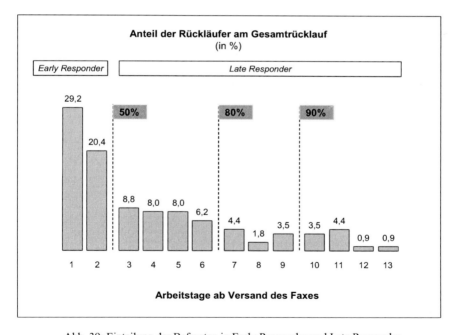

Abb. 39: Einteilung der Befragten in Early Responder und Late Responder

Beide Gruppen wurden zunächst anhand eines Merkmals verglichen, das Auskunft über die Unternehmensgröße gibt: die Mitarbeiterzahl. Wie in Anhang 2 dargestellt, unterschieden sich beide Teilstichproben nicht signifikant. Gleiches galt für sämtliche Variablen, die Bestandteil des Problembasierten und des Emotionsbasierten Adoptionsmodell waren (vgl. ebenfalls Anhang 2). Verglichen wurden die beiden Subsamples jeweils anhand des **Mann/Whitney U-Tests**, da die untersuchten Variablen mehrheitlich nicht normalverteilt waren.[25] Daraus ist zu schließen, dass sich die Befragungsteilnehmer in ihrer Unternehmens- und Bedürfnisstruktur sowie in der Bewertung der vorgestellten Innovation nicht signifikant voneinander unterscheiden. Damit ist die vorliegende Stichprobe zwar klein, aber als repräsentativ anzusehen.

6.2 Vorgehensweise im Rahmen der Datenauswertung

6.2.1 Kausalanalyse zur Überprüfung der Hypothesen

6.2.1.1 Prinzip der Kausalanalyse

Die im Rahmen dieser Arbeit aufgestellten Modelle, das Problembasierte Adoptionsmodell (PAM) und das Emotionsbasierte Adoptionsmodell (EAM), unterstellen komplexe, ursächliche Beziehungen zwischen Konstrukten, die durch Indikatoren gemessen werden. Um Dependenzen zwischen solchen **nicht direkt beobachtbaren Phänomenen** abzubilden, bietet sich die auch als Strukturgleichungsmodell bezeichnete Kausalanalyse an (vgl. Homburg/Baumgartner 1995b, S. 1091ff.; Bagozzi/Baumgartner 1994, S. 387ff.). Strukturgleichungen lassen sich mithilfe verschiedener Anwendungspakete berechnen, z.B. mit *LISREL* (vgl. Jöreskog/ Sörbom 2001), *AMOS* (vgl. Arbuckle 2003), *EQS* (vgl. Bentler 1989), *EZPath* (vgl. Steiger 1989), *LVPLS* sowie *LINEQS*, eine Unterroutine von *SAS* (vgl. Lohmöller 1984). Im Rahmen dieser Arbeit wurde das in der Forschungspraxis wohl am häufigsten eingesetzte Programm *LISREL* (Version 8.7.2) ausgewählt.

Die Kovarianzstrukturanalyse bietet gegenüber einer Regressionsanalyse mehrere **Vorteile**. Sie kann komplexe Strukturen untersuchen, direkte und indirekte Effekte miteinander vergleichen und berücksichtigt die Messfehler der Indikatoren explizit. Außerdem wird die bei der Regressionsanalyse strenge Forderung nach Unabhängigkeit der Regressoren (keine Mulitkollinearität) aufgehoben (vgl. Hilbert/Raithel 2004, S. 12f.). Im Marketing werden Strukturgleichungsmodelle daher häufig eingesetzt, z.B.:

- untersuchen Fritz et al. (2005) damit die Erfolgsfaktoren von Internet-Auktionen bei *eBay*,

---

[25] vgl. dazu auch Kap. 6.2.1.3 sowie Anhang 3.

- prüfen Verbeke/Bagozzi (2002), wie Verkäufer mit peinlichen Situationen in Kundengesprächen umgehen und wie sich dies in ihrem Erfolg niederschlägt,

- zeigen Homburg/Fürst (2005), wie sich das Beschwerdemanagement einer Organisation darauf auswirkt, wie gerecht Beschwerdeführer sich behandelt fühlen und welche Konsequenzen dies wiederum für ihre Zufriedenheit und Loyalität hat.

Vereinfacht ausgedrückt ist die Kausalanalyse eine Kombination von **Faktoren-** (Messmodell) und **Regressionsanalysen** (Strukturmodell), was Abb. 40 beispielhaft darstellt. Die nicht beobachtbaren Konstrukte entsprechen Faktoren und heißen auch latente Variablen. Gemessen werden sie mithilfe von Indikatoren (x, y). Die unabhängigen Variablen sind vergleichbar mit den Prädiktoren in einer Regressionsanalyse. Sie heißen latente exogene Variablen und sind durch ein *Ksi* (ξ) repräsentiert. Die abhängigen Variablen ähneln den Kriteriumsvariablen einer Regressionsanalyse und heißen latente endogene Variablen. Sie werden im Modell erklärt und sind durch ein *Eta* (η) dargestellt. *Epsilon* (ε), *Delta* (δ) und *Zeta* (ζ) sind Residual- bzw. Fehlervariablen der Indikatoren sowie der latenten endogenen Variablen (vgl. Backhaus et al. 2006, S. 338ff.; Homburg/Baumgartner 1995a, S. 163f.).

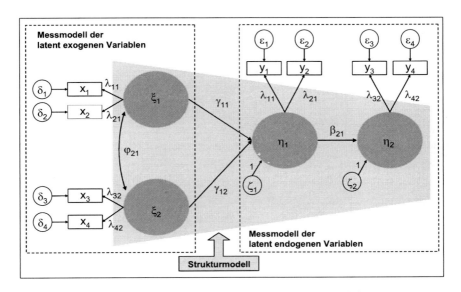

Abb. 40: Pfaddiagramm eines Strukturgleichungsmodells

Quelle: Backhaus et al. (2006, S. 355); modifiziert.

Das Ziel der Analyse besteht darin, einen Satz von Parametern zu schätzen, der die Varianzen und Kovarianzen der Indikatoren möglichst gut reproduziert. Dies geschieht durch Minimierung der Diskrepanz zwischen der modelltheoretischen und der empirischen Varianz-Kovarianz-Matrix (vgl. ausführlich Homburg/Baumgartner 1995a, S. 163; Backhaus et al. 2006, S. 344ff.). Man spricht daher auch von einer **Kovarianzstrukturanalyse**. Abb. 40 zeigt verschiedene **Arten von Parametern** (vgl. Backhaus et al. 2006, S. 348ff.):

- *Lambda* (λ) sind die Faktorladungen der Indikatorvariablen auf die latenten Variablen. Sie werden im Rahmen der Messmodelle geschätzt.
- *Phi* (φ) stellt die Kovarianz zwischen latenten exogenen Variablen dar.
- *Gamma* (γ) und *Beta* (β) sind mit Regressionskoeffizienten vergleichbar und werden als Pfadkoeffizienten bezeichnet. Erstere messen den (Kausal-) Zusammenhang zwischen latent exogenen und endogenen Variablen, letztere die (Kausal-) Beziehungen zwischen latent endogenen Variablen. Sie werden im Rahmen des Strukturmodells geschätzt und sind für die Überprüfung der Hypothesen heranzuziehen (vgl. Bagozzi 1994, S. 390).

Nach der Parameterschätzung ist zu prüfen, wie gut sich die Modellstruktur an den empirischen Datensatz anpasst (vgl. Homburg/Baumgartner 1995a, S. 162; Backhaus et al. 2006, S. 356). Da Kausalmodelle komplex sind, reicht eine einzige Maßzahl nicht aus; es müssen mehrere **Gütemaße** herangezogen werden (vgl. Homburg/Baumgartner 1995a, S. 162; Bagozzi/Baumgartner 1994, S. 399). Globale Gütemaße beurteilen das Beziehungsgefüge als Ganzes, während lokale Maßzahlen einzelne Teile davon evaluieren.

6.2.1.2 Anforderungen an die Datenstruktur

Eine Kausalanalyse stellt bestimmte Anforderungen an die zugrunde liegenden Daten. So muss das Modell **identifizierbar** sein. Dies ist dann der Fall, wenn die Zahl der zu schätzenden Parameter in einem sinnvollen Verhältnis zur Anzahl der Indikatorvariablen steht. Mit anderen Worten: Wenn es nur einige wenige Items gibt, die jedoch über relativ viele Verbindungen miteinander verknüpft werden sollen, dann ist das Modell unterbestimmt (vgl. Bagozzi/Baumgartner 1994, S. 390f.). Ganz allgemein gilt (vgl. Backhaus et al. 2006, S. 366):

$$p \leq \frac{n \bullet (n+1)}{2} \tag{2}$$

p .... Zahl der zu schätzenden Parameter
n .... Zahl der Indikatorvariablen

Zieht man nun die Zahl der zu schätzenden Parameter (p) vom rechten Term der Gleichung ab, dann ergibt sich die **Anzahl der Freiheitsgrade**, auch *Degrees of Freedom* (DF). Gemäß Gleichung (2) sollte sie mindestens null betragen. Dann ist das Modell identifiziert, und die Parameter können geschätzt werden. Allerdings bleiben dann keine empirischen Informationen mehr übrig, um die Modellstruktur zu testen, also z.B. globale Gütemaße zu berechnen. Daher ist es besser, wenn $DF \geq 1$ (vgl. Backhaus et al. 2006, S. 366f.).

Weiterhin dürfen keine negative Varianzen (vgl. Bagozzi/Yi 1988, S. 76) sowie keine unverhältnismäßig hohen Standardfehler der Schätzer auftreten. Denn dies weist auf Missspezifikationen des Modells (vgl. Homburg/Baumgartner 1995a, S. 171). Diese Bedingungen sind jeweils vor der Berechnung eines Strukturgleichungsmodells zu prüfen, was im Rahmen dieser Arbeit vor jeder Kausalanalyse getan wird.

6.2.1.3 Wahl eines passenden Schätzers

Um die Parameter zu schätzen, ist je nach Datenstruktur ein **passender Algorithmus** zu wählen. Die in Tab. 20 aufgeführten Schätzer basieren auf verschiedenen Diskrepanzfunktionen, um die Differenz zwischen der im Modell unterstellten und der empirisch beobachteten Varianz-Kovarianz-Matrix zu minimieren (vgl. ausführlicher Backhaus et al. 2006, S. 368). Die Tabelle enthält außerdem Informationen, die der Wahl des passenden Schätzers helfen.[26]

Kriterium	ML Maximum Likelihood	GLS Generalized Least-Squares	ULS Unweighted Least-Squares	SLS Scale Free Least Squares	ADF Asymptotically Distribution-Free
Annahme einer Multinormalverteilung	ja	ja	nein	nein	nein
Skaleninvarianz	ja	ja	nein	ja	ja
Stichprobengröße	> 100	> 100	> 100	> 100	$1{,}5 \cdot p \, (p+1)$
Inferenzstatistiken	ja	ja	nein	nein	ja
Anmerkung: p = Anzahl der zu schätzenden Parameter					

Tab. 20: Anforderungen und Eigenschaften verschiedener Schätzverfahren

Quelle: Backhaus et al. (2006, S. 369).

---

[26] Die Tabelle enthält nur Schätzer, die das Programmpaket *AMOS* ausweist. In *LISREL* stehen neben ML, GLS, ULS außerdem noch die Two-Stage Least Square (TSLS), der Generally Weighted Least Square (WLS) sowie der Diagnolly Weighted Least Square (DWLS) zur Verfügung. Der TSLS wird jedoch nur zur Berechnung von Startwerten verwendet, die das Programm zur Schätzung der Parameter benötigt (vgl. Byrne 1998, S. 61). Der WLS und der DWLS setzen eine ebenso große Stichprobe voraus wie der ADF (vgl. Hilbert/Raithel 2004, S. 30) und kamen daher nicht in Frage.

Der *Maximum Likelihood*-Schätzer (ML) setzt **multinormalverteilte Variablen** voraus. Eine notwenige Bedingung hierfür ist die univariate Normalverteilung der im Modell verwendeten Indikatoren (vgl. Olsson et al. 2000, S. 566). Ob diese gegeben ist, lässt sich anhand der Schiefe (*Skewness*) sowie der Wölbung (*Kurtosis*) einer Verteilung ermessen. Die in Gleichung (3) dargestellte **Schiefe** bezieht sich auf die Asymmetrie einer Variablen (vgl. Olsson 2000, S. 566). Im Falle einer Normalverteilung beträgt sie null. Positive Werte zeugen von einer linkssteilen Verteilung, negative von einer rechtssteilen (vgl. Sachs 1971, S. 83). Als Faustregel gilt, dass ein Schiefe-Wert vom Betrag her nicht mehr als 1,96 mal so groß sein sollte wie sein Standardfehler, was als *Critical Ratio* bezeichnet wird (vgl. Arbuckle 2003).

$$\text{Schiefe} = \frac{\sum (x - \bar{x})^3 / n}{\left[\sum (x - \bar{x})^2 / n\right]^{\frac{3}{2}}} \tag{3}$$

x .... beobachtete Werte
$\bar{x}$ .... Mittlerwert
n .... Stichprobengröße

Die nach Gleichung (4) zu berechnende **Wölbung** gibt Auskunft darüber, inwieweit sich die Fälle um einen Mittelwert gruppieren (vgl. Olsson 2000, S. 566). Bei einer Normalverteilung liegt sie ebenfalls bei null (vgl. Bagozzi/Baumgartner 1994, S. 393). Ist der Wert positiv, dann drängen sich die Daten dichter an den Mittelwert als bei einer Normalverteilung, die Ränder (Engl.: *Tails*) sind länger (Hochgipfligkeit). Eine negative *Kurtosis* zeigt an, dass die Fälle relativ weit entfernt vom Mittelwert liegen; die Ränder sind kürzer als bei einer *Gaußschen* Glockenkurve (Flachgipfligkeit). Damit von einer Normalverteilung ausgegangen werden kann, darf sich die Wölbung nicht signifikant von null unterscheiden (vgl. Wang/Serfling 2004, S. 441ff.). Als Grenzwert gilt auch hier ein *Critical Ratio* von 1,96: Die *Kurtosis* darf nicht mehr als 1,96 mal so groß sein wie ihr Standardfehler (vgl. Arbuckle 2003).

$$\text{Wölbung} = \frac{\sum (x - \bar{x})^4 / n}{\left[\sum (x - \bar{x})^2 / n\right]^2} - 3 \tag{4}$$

x .... beobachtete Werte
$\bar{x}$ .... Mittlerwert
n .... Stichprobengröße

In der Realität werden diese strengen Anforderungen jedoch in der Regel **nicht erfüllt** (vgl. Fornell/Cha 1994, S. 52). Dies gilt auch für die vorliegenden Daten. Zur Prüfung der univariaten Normalverteilung der in den beiden Modellen (PAM, EAM) verwendeten Variablen wurden zunächst die Schiefe und die Wölbung herangezogen. Beide Werte deuten darauf hin, dass bis auf wenige Ausnahmen keine der Variablen univariat normalverteilt ist. Der Prüfung des noch strengeren *Kolmogorov-Smirnov*-Tests hält sogar keines der Items stand (vgl. Anhang 3). Somit ist auch nicht von einer multivariaten Normalverteilung auszugehen[27]. Daher verbleiben nur noch drei mögliche Schätzer: ULS, SLS oder ADF. Der ADF-Schätzer setzt allerdings große Stichproben voraus, im Emotionsbasierten Adoptionsmodell bspw. sind 45 Parameter zu berechnen, sodass nach der Gleichung in Tab. 20 mindestens n = 3.105 Fälle vonnöten wären (1,5 * 45 * 46)[28]. Insgesamt liegen aber nur 113 auswertbare Datensätze vor, sodass die Entscheidung schließlich zwischen ULS und SLS fallen musste.

Die Wahl fiel auf den im deutschen Sprachraum am häufigsten verwendeten **ULS-Schätzer**[29] (vgl. Homburg/Baumgartner 1995b, S. 1101). Dieser ist allerdings nicht skalaninvariant (vgl. Bagozzi/Baumgartner 1994, S. 395). Die Änderung einer Skala (z.B. von Euro in Cent) würde zu einem anderen Minimum der Diskrepanzfunktion führen. Umgehen lässt sich dieses Problem durch eine **Standardisierung** (auch: Normalisierung) sämtlicher Messvariablen (vgl. Backhaus et al. 2006, S. 370). Hierfür wird, wie Gleichung (5) zeigt, von jedem Messwert x der Mittelwert abgezogen, und diese Differenz durch die Standardabweichung geteilt. Die entstehenden Werte haben einen Mittelwert von null und eine Standardabweichung von eins (vgl. Bleymüller et al. 1979, S. 61). Alle weiteren Analysen basieren auf diesen z-Werten.

$$z = \frac{x - \bar{x}}{\sigma} \quad (5)$$

x .... beobachtete Werte
$\bar{x}$ .... Mittlerwert
σ .... Standardabweichung

---

[27] Zusätzlich wurde mit dem *Mardia*-Koeffizient eine multivariate *Kurtosis* berechnet (vgl. ausführlich Mardia 1974). In jedem der später verwandten Modelle lag sie jenseits der Grenzwerte von 1,96. Dies wird jedoch nicht extra dokumentiert, da bereits die univariate Statistik zeigt, dass keine Normalverteilung vorliegt.
[28] Die Zahl der zu schätzenden Parameter bezieht sich auf das Messmodell, das im Rahmen der Validitätsprüfung zweiter Generation zu berechnen ist (vgl. Kap. 7.2.2.2). Im eigentlichen Kausalmodell sind nur 29 Parameter zu schätzen (vgl. Kap. 8.2). Allerdings wären hierfür immer noch 1.305 Fälle nötig (1,5 * 29 * 30).
[29] Der ULS-Schätzer hat außerdem, ebenso wie SLS, den Nachteil, dass Chi-Quadrat-Werte, Standardfehler, t-Werte und standardisierte Residuen zwar berechnet werden, aber nur unter der Annahme multivariater Normalverteilung (vgl. Jöreskog/Sörbom 2001, S. 20). Die t-Werte der geschätzten Parameter sowie einige der in Kap. 6.2.1.4 berechneten globalen Gütemaße (χ^2-Statistik, RMSEA, CFI) sind daher nur unter Vorbehalt zu interpretieren, werden aber in Anlehnung an die gängige Praxis in den folgenden Analysen dennoch ausgewiesen (vgl. z.B. Giering 2000).

6.2.1.4 Globale Gütemaße zur Beurteilung eines Kausalmodells

Abb. 41 gibt einen Überblick der globalen Gütemaße, die ein Modell als Ganzes beurteilen (vgl. zu den folgenden Ausführungen auch Homburg/Baumgartner 1995a; Backhaus et al. 2006, S. 379ff.). Zunächst ist zu unterscheiden, ob sich die Kennzahlen an einem bestimmten **Vergleichsstandard** messen lassen. Wenn dies, wie in Kategorie VI, nicht der Fall ist, dann sagt die Ziffer für sich genommen nichts aus, sondern nur im Vergleich mit anderen Modellen. Es lassen sich damit Aussagen treffen wie „Modell A ist besser als Modell B".[30] Der Anwender sollte sie nicht als einziges Kriterium heranziehen, denn dann wählt er womöglich die beste unter lauter schlechten Lösungen aus.

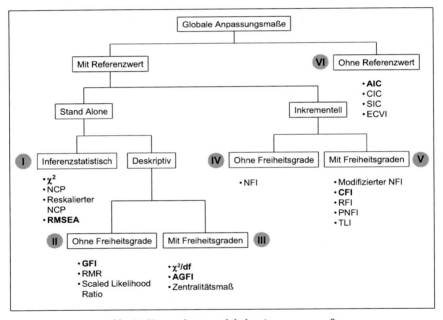

Abb. 41: Kategorien von globalen Anpassungsmaßen

Quelle: auf Basis von Homburg/Baumgartner (1995a, S. 165ff.).

---

[30] Gemeint ist hier der Vergleich von *Unnested Models*. Diese unterscheiden sich voneinander z.B. in der Anzahl der latenten exogenen Variablen, die zur Erklärung einer oder mehrerer latenter endogener Variablen herangezogen werden. Abzugrenzen sind *Unnested Models* von *Nested Models*, bei denen sich das eine aus dem anderen ergibt, indem man ihm lediglich zusätzliche Beschränkungen auferlegt (vgl. Bagozzi et al. 1991, S. 431). Dies könnte bspw. die Fixierung eines Pfadkoeffizienten sein (zur Unterscheidung von *Nested* vs. *Unnested Models* vgl. Loehlin 1997).

Bei Kennzahlen mit Referenzwert lassen sich **Stand Alone-** und **inkrementelle Maße** unterscheiden. Erstere beurteilen ein Modell für sich genommen, letztere vergleichen es mit einem sog. Basismodell und geben an, inwieweit sich die Güte beim Übergang vom diesem zur unterstellten Lösung verbessert (vgl. Marsh et al. 1988). Als *Baseline Measurement Model* wird üblicherweise eines mit unbefriedigender Güte, verwendet. Ein solches ist bspw. das *Independence Model*, das alle Variablen als unabhängig voneinander betrachtet (vgl. Bentler/Bonett 1980) und naturgemäß sehr schlechte Anpassungsmaße aufweist[31]. Nach dieser Philosophie sollte der Anwender jede Verbesserung gegenüber einer theoretisch nicht fundierten Annahme des *Independence Models* honorieren. Die ermittelte Modellgüte ist damit inhärent, da der Ausgangspunkt ein *Worst-Case*-Szenario ist. Zusätzlich zu inkrementellen Anpassungsmaßen sind daher *Stand-Alone*-Maße heranzuziehen.

Stand-Alone-Maße unterteilen sich in zwei Gruppen. **Inferenzstatistische Kennzahlen** (Kategorie I) sind Ergebnisse eines statistischen Tests (z.B. Chi-Quadrat-Anpassungstest); **deskriptive** beruhen auf Faustregeln (z.B. „Der GFI sollte größer als 0,9 sein."), die ihrerseits Ergebnisse von Simulationsstudien sind, d.h. Erfahrungswerte darstellen. Sowohl deskriptive als auch inkrementelle Kennzahlen lassen sich wiederum in solche ohne (Kategorie II bzw. IV) und mit **Berücksichtigung der Freiheitsgrade** (Kategorie III bzw. V) unterteilen. Letztere tragen dem Anspruch der Sparsamkeit Rechnung. Wenn nämlich relativ viele Parameter zu schätzen sind, d.h. viele Beziehungen zwischen den einzelnen Variablen unterstellt werden, dann ist die Anzahl der frei variierenden Parameter und damit der Freiheitsgrade gering. Der Anwender kann eine Lösung, gemessen an Kennzahlen der Kategorie II und IV, u.U. willkürlich verbessern, indem er einen zusätzlichen Parameter einzeichnet. Der Verlust an Freiheitsgraden wird nicht „bestraft". Kennzahlen der Kategorien III und V sind robust gegenüber solchen Manipulationen, denn sie sind jeweils in Relation zur Anzahl der *Degrees of Freedom* gesetzt (z.B. χ^2/df). Von zwei vergleichbaren Modellen ist damit das sparsame besser, bei dem weniger Parameter zu schätzen sind.

Angesichts der Vielzahl von Kennzahlen ist es sinnvoll, sich auf einige **zu beschränken**. Sie sind in Abb. 41 fett gedruckt. Tab. 21 weist für jede den Schwellenwert aus, den sie nicht unter- bzw. überschreiten sollte. Die Auswahl gerade dieser Maße wird im Folgenden diskutiert.

---

[31] Hier handelt es sich um den Vergleich von *Nested Models*.

Gütemaß	Abkürzung	Kategorie bei Homburg/ Baumgartner (1995)	Anforderung
Chi-Quadrat-Anpassungstest	χ^2	Kategorie I	$\geq 0{,}05$ [1)]
Root Mean Square Error of Approximation	RMSEA	Kategorie I	$\leq 0{,}05$
Goodness of Fit Index	GFI	Kategorie II	$\geq 0{,}9$
Adjusted Goodness of Fit Index	AGFI	Kategorie III	$\geq 0{,}9$
Chi Square/Degrees of Freedom	χ^2/df	Kategorie III	$\leq 2{,}5$
Comparative Fit Index	CFI	Kategorie V	$\geq 0{,}9$
Akaike's Information Criterion	AIC	Kategorie VI	möglichst klein

Anmerkung:
1) Gemeint ist der p-Wert des Tests.

Tab. 21: Ausgewählte globale Gütemaße für ein Kausalmodell

Quelle: auf Basis von Homburg/Baumgartner (1995a, S. 165ff.).

Ein weit verbreitetes Maß der Kategorie I (Inferenzstatistische Maße) ist die **Chi-Quadrat-Statistik** (auch Chi-Quadrat-Anpassungstest bzw. *Chi-Quadrat Goodness-of-Fit-Index*). Ein kleines, nicht signifikantes χ^2 zeugt von einer guten Anpassung des Modells an die empirischen Daten (vgl. Bagozzi 1994, S. 325). Allerdings wird die Aussagekraft dieses Tests häufig in Frage gestellt, denn er prüft, ob ein Beziehungsgefüge im absoluten Sinne richtig ist (vgl. Homburg/Baumgartner 1995a, S. 166). Ein Hypothesengebilde kann die Realität hingegen nur annähernd abbilden. Kritik gilt auch der Tatsache, dass der Test stark von der Stichprobengröße abhängt, d.h. bei großen n automatisch signifikante Werte ergibt, bei kleinen n nicht signifikante (vgl. Bagozzi/Yi 1988, S. 77). Für sehr kleine bzw. sehr große Stichproben kann er daher keine valide Auskunft über die Anpassungsgüte treffen (vgl. Bagozzi/Baumgartner 1994, S. 399). Auch müssen alle beobachteten Variablen normalverteilt sein (vgl. Backhaus et al. 2006, S. 379). Er soll daher hier nur unter Vorbehalt und ergänzend zu anderen Maßen verwendet werden.

Der von Homburg/Baumgartner (1995a, S. 166) favorisierte und im Rahmen dieser Arbeit in Kategorie I zusätzlich verwendete **RMSEA** (*Root Mean Square Error of Approximation*) prüft im Gegensatz zum Chi-Quadrat-Test „nur", ob das Beziehungsgefüge die Realität gut approximiert. Dieses Vorgehen steht in der Tradition von Popper (1994, 1964), wonach eine Theorie Erscheinungen der realen Welt durch Aufdecken von Zusammenhängen erklären soll. Im Sinne eines kritischen Rationalismus sind diese Erkenntnisse jedoch nur vorläufig – und die Theorie an sich damit nicht endgültig bestätigt.

Kennzahlen der Gruppen II und IV können aus den bereits genannten Gründen überparametrisierte Modelle nicht erkennen. Homburg/Baumgartner (1995a, S. 172) schlagen daher aus diesen beiden Gruppen nur den **GFI** vor. Dieser häufig verwendete Indikator gibt Auskunft über den Anteil der Varianzen und Kovarianzen, der durch das Modell erklärt wird (vgl. Backhaus et al. 2006, S. 380). Angesichts der Schwäche der Gütemaße aus Gruppe II und IV verweisen Homburg/Baumgartner (1995a, S. 172) auf Kennzahlen, welche die Zahl der Freiheitsgrade berücksichtigen, nämlich χ^2/df und **AGFI** in Gruppe III sowie **CFI** in Gruppe V. Dabei wird der von Bentler/Bonett (1980) vorgeschlagene CFI besonders häufig verwendet, um die Gesamtgüte eines Modells zu beurteilen (vgl. Bagozzi/Baumgartner 1994, S. 400).

Maße der Gruppe VI verwerfen Homburg/Baumgartner (1995a, S. 166) generell, weil sie keinen Referenzwert haben und daher lediglich beim Vergleich alternativer Modelle anzuwenden seien. Im vorliegenden Falle stehen allerdings das Problembasierte und das Emotionsbasierte Adoptionsmodell in Konkurrenz zueinander, sodass ein Vergleich notwendig ist. Von den Kennzahlen dieser Kategorie wird am häufigsten der **AIC** verwendet (*Akaike's Information Criterion*). Diese Kennzahl misst den *Badness of Fit*: Je höher der AIC ist, desto weniger akkurat ist das Modell. Zusätzlich enthält dieses Gütemaß einen „Bestrafungsterm" für die Komplexität, die mit der Anzahl der zu schätzenden Parameter steigt. Ein komplexes Modell ist dann bei gleichem oder sogar besserem Erklärungsgehalt schlechter als ein sparsameres (vgl. Bozdogan 1987, S. 356). Nun enthält das EAM von vornherein mehr Konstrukte als das PAM, sodass a priori von einem niedrigeren AIC auszugehen ist. Allerdings ist es vom Augenschein her keineswegs zu komplex oder unübersichtlich. Zudem wird die Anforderung der Sparsamkeit mit Blick auf Kausalmodelle durchaus kontrovers diskutiert (vgl. Marsh/Hau 1996). Der AIC sollte daher nicht unreflektiert und als alleiniges Kriterium verwendet werden.

6.2.1.5 Lokale Gütemaße zur Beurteilung eines Kausalmodells

Während sich globale Anpassungsmaße auf ein Modell insgesamt beziehen, betreffen lokale Kennzahlen nur Ausschnitte davon. Diesen Teil der Beurteilung eines Kausalmodells handeln viele Autoren nur recht kurz ab (z.B. Laverie et al. 2002, S. 663). Denn ein akzeptabler globaler *Fit* lässt sich relativ leicht erzielen, insb. gute inkrementelle Anpassungsmaße. **Im Detail** muss ein global als gut identifiziertes Modell jedoch nicht valide sein (vgl. Bagozzi/Yi 1988, S. 80). Lokale Kenngrößen beziehen sich entweder auf das Mess- oder auf das Strukturmodell.

Nach Homburg/Baumgartner (1995a, S. 172) müssen nicht unbedingt alle in Tab. 22 aufgeführten Kriterien vollständig erfüllt sein, zumal die jeweiligen Schwellenwerte teilweise vom Stichprobenumfang und der Komplexität des untersuchten Beziehungsgefüges abhängen (vgl. zu den folgenden Ausführungen auch Homburg/Baumgartner 1995a, S. 170.ff.; Bagozzi/Baumgartner 1994, S. 401ff.).

Teilmodell	Gütemaß	Alternative Bezeichnungen	Abkürzung	Anforderung
Messmodell	Indikatorreliabilität	Kommunalität	rel_I	$\geq 0,4$
	Faktorreliabilität		rel_F	$\geq 0,6$
	Durchschnittlich erfasste Varianz	Block-Kommunalität	DEV	$\geq 0,5$
Strukturmodell	Quadrierte multiple Korrelationen der latenten endogenen Variablen		qmk	$\geq 0,4$

Tab. 22: Lokale Gütemaße eines Kausalmodells

Quelle: auf Basis von Homburg Baumgartner (1995, S. 170ff.); Bagozzi/Baumgartner (1994, S. 401ff.); Fornell/Larcker (1981, S. 45f.).

Gütemaße des Messmodells

Um zu prüfen, ob jede latente Variable die ihm zugeordneten Indikatoren hinreichend abbildet, ist die **Indikatorreliabilität (rel_I)** heranzuziehen, von Fornell/Cha (1994, S. 69) auch als Kommunalität des Indikators bezeichnet. Sie sollte mindestens 0,4 betragen und misst den Anteil der durch den Faktor erklärten Varianz des Indikators. Der Rest entfällt auf die Fehlervariable. Im Zähler steht somit die Varianz des Indikators, der durch die latente Variable erklärt wird, im Nenner seine Gesamtvarianz (vgl. Homburg/Baumgartner 1995a, S. 170; Bagozzi/Baumgartner 1994, S. 402)[32]:

$$\text{rel\_I}(x_i) = \frac{\lambda_{ij}^2}{\lambda_{ij}^2 + \theta_{ii}} \tag{6}$$

λ_{ij} ..... geschätzte Faktorladung

θ_{ii} ..... geschätzte Varianz des Messfehlers δ_i

---

[32] Die Autoren geben eine etwas kompliziertere Formel an. Geht man allerdings, wie hier, von normalisierten Variablen aus, dann ergibt sich Gleichung (6), weil die in der Ursprungsformel enthaltene geschätzte Varianz der latenten Variablen 1 beträgt ($\varphi = 1$).

Diese Gleichung lässt sich weiter vereinfachen, wenn man berücksichtigt, dass alle Variablen normalisiert sind, um die Ungleichheiten von Skalen zu eliminieren (vgl. Fornell/Cha 1994, S. 68f.). Normalisierte Variablen haben einen Mittelwert von 0 und eine Standardabweichung und damit auch Varianz von 1. Die geschätzte **Varianz des Messfehlers** θ_{ii} ergibt sich damit wie folgt:

$$\theta_{ii} = 1 - \lambda_{ij}^2 \tag{7}$$

λ_{ij} .... geschätzte Faktorladung
θ_{ii} .... geschätzte Varianz des Messfehlers δ_i

Setzt man Gleichung (7) in Gleichung (6) ein, dann entspricht die Indikatorreliabilität einfach der quadrierten Faktorladung, d.h. der quadrierten Korrelation zwischen einem Konstrukt und dem zugehörigen Faktor (vgl. Fornell/Cha 1994, S. 69):

$$\text{rel\_I}(x_i) = \frac{\lambda_{ij}^2}{\lambda_{ij}^2 + (1-\lambda_{ij}^2)} \cdot 1 = \frac{\lambda_{ij}^2}{\lambda_{ij}^2 + 1 - \lambda_{ij}^2} = \lambda_{ij}^2 \tag{8}$$

λ_{ij} .... geschätzte Faktorladung

Ein weiteres lokales Gütemaß gibt Auskunft darüber, wie gut die Indikatoren insgesamt den entsprechenden Faktor messen. Es wird im Deutschen als **Faktorreliabilität**, im Englischen als *Construct Reliability* oder *Composite Realiability* bezeichnet. Sie gibt Auskunft über die Konvergenzvalidität der einem Faktor zugeordneten Indikatoren. Sie sollte mindestens 0,6 betragen und berechnet sich für jede latente Variable einzeln wie folgt (vgl. Homburg/Baumgartner 1995a, S. 170; Bagozzi/Baumgartner 1994, S. 402)[33]:

$$\text{rel\_F}(\xi_j) = \frac{\left(\sum_i \lambda_{ij}\right)^2}{\left(\sum_i \lambda_{ij}\right)^2 + \sum_i (1-\lambda_{ij}^2)} \tag{9}$$

λ_{ij} .... geschätzte Faktorladung

---

[33] Die Autoren verwenden wiederum eine etwas kompliziertere Form dieser Formel. Geht man jedoch von normalisierten Variablen aus, dann beträgt die in der Ursprungsgleichung enthaltene geschätzte Varianz der latenten Variablen 1 ($\varphi = 1$), und die geschätzte Varianz des Messfehlers (θ) lässt sich durch den Therm $1-\lambda^2$ darstellen, sodass sich oben dargestellte Formel ergibt.

Die **durchschnittlich erfasste Varianz**, im Englischen als *Average Variance Extracted* (AVE) bezeichnet, gibt an, wie hoch die durch den Faktor erklärte Varianz seiner Indikatoren im Schnitt ist (vgl. Fornell/Larcker 1981, S. 46). Es ist also lediglich der Mittelwert aus den entsprechenden Indikatorreliabilitäten zu bilden. Sie entspricht damit der durchschnittlichen Indikatorreliabilität bzw. Kommunalität pro „Block" (Fornell/Cha 1994, S. 69) und sollte mindestens 0,5 betragen (vgl. Bagozzi/Yi 1988, S. 80).

$$\mathrm{DEV}(\xi_j) = \frac{\sum_i \lambda_{ij}^2}{\sum_i 1} \quad (10)^{34}$$

λ_{ij} .... geschätzte Faktorladung

Gütemaß des Strukturmodells

Während sich die bislang aufgeführten lokalen Kriterien auf das Messmodell beziehen, gibt die **quadrierte multiple Korrelation (qmk)** der latenten endogenen Variablen Auskunft über die Güte des Strukturmodells. Sie entspricht dem Anteil der durch die latenten exogenen Variablen erklärten Varianz (vgl. Jöreskog/Sörbom 1982, S. 407). Somit ist diese Kennzahl mit dem Bestimmtheitsmaß einer Regressionsanalyse vergleichbar.

$$\mathrm{qmk}(\eta_j) = 1 - \frac{\mathrm{var}(\zeta_j)}{\mathrm{var}(\eta_j)} \quad (11)$$

var (η_j) .... geschätzte Varianz des Konstrukts (η_j)
var (ζ_j) .... geschätzte Varianz der Fehlervariablen (ζ_j)

Ein Modell sollte nach Homburg/Baumgartner (1995a, S. 172) **mindestens 40%** der latenten endogenen Variablen erklären können (qmk $\geq$ 0,4). Allerdings halten sie diese Forderung dann für irrelevant, wenn es lediglich darum geht, Kausalbeziehungen zu untersuchen, nicht jedoch, die latenten endogenen Variablen möglichst vollständig zu erklären. Dies ist auch hier der Fall: Das Ziel besteht nicht darin, die Akzeptanz der Innovationsidee zu 100% vorherzusagen. Es soll vielmehr der Einfluss der Problemwahrnehmung bzw. der antizipierten Emotionen auf dieses Phänomen nachgewiesen werden. Allerdings spielt die erklärte Varianz der abhängigen

---

[34] Hier wird von normalisierten Variablen ausgegangen, sodass die hier dargestellte, vereinfachte Formel gilt.

Variablen eine Rolle, wenn es darum geht, das Problembasierte mit dem Emo-tionsbasierten Adoptionsmodell zu vergleichen. Als besser ist dasjenige mit dem höheren Erklärungsbeitrag anzusehen.

6.2.1.6 Modifikation der Modellstruktur

Modelle mit unbefriedigender Güte sind eigentlich zu verwerfen. Allerdings kann der Forscher auch die Struktur modifizieren. Dieses Vorgehen widerspricht zwar dem konfirmatorischen Prinzip der Kausalanalyse (vgl. Backhaus et al. 2006, S. 387). Aber gerade im Zuge der Konstruktvalidierung, die der eigentlichen Kausalanalyse vorgeschaltet wird, ist dies durchaus legitim (vgl. Kap. 6.2.3). Bei späteren Änderungen sollte der Anwender theoretische bzw. methodische Gründe haben, die seinen Eingriff rechtfertigen (vgl. Bagozzi/Yi 1988, S. 81). Änderungen sind in **zwei verschiedene Richtungen** möglich: Man kann die Struktur komplexer gestalten, aber auch reduzieren. Hinweise darauf, welche Parameter hinzuzufügen oder zu entfernen sind, liefern verschiedene Kriterien (vgl. Abb. 42).

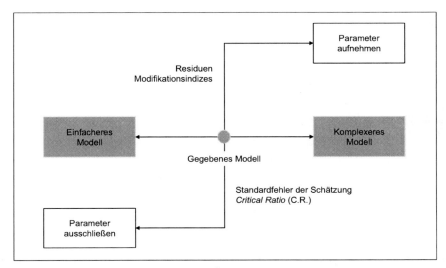

Abb. 42: Kriterien zur Änderung der Modellstruktur

Quelle: Backhaus et al. (2006, S. 385ff.).

Vereinfachung der Modellstruktur

Die Standardfehler werden für jeden geschätzten Parameter ausgegeben. Sind sie hoch, dann ist davon auszugehen, dass die Schätzung relativ unsicher ist. Teilt man den geschätzten unstandardisierten Wert des Parameters durch seinen Standardfehler, dann erhält man eine Prüfgröße: das *Critical Ratio* (C.R.). Liegt dessen Betrag unter 1,96, dann ist davon auszugehen, dass sich der geschätzte Parameter nicht signifikant von null unterscheidet. Handelt es sich um eine Faktorladung, dann ist das betreffende Item zu entfernen. Im Falle eines Pfadkoeffizienten sollte der Parameter **auf null fixiert** und damit aus dem Beziehungsgefüge ausgeschlossen werden (vgl. Backhaus et al. 2006, S. 385). Das *Critical Ratio* ist auch als t-Statistik bzw. **t-Wert** bekannt (vgl. Byrne 1998, S. 104).

Erweiterung der Modellstruktur

Auskunft darüber, ob zusätzliche Parameter aufgenommen werden sollten, liefern die Residuen, die sich aus der Differenz der Werte der empirischen und der unterstellten Varianz-Kovarianz-Matrix ergeben (vgl. Backhaus et al. 2006, S. 386). Ein bekannteres Kriterium für die Vergrößerung der Modellstruktur sind jedoch die Modifikationsindizes, im Englischen als *Modification Indices* (M.I.) bezeichnet (vgl. Bagozzi/Yi 1988, S. 81). Ein M.I. bezieht sich auf die Beziehung zwischen zwei Indikatoren oder Konstrukten, die im Modell fixiert, d.h. nicht eingezeichnet sind. Der Wert gibt an, um wie viel der Chi-Quadrat-Wert mindestens fallen würde (= Verbesserung der globalen Güte), wenn man den entsprechenden **Parameter** zur Schätzung freigibt, d.h. **einzeichnet**. Abb. 43 zeigt dies beispielhaft für die Beziehung zwischen den beiden latenten exogenen Variablen (ξ_1, ξ_2), die in dem dort dargestellten theoretischen Modell als unabhängig angenommen werden. Die globale Güte verbessert sich, wenn man von einer Korrelation beider Konstrukte ausgeht (**Fall A**).

Indirekt kann ein hoher Modifikationsindex auch Auskunft darüber geben, ob eine **Indikatorvariable entfernt** werden sollte. So kann, wie im **Fall B** angenommen, ein hoher M.I. zwischen dem Indikator x_3 und der latenten exogenen Variablen ξ_2 auftreten. Dies deutet darauf hin, dass x_3 mit ξ_2 korreliert, nicht aber die anderen Indikatoren, die ξ_1 repräsentieren, denn dann wären die betreffenden Modifikationsindikatoren ($x_1 \to \xi_2$ und $x_2 \to \xi_2$) ebenfalls hoch. Die Lösung lässt sich verbessern, wenn man den Indikator x_3 entfernt (vgl. Abb. 43).

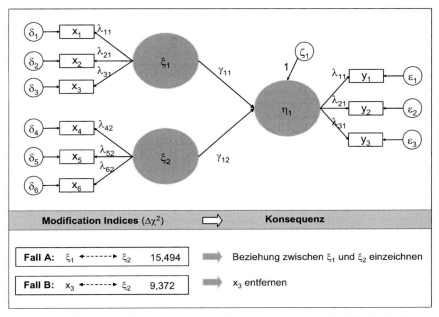

Abb. 43: Hinweise auf die Veränderung der Modellstruktur durch Modifikationsindizes (fiktives Beispiel)

6.2.2 Reflektive vs. formative Konstrukte

Latente Variablen können entweder reflektiver oder formativer Natur sein (vgl. ausführlich Fassot 2006, S. 68ff.). Bei einem **reflektiven Konstrukt** wird unterstellt, dass die Indikatoren von der zugehörigen latenten Variablen beeinflusst werden (vgl. Eberl/Zinbauer 2005, S. 591). Eine Veränderung des Konstrukts bewirkt eine Veränderung aller Indikatoren (vgl. Herrmann et al. 2006, S. 47). Da das Konstrukt "hinter" den jeweiligen Indikatoren steht, sind diese als weitgehend konsistent und mithin austauschbar anzusehen. Werden im Zuge der oben beschriebenen Modellmodifikation Indikatoren eines reflektiven Konstrukts entfernt, so ändert sich das Konstrukt als solches nicht, und die Ergebnisse bleiben inhaltlich dieselben (vgl. Albers/Hildebrandt 2006, S. 2ff.).

Umgekehrt wird ein **formatives Konstrukt** von seinen Indikatoren bestimmt (vgl. Eberl/ Zinbauer 2005, S. 591). Die Veränderung eines Indikators bewirkt mithin eine Veränderung des Konstrukts (vgl. Herrmann et al. 2006, S. 47). Die jeweiligen Items bilden in der Summe die zugehörige latente Variable; sie sind also nicht austauschbar. Wird eines entfernt, so ändert sich das Konstrukt inhaltlich bzw. wird nicht mehr in all seinen Facetten erfasst (vgl. Albers/Hildebrandt 2006, S. 7). Während also bei einem reflektiven Konstrukt sämtliche Indikatoren hoch miteinander korrelieren (müssen), ist dies bei einem formativen Konstrukt nicht der Fall bzw. nicht zwingend (vgl. Albers/Hildebrandt 2006, S. 12). Dort addieren sich die Indikatoren zum Gesamtkonstrukt. Formative latente Variablen sind somit künstlich bzw. vom Menschen geschaffen, weil der Forscher determiniert, welche Facetten zu dieser gehören. Bei reflektiven Konstrukten geht es hingegen "nur" darum, eine – bereits existierende – Hintergrundvariable zu benennen.

Abb. 44 illustriert den **Unterschied** zwischen reflektiven und formativen Konstrukten. Im ersten Fall ist das Konstrukt ursächlich für die Indikatoren, im zweiten Fall ist es umgekehrt. Damit einhergehend sind die Indikatoren einer reflektiven latenten Variablen gedanklich mit einem „oder" verknüpft (austauschbar), im formativen Fall mit einem „und" (additiv)[35].

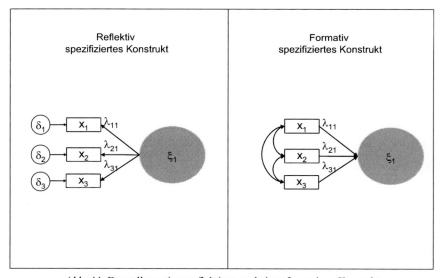

Abb. 44: Darstellung eines reflektiven und eines formativen Konstukts

---

[35] Allerdings kann es bei einem formativen Konstrukt sinnvoll sein, von einer multiplikativen (statt additiven) Verknüpfung der Indikatoren auszugehen – nämlich dann wenn sie miteinander korrelieren (vgl. Albers/ Hildebrandt 2006, S. 25). Auf keinen Fall jedoch sind die Indikatoren austauschbar.

Dies sei anhand von zwei im Marketing oft verwendeten Konstrukten illustriert: **Kundenbindung und Kundenwert**. Kundenbindung lässt sich definieren als die Absicht, bei demselben Anbieter zu bleiben (vgl. Anderson & Sullivan 1993; Oliver 1997; Zeithaml et al. 1996). Die Hintergrundvariable "Kundenbindung" sorgt dafür, dass jemand seine Beziehung mit dem Anbieter fortsetzen möchte, wahrscheinlich wieder bei ihm kaufen wird, nicht zu einem anderen Anbieter wechseln mag etc., wobei jede dieser Aussagen für sich genommen Kundenbindung messen könnte. Der Kundenwert hingegen, definiert als die Summe aller Beiträge eines Abnehmers zum Erfolg eines Unternehmens, ist formativer Natur. Er setzt sich nämlich aus verschiedenen Facetten zusammen, u.a. aus dem Umsatz-, Referenz-, Cross-Selling- und Informationspotenzial (vgl. Gelbrich 2001, S. 52ff.). Dabei muss ein Kunde, der viel kauft (Umsatz), das Produkt nicht zwangsläufig anderen weiterempfehlen (Referenzpotenzial). Die einzelnen Bestandteile des Kundenwerts sind somit tendenziell unabhängig voneinander; erst in der Summe bilden sie das Konstrukt.

Die im Rahmen dieser Arbeit verwendeten Konstrukte werden allesamt **reflektiv spezifiziert**, d.h. sie stellen Hintergrundvariablen dar, die dafür sorgen, dass die Indikatorvariablen bestimmte Ausprägungen annehmen. Anders ausgedrückt: Es soll gemessen werden, worin sich ein bestimmtes Phänomen äußert – und nicht, welche Maßnahmen es hervorgerufen haben (vgl. Albers/Hildebrandt 2006, S. 11). Nun können allerdings gravierende Fehler auftreten, wenn ein Forscher ein – eigentlich reflektives Konstrukt – formativ spezifiziert und dann im Zuge der Modellbereinigung Items mit geringer Faktorladung entfernt. Denn dabei wird das Konstrukt nicht mehr vollständig erfasst, was zu starken Abweichungen in den geschätzten Parameterwerten führen kann (vgl. Albers/Hildebrandt 2006, S. 24; Fassot 2006, S. 70). Aus diesem Grund wird im Folgenden die reflektive Natur der verwendeten Konstrukte begründet:
- Die Problemwahrnehmung setzt sich aus verschiedenen Facetten zusammen (z.B. Probleme bei UV-Beständigkeit, Probleme bei chemischer Beständigkeit). Dies spricht auf den ersten Blick für ein formatives Konstrukt. Allerdings soll hier die Wahrnehmung eines Sachverhalts gemessen werden, d.h. ein psychometrisches, verhaltenswissenschaftliches Konstrukt. In einem solchen Fall ist eine reflektive Spezifikation – und bei Bedarf auch die Elimination einzelner Items – legitim (vgl. Bagozzi 1998; Hildebrandt 1999). Denn die Wahrnehmung ist ein ganzheitliches Phänomen, deren einzelne Facetten nicht einfach addierbar sind; sie ist also nicht formativ. Dies trifft auch auf die Konstrukte „Wahrnehmung der Innovation als Chance bzw. Bedrohung" zu.

- Antizipierte Hoffnung mag zwar verschiedene Ereignisse betreffen (z.B. bessere Produkte, zufriedene Kunden), deren Beurteilung ist aber Ausdruck einer ein und derselben Emotion (Hoffnung) und daher reflektiv. Anders ausgedrückt: Sowohl die Aussicht auf bessere Produkte als auch die auf zufriedenere Kunden gehen mit dem Gefühl der Hoffnung einher. Mithin sind beide Facetten austauschbar. Gleiches gilt für antizipierte Befürchtungen.

- Die Akzeptanz der Innovationsidee ist ebenfalls reflektiv zu spezifizieren, denn wer die Idee akzeptiert, der kann sich vorstellen, die Innovation bei sich einzusetzen (und nicht umgekehrt). Die Indikatoren reflektieren die Akzeptanz und sind nicht ursächliche Maßnahmen dafür, dass Akzeptanz entsteht.

- Gleiches gilt für die externe Informationssuche, die sich gerade in den aufgeführten Handlungen (z.b. Anforderung von Informationsmaterial) ausdrückt. Im Übrigen ist die Diskussion reflektiv/formativ im Falle der Informationssuche für die weitere Modellspezifikation müßig, da es sich um ein *Single Item*-Maß handelt (vgl. Fassot 2006, S. 73).

6.2.3 Validitätssicherung als Voraussetzung für eine Kausalanalyse

6.2.3.1 Validitätskonzepte

Bevor der Anwender eine Kovarianzstrukturanalyse durchführt, muss er die Validität der verwendeten Skalen sicherstellen. Darunter ist die Gültigkeit einer Messung zu verstehen (vgl. Neibecker 2001b, S. 1717). Die Kausalanalyse untersucht Dependenzen zwischen Konstrukten; weshalb vor allem die **Konstruktvalidität** von Interesse ist. Dabei handelt es sich um das Ausmaß, mit dem eine Skala das Konzept misst, welches es zu messen vorgibt (vgl. Cook/Campbell 1979). Sie liegt vor, wenn die in Abb. 45 dargestellten vier Subkategorien erfüllt sind (vgl. im Folgenden auch Neibecker 2001b, S. 1717f.).

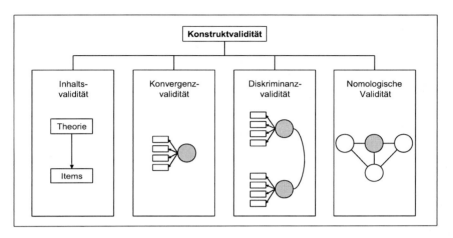

Abb. 45: Bedingungen für Konstruktvalidität

Inhaltsvalidität

Die für ein Konstrukt verwendete Skala muss inhaltlich logisch, plausibel und angemessen sein. Dazu gehört bspw., dass die verwendeten Items sprachlich eindeutig und verständlich sind. Sicherzustellen ist die Inhaltsvalidität im theoretischen Teil einer Arbeit, wenn die Modellbestandteile aus einer oder mehreren **Theorien abgeleitet** und operationalisiert werden. Es sollte sich also nicht um ad hoc zusammengestellte Items handeln. Neben einer sorgfältigen, theoriegestützten Planung spielt dabei der *Common Sense* eine Rolle, mit dessen Hilfe der Anwender die Validität eine Skala nach Augenschein prüfen kann. So ist auch ohne Sachkenntnis zu erkennen, dass die Aussage wie „Ich beabsichtige, die xy-Innovation zu übernehmen" sich nicht eignet, die Akzeptanz einer Innovationsidee zu messen. Der potenzielle Adopter kann sie i.d.R. gar nicht treffen kann, wenn er gerade erst einen ersten Eindruck von der Neuheit verschafft.

Konvergenzvalidität

Das Konzept der Konvergenzvalidität ist eng verknüpft mit dem der Reliabilität. Beide geben Auskunft über die interne Konsistenz einer Skala, die bei Konstrukten zumeist aus mehreren Items besteht (siehe Kasten). Übertragen auf ein Kausalmodell sollten die Indikatoren einer latenten Variable stark miteinander korrelieren (vgl. Homburg/Giering 1996, S. 7), sodass sie auf einen Faktor laden (vgl. Gerbing/Anderson 1988, S. 186). Gerbing/Anderson (1988, S. 186ff.) bezeichnen dies auch als **Unidimensionalität**.

Unidimensionalität vs. Reliabilität

Unidimensionalität und Reliabilität werden fälschlicherweise oft gleich gesetzt. Tatsächlich unterscheiden sich beide leicht voneinander. Unidimensional ist eine Skala, wenn alle Items auf einen Faktor laden. Reliabilität ist gegeben, wenn das Messinstrument zuverlässig ist: Splittet man die Gesamtskala in mehrere Teilskalen auf, dann müssen diese zu denselben Ergebnissen führen[36]. Beide Kriterien geben damit zwar Auskunft über die interne Konsistenz einer Skala, aber der Reliabilitätskoeffizient misst nicht nur die durchschnittliche Inter-Item-Korrelation, sondern steigt darüber hinaus auch mit der Anzahl der verwendeten Indikatoren, wie folgende Formel zeigt:

$$\text{Cronbach's } \alpha = \frac{p(\bar{r})}{1+(p-1)\bar{r}}$$

p = Anzahl der Indikatoren, $\bar{r}$ = durchschnittliche Korrelation zwischen den Items

So kann eine Skala mit vielen Items einen hohen Reliabilitätskoeffizient aufweisen, in Wirklichkeit aber in zwei Faktoren zerfallen. α sollte daher nicht allein zur Prüfung der Konvergenzvalidität herangezogen werden (zu weiteren Maßen vgl. Kap. 6.2.3.2 und Kap. 6.2.3.3).

Quelle: auf Basis von Gerbing/Anderson (1988, S. 190)

Diskriminanzvalidität

Diskriminanzvalidität ist das Ausmaß, mit dem sich die Messungen verschiedener Konstrukte voneinander unterscheiden (vgl. Bagozzi/Phillips 1982, S. 469). Es gibt verschiedene Ansichten darüber, wann dies der Fall ist. Während bspw. Bagozzi et al. (1991, S. 436) sie als gegeben ansehen, wenn die Korrelation zwischen zwei Konstrukten signifikant von 1 verschieden ist, fordern Fornell/Larcker (1981, S. 46), dass die einem Faktor zugeordneten Items untereinander stärker miteinander korrelieren sollten als mit den Items, die zu einem anderen Faktor gehören. Die Diskriminanzvalidität ist damit ein Maß für die Einzigartigkeit bzw. **Abgrenzbarkeit** von Konstrukten und hängt eng mit der Konvergenzvalidität zusammen.

Nomologische Validität

Diese Form der Validität ist gegeben, wenn ein Konstrukt in ein Netzwerk anderer Konstrukte eingebettet ist, mit denen es in einem **theoretischen Zusammenhang** steht. Das in einer Kau-

---

[36] Gemeint ist die Interne-Konsistenz-Reliabilität. Diese stellt eine Spezialfall der *Split-Half*-Reliabilität dar, bei welcher das Messinstrument nur in zwei Hälften zerlegt wird, die beide idealerweise zum selben Ergebnis führen sollten. Nach der *Spearman/Brown*-Formel ergibt sich die *Split-Half*-Reliabilität aus $\alpha = 2\, r_{12} / (1 + r_{12})$, wobei r_{12} die Korrelation zwischen beiden Testhälften ist. Bei der Internen-Konsistenz-Reliabilität wird die Gesamtskala in so viele Teile zerlegt, wie es Items gibt, sodass sich für α die obige Formel ergibt. Abzugrenzen ist diese Form der Reliabilität von zwei weiteren Konzepten, die für die Messung der Konvergenzvalidität nicht von Bedeutung sind: die Paralleltest- und die Test-Retest-Reliabilität. Erstere beruht auf dem Vergleich zweier Skalen im selben Sample. Letztere vergleicht die Ergebnisse zweier Messungen mit derselben Skala in derselben Stichprobe, aber zu verschiedenen Zeitpunkten (vgl. ausführlich Neibecker 2001a, S. 1487f.).

salanalyse zu prüfende Strukturmodell stellt ein solches Beziehungsgefüge dar (vgl. Gerbing/Anderson 1988, S. 186). Nomologische Validität wird etabliert, wenn sich die unterstellten Hypothesen bestätigen. Wenn also bspw. die mit der Adoptionsentscheidung antizipierten Emotionen einen Einfluss auf die Akzeptanz der Innovationsidee haben und diese wiederum zur Folge hat, dass jemand nach weiteren Informationen über die Neuheit sucht, dann ist von nomologischer Validität zu sprechen.

In Kap. 3.6.3 (PAM) und Kap. 5.6 (EAM) wurden die Messinstrumente für die hier interessierenden Konstrukte vorgestellt. Da sie allesamt theoretischen Überlegungen entspringen, ist von inhaltlicher Validität auszugehen. Inwieweit die Messinstrumente tatsächlich in der Lage sind, die zugrunde liegenden Konstrukte zu messen, ist im Zuge der weiteren Konstruktvalidierung zu entscheiden. Zur Etablierung von Konvergenz- und Diskriminanzvalidität unterscheidet man dabei zwischen Gütekriterien der **ersten und zweiten Generation** (vgl. zum Folgenden auch Homburg/Giering 1996, S. 8ff.).

6.2.3.2 Validitätsprüfung erster Generation

Cronbach's Alpha und die explorative Faktorenanalyse repräsentieren Gütekriterien der ersten Generation (vgl. Gerbing/Anderson 1988, S. 187).

Cronbach's Alpha

Dieses Reliabilitätsmaß wurde bereits im vorangegangenen Kapitel vorgestellt. Es gibt Auskunft über die **Konvergenzvalidität** einer Skala (vgl. Kap. 6.2.3.1)[37]. Cronbach's Alpha liegt zwischen 0 und 1 und sollte mindestens 0,7 betragen (vgl. Nunnally 1978, S. 245). Im Falle explorativer Studien sind auch niedrigere Werte akzeptabel (vgl. Hair et al. 1995). Bei einem zu geringen Wert ist jeweils das Item mit der geringsten Item-to-Total-Korrelation auszuschließen (vgl. Homburg/Giering 1996, S. 8, 12). Dieser Wert wird pro Indikator ausgegeben und ergibt sich aus seiner Korrelation mit der Summe aller anderen Indikatoren desselben Konstrukts. Ein Indikator mit hoher Item-to-Total-Korrelation teilt mehr Varianz mit dem gemeinsamen Faktor als einer, bei dem dieser Wert niedrig ist (vgl. Nunnally 1978, S. 279f.).

---

[37] Gemeint ist die Interne-Konsistenz-Reliabilität. Wie in Kap. 6.2.3.1 ausgeführt, steigt sie nicht nur mit der Inter-Item-Korrelation, sondern auch mit der Anzahl der Items. Sie darf also nicht als alleiniges Maß der Konvergenzvalidität verwendet werden.

Explorative Faktorenanalyse

Auch dieses Verfahrens prüft die **Konvergenzvalidität** eines Konstrukts. Sie ist gegeben, wenn sämtliche Items einer Skala auf einen Faktor hoch laden (Ein-Faktor-Lösung) und mindestens 50% seiner Varianz erklären (vgl. Litfin et al. 2000, S. 283). Darüber hinaus muss die Analyse eine Reihe weiterer Anforderungen erfüllen. Tab. 23 zeigt die drei gängigsten, wobei der *Bartlett*-Test normalverteilte Daten voraussetzt. Die explorative Faktorenanalyse gibt außerdem Hinweise auf die **Diskriminanzvalidität** von Skalen. Hierfür sind sämtliche Konstrukte, die Bestandteil des Kausalmodells sind, in die Analyse einzubeziehen, genauer: deren Indikatoren. Werden die einzelnen Konstrukte als getrennte Faktoren extrahiert, dann ist von Diskriminanzvalidität auszugehen (vgl. Homburg/Giering 1996, S. 13).

Kriterium	Bedingung
Bartlett-Test (Test of Sphericity)	Signifikanz $\leq 0{,}05$
Kaiser-Meyer-Olkin (KMO)-Kriterium	KMO-Kriterium $\geq 0{,}5$
Measure of Sampling Adequacy (MSA)-Wert	Alle MSA-Werte $\geq 0{,}5$

Tab. 23: Kriterien zur Prüfung des Datenmaterials für eine explorativen Faktorenanalyse

Quelle: Litfin et al. (2000, S. 284); Ausschnitt.

6.2.3.3 Validitätsprüfung zweiter Generation

Die bislang genannten Gütekriterien weisen eine Reihe von **Nachteilen** auf. So diskriminieren sie erstens nicht zwischen Indikatoren-Sets, die verschiedene, wenn auch korrelierte Faktoren messen (vgl. Gerbing/Anderson 1988, S. 188). Zweitens vernachlässigen alle diese Kriterien eventuelle Messfehlereinflüsse (vgl. ausführlich Homburg/Giering 1996, S. 8f.). Drittens handelt es sich bei der explorativen Faktorenanalyse um ein stukturentdeckendes Verfahren, bei dem noch keine Annahmen darüber vorliegen, welche Items zu einem Faktor gehören. Sie wird daher primär verwendet, um eine große Zahl von Indikatoren auf ein handhabbares Set zu reduzieren (vgl. Gerbing/Anderson 1988, S. 189).

Mit der **konfirmatorischen Faktorenanalyse** (Engl.: *Confirmatory Factor Analysis*, kurz: CFA) liegt ein strukturprüfendes Verfahren vor, das vorab aufgestellte Hypothesen über eine Faktorstruktur testet (vgl. Homburg/Giering 1996, S. 9). Sie wird daher häufig herangezogen, um die später im Kausalmodell verwendeten Konstrukte zu validieren (vgl. Bagozzi et al. 1991, S. 429). Die Methode ist strenger als bspw. eine Reliabilitätsanalyse mittels Cronbach's

Alpha und bietet mehr diagnostische Möglichkeiten (vgl. Bagozzi 1994, S. 325; Gerbing/Anderson 1988, S. 186).

Bei der CFA handelt es sich um einen Sonderfall der Kausalanalyse: Sie stellt das **Messmodell** dar, nicht aber die Dependenzen zwischen den latenten Variablen (vgl. Homburg/Giering 1996, S. 9). Wie jede Kausalanalyse stellt sie bestimmte Anforderungen an die zugrunde liegenden Daten sowie an die Schätzer, die bereits in Kap. 6.2.1.2 und Kap. 6.2.1.3 dargestellt wurden und die jeweils vorab zu prüfen sind. Auch lässt sich die Güte des Modells anhand globaler und lokaler Maße beurteilen, wobei dieselben Anforderungen gelten wie bei einer normalen Kausalanalyse (vgl. Kap. 6.2.1.4 und Kap. 6.2.1.5).

Analog zur explorativen Faktorenanalyse wird die CFA einerseits eingesetzt, um die Konvergenzvalidität eines **einzelnen Faktors** (d.h. Konstrukts) zu prüfen, und andererseits, um die Konvergenz- und Diskriminanzvalidität **sämtlicher Konstrukte** eines Kausalmodells sicherzustellen (vgl. Bagozzi 1994, S. 323ff.). Abb. 46 zeigt dies anhand eines fiktiven Beispiels.

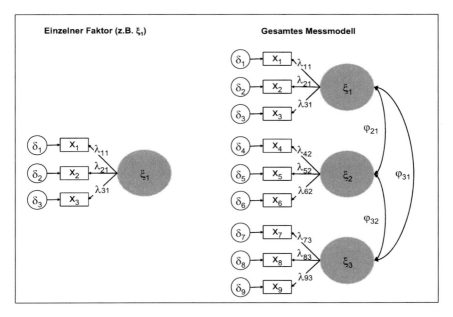

Abb. 46: CFA für einzelne Faktoren sowie für das gesamte Messmodell

Die **Konvergenzvalidität** jedes Konstrukts lässt sich im Rahmen einer CFA anhand zweier, bereits in Kap. 6.2.1.5 vorgestellter lokaler Gütemaße prüfen, nämlich der Faktorreliabilität (rel_F) und der durchschnittlich erfassten Varianz (DEV) jedes Faktors (vgl. Homburg/Giering 1996, S. 10). Zur Berechnung sowie zu den entsprechenden Schwellenwerten sei auf dieses Kapitel verwiesen. Außerdem sollten die Faktorladungen λ signifikant sein (vgl. Bagozzi et al. 1991, S. 434). Unterschiedliche Ansichten gibt es darüber, wie viele Indikatoren zur Messung eines Konstrukts nötig sind.

Zahl der Indikatoren pro Faktor

Die mindestens notwendige Zahl von Indikatoren pro latenter Variable schwankt zwischen zwei (vgl. Gerbing/Anderson 1988, S. 187) und drei (vgl. Bagozzi/Baumgartner 1994, S. 388). Allerdings kann ein Modell sogar mit nur einem Item pro Faktor identifiziert sein. Dann wird das Konstrukt praktisch ohne Messfehler dargestellt (vgl. Bagozzi/Baumgartner 1994, S. 388).

Kritisch ist die Anzahl der Faktoren im Falle einer einfaktoriellen CFA, wie sie im linken Teil von Abb. 46 dargestellt ist. Mit nur zwei Indikatoren lässt sie sich nicht berechnen, denn die Anzahl der Freiheitsgrade liegt bei -1. Zur Modellidentifikation sind mindestens drei Items nötig (DF = 0). Um *Goodness of Fit*-Indizes zu berechnen, braucht man mindestens ein Freiheitsgrad, also sogar vier Indikatorvariablen (vgl. Bagozzi 1994, S. 326).

Werden alle Faktoren und Items gleichzeitig betrachtet, wie auf der rechten Seite von Abb. 46 dargestellt, dann steht außerdem die **Diskriminanzvalidität** der Konstrukte im Messmodell auf dem Prüfstand: Hat ein Faktor mit den ihm zugeordneten Variablen mehr „gemeinsam" als mit den anderen? Hierfür wird häufig das **Fornell/Larcker-Kriterium** herangezogen. Es besagt, dass die DEV eines Faktors größer sein muss als die quadrierte Korrelation mit jedem anderen Faktor, d.h. der in Gleichung (12) dargestellte Ausdruck muss größer als 1 sein (vgl. Fornell/Larcker 1981, S. 46).

$$\text{Fornell/Larcker} - \text{Kriterium} = \frac{\text{DEV}}{\text{KORR}^2} \qquad (12)$$

Ein weniger strenges Kriterium ist der **Chi-Quadrat-Differenztest** (vgl. Homburg/Giering 1996, S. 11). Dabei wird zuerst der Chi-Quadrat-Anpassungswert eines völlig unrestringierten Modells berechnet, d.h. alle auf der rechten Seite von Abb. 46 dargestellten Parameter (λ, φ) dürfen frei variieren. Sodann werden die Beziehungen zwischen den Konstrukten nacheinander restringiert: Jedes φ wird einmal auf 1 fixiert, was einer perfekten Korrelation entspräche. Für jeden Fall lässt sich erneut ein Chi-Quadrat-Wert ermitteln. Dieser liegt über dem des nicht restringierten Modells, weil sich die Anpassung durch die Restringierung verschlechtert. Ist diese Differenz signifikant ($\Delta\chi^2 \geq 3,48$ bzw. $p \leq 0,05$), dann ist die Hypothese abzulehnen, dass die Konstrukte perfekt korrelieren. Mit anderen Worten: Sie unterscheiden sich voneinander; Diskriminanzvalidität ist gegeben (vgl. Bagozzi 1994, S. 330; Bagozzi/Yi 1988, S. 78).

6.2.4 Zusammenfassender Ablauf der Datenanalyse

Zusammenfassend läuft die Datenanalyse in Anlehnung an Homburg/Giering (1996, S. 12f.) wie in Abb. 47 dargestellt ab[38]. Sämtliche Schritte sind sowohl für das Problembasierte (**PAM**) als auch für das Emotionsbasierte Adoptionsmodell (**EAM**) zu durchlaufen.

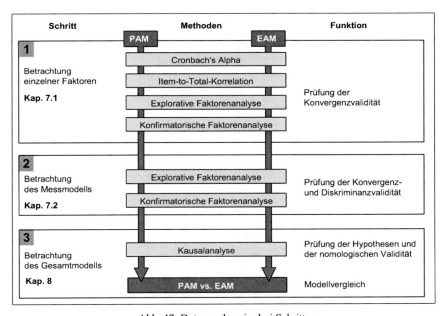

Abb. 47: Datenanalyse in drei Schritten

Quelle: auf Basis von Homburg/Giering (1996, S. 12), modifiziert und ergänzt.

---

[38] Der von den beiden Autoren vorgestellte Ablauf ist noch umfassender. Erstens erwähnen sie zusätzlich eine frühere Untersuchungsstufe (vor Schritt 1), die vorzuschalten ist, wenn keine hypothetische Faktorenstruktur vorliegt. Zweitens enthält sie eine Zwischenstufe (zwischen Schritt 1 und 2), die im Falle mehrdimensionaler, mehrfaktorieller Konstrukte zum Tragen kommt. Im Rahmen dieser Untersuchung entfallen beide Schritte, weil a priori eine bestimmte Faktorenstruktur unterstellt und von eindimensionalen Konstrukten ausgegangen wird.

Im **ersten Schritt** werden alle Konstrukte mit den ihnen zugeordneten Indikatoren einzeln betrachtet. Anhand der Gütekriterien erster Generation lässt sich die Konvergenzvalidität der Skalen prüfen. Dabei wird zuerst ihre interne Konsistenz mithilfe von Cronbach's Alpha berechnet. Liegt der Wert unter 0,7, dann sind schrittweise die Variablen mit der niedrigsten Item-to-Total-Korrelation zu entfernen. In der folgenden explorativen Faktorenanalyse sollten alle verbliebenen Indikatoren auf einen Faktor laden, der darüber hinaus mindestens 50% der Varianz dieser Indikatoren erklären muss. Zu eliminieren sind Items mit einer geringen Faktorladung. Homburg/Giering (1996, S. 12) schlagen als Grenzwert 0,4 vor. Allerdings zeigen Erfahrungen, dass solche geringen Ladungen später in der CFA zu einer schlechten Modellanpassung führen, weshalb besser von Faktorladungen $\geq$ 0,5 auszugehen ist. Anschließend kommt mit der konfirmatorischen Faktorenanalyse ein Gütemaß der zweiten Generation zum Einsatz. Der globale Fit sollte gut sein und die Faktorladungen signifikant. Wenn weiterhin eine geringe Faktorreliabilität (rel_F) und/oder durchschnittlich erfasste Varianz (DEV) auftritt, dann sind Items mit geringer Indikatorreliabilität (rel_I) zu entfernen, bis die Kriterien erfüllt sind (vgl. Tab. 24).

Teilschritt	Kriterium	Konsequenz bei Nichterfüllung
Cronbach's Alpha	$\geq$ 0,7	Schrittweise Entfernung der Items mit niedrigster Item-to-Total-Korrelation
Item-to-Total-Korrelation	Möglichst hoch	
Explorative Faktorenanalyse	• Erfüllung der Prämissen für eine Faktorenanalyse [1] • Faktorladungen $\geq$ 0,5 • Ladung aller Items auf einen Faktor • Erklärte Varianz $\geq$ 50%	Entfernung von Items mit zu geringer Faktorladung
Konfirmatorische Faktorenanalyse	• Guter globaler Fit (χ^2, RMSEA, GFI, AGFI, χ^2/DF, CFI) • Signifikante Faktorladungen (λ) • rel_F $\geq$ 0,6 • DEV $\geq$ 0,5	Entfernung von Items mit nicht signifikanten Faktorladungen sowie mit geringer Indikatorreliabilität
Anmerkung: 1) Bartlett-Test (nur bei Normalverteilung), KMO-Kriterium, MSA-Werte (vgl. Kap. 6.2.3.2)		

Tab. 24: Teilaufgaben bei der Betrachtung einzelner Faktoren (Schritt 1)

Schritt 2 umfasst die Validitätsprüfung anhand des Messmodells. Mittels explorativer Faktorenanalyse über alle Items lässt sich feststellen, ob die jeweiligen Konstrukte in sich konsistente, von den anderen aber eindeutig abgrenzbare Faktoren bilden. Ist dies nicht der Fall, dann sind ggf. Items zu entfernen oder die betroffenen Konstrukte zusammenzufassen. Es folgt eine CFA, welche wiederum eine gute globale Güte aufweisen sollte. Dann sind anhand entsprechender Maße die Konvergenz- (rel_F, DEV) und die Diskriminanzvalidität (*Fornell/Larcker*-Kriterium, Chi-Quadrat-Differenztest) zu prüfen. Die Konvergenzvalidität lässt sich durch Entfernung von Items mit geringer Indikatorreliabilität bzw. nicht signifikanter Faktorladung erhöhen. Sollte keine Diskriminanzvalidität gegeben sein, weil die Beziehungen zwischen Konstrukten zu stark sind, ist über eine Zusammenfassung der betreffenden Faktoren oder über den Ausschluss eines Faktors nachzudenken. Möglicherweise reicht es auch, einzelne Items auszuschließen, die mit Indikatoren anderer Konstrukte zu stark zusammenhängen. Hinweise darauf können hohe *Modification Indices* geben, wie in Kap. 6.2.1.6 beschrieben (vgl. Tab. 25).

Teilschritt	Kriterium	Konsequenz bei Nichterfüllung
Explorative Faktorenanalyse	• Erfüllung der Prämissen für eine Faktorenanalyse [1] • Faktorladungen $\geq 0,5$ • Bildung mehrerer Faktoren, die den unterstellten Einzelkonstrukten entsprechen	• Entfernung von Items mit zu geringer Faktorladung • Ggf. Zusammenfassung oder Ausschluss von Faktoren, falls sich diese nicht eindeutig voneinander trennen lassen
Konfirmatorische Faktorenanalyse	• Guter globaler Fit (χ^2, RMSEA, GFI, AGFI, χ^2/df, CFI) • rel_F $\geq 0,6$ • DEV $\geq 0,5$ • Signifikante Faktorladungen (λ) • *Fornell/Larcker*-Kriterium (DEV/DKORR) > 1 • Chi-Quadrat-Differenztest ($p \leq 0,05$)	• Entfernung von Items mit nicht signifikanter Faktorladung, geringer Indikatorreliabilität oder hohen *Modification Indices* zu anderen Indikatoren bzw. Konstrukten • Ggf. Zusammenfassung oder Ausschluss von Faktoren, falls sich diese nicht eindeutig voneinander trennen lassen
Anmerkung: 1) Bartlett-Test (nur bei Normalverteilung), KMO-Kriterium, MSA-Werte (vgl. Kap. 6.2.3.2)		

Tab. 25: Teilaufgaben bei Betrachtung des Messmodells (Schritt 2)

Schritt 1 und Schritt 2 sind der eigentlichen Kausalanalyse vorgeschaltet, um die Konvergenz- und Diskriminanzvalidität der Konstrukte sicherzustellen. Im **dritten Schritt** wird das gesamte Modell geprüft, also auch die im Strukturmodell unterstellten Beziehungen. Die in Kap. 6.2.1.4

und 6.2.1.5 aufgeführten globalen und lokalen Gütekriterien sollten erfüllt sein, insb. die lokalen Kennzahlen jedoch nicht unbedingt durchgängig. Ob sich die aufgestellten Hypothesen bestätigen, lässt sich an der Signifikanz und der Richtung der geschätzten Pfadkoeffizienten γ und β erkennen (vgl. Bagozzi/Yi 1988, S. 80f.). Abschließend sind die Kausalmodelle PAM und EAM anhand der erklärten Varianz der Akzeptanz der Innovationsidee miteinander zu vergleichen, gemessen an der quadrierten multiplen Korrelation (qmk). Mit dem AIC steht außerdem ein Vergleichsmaß für solche *Unnested Models* zur Verfügung. Allerdings ist es nur unter Vorbehalt anzuwenden, da es dem sparsameren PAM automatisch eine bessere Güte attestiert als dem EAM. Aussagekräftiger ist im Zweifelsfall die erklärte Varianz der abhängigen Variablen (qmk).

Teilschritt	Kriterium	Konsequenz bei Nichterfüllung
Kausalanalyse: Gütemaße	• Guter globaler Fit (χ^2, RMSEA, GFI, AGFI, χ^2/df, CFI) • rel_I $\geq$ 0,4 • rel_F $\geq$ 0,6 • DEV $\geq$ 0,5	• Ggf. Modifizierung der Modellstruktur auf Basis der *Modification Indices* [1] • Erneute Berechnung der Modellgüte
Kausalanalyse: Hypothesen-Test	• Signifikanz und unterstellte Richtung der Pfadkoeffizienten [2]	• Hypothese ablehnen • Nicht signifikante Pfadkoeffizienten auf null fixieren
Kausalanalyse: Modellvergleich EAM vs. PAM	• AIC möglichst klein [3] • qmk der Akzeptanz der Innovationsidee	• Besseres Modell favorisieren
Anmerkung: 1) Nur, wenn auch theoretische bzw. methodische Gründe dafür sprechen 2) Ob ein Parameter signifikant ist, lässt sich an seinem t-Wert ablesen. Signifikanz ist auf einem Niveau von 0,05 gegeben, wenn $t \geq \pm 1,96$ (vgl. Byrne 1998, S. 104). 3) Nur unter Vorbehalt verwenden		

Tab. 26: Teilaufgaben bei Betrachtung des Gesamtmodells (Schritt 3)

7 Validierung der Konstrukte

7.1 Betrachtung einzelner Faktoren

7.1.1 Überblick

In dieser Phase wird jedes Konstrukt, das im Problembasierten oder Emotionsbasierten Adoptionsmodell enthalten ist, einzeln auf seine Konvergenzvalidität hin geprüft. Ausgangspunkt hierfür sind die in Kap. 3.6.3 und Kap. 5.6 hergeleiteten und im Anhang 1 zusammenfassend dokumentierten Ursprungsskalen. Zuerst kommen mit Cronbach's Alpha, der Item-to-Total-Korrelation sowie der explorativen Faktorenanalyse drei Gütekriterien **erster Generation** zum Einsatz. Um die interne Konsistenz der Messinstrumente zu gewährleisten, mussten teilweise Items entfernt werden. Im Falle der Problemwahrnehmung war es, wie schon vermutet, nötig, das Konstrukt in mehrere Faktoren aufzuteilen. Dieser Arbeitsschritt wird im Folgenden beschrieben und ist zusätzlich in Anhang 4 umfassend dokumentiert. Anschließend wird mit der Konfirmatorischen Faktorenanalyse ein Gütekriterium **zweiter Generation** eingesetzt. Die so validierten Konstrukte sind die Basis für das im nächsten Kapitel zu prüfende Messmodell.

7.1.2 Faktoren im Problembasierten Adoptionsmodell (PAM)

Problemwahrnehmung

Tab. 27 zeigt, dass die einzelnen Items der Problemwahrnehmung nicht auf einen Faktor laden. Vielmehr handelt es sich um ein **vierfaktorielles Konstrukt**: Der Schmelzindex als Verarbeitungseigenschaft stellt einen einzelnen Faktor dar; weiterhin lassen sich mechanische, strahlchemische und thermische Eigenschaften unterscheiden. Die Nachfrager aus der Kunststoffbranche haben also relativ differenzierte Bedürfnisse, was mit der Vielfalt der hergestellten Produkte sowie der eingesetzten Verarbeitungsverfahren zusammenhängt. Das im Anhang 4.1 dokumentierte niedrige Cronbach's Alpha zeigt, dass die interne Konsistenz aller sechs Items gemeinsam zu gering ist, um sie als einen Faktor anzusehen. Es ließ sich auch durch Entfernung von Items nicht wesentlich verbessern. Die anschließend berechneten vierfaktoriellen Faktorenanalysen weisen zufrieden stellende Gütemaße auf. Die explorative Analyse ist im

Anhang 4.1 dokumentiert, die konfirmatorische in Tab. 27[39]. Dort verfehlte lediglich die DEV des Faktors „Strahlchemische Eigenschaften" die Grenze von 0,5 – mit 0,48 allerdings nur knapp, was angesichts der ansonsten guten Gütemaße akzeptabel ist.

Item	Faktorladung (t) [1]	rel_I ($\geq 0,4$)	Faktor	rel_F ($\geq 0,6$)	DEV ($\geq 0,5$)
Schmelzindex (p_1)	1,00	-	Verarbeitungs-eigenschaften [2]	-	-
Zugfestigkeit (p_2)	0,87 (6,15)	0,76	Mechanische Eigenschaften	0,75	0,61
Reißfestigkeit (p_3)	0,67 (6,24)	0,45			
UV-Beständigkeit (p_4)	0,78 (5,37)	0,62	Strahlchemische Eigenschaften	0,65	0,48
chemische Beständigkeit (p_5)	0,59 (5,34)	0,35			
Wärmbestbeständigkeit (p_6)	1,00	-	Thermische Eigenschaften [2]	-	-
DF: 5					
χ^2: 5,58 (p = 0,349)					
RMSEA: 0,03					
GFI: 0,99					
AGFI: 0,98					
χ^2/DF: 1,12					
CFI: 1,00					
Anmerkungen: 1) Die angegebenen Werte sind standardisiert. Sie sind auf einem Niveau von 0,05 signifikant, wenn der in Klammern aufgeführte t-Wert $\geq \pm 1,96$ (vgl. Byrne 1998, S. 104). 2) Der Faktor besteht aus einem Item. Die Faktorladung beträgt 1, und rel_I, rel_F sowie DEV werden nicht berechnet.					

Tab. 27: Problemwahrnehmung: Ergebnis einer CFA mit allen sechs Items

Nun sollten Konstrukte möglichst nicht mit nur einem Item gemessen werden (vgl. Bagozzi/Baumgartner 1994, S. 388). Eine **dreifaktorielle Lösung**, bei welcher der Schmelzindex und die Wärmebeständigkeit einen gemeinsamen Faktor bilden, war allerdings inakzeptabel. Zwar wies eine entsprechende explorative Faktorenanalyse für beide Variablen noch recht befriedigende Ladungen auf die entsprechende Hintergrundvariable aus (+0,67 bzw. +0,83). Aber eine dreifaktorielle CFA ergab eine inakzeptable Gesamtgüte (AGFI < 0,9) sowie äußerst geringe Faktorladungen für den Schmelzindex (+0,40) und für die Wärmebeständigkeit

---

[39] Auf eine einfaktorielle CFA mit jeder der vier Eigenschaften wurde verzichtet, da hierfür mindestens drei Items pro Faktor benötigt werden; ein einfaktorielles Modell mit nur zwei Indikatoren ist unteridentifiziert (vgl. Bagozzi 1994, S. 326).

(+0,52). Die entsprechenden Indikatorreliabilitäten (0,16 bzw. 0,27) sowie die DEV (0,22) lagen deutlich unter den jeweiligen Grenzwerten von 0,4 bzw. 0,6. Hinzu kommt, dass die Trennung von Schmelzindex und Wärmebeständigkeit inhaltlich sinnvoll ist, da erstere eine Verarbeitungseigenschaft und letztere ein Merkmal des Endprodukts ist.

Akzeptanz der Innovationsidee

Die Ursprungsskala enthielt zwei Aussagen:
- Ich könnte mir vorstellen, mit der xy-Technologie veredelte Polymere in unserem Unternehmen einzusetzen. (a_1)
- Ich könnte mir vorstellen, mit der xy-Technologie veredelte Polymere im Rahmen eines Produkt-Tests in unserem Unternehmen einzusetzen. (a_2)

Die Validitätsprüfung erster Generation sprach für die Konvergenzvalidität beider Items. Cronbach's Alpha lag deutlich über 0,8, und die Einfaktorlösung war zufrieden stellend (erklärte Varianz = 87%; vgl. Anhang 4.2). Eine CFA konnte nicht gerechnet werden, weil ein einfaktorielles Modell mit zwei Indikatoren **unteridentifiziert** ist (vgl. Bagozzi 1994, S. 326). Es sei daher auf die CFA für das gesamte Messmodell verwiesen (vgl. Kap. 7.2).

Externe Informationssuche

Die externe Informationssuche wurde lediglich anhand eines Items gemessen. Sie entsprach der Summe der Informationswünsche (i). Eine Prüfung der Konvergenzvalidität war unnötig.

7.1.3 Faktoren im Emotionsbasierten Adoptionsmodell (EAM)

Die Akzeptanz der Innovationsidee sowie die externe Informationssuche sind sowohl im PAM als auch im EAM enthalten. Die beiden Einzelfaktoren wurden daher bereits im vorangegangenen Kapitel validiert. Hinzu kommen die Wahrnehmung der Innovation als Chance bzw. Bedrohung sowie die mit der Adoptionsentscheidung antizipierten Emotionen.

Wahrnehmung der Innovation als Chance bzw. Bedrohung

Die Wahrnehmung der Innovation als **Chance** wurde anhand zweier Items gemessen:
- Die xy-Technologie könnte eine Chance für unser Unternehmen sein. (c_1)
- Die xy-Technologie könnte unserem Unternehmen viele Vorteile bringen. (c_2)

Die Gütekriterien erster Generation sprachen für die Konvergenzvalidität beider Items (vgl. Anhang 4.4). Die Validitätsprüfung zweiter Generation konnte, ebenso wie im Falle der Akzeptanz der Innovationsidee, erst im Rahmen der CFA für das Messmodell geschehen, weil die einfaktorielle Lösung unteridentifiziert war (DF = -1). Die Wahrnehmung der Innovation als **Bedrohung** wurde lediglich anhand eines Items gemessen: „Die xy-Technologie würde unserem Unternehmen viele Probleme bringen (b_1)". Eine Prüfung der Konvergenzvalidität war daher weder nötig noch möglich.

Wegen der bereits in Kap. 5.6.1 genannten Gründe sollte außerdem untersucht werden, ob „Chance" und „Bedrohung" mit einem inhaltlich sinnvollen Außenkriterium korrelieren. Um **Kriteriumsvalidität** zu etablieren, diente eine Aussage, zu der die Unternehmensvertreter im Rahmen der Eisbrecherfragen auf einer fünfstufigen Ratingskala („trifft zu" bis „trifft nicht zu") Stellung nehmen sollten: „Die Bedeutung von Innovationen für den Unternehmenserfolg wird zumeist überschätzt". Wie Tab. 28 zeigt, korrelierten die beiden Items zur Messung von „Wahrnehmung der Innovation als Chance" damit negativ, der Indikator für „Wahrnehmung der Innovation als Bedrohung" hingegen positiv. Wer also glaubt, dass neuartige Produkte bzw. Dienstleistungen Erfolg versprechen, sieht die vorgestellte Neuheit eher als Chance, wer nicht, eher als Bedrohung. Dies spricht für die Kriteriumsvalidität der verwendeten Skalen.

Item	Korrelationskoeffizient [1]
Die xy-Technologie könnte eine Chance für unser Unternehmen sein.	-0,221 (p = 0,02)
Die xy-Technologie könnte unserem Unternehmen viele Vorteile bringen.	-0,250 (p = 0,01)
Die xy-Technologie würde unserem Unternehmen viele Probleme bringen	+0,211 (p = 0,02)
1) Mit dem Item „Die Bedeutung von Innovationen für den Unternehmenserfolg wird zumeist überschätzt"	

Tab. 28: Ergebnisse einer Korrelationsanalyse

Hoffnung bei Adoption der Innovation

Die Güteprüfung erster Generation ergab, dass alle fünf Items zur Messung dieses Konstrukts zusammengehören (vgl. Anhang 4.5). Tab. 29 zeigt die Ergebnisse der CFA. Die lokalen Gütemaße erfüllten die jeweiligen Anforderungen (rel_F $\geq$ 0,5, DEV $\geq$ 0,6). Das Globalmodell war jedoch in vielerlei Hinsicht unbefriedigend, insb. der extrem hohe RMSEA.

Item	Faktorladung (t)[1]	rel_I (≥ 0,4)	rel_F (≥ 0,6)	DEV (≥ 0,5)
Wettbewerbsvorteile (ha$_1$)	0,84 (11,85)	0,70		
Produkte (ha$_2$)	0,84 (12,09)	0,71		
Marktanteil (ha$_3$)	0,78 (11,55)	0,61	0,88	0,60
Kundenzufriedenheit (ha$_4$)	0,79 (11,68)	0,62		
Gewinn (ha$_5$)	0,60 (9,74)	0,36		

DF: 5
χ^2: 75,96 (p = 0,000)
RMSEA: 0,36
GFI: 0,98
AGFI: 0,95
χ^2/DF: 15,19
CFI: 1,00

Anmerkung:
1) Die angegebenen Werte sind standardisiert. Sie sind auf einem Niveau von 0,05 signifikant, wenn der in Klammern aufgeführte t-Wert ≥ ± 1,96 (vgl. Byrne 1998, S. 104).

Tab. 29: Hoffnung bei Adoption der Innovation: Ergebnis einer CFA mit allen fünf Items

Es wurde daher das Item mit der niedrigsten Indikatorreliabilität entfernt (ha$_5$). Die globale Güte dieser Lösung war allerdings immer noch unbefriedigend. Neben dem hoch signifikanten Chi-Quadrat-Wert (39,78; p = 0,000) fielen der RMSEA = 0,41 und der χ^2/DF = 19,89 aus dem Rahmen. Es wurde daher wiederum das Item mit der niedrigsten Indikatorreliabilität entfernt (rel_I von ha$_3$ = 0,5476). Für diese, nunmehr aus **drei Indikatoren** bestehende Lösung zeigt Tab. 30 die geschätzten Faktorladungen sowie die lokalen Gütemaße. Globale Kennzahlen konnten nicht berechnet werden, da das Modell mit DF = 0 genau identifiziert ist und keine Freiheitsgrade mehr vorhanden sind, um die Modellstruktur zu testen. Es sei daher auf die Güteprüfung des gesamten Messmodells verwiesen (vgl. Kap. 7.2).

Item	Faktorladung (t)[1]	rel_I (≥ 0,4)	rel_F (≥ 0,6)	DEV (≥ 0,5)
Wettbewerbsvorteile (ha$_1$)	0,66 (8,14)	0,44		
Produkte (ha$_2$)	0,99 (8,14)	0,99	0,88	0,72
Kundenzufriedenheit (ha$_4$)	0,85 (8,14)	0,73		

Anmerkung:
1) Die angegebenen Werte sind standardisiert. Sie sind auf einem Niveau von 0,05 signifikant, wenn der in Klammern aufgeführte t-Wert ≥ ± 1,96 (vgl. Byrne 1998, S. 104).

Tab. 30: Hoffnung bei Adoption der Innovation: Ergebnis einer CFA mit drei Items

Befürchtungen bei Adoption der Innovation

Die Ursprungsskala zur Messung der Befürchtungen bei Adoption der Innovation enthielt drei Items. Cronbach's Alpha betrugt 0,781. Allerdings war die **Item-to-Total-Korrelation von ba$_3$** (Befürchtung, dass der Effekt nicht in dem Maße eintritt, wie erhofft) mit 0,486 so gering, dass darüber nachzudenken war, dieses Item zu entfernen. Cronbach's Alpha ließe sich dadurch auf 0,837 erhöhen. Allerdings ergab die explorative Faktorenanalyse eine zufrieden stellende einfaktorielle Lösung, sodass zunächst alle drei Indikatorvariablen beibehalten wurden (vgl. Anhang 4.5). Tab. 31 zeigt die Ergebnisse der Güteprüfung zweiter Generation. Globale Kennzahlen konnten nicht berechnet werden, da die Anzahl der Freiheitsgrade null betrug. Die lokalen Gütemaße, die Auskunft über die Konvergenzvalidität des Konstrukts geben (rel_F, DEV), erfüllten allerdings die an sie gestellten Anforderungen. Leider wies das dritte Item mit 0,28 eine äußerst niedrige Indikatorreliabilität auf. Da bereits seine Item-to-Total-Korrelation sehr niedrig war, wurde es schließlich doch entfernt. Denn erfahrungsgemäß verschlechtern Indikatoren mit einem so niedrigen λ die globale Güte eines Modells.

Item	Faktorladung (t)[1]	rel_I ($\geq 0{,}4$)	rel_F ($\geq 0{,}6$)	DEV ($\geq 0{,}5$)
technische Probleme (ba$_1$)	0,77 (6,09)	0,60		
Störung Produktionsablauf (ba$_2$)	0,94 (6,09)	0,88	0,80	0,58
Effekt nicht wie erhofft (ba$_3$)[2]	0,52 (6,09)	0,28		

Anmerkungen:
1) Die angegebenen Werte sind standardisiert. Sie sind auf einem Niveau von 0,05 signifikant, wenn der in Klammern aufgeführte t-Wert $\geq \pm 1{,}96$ (vgl. Byrne 1998, S. 104).
2) Item wurde wegen der geringen Indikatorreliabilität für die weiteren Analysen entfernt.

Tab. 31: Befürchtungen bei Adoption der Innovation: Ergebnis einer CFA

Befürchtungen bei Rejektion der Innovation

Die in Anhang 4.6 dargestellten Gütekriterien erster Generation sprachen für die Konvergenzvalidität der beiden Aussagen zur Messung der Befürchtungen bei Ablehnung der Neuheit (Einstieg in eine neue Technologie verpassen, von Wettbewerbern übervorteilt werden). Die Validitätsprüfung zweiter Generation kann erst im Rahmen der CFA für das gesamte Messmodell geschehen, weil die einfaktorielle Lösung mit nur zwei Indikatorvariablen **unteridentifiziert** ist (DF = -1).

7.2 Betrachtung der Messmodelle

7.2.1 Messmodell des PAM

7.2.1.1 Explorative Faktorenanalyse

Tab. 32 zeigt das Ergebnis einer explorativen Faktorenanalyse über alle Items, die im Problembasierten Adoptionsmodell enthalten sind (Validitätsprüfung des Messmodells erster Generation). Die **sechsfaktorielle Lösung** spiegelt die zuvor unterstellten Konstrukte wider, nämlich die Faktoren 2 bis 4 zur Problemwahrnehmung (mechanische, strahlchemische, thermische und Verarbeitungseigenschaften), die Akzeptanz der Innovationsidee (Faktor 1) und die externe Informationssuche (Faktor 6). Die Voraussetzungen für eine Faktorenanalyse waren erfüllt (KMO-Kriterium, MSA-Werte[40]). Die Faktorladungen lagen alle sogar über 0,7.

Items	MSA	Faktorladung [1]						Weitere Ergebnisse der Faktorenanalyse
		1	2	3	4	5	6	
Schmelzindex (p_1)	0,567					0,970		KMO: 0,612
Zugfestigkeit (p_2)	0,614		0,827					Extrahierte Faktoren: 6
Reißfestigkeit (p_3)	0,632		0,908					Erklärte Varianz: 80,6%
UV-Beständigkeit (p_4)	0,581			0,736				
chemische Beständigkeit (p_5)	0,654			0,906				
Wärmebeständigkeit (p_6)	0,613				0,943			
Einsatz (a_1)	0,564	0,935						
Produkttests (a_2)	0,580	0,888						
Informationssuche (i)	0,809						0,929	
Anmerkung: 1) Varimax-Rotation, dargestellt sind nur Faktorladungen ≥ 0,5.								

Tab. 32: Messmodell PAM: Ergebnisse einer explorativen Faktorenanalyse

7.2.1.2 Konfirmatorische Faktorenanalyse

Tab. 33 zeigt die Ergebnisse der CFA für das Messmodell, also die Validitätsprüfung zweiter Generation. Angesichts der hohen Faktorreliabilitäten und durchschnittlich erfassten Varianzen war davon auszugehen, dass die betreffenden Faktoren eine **ausreichende Konvergenzvalidi-**

---

[40] Bartlett-Test nicht berechnet, da keine Normalverteilung.

tät aufweisen. Auch erfüllten sämtliche globale Gütemaße die an sie gestellten Anforderungen. Lediglich ein lokales Gütemaß, die Indikatorreliabilität, verfehlte den Schwellwert von 0,4 für eine Messvariable knapp (p_5).

Item	Faktorladung (t)[1]	rel_I ($\geq 0,4$)	Faktor	rel_F ($\geq 0,6$)	DEV ($\geq 0,5$)
Schmelzindex (p_1)	1,00	-	Verarbeitungseigenschaften [2]	-	-
Zugfestigkeit (p_2)	0,88 (6,12)	0,78	Mechanische Eigenschaften	0,76	0,77
Reißfestigkeit (p_3)	0,67 (6,38)	0,44			
UV-Beständigkeit (p_4)	0,75 (5,02)	0,57	Strahlchemische Eigenschaften	0,64	0,68
chemische Beständigkeit (p_5)	0,62 (5,19)	0,38			
Wärmebeständigkeit (p_6)	1,00	-	Thermische Eigenschaften [2]	-	-
Einsatz (a_1)	0,78 (6,11)	0,60	Akzeptanz der Innovationsidee	0,86	0,86
Produkttests (a_2)	0,95 (6,16)	0,90			
Informationssuche (i)	1,00	-	Externe Informationssuche	-	-

DF: 15
χ^2: 16,54 (p = 0,347)
RMSEA: 0,03
GFI: 0,99
AGFI: 0,97
χ^2/DF: 1,10
CFI: 1,00

Anmerkungen:
1) Die angegebenen Werte sind standardisiert. Sie sind auf einem Niveau von 0,05 signifikant, wenn der in Klammern aufgeführte t-Wert $\geq \pm 1,96$ (vgl. Byrne 1998, S. 104).
2) Der Faktor besteht aus einem Item. Die Faktorladung beträgt 1, und rel_I, rel_F sowie DEV werden nicht berechnet.

Tab. 33: Messmodell PAM: Ergebnis einer konfirmatorischen Faktorenanalyse

Neben der internen Konsistenz der Skalen war die **Diskriminanzvalidität** zu prüfen. Nach dem *Fornell/Larcker*-Kriterium muss die durchschnittlich erfasste Varianz pro Konstrukt größer sein als dessen quadrierte Korrelation mit jedem anderen Konstrukt (DEV/KORR^2 > 1). Anhang 5.1 zeigt, dass diese Bedingung für jeden der sechs Faktoren erfüllt war. Auch der Chi-Quadrat-Differenztest, bei dem ein unrestringiertes Modell mit einer Variante verglichen wird, bei der jeweils die Kovarianz zwischen zwei Konstrukten auf 1 gesetzt wird, ergab in jedem Fall hoch signifikante Werte (vgl. Anhang 5.1). Man kann also davon ausgehen, dass die sechs Konstrukte des Modells jeweils in sich konsistent und von den anderen eindeutig abgegrenzt sind.

7.2.2 Messmodell des EAM

7.2.2.1 Explorative Faktorenanalyse

Tab. 34 zeigt die Ergebnisse einer explorativen Faktorenanalyse über alle Items des Emotionsbasierten Adoptionsmodells. Die siebenfaktorielle Lösung spiegelt die **Struktur der Modellbestandteile** wieder: Wahrnehmung der Innovation als Chance (Faktor 4) bzw. Bedrohung (Faktor 6), Hoffnungen (Faktor 1) und Befürchtungen (Faktor 3) bei Adoption der Innovation, Befürchtungen bei Rejektion (Faktor 2), Akzeptanz der Innovationsidee (Faktor 5) und externe Informationssuche (Faktor 7).

Items	MSA	Faktorladung [1]							Weitere Ergebnisse der Faktorenanalyse
		1	2	3	4	5	6	7	
Chance (c_1)	0,813				0,865				KMO: 0,811
Vorteile (c_2)	0,839				0,723				Extrahierte Faktoren: 7
Probleme (b_1)	0,765						0,946		Erklärte Varianz: 88,8%
Wettbewerbsvorteile (ha_1)	0,940	0,689							
Produkte (ha_2)	0,785	0,898							
Kundenzufriedenheit (ha_4)	0,768	0,897							
technische Probleme (ba_1)	0,563			0,930					
Störung Produktionsablauf (ba_2)	0,534			0,909					
verpassen (br_1)	0,803		0,871						
Übervorteilung (br_2)	0,795		0,884						
Einsatz (a_1)	0,885					0,764			
Produkt-Tests (a_2)	0,872					0,809			
Informationssuche (i)	0,909							0,941	
Anmerkung: 1) Varimax-Rotation, dargestellt sind nur Faktorladungen ≥ 0,5.									

Tab. 34: Messmodell EAM: Ergebnisse einer explorativen Faktorenanalyse

7.2.2.2 Konfirmatorische Faktorenanalyse

Tab. 33 zeigt die Ergebnisse der CFA für das Messmodell, deren globale Gütemaße durchgängig die an sie gestellten **Anforderungen erfüllten**. Gleiches galt für die lokalen Kennzahlen. Die Faktorreliabilitäten lagen allesamt über der kritischen Grenze von 0,6; und die durchschnittlich erfasste Varianz war für alle Faktoren deutlich größer als 0,5, was für die Konvergenzvalidität der einzelnen Konstrukte sprach. Zusätzlich wies jedes Item eine hinreichend hohe Indikatorreliabilität auf.

Item	Faktorladung (t)[1]	rel_I ($\geq 0,4$)	Faktor	rel_F ($\geq 0,6$)	DEV ($\geq 0,5$)
Chance (c_1)	0,84 (13,06)	0,70	Wahrnehmung als Chance	0,89	0,89
Vorteile (c_2)	0,95 (12,98)	0,91			
Probleme (b_1)	1,000	-	Wahrnehmung als Bedrohung [2]	-	-
Wettbewerbsvorteile (ha_1)	0,82 (14,36)	0,67	Hoffnungen bei Adoption	0,87	0,83
Produkte (ha_2)	0,89 (14,27)	0,79			
Kundenzufriedenheit (ha_4)	0,80 (13,45)	0,64			
technische Probleme (ba_1)	0,81 (4,57)	0,65	Befürchtungen bei Adoption	0,84	0,85
Störung Produktionsablauf (ba_2)	0,90 (4,91)	0,81			
verpassen (br_1)	0,87 (11,72)	0,76	Befürchtungen bei Rejektion	0,86	0,87
Übervorteilung (br_2)	0,87 (11,75)	0,75			
Einsatz (a_1)	0,88 (12,44)	0,77	Akzeptanz	0,85	0,86
Produkt-Tests (a_2)	0,84 (12,91)	0,71			
Informationssuche (i)	1,000	-	Externe Informationssuche [2]	-	-
DF: 46					
χ^2: 54,00 (p = 0,195)					
RMSEA: 0,04					
GFI: 0,99					
AGFI: 0,99					
χ^2/DF: 1,17					
CFI: 1,00					

Anmerkungen:
1) Die angegebenen Werte sind standardisiert. Sie sind auf einem Niveau von 0,05 signifikant, wenn der in Klammern aufgeführte t-Wert $\geq \pm 1,96$ (vgl. Byrne 1998, S. 104).
2) Der Faktor besteht aus einem Item. Die Faktorladung beträgt 1, und rel_I, rel_F sowie DEV werden nicht berechnet.

Tab. 35: Messmodell EAM: Ergebnis einer konfirmatorischen Faktorenanalyse

Die **Diskriminanzvalidität** wurde wieder anhand des *Fornell/Larcker*-Kriteriums sowie des Chi-Quadrat-Differenztests geprüft. Ersteres war in allen Fällen erfüllt. Auch der Chi-Quadrat-Differenztest ergab jeweils hoch signifikante Werte (vgl. Anhang 5.2). Bei den sechs Konstrukten im Emotionsbasierten Modell handelt es sich also um in sich konsistente, von den anderen aber eindeutig abgegrenzte Faktoren.

8 Kausalanalysen zur Überprüfung der Hypothesen

8.1 Kausalanalyse des PAM

8.1.1 Schätzung der Parameter

Mit den neun Items des Problembasierten Adoptionsmodells, die insgesamt sechs Konstrukte repräsentieren, wurde eine Kausalanalyse gerechnet. Allerdings erwies sich die globale Modellgüte als unbefriedigend. Der RMSEA verfehlte mit 0,11 deutlich die kritische Grenze ($\leq$ 0,05), der Chi-Quadrat-Anpassungswert war relativ hoch und signifikant (χ^2 = 61,5; p = 0,000), und der AGFI (0,82) lag deutlich unter 0,9. Um die Modellgüte zu verbessern, wurde nach Beziehungen mit hohen **Modification Indices** gesucht (vgl. Backhaus et al. 2006, S. 386). Es traten relativ hohe Werte zwischen einigen Konstrukten der Problemwahrnehmung auf, nämlich zwischen „Verarbeitungseigenschaft – mechanischen Eigenschaften", „mechanische Eigenschaften – strahlchemische Eigenschaften" sowie „strahlchemische Eigenschaften – thermische Eigenschaften". Die einzelnen Konstrukte der Problemwahrnehmung sind also nicht unabhängig voneinander, wenngleich hinreichend verschieden (vgl. Berechnungen zur Diskriminanzvalidität in Kap. 7.2.1.2).

Die entsprechenden Interdependenzen wurden daher in die **Modellstruktur aufgenommen**. Dies lässt sich inhaltlich legitimieren. So geht die Veränderung von Schmelzeeigenschaften teilweise mit einer Modifikation der mechanischen Eigenschaften einher, da beide von der Kettenlänge der Polymere abhängen. Reiß- und der Zugfestigkeit wiederum sind nicht in jedem Falle unabhängig von den strahlchemischen Merkmalen des Werkstoffes: Bspw. werden Abdeckfolien UV-Absorber beigefügt, welche die Elastizität und damit die Reißfestigkeit des Kunststoffes beeinflussen. Schließlich geht Sonnenlicht (UV-Strahlen) mit einer Wärmestrahlung einher, was die Korrelation zwischen chemischen und thermischen Eigenschaften erklärt (vgl. Dittfurth 2006).

Außerdem erwiesen sich zwei Pfadkoeffizienten als **nicht signifikant**, nämlich der Einfluss der Verarbeitungseigenschaften (+0,02; t = 0,35) und der mechanischen Eigenschaften auf die Akzeptanz der Innovationsidee (+0,07; t = 0,60). Die Parameter wurden daher auf **null fixiert** und damit aus dem Beziehungsgefüge ausgeschlossen (vgl. Backhaus et al. 2006, S. 385). Es ergab sich das in Abb. 48 dargestellte Bild.

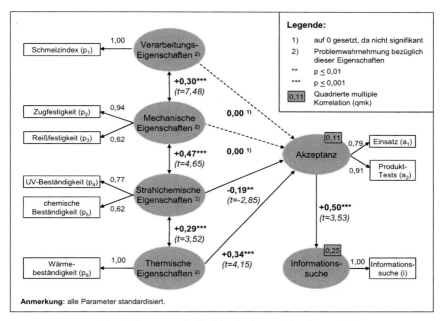

Abb. 48: Parameter im Problembasierten Adoptionsmodell

Wie sich bereits anhand der Grafik erkennen lässt, bestätigen sich die aufgestellten **Hypothesen** nur bedingt. So haben lediglich wahrgenommene Probleme mit den strahlchemischen und den thermischen Eigenschaften des Endprodukts einen signifikanten Einfluss auf die Akzeptanz der Innovationsidee (H_{1-3}, H_{1-4}), Probleme mit den beiden anderen Merkmalen der Kunststoffe jedoch nicht (H_{1-1}, H_{1-2}).

Weiterhin war das **Vorzeichen** des Pfadkoeffizienten zwischen „strahlechemische Eigenschaften" und „Akzeptanz" genau umgekehrt zu den Erwartungen: Wahrgenommene Schwierigkeiten bei der Einstellung dieser Kunststoff-Merkmale sorgen, wenn auch nur in geringem Maße (β = -0,19), sogar dafür, dass der Nachfrager die Innovation eher nicht akzeptiert. Möglicherweise fehlt den Verarbeitern, die mit diesen Problemen konfrontiert sind, der Glaube, dass ihnen die Innovation helfen kann. Insgesamt ist H_1 also abzulehnen. Bestätigt hat sich hingegen die Annahme H_2, dass potenzielle Adopter, welche die Innovationsidee akzeptieren, weitere Erkundigungen über die Neuheit einholen (vgl. Tab. 36).

Nr.	Hypothese	Pfad-koeffizient [1]	t	Ergebnis
H_{1-1}	Die Problemwahrnehmung bei Verarbeitungseigenschaften hat einen positiven Einfluss auf die Akzeptanz der Innovationsidee.	+0,02 [2]	0,35 [2]	nicht bestätigt
H_{1-2}	Die Problemwahrnehmung bei mechanischen Eigenschaften hat einen positiven Einfluss auf die Akzeptanz der Innovationsidee.	+0,07 [2]	0,60 [2]	nicht bestätigt
H_{1-3}	Die Problemwahrnehmung bei strahlchemischen Eigenschaften hat einen positiven Einfluss auf die Akzeptanz der Innovationsidee.	-0,19	-2,85**	nicht bestätigt
H_{1-4}	Die Problemwahrnehmung bei thermischen Eigenschaften hat einen positiven Einfluss auf die Akzeptanz der Innovationsidee.	+0,34	4,15***	bestätigt
H_1	Die Problemwahrnehmung hat einen positiven Einfluss auf die Akzeptanz der Innovationsidee.	-	-	nicht bestätigt
H_2	Die Akzeptanz der Innovationsidee hat einen positiven Einfluss auf die externe Informationssuche.[41]	+0,50	3,53***	bestätigt

Anmerkungen:
1) Die angegebenen Werte sind standardisiert.
2) wenn Parameter nicht auf null fixiert
** $p < 0,01$
*** $p < 0,001$

Tab. 36: Prüfung der Hypothesen im Problembasierten Adoptionsmodell

8.1.2 Modellgüte

Die Modellgüte ist, nachdem die Struktur des PAM wie oben beschrieben modifiziert wurde, sowohl insgesamt als auch im Detail als vergleichsweise **zufrieden stellend** einzustufen, wenngleich der AGFI mit 0,94 nicht allzu hoch liegt[42]. Weiterhin unterschreiten die Indikatorreliabilitäten zweier Variablen den Grenzwert (Problemwahrnehmung bezüglich der Reißfestigkeit und der chemischen Beständigkeit). Da die Werte mit jeweils 0,38 aber nur knapp unter dem geforderten Wert von 0,4 liegen und die Anpassung ansonsten befriedigend ist, kann dieser Malus toleriert werden. Tab. 37 listet die einzelnen Kennzahlen auf.

---

[41] Hypothese identisch mit H_9 im Emotionsbasierten Adoptionsmodell.
[42] Grundlage für die Berechnung der Modellgüte ist das in Abb. 48 dargestellte Modell, bei dem die beiden nicht signifikanten Parameter auf null gesetzt wurden.

Item	Faktorladung (t) [1]	rel_I ($\geq 0,4$)	Faktor	rel_F ($\geq 0,6$)	DEV ($\geq 0,5$)
Schmelzindex (p_1)	1,00	-	Verarbeitungseigenschaften [2]	-	-
Zugfestigkeit (p_2)	0,94 (5,73)	0,88	Mechanische Eigenschaften	0,77	0,78
Reißfestigkeit (p_3)	0,62 (5,65)	0,38			
UV-Beständigkeit (p_4)	0,77 (5,71)	0,59	Strahlchemische Eigenschaften	0,65	0,70
chemische Beständigkeit (p_5)	0,62 (5,34)	0,38			
Wärmebeständigkeit (p_6)	1,00	-	Thermische Eigenschaften [2]	-	-
Einsatz (a_1)	0,79 (2,74)	0,62	Akzeptanz der Innovationsidee	0,84	0,85
Produkttests (a_2)	0,91 (2,98)	0,83			
Informationssuche (i)	1,00	-	Externe Informationssuche	-	-

DF: 24
χ^2: 27,54 (p = 0,280)
RMSEA: 0,03
GFI: 0,97
AGFI: 0,94
χ^2/DF: 1,15
CFI: 1,00

Anmerkung:
1) Die angegebenen Werte sind standardisiert. Sie sind auf einem Niveau von 0,05 signifikant, wenn der in Klammern aufgeführte t-Wert $\geq \pm 1,96$ (vgl. Byrne 1998, S. 104).
2) Der Faktor besteht aus einem Item. Die Faktorladung beträgt 1, und rel_I, rel_F sowie DEV werden nicht berechnet.

Tab. 37: Strukturmodell PAM: Ergebnis einer Kausalanalyse

8.2 Kausalanalyse des EAM

8.2.1 Schätzung der Parameter

Nachdem die Parameter für das PAM geschätzt wurden, waren auch die Hypothesen im Emotionsbasierten Adoptionsmodell zu prüfen. Eine erste Kausalanalyse mit den nach der Konstruktvalidierung verbliebenen 13 Items ergab eine relativ schlechte Güte. So verfehlte der RMSEA mit 0,07 die kritische Grenze ($\leq 0,05$), und der Chi-Quadrat-Anpassungswert war hoch signifikant ($\chi^2 = 89,62$; p = 0,006). Die Güte ließ sich durch **Entfernung des Items**

"Hoffnung auf Wettbewerbsvorteile bei Adoption der Innovation" (ha_1) verbessern. Denn es wies hohe Modifikationsindizes mit mehreren Items anderer Konstrukte auf, nämlich mit c_1 („Die xy-Technologie könnte eine Chance für unser Unternehmen sein."), br_1 („Befürchtung, bei Ablehnung den Einstieg in eine neue Technologie verpassen"), br_2 („Befürchtung, bei Ablehnung möglicherweise von Wettbewerbern übervorteilt werden, die eine solche Veredlungstechnologie nutzen") sowie a_2 („Ich könnte mir vorstellen, mit der xy-Technologie veredelte Polymere im Rahmen eines Produkt-Tests in unserem Unternehmen einzusetzen.").

Im dergestalt modifizierten Modell zeigte sich, dass der Einfluss der Befürchtungen bei Adoption der Innovation auf die Akzeptanz der Innovationsidee **nicht signifikant war** (+0,07; t = 1,08). Der Parameter wurde daher auf null fixiert und aus dem Beziehungsgefüge ausgeschlossen (vgl. Backhaus et al. 2006, S. 385). Es ergab sich das Abb. 49 dargestellte Bild.

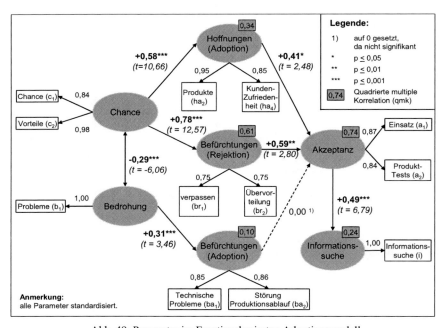

Abb. 49: Parameter im Emotionsbasierten Adoptionsmodell

Wie die Abbildung zeigt, waren die Pfadkoeffizienten mit einer Ausnahme signifikant und entsprachen jeweils der vermuteten Richtung. Für die **Hypothesen** ist damit Folgendes festzuhalten:

Nr.	Hypothese	Pfad-koeffizient [1]	t	Ergebnis
H_3	Die Wahrnehmung der Innovation als Chance hat einen positiven Einfluss auf die Hoffnungen bei Adoption der Innovation.	+0,58	10,66***	bestätigt
H_4	Die Wahrnehmung der Innovation als Chance hat einen positiven Einfluss auf die Befürchtungen bei Rejektion der Innovation.	+0,78	12,57***	bestätigt
H_5	Die Wahrnehmung der Innovation als Bedrohung hat einen positiven Einfluss auf die Befürchtungen bei Adoption der Innovation.	+0,31	3,46***	bestätigt
H_6	Die Hoffnungen bei Adoption der Innovation haben einen positiven Einfluss auf die Akzeptanz der Innovationsidee.	+0,41	2,48*	bestätigt
H_7	Die Befürchtungen bei Rejektion der Innovation haben einen positiven Einfluss auf die Akzeptanz der Innovationsidee.	+0,59	2,80**	bestätigt
H_8	Die Befürchtungen bei Adoption der Innovation haben einen negativen Einfluss auf die Akzeptanz der Innovationsidee.	+0,07 [2]	1,08 [2]	nicht bestätigt
H_9	Die Akzeptanz der Innovationsidee hat einen positiven Einfluss auf die externe Informationssuche.[43]	+0,49	4,88***	bestätigt
H_{10}	Die Wahrnehmung der Innovation als Chance und die Wahrnehmung der Innovation als Bedrohung korrelieren negativ miteinander.	-0,29	-6,06***	bestätigt

Anmerkungen:
1) Die angegebenen Werte sind standardisiert.
2) wenn Parameter nicht auf null fixiert
* $p < 0,05$
** $p < 0,01$
*** $p < 0,001$

Tab. 38: Prüfung der Hypothesen im Emotionsbasierten Adoptionsmodell

8.2.2 Modellgüte

Die Modellgüte ist nunmehr sowohl insgesamt als auch im Detail als **gut** einzustufen. Tab. 39 gibt die einzelnen Werte aus[44]. Lediglich der Chi-Quadrat-Wert ist signifikant ($p = 0,028$). Allerdings wurde in Kap. 6.2.1.4 bereits ausgeführt, dass die Aussagekraft dieses Anpassungstests eingeschränkt ist und er nicht allein herangezogen werden sollte, um ein Modell zu beurteilen. Denn er prüft, ob ein Beziehungsgefüge „im absoluten Sinne richtig" ist.

---

[43] Hypothese identisch mit H_2 im Problembasierten Adoptionsmodell.
[44] Grundlage für die Berechnung der Modellgüte ist das in Abb. 49 dargestellte Modell, bei dem ein nicht signifikanter Parameter auf null gesetzt wurde.

Item	Faktorladung (t) [1]	rel_I (≥ 0,4)	Faktor	rel_F (≥ 0,6)	DEV (≥ 0,5)
Chance (c_1)	0,84 (13,66)	0,70	Wahrnehmung als Chance	0,91	0,91
Vorteile (c_2)	0,98 (14,31)	0,96			
Probleme (b_1)	1,00	-	Wahrnehmung als Bedrohung [2]	-	-
Produkte (ha_2)	0,95 (9,37)	0,91	Hoffnungen bei Adoption	0,90	0,90
Kundenzufriedenheit (ha_4)	0,85 (8,12)	0,73			
technische Probleme (ba_1)	0,85 (2,55)	0,72	Befürchtungen bei Adoption	0,84	0,85
Störung Produktionsablauf (ba_2)	0,86 (2,19)	0,73			
Verpassen (br_1)	0,75 (8,78)	0,56	Befürchtungen bei Rejektion	0,72	0,75
Übervorteilung (br_2)	0,75 (6,63)	0,56			
Einsatz (a_1)	0,87 (9,75)	0,75	Akzeptanz	0,84	0,85
Produkt-Tests (a_2)	0,84 (8,45)	0,70			
Informationssuche (i)	1,00	-	Externe Informationssuche [2]	-	-

DF: 49
χ^2: 69,6 (p = 0,028)
RMSEA: 0,05
GFI: 0,99
AGFI: 0,98
χ^2/DF: 1,42
CFI: 1,00

Anmerkung:
1) Die angegebenen Werte sind standardisiert. Sie sind auf einem Niveau von 0,05 signifikant, wenn der in Klammern aufgeführte t-Wert ≥ ± 1,96 (vgl. Byrne 1998, S. 104).
2) Der Faktor besteht aus einem Item. Die Faktorladung beträgt 1, und rel_I, rel_F sowie DEV werden nicht berechnet.

Tab. 39: Strukturmodell EAM: Ergebnis einer Kausalanalyse

8.3 Vergleich von PAM und EAM

Beide Modelle wurden anhand **zweier Kriterien** verglichen. Zum einen interessierte, inwieweit beide zur Varianzaufklärung der Akzeptanz der Innovationsidee beitragen, gemessen an der quadrierten multiplen Korrelation (qmk) dieser latenten endogenen Variablen (vgl. Tab. 40). Ergänzend weist die Tabelle die qmk der externen Informationssuche, die der empirischen und nomologischen Validierung des Akzeptanzkonstrukts diente, aus. Zum anderen ist *Akai-*

ke's Information Criterion aufgelistet, mit dessen Hilfe sich die globale Güte von *Unnested Models* vergleichen lässt.

Kriterium	PAM	EAM
qmk (Akzeptanz)	0,11	0,74
qmk (externe Informationssuche)	0,25	0,24
AIC	70	127

Tab. 40: PAM und EAM im Vergleich

Das **Problembasierte Adoptionsmodell** erfüllt seinen Zweck kaum, nämlich die Akzeptanz der Innovationsidee zu erklären. Die quadrierte multiple Korrelation dieser latenten endogenen Variablen beträgt nur 0,11 (= 11% Varianzaufklärung). Sie ist lediglich auf zwei Faktoren der Problemwahrnehmung zurückzuführen (bezüglich strahlchemischer und thermischer Eigenschaften des Endprodukts). Die anderen wahrgenommenen Schwierigkeiten (hinsichtlich Verarbeitungseigenschaften und mechanischer Eigenschaften) leisten keinen Erklärungsbeitrag. Hinzu kommt, dass die Problemwahrnehmung thermischer Eigenschaften sogar einen leicht negativen Einfluss auf die Akzeptanz hatte, was der aufgestellten Hypothese widerspricht. Seine relativ hohen Gütewerte erreicht das Modell vor allem durch die gute Konvergenz- und Diskriminanzvalidität der gemessenen Konstrukte sowie durch den signifikanten Einfluss der Akzeptanz auf die externe Informationssuche.

Das **Emotionsbasierte Adoptionsmodell** schneidet deutlich besser ab: Es erklärt 74% der Varianz der Akzeptanz der Innovationsidee. Dies hatte sich bereits bei der Hypothesenprüfung angedeutet, wonach die Hoffnungen bei Adoption (+0,41) und die Befürchtungen bei Rejektion (+0,59) dieses Konstrukt nicht unerheblich beeinflussen. Die quadrierte multiple Korrelation liegt deutlich über den üblicherweise geforderten 40%. Angesichts dessen ist das EAM dem PAM überlegen: Ob jemand die Innovationsidee akzeptiert oder nicht, lässt sich emotionstheoretisch besser erklären als mithilfe von Erkenntnissen aus der Adoptionsforschung.

Die **externe Informationssuche** vermögen beide Modelle etwa gleichermaßen zu „prognostizieren", nämlich zu 25% bzw. 24%.[45] Dies liegt daran, dass sowohl im PAM als auch im EAM

---

[45] Es handelt sich nicht wirklich um eine Prognose, da das Außenkriterium (externe Informationssuche) zeitgleich mit den anderen Variablen erhoben wurde. Allerdings ließ sich auf diese Weise Übereinstimmungsvalidität für die Akzeptanz der Innovationsidee etablieren.

nur eine – und zwar dieselbe – latente Variable unmittelbar auf dieses Verhaltenskonstrukt wirkt: die Akzeptanz der Innovationsidee. Es wurde unterstellt, dass die Problemwahrnehmung sowie die antizipierten Emotionen die externe Informationssuche **nur indirekt** beeinflussen, nämlich über die Akzeptanz als Mediatorvariable. Abb. 50 verdeutlicht das Prinzip direkter und indirekter Effekte anhand eines fiktiven Beispiels. Die unmittelbare Wirkung von ξ_1 auf η_1 entspricht dem Pfadkoeffizienten γ_{11}. Die mittelbare Wirkung von ξ_1 auf η_1 ergibt sich auf dem „Umweg" eines Mediators (η_2). Um sie zu berechnen, müssen die betreffenden Pfadkoeffizienten miteinander multipliziert werden ($\gamma_{12} * \beta_{21}$). Der Gesamteffekt wiederum ergibt sich aus der Summe beider Werte (vgl. Kline 1998, S. 52).

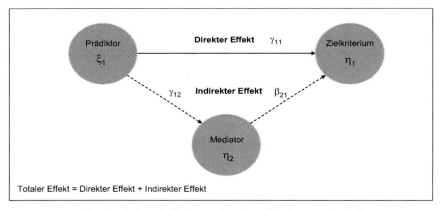

Abb. 50: Direkter, indirekter und totaler Effekt in Kausalmodellen

In den hier vorgestellten Modellen wurden **keine direkten Effekte** der Problemwahrnehmung bzw. der antizipierten Emotionen auf die externe Informationssuche unterstellt, weil beide annahmegemäß zunächst die Akzeptanz beeinflussen und erst diese zu einem entsprechenden Verhalten führt. Tatsächlich ließen sich auch keine signifikanten direkten Wirkungen nachweisen: Alternative Modelle, bei denen unmittelbare kausale Beziehungen von der Problemwahrnehmung (PAM) bzw. den antizipierten Emotionen (EAM) auf die externe Informationssuche vorgesehen wurden, ergaben keine signifikanten Pfadkoeffizienten. Auch stieg der Erklärungsgehalt dieser Handlungskonsequenz praktisch nicht. Diese Befunde sprechen für die nomologische Validität der Konstrukte.

Schließlich waren PAM und EAM noch anhand von **Akaike's Information Criterion** zu vergleichen. Dieses globale Gütemaß misst, wie akkurat und gleichzeitig sparsam ein Modell ist.

Es handelt sich um einen *Badness of Fit*, kleine Werte sind erwünscht. Das PAM schnitt hier deutlich besser ab (70 vs. 127), was allerdings weniger seiner Modellgüte als vielmehr seiner Sparsamkeit geschuldet ist: Es enthielt weniger Items und Konstrukte und damit auch weniger frei variierende Parameter als das EAM. Zudem wurden „Verarbeitungseigenschaften" und „mechanische Eigenschaften" wegen nicht signifikanter Pfadkoeffizienten eliminiert, sodass praktisch nur noch zwei latente exogene Variable vorlagen.

Dieses äußerst reduzierte Problembasierte Adoptionsmodell erklärte nun lediglich 11% der Varianz des zentralen Konstrukts, der Akzeptanz der Innovationsidee. Damit ist es zwar sparsam, aber nicht gut. Hinzu kommt, dass das Emotionsbasierte Adoptionsmodell mit seinen sieben Konstrukten in der Endversion nicht als komplex bezeichnet werden kann. Dem AIC ist daher im vorliegenden Falle **nicht allzu viel Beachtung** zu schenken, insb. angesichts der äußerst hohen quadrierten multiplen Korrelation des Akzeptanzkonstrukts im EAM.

8.4 Rolle des Nachfragers als Moderatorvariable

8.4.1 Identifikation von Entscheidern und fachlichen Beeinflussern

Um die Funktion der Befragten in ihrem Unternehmen zu ermitteln, wurden sie gefragt, in welchem Bereich sie arbeiten. Vorgegeben waren sechs Antwortmöglichkeiten: Geschäftsführung, Qualitätsmanagement, F&E, Fertigung, Einkauf und Sonstiges. Abb. 51 zeigt die Besetzung der einzelnen Kategorien. Vier Personen hatten „Sonstiges" angekreuzt, ließen sich aber anhand der Beschreibung ihrer Tätigkeit, die sie in diesem Falle mit anzugeben hatten, jeweils einer der anderen Kategorien zuordnen (z.B. Betriebsleiter = Geschäftsführung, Produktion = Fertigung). Die fünf erfragten Funktionen wurden, wie in Kap. 3.2.4 und Kap. 3.2.5 erläutert und in Anhang 1.7 dokumentiert, **zwei grundlegenden Rollen** im Einkaufsgremium zugeordnet:

- Als Entscheider gelten Geschäftsführer und Einkäufer (Gruppe 1).
- Fachliche Beeinflusser sind die Verantwortlichen der betroffenen Fachabteilungen. Hierzu zählen Qualitätsmanagement, F&E sowie Fertigung (Gruppe 2).

Ein Teilnehmer hatte keinen Bereich angegeben und musste daher vom Gruppenvergleich ausgeschlossen werden. Insgesamt lagen somit Antworten von 64 Entscheidern und von 48 fachlichen Beeinflussern vor. Da für eine Kausalanalyse mindestens 100 Fälle pro Teilstichprobe vonnöten sind (vgl. Backhaus et al. 2006, S. 370), haben die im Folgenden dargestellten Gruppenvergleiche lediglich **explorativen Charakter**: Die Befunde gelten unter Vorbehalt.

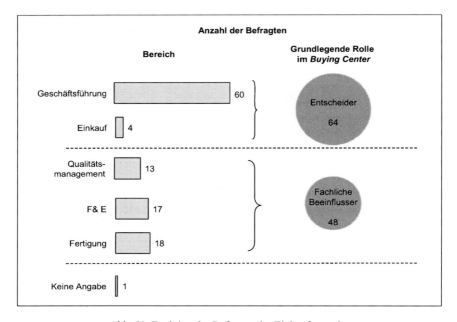

Abb. 51: Funktion der Befragten im Einkaufsgremium

8.4.2 Prüfung des moderierenden Effekts der Rolle des Nachfragers

8.4.2.1 Vorgehensweise

Da Entscheider und fachliche Beeinflusser im *Buying Center* unterschiedliche Funktionen erfüllen, wurde vermutet, dass die Akzeptanz der Innovationsidee in beiden Gruppen von verschiedenen Einflussfaktoren abhängt. Genauer ausgedrückt unterstellten die entsprechenden Hypothesen, dass die in den Modellen enthaltenen Prädiktoren je nach Rolle des Nachfragers die Akzeptanz unterschiedlich stark beeinflussen (vgl. Kap. 3.6.2 und Kap. 5.5). Abb. 52 stellt diesen unterstellten moderierenden Effekt **grafisch** dar, und zwar am Beispiel des Problembasierten Adoptionsmodells. Entsprechend H_1 hat die Problemwahrnehmung bei allen Nachfragern einen positiven Einfluss auf die Akzeptanz der Innovationsidee, was sich in der positiven Steigung der dargestellten „Regressionsgeraden" ausdrückt. Sie wird steiler, wenn der Einfluss steigt, wie hier für die Gruppe der fachlichen Beeinflusser angenommen. Flacher ist die Steigung hingegen, wenn der Einfluss sinkt, wie für Entscheider vermutet ($H_{1\text{-MOD}}$).

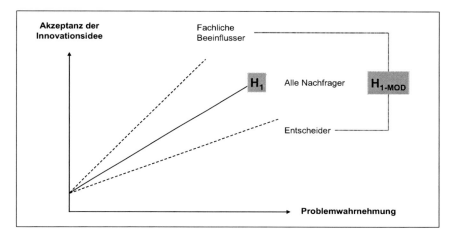

Abb. 52: Moderatoreffekt auf die Beziehung zwischen Problemwahrnehmung und Akzeptanz
Quelle: auf Basis von Sharma et al. (1981, S. 294).

Es wird also unterstellt, dass der betreffende Pfadkoeffizient in der Gruppe der fachlichen Beeinflusser größer ist als in der Gruppe der Entscheider. Analytisch lassen sich solche moderierenden Effekte auf die Beziehungen zwischen latenten Variablen mithilfe der **Mehrgruppenkausalanalyse** prüfen (vgl. Sharma 1981, S. 294). Hierfür wird der Datensatz in zwei Subsamples geteilt (Entscheider vs. fachliche Beeinflusser). Sodann sind zwei Modelle anzulegen, nämlich ein unrestringiertes und ein restringiertes. In ersterem können alle Parameter frei variieren, in letzterem wird der interessierende Parameter in beiden Gruppen gleich gesetzt. Mithilfe des **Chi-Quadrat-Differenztests**, der bereits in Kap. 6.2.3.3 im Zusammenhang mit der Diskriminanzvalidität von Konstrukten beschrieben wurde, lässt sich nun prüfen, ob der Chi-Quadrat-Wert der restringierten Lösung signifikant von dem der nicht restringierten abweicht. Wenn dies der Fall ist, dann ist davon auszugehen, dass sich die Parameter des betreffenden Pfadkoeffizienten signifikant voneinander unterscheiden. Fällt die Differenz nicht signifikant aus, dann kann man annehmen, dass es keine Gruppenunterschiede gibt[46]. Da das restringierte

---

[46] Geprüft wird H_0: „Das restringierte Modell entspricht dem unrestringierten Modell". Ist $\Delta\chi^2$ signifikant, dann kann H_0 abgelehnt werden, d.h. beide Modelle und damit die Parameter in den beiden Gruppen sind verschieden.

Modell genau ein Freiheitsgrad mehr hat als das nicht restringierte, beträgt der Grenzwert für $\Delta\chi^2$ bei einem α von 0,05 exakt 3,48, d.h. Änderungen ab diesem Betrag gelten als signifikant (vgl. Homburg/Giering 2001, S. 52). Abb. 53 verdeutlicht das Prinzip des Tests an einem vereinfachten, fiktiven Beispiel.

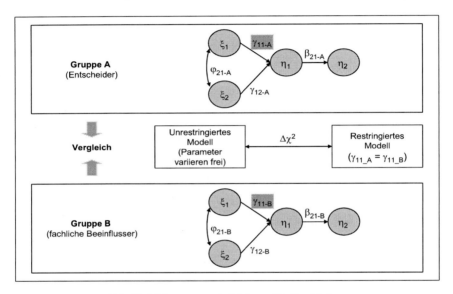

Abb. 53: Mehrgruppenvergleich von Pfadkoeffizienten

Anmerkung: Um die Darstellung zu vereinfachen, wurden keine Indikatoren, Faktorladungen und Messfehler dargestellt.

8.4.2.2 Moderatoreffekt im PAM

Im Problembasierten Adoptionsmodell sollte die Hypothese getestet werden, dass bei fachlichen Beeinflussern die Problemwahrnehmung einen stärkeren Einfluss auf die Akzeptanz der Innovationsidee hat als bei Entscheidern. Da die Problemwahrnehmung aus vier Faktoren besteht, sind jeweils vier Paare von Pfadkoeffizienten miteinander zu vergleichen. Tab. 41 zeigt die Ergebnisse dieser Mehrgruppenanalyse. In beiden Subsamples ergaben sich grundsätzlich **ähnliche Ergebnisse** wie in der Gesamtstichprobe. Die Problemwahrnehmung bei mechanischen und Verarbeitungseigenschaften der Kunststoffe hat keinen signifikanten Einfluss auf die Akzeptanz der Innovationsidee. Für die strahlchemischen und thermischen Eigenschaften des Werkstoffs lassen sich etwas stärkere Effekte erkennen; allerdings sind diese bis auf eine

Ausnahme (t = 3,19) nicht signifikant, was auch auf die kleinen Teilstichproben zurückzuführen ist (vgl. Byrne 1998, S. 104).

Kausalbeziehung einzelner Konstrukte der Problemwahrnehmung auf die Akzeptanz der Innovationsidee	Pfadkoeffizient (t) [1] in der Gruppe der ...		$\Delta\chi^2$ (p) [2]
	Entscheider	fachlichen Beeinflusser	
Verarbeitungseigenschaften → Akzeptanz	+0,17 (1,70)	-0,14 (-1,14)	2,63 (n.s.)
Mechanische Eigenschaften → Akzeptanz	+0,01 (0,08)	+0,08 (0,31)	0,08 (n.s.)
Strahlchemische Eigenschaften → Akzeptanz	-0,16 (-1,28)	-0,36 (-1,12)	0,88 (n.s.)
Thermische Eigenschaften → Akzeptanz	+0,33 (3,19)	+0,38 (1,81)	0,84 (n.s.)
Anmerkungen: 1) Die angegebenen Werte sind standardisiert. Sie sind auf einem Niveau von 0,05 signifikant, wenn der in Klammern aufgeführte t-Wert $\geq \pm 1,96$. 2) Die Änderung des Chi-Quadrat-Wertes ist auf einem Niveau von 0,05 signifikant, wenn $\Delta\chi^2 \geq 3,48$.			

Tab. 41: Ergebnisse des Chi-Quadrat-Differenztests im PAM

Vergleicht man nun die beiden Gruppen von Unternehmensvertretern, dann unterscheiden sich die Chi-Quadrat-Werte des restringierten und des unrestringierten Modells ($\Delta\chi^2$) in keinem Fall signifikant voneinander. $H_{1\text{-Mod}}$ ist daher zu **verwerfen**: Die Problemwahrnehmung hat bei fachlichen Beeinflussern keinen stärkeren Einfluss auf die Akzeptanz der Innovationsidee als bei Entscheidern (vgl. Tab. 42).

Nr.	Hypothese	Ergebnis
$H_{1\text{-1-Mod}}$	Bei fachlichen Beeinflussern hat die Wahrnehmung von Problemen bei der Einstellung der Verarbeitungseigenschaft „Schmelzindex" einen stärkeren positiven Einfluss auf die Akzeptanz der Innovationsidee als bei Entscheidern.	nicht bestätigt
$H_{1\text{-2-Mod}}$	Bei fachlichen Beeinflussern hat die Wahrnehmung von Problemen bei der Einstellung der mechanischen Eigenschaften des Endprodukts einen stärkeren positiven Einfluss auf die Akzeptanz der Innovationsidee als bei Entscheidern.	nicht bestätigt
$H_{1\text{-3-Mod}}$	Bei fachlichen Beeinflussern hat die Wahrnehmung von Problemen bei der Einstellung der strahlchemischen Eigenschaften des Endprodukts einen stärkeren positiven Einfluss auf die Akzeptanz der Innovationsidee als bei Entscheidern.	nicht bestätigt
$H_{1\text{-4-Mod}}$	Bei fachlichen Beeinflussern hat die Wahrnehmung von Problemen bei der Einstellung der thermischen Eigenschaften des Endprodukts einen stärkeren positiven Einfluss auf die Akzeptanz der Innovationsidee als bei Entscheidern.	nicht bestätigt
$H_{1\text{-Mod}}$	Bei fachlichen Beeinflussern hat die Problemwahrnehmung einen stärkeren positiven Einfluss auf die Akzeptanz der Innovationsidee als bei Entscheidern.	nicht bestätigt

Tab. 42: Prüfung der Moderator-Hypothese im Problembasierten Adoptionsmodell

8.4.2.3 Moderatoreffekt im EAM

Das Emotionsbasierte Adoptionsmodell enthält drei Arten von antizipierten Emotionen: Hoffnungen bei Adoption, Befürchtungen bei Rejektion sowie Befürchtungen bei Adoption. Es wurde unterstellt, dass alle drei bei Entscheidern einen stärkeren Einfluss auf die Akzeptanz der Innovationsidee haben als bei fachlichen Beeinflussern. Tab. 43 zeigt die **Ergebnisse des Mehrgruppenvergleichs**.

Kausalbeziehung	Pfadkoeffizient (t) [1] in der Gruppe der ...		$\Delta\chi^2$ (p) [2]
	Entscheider	fachlichen Beeinflusser	
Hoffnungen bei Adoption → Akzeptanz	+0,29 (1,70)	+0,82 (3,61)	0,23 (n.s.)
Befürchtungen bei Rejektion → Akzeptanz	+0,67 (3,57)	+0,23 (1,01)	0,62 (n.s.)
Befürchtungen bei Adoption → Akzeptanz	+0,14 (1,70)	-0,02 (-0,18)	1,46 (n.s.)
Anmerkungen: 1) Die angegebenen Werte sind standardisiert. Sie sind auf einem Niveau von 0,05 signifikant, wenn der in Klammern aufgeführte t-Wert $\geq \pm 1,96$. 2) Die Änderung des Chi-Quadrat-Wertes ist auf einem Niveau von 0,05 signifikant, wenn $\Delta\chi^2 \geq 3,48$.			

Tab. 43: Ergebnisse des Chi-Quadrat-Differenztests im EAM

Die Änderung des Chi-Quadrat-Werts ist in keinem Fall signifikant. Allerdings weichen die Pfadkoeffizienten **nach Augenschein** in zwei Fällen stark voneinander ab. Die Hoffnung, dass sich durch eine Übernahme der Innovation die Produkte verbessern und die Zufriedenheit der Kunden steigt, hat bei fachlichen Beeinflussern einen viel stärkeren Einfluss auf die Akzeptanz der Innovationsidee als bei Entscheidern (+0,82 vs. +0,29). Dies widerspricht der Hypothese, dass sich vor allem Entscheider von ihren antizipierten Emotionen leiten lassen. Umgekehrt, und damit erwartungskonform, verhält es sich zumindest nach Augenschein mit den Befürchtungen, bei Rejektion der Neuheit den Einstieg in eine neue Technologie zu verpassen sowie von Wettbewerbern überholt zu werden. Dies ist für Entscheider eine stärkere Motivation als für fachliche Beeinflusser, die Neuheit zu akzeptieren (+0,67 vs. +0,23). Dass die Unterschiede nicht signifikant sind, liegt an den kleinen Stichproben.

Die Befürchtungen dass es bei Adoption der Neuheit technische Probleme bzw. Störungen im Produktionsablauf geben könnte, hatten in beiden Untergruppen auch nach Augenschein keinen unterschiedlich starken Einfluss. Er war in beiden Fällen vernachlässigbar (+0,14 vs.

-0,02). Tab. 44 fasst die Ergebnisse der Hypothesenprüfung zusammen. Angesichts der widersprüchlichen Befunde ist die **Gesamthypothese** $H_{6-8-Mod}$ **abzulehnen.**

Nr.	Hypothese	Ergebnis
H_{6-Mod}	Bei Entscheidern haben die Hoffnungen bei Adoption der Innovation einen stärkeren positiven Einfluss auf die Akzeptanz der Innovationsidee als bei fachlichen Beeinflussern.	nicht bestätigt
H_{7-Mod}	Bei Entscheidern haben die Befürchtungen bei Rejektion der Innovation einen stärkeren positiven Einfluss auf die Akzeptanz der Innovationsidee als bei fachlichen Beeinflussern.	bestätigt [1]
H_{8-Mod}	Bei Entscheidern haben die Befürchtungen bei Adoption der Innovation einen stärkeren negativen Einfluss auf die Akzeptanz der Innovationsidee als bei fachlichen Beeinflussern.	nicht bestätigt
$H_{6-8-Mod}$	Bei Entscheidern haben die antizipierten Emotionen einen stärkeren Einfluss auf die Akzeptanz der Innovationsidee als bei fachlichen Beeinflussern.	nicht bestätigt
Anmerkung: 1) nur nach Augenschein, $\Delta\chi^2$ aufgrund der kleinen Stichprobe nicht signifikant		

Tab. 44: Prüfung der Moderator-Hypothesen im Emotionsbasierten Adoptionsmodell

8.5 Zusammenfassung und Diskussion der Ergebnisse

Dem Aufbau der Arbeit folgend, wird zuerst das im ersten Theorieteil der Arbeit vorgestellte **Problembasierte Adoptionsmodell** diskutiert. Es weist zwar eine zufrieden stellende Globalgüte auf, ließ sich im Detail aber nicht verifizieren. Erst dann folgt die Diskussion des **Emotionsbasierten Adoptionsmodells**, welches im zweiten Theorieteil der Arbeit vorgestellt wurde. Die in diesem Zusammenhang aufgestellten Hypothesen ließen sich mehrheitlich bestätigen: Emotionen beeinflussen die Akzeptanz einer Innovationsidee.

8.5.1 Problemwahrnehmung als unbefriedigender Prädiktor der Akzeptanz

Die im **Problembasierten Adoptionsmodell** aufgestellten Hypothesen ließen sich mehrheitlich nicht bestätigen. Einen signifikanten Einfluss auf die Akzeptanz der Innovationsidee haben nur zwei von vier wahrgenommenen Problemen: die bei der Einstellung der strahlchemischen (-0,19) und thermischen Eigenschaften (+0,34). Der erste Pfadkoeffizient war sogar negativ, wenn auch nicht allzu hoch. Für die anderen beiden Eigenschaften des Werkstoffs, deren Veränderung die xy-Technologie prinzipiell ermöglicht (Schmelzindex, mechanische Eigenschaften), ließ sich kein Effekt nachweisen (vgl. Abb. 48 in Kap. 8.1.1). Folglich ist auch der Erklärungsbeitrag der Problemwahrnehmung zur Akzeptanz der Innovationsidee relativ gering; er liegt nur bei 11%. Die aus den bisherigen Erkenntnissen der Innovationsforschung abgeleitete Annahme, dass eine Neuheit um so eher akzeptiert wird, je unbefriedigender derzeitige Problemlösungen sind, lässt sich anhand vorliegender Studie daher nicht pauschal bestätigen. Dieses Ergebnis überrascht, zumal die Problemwahrnehmung als Auslöser des Adoptionsprozesses gilt (vgl. Kap. 3.5). Allerdings wurde diese These bislang häufiger aufgestellt als tatsächlich empirisch geprüft, da sich die einschlägige Forschung auf spätere Phasen des Übernahmeprozesses konzentriert. Für die Befunde bieten sich **zwei Erklärungen** an.

Erstens kann es sein, dass die Problemwahrnehmung vor allem einen Einfluss darauf hat, ob man die Innovation überhaupt wahrnimmt, also in der Phase der Kenntnisnahme ihre Wirkung entfaltet. Mit anderen Worten: Nur wer bei den Eigenschaften, die sich durch die Technologie einstellen lassen, eine Diskrepanz zwischen tatsächlichem und idealem Zustand empfindet, interessiert sich überhaupt für die Neuheit und nimmt an der Befragung teil. Diese Art der Selbstselektion war hier jedoch nicht möglich, da das Anschreiben generell davon sprach, dass sich durch die Technologie verschiedene Eigenschaften von Polymeren einstellen lassen. Konkret wurden sie dann erst während der Online-Befragung mitgeteilt. Daher variierten die einzelnen Indikatoren der Problemwahrnehmung innerhalb der Stichprobe durchaus, d.h. es nahmen z.B. auch solche Personen an der Befragung teil, die keine Schwierigkeiten bei der Einstellung der Reißfestigkeit wahrgenommen hatten bzw. diesen nicht als wichtig erachteten.

Plausibler erscheint daher eine **zweite Erklärung**: Die Wahrnehmung eines Problems allein hat noch keine Auswirkungen auf die Akzeptanz einer Neuheit, welche dieses zu lösen verspricht. Vielmehr muss der Betreffende auch glauben, dass eine Alternative zur herkömmlichen Lösung überhaupt realisierbar ist. Dies illustriert ein Beispiel aus der Schiffbaubranche. So mögen es große Seereedereien als unbefriedigend empfinden, dass ihre Schwerlasttanker viel Treibstoff verbrauchen, zumal der Ölpreis stetig steigt. Die innovative Idee der Firma *Skysails* (2006), Frachtschiffe mit einem Zugdrachen auszustatten und so die Windkraft zu nutzen, könnte dieses Problem lösen. Aber da sie stark von herkömmlichen Antriebssystemen abweicht, dürften Schiffbauer sie auf den ersten Blick für schwer praktikabel halten.

Gleiches ist im vorliegenden Falle zu vermuten. Bislang behilft sich die Branche mit Additiven, die recht unbefriedigend und vor allem teuer sind. Diese Ansicht teilten die meisten der

Befragungsteilnehmer.[47] Aber eine gänzlich neue Lösung, wie sie die Bestrahlung des Werkstoffs mit Elektronen darstellt, erscheint vielen wahrscheinlich auf den ersten Blick relativ schwer realisier- bzw. vorstellbar. Dies gilt umso mehr, als die Befragten die Technologie erst im Verlauf der Befragung – und nur sehr kurz – vorgestellt bekommen haben. Möglicherweise lässt sich das PAM verbessern, indem man es um eine Komponente erweitert, nämlich um den **Glauben** daran, dass eine alternative Problemlösung überhaupt **möglich** bzw. machbar ist. Sie würde als Moderatorvariable fungieren: Wer eine Alternative für realisierbar hält, akzeptiert die Innovationsidee eher als jemand, der dies nicht glaubt (vgl. Abb. 54).

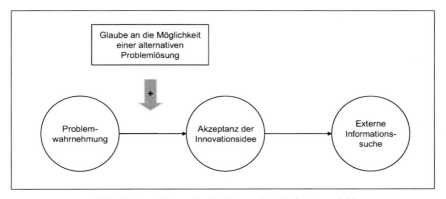

Abb. 54: Erweiterung des PAM um eine Moderatorvariable

Ein solcher moderierender Einfluss ist primär bei **Basis-Innovationen** zu erwarten, denen der Nachfrager aufgrund ihres Neuigkeitsgrads besonders skeptisch begegnet. Die Akzeptanz einer inkrementellen oder Schein-Innovation müsste die Problemwahrnehmung erklären, ohne dass eine Moderatorvariable zwischengeschaltet wird.

Zusammenfassend beeinflusst die Wahrnehmung fachlicher Probleme die Akzeptanz einer radikalen Innovationsidee kaum. Vermutlich muss der Nachfrager zusätzlich daran glauben, dass die Neuheit überhaupt eine machbare Alternative zu bestehenden Lösungen darstellt.

---

[47] Fragen dieser Art waren im Teil 2 des Fragebogens (Probleme bei der Verarbeitung von Kunststoffen) enthalten, waren aber nicht Bestandteil der beiden Kausalmodelle.

8.5.2 Antizipierte Emotionen als gute Prädiktoren der Akzeptanz

Deutlich besser als das PAM schnitt das Emotionsbasierte Adoptionsmodell ab: Die bei Übernahme bzw. Ablehnung antizipierten Gefühle beeinflussen die **Akzeptanz** der Innovationsidee deutlich und vermögen diese **zu 74% zu erklären** (vgl. Abb. 49 in Kap. 8.2.1). Dabei spielen, anders als zuvor angenommen, nur zwei Emotionen eine Rolle: Die Hoffnungen bei Adoption und Befürchtungen bei Rejektion der Neuheit. Wer hofft, dass sie dabei hilft, seine Produkte zu verbessern sowie die Kundenzufriedenheit zu steigern, der kann sich tendenziell vorstellen, die Innovation zu übernehmen. Und wer befürchtet, dass sein Unternehmen ohne die Neuheit den Anschluss an die aktuelle Entwicklung sowie an die Konkurrenz verpasst, der neigt ebenfalls eher dazu, sie zu übernehmen.

Keinen Einfluss hatten die **Befürchtungen bei Adoption**, dass technische Problemen sowie Störungen im Produktionsablauf auftreten könnten. Dies überrascht, da die Teilnehmer der qualitativen Vorgespräche beide Befürchtungen genannt hatten. Denn Kunststoffe werden zumeist in weitgehend automatisierten Fertigungslinien verarbeitet. Fließbänder transportieren den Werkstoff bzw. die Zwischen- und Fertigteile zur nächsten Bearbeitungsstation. Probleme an einer einzelnen Maschine bringen leicht den gesamten Prozess zum Stillstand. Dies kann und möchte sich natürlich kein Verarbeiter leisten. Allerdings wurden im Kausalmodell **nur lineare Abhängigkeiten** unterstellt und geprüft, keine nicht-linearen. Denkbar wäre jedoch auch ein negativer Akzelerator-Effekte: Es könnte sein, dass mit zunehmendem Ausmaß der Befürchtungen bei Adoption der Innovation die Akzeptanz überproportional abnimmt. Möglicherweise ist die Wirkung dieser antizipierten Emotionen auch negativ-degressiv, d.h. die Akzeptanz nimmt mit zunehmenden Bedenken unterproportional ab (vgl. Abb. 55).

Abhängigkeiten dieser Art lassen sich mit einer **nicht-linearen Regressionsanalyse** prüfen. Da dieses Verfahren keine latenten Variablen verarbeiten kann, waren die Mittelwerte aus den Indikatoren für die Befürchtungen bei Adoption (unabhängige Variable) sowie für die Akzeptanz der Innovationsidee (abhängige Variable) zu bilden. Alternativ zu einer linearen Regression wurden zehn verschiedene nicht-lineare Regressionsmodelle geprüft, die jeweils degressive (z.B. logarithmische Funktion), progressive (z.B. exponentielle Funktion) oder s-förmige Abhängigkeiten unterstellen (z.B. kubische Funktion). Keines davon wies einen signifikanten F-Wert auf. Außerdem lag der Anteil der erklärten Varianz der Kriteriumsvariablen in den meisten Fällen bei null, maximal aber bei 5,5% (vgl. Anhang 6.3). Es ist demnach auch nicht von einer nicht-linearer Wirkung der Befürchtungen bei Adoption der Innovation auszugehen.[48]

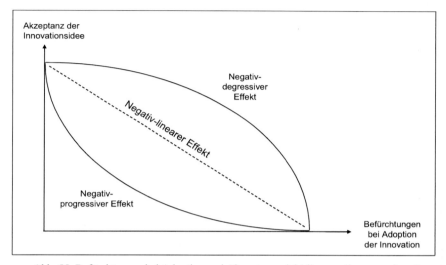

Abb. 55: Befürchtungen bei Adoption und Akzeptanz: nicht-linearer Zusammenhang?

Möglicherweise spielen derartige Bedenken in einem so frühen Stadium des Adoptionsprozesses noch keine Rolle, weil es dabei zunächst nur um die Akzeptanz einer Idee geht; der Nachfrager geht noch keinerlei Verpflichtung ein. Technische Probleme und gestörte Produktionsabläufe werden vermutlich **später relevant**, wenn der Nachfrager die technische Umsetzung sowie die Integration in die Fertigungslinie durchdenkt, also in der Entscheidungsphase. Zu beachten ist, dass der fehlende Einfluss dieser Befürchtungen auf die Akzeptanz keinesfalls bedeutet, dass der Nachfrager in der Meinungsbildungsphase keine solchen Gefühle hat. Dies ergaben sowohl die qualitative Vorstudie und als auch die Hauptbefragung, bei der ein nicht unerheblicher Teil der Befragten angab, entsprechende Vorbehalte zu haben. Gleichwohl beeinflussen sie seine erste Bewertung der neuen Technologie nicht signifikant.

---

[48] Auch für die beiden anderen antizipierten Emotionen (Hoffnungen bei Adoption, Befürchtungen bei Rejektion) wurden zusätzlich je zehn nicht-lineare Regressionsmodelle berechnet. In beiden Fällen ergaben sich dabei zwar signifikante F-Werte. Aber das Bestimmtheitsmaß lag mehrheitlich unter bzw. nur minimal über dem eines linearen Regressionsmodells (vgl. Anhang 6.1 und 6.2). Der kausalanalytisch nachgewiesene positiv-lineare Einfluss beider Konstrukte auf die Akzeptanz der Innovationsidee wird angesichts dieser Befunde nicht in Frage gestellt.

Nicht im Modell enthalten waren die Hoffnungen bei Rejektion der Innovation, weil die Teilnehmer der qualitativen Vorgespräche angaben, keine solchen Gefühle zu haben (vgl. Kap. 5.2.2.3). Dass bei Ablehnung der Neuheit der Status quo erhalten bleibt, d.h. keine unvorhergesehenen Probleme etc. auftreten, stellte für sie eine Gewissheit dar. Gleichwohl gilt ein ähnliches Konzept als wichtiger Grund für die Ablehnung von Innovationen: der sog. **Änderungswiderstand**, von Bagozzi/Lee (1999, S. 219) als *Resistance* bezeichnet. Denn die meisten Menschen reagieren auf Änderungen intrinsisch negativ (vgl. Kardes 1994, S. 446; Sheth 1981, S. 274). Möglicherweise verbessert sich der Erklärungsgehalt der Akzeptanz durch eine Erweiterung des EAM um dieses Konstrukt. Ein auf diese Weise modifiziertes Modell wird als Vorschlag für die weitere Forschung in Kap. 10 diskutiert.

Antezendenzen der antizipierten Emotionen waren die Wahrnehmung der Innovation als Chance bzw. Bedrohung. Beide repräsentieren die erste pauschale Beurteilung der Neuheit vor dem Hintergrund der Wertüberzeugung des Nachfragers, dass es sich dabei um etwas Positives oder Negatives handelt. Dabei sind beide Konstrukte, wie angenommen, zwar eigenständig, aber nicht gänzlich unabhängig voneinander: Tendenziell nimmt jemand, der vor allem das Positive an der Innovation sieht, die negativen Facetten nicht so sehr wahr und umgekehrt (φ = -0,29). Beide Werturteile beeinflussen, wie vorhergesagt, die antizipierten Emotionen:

- Wer die Neuheit als **Chance** wahrnimmt, der hofft durch eine Übernahme auf bessere Produkte und zufriedenerer Kunden. Gleichzeitig fürchtet er, den Einstieg in eine neue Technologie zu verpassen und von Wettbewerbern übervorteilt zu werden, wenn er die Neuheit ablehnt. Beide antizipierten Gefühle fördern ihrerseits die Akzeptanz der Innovationsidee.
- Nicht durchgängig ist hingegen die Kausalkette, an deren Ausgangspunkt die Wahrnehmung der Innovation als **Bedrohung** steht. Zwar geht dieses pauschale Negativurteil mit entsprechenden Befürchtungen (technische Probleme, Störung des Produktionsablaufes) einher, aber die Akzeptanz der Innovationsidee beeinflussen diese antizipierten Konsequenzen nicht. Wie oben dargelegt, entfalten sie ihre Wirkung vermutlich erst in der Entscheidungsphase.

Zusammenfassend wurde das Ziel der Arbeit erreicht, den Einfluss von antizipierten Emotionen auf die Adoptionsentscheidung empirisch nachzuweisen – genauer: auf die ihr vorgelagerte Stufe der Akzeptanz der Innovationsidee. Wenn es dem Anbieter gelingt, die aufgeführten Hoffnungen und Befürchtungen zu erzeugen bzw. zu verstärken, dann kann er die Adoptionswahrscheinlichkeit erhöhen und damit den Erfolg seiner Innovation positiv beeinflussen.

8.5.3 Externe Informationssuche als Verhaltenskonsequenz der Akzeptanz

Ob der Nachfrager die Innovationsidee akzeptiert oder nicht, beeinflusst sein weiteres Verhalten. Wer sich vorstellen kann, mit der Technologie veredelte Polymere einzusetzen, sucht stärker nach Informationen über die Neuheit als derjenige, welcher sich nicht mit solchen Gedanken trägt. Damit wurde das Akzeptanzkonstrukt einerseits anhand eines externen Kriteriums empirisch validiert (**empirische Validität, Übereinstimmungsvalidität**) und andererseits erfolgreich in das nomologische Netzwerk des Adoptionsprozesses eingeordnet (**nomologische Validität**).

Wenn der Erklärungsgehalt der Verhaltenskonsequenz lediglich bei 25% (PAM) bzw. 24% (EAM) lag, dann ist dies auf die allenthalben beobachtbare **Diskrepanz zwischen Einstellung und Verhalten** zurückzuführen. Wer die Innovationsidee akzeptiert, neigt zwar dazu, weitere Erkundigungen über die Neuheit einzuziehen. Aber andere, hier nicht untersuchte Faktoren können den Nachfrager davon auch abhalten. Bspw. ist es möglich, dass das Unternehmen keinen finanziellen und/oder personellen Spielraum hat, um neue, komplexe Technologien bzw. Produkte zu testen. Der Leiter einer Fachabteilung könnte seinen Geschäftsführer auch als wenig experimentier- und innovationsfreudig einschätzen und daher vermuten, dass sich der CEO im *Buying Center* nicht für die Neuheit einsetzt. Tab. 45 listet neben diesen beiden weitere mögliche Gründe auf, warum jemand eine Neuheit positiv bewertet, aber keine weiteren Erkundigungen über sie einzieht. Dabei können die Ursachen je nach Rolle im Einkaufsgremium durchaus variieren.

Der Nachfrager akzeptiert die Innovationsidee, sucht aber nicht weiter nach Informationen, weil ...	Betrifft	
	Entscheider	Fachlichen Beeinflusser
... kein finanzieller/personeller Spielraum für den Test von Innovationen besteht.	x	x
... er die Entscheidungsträger als wenig innovationsfreudig einschätzt.		x
... er persönliche Präferenzen für die Anbieter bisheriger Problemlösungen hat.	x	x
... das Einholen weiterer Informationen mit Aufwand verbunden ist.	x	x
... er lieber abwartet, was die Konkurrenten tun.	x	x
... er das Unternehmen verkaufen möchte und es in dieser Situation nicht für sinnvoll hält, grundlegende Änderungen zu initiieren.	x	

Tab. 45: Denkbare Gründe für die Einstellungs-/Verhaltens-Diskrepanz

Zusammenfassend sucht jemand, der die Innovationsidee akzeptiert, tendenziell weiter nach Informationen über die Neuheit. Damit begibt er sich von der Meinungsbildungs- in die Entscheidungsphase des Adoptionsprozesses. Allerdings gibt es noch weitere, in den Modellen nicht erfasste Einflussfaktoren der Informationssuche. Der Modellgüte tut diese Diskrepanz jedoch keinen Abbruch, da das Ziel nicht darin bestand, das Verhalten in der Entscheidungsphase zu erklären, sondern die ihm vorgelagerte Akzeptanz.

8.5.4 Uneindeutiger Moderator-Effekt der Rolle des Nachfragers

Angesichts der geringen Fallzahlen in den beiden Untergruppen sind die Befunde zum Moderatoreffekt lediglich explorativer Natur. Im **PAM** war vermutet worden, dass die **Problemwahrnehmung** bei **fachlichen Beeinflussern** einen stärkeren Einfluss auf die Akzeptanz der Innovationsidee hat als bei Entscheidern. Denn Mitarbeiter der Fertigung, F&E sowie des Qualitätsmanagement sind in ihrer tagtäglichen Arbeit mit fachlichen Problemen konfrontiert. Wenn sie bei bisherigen Problemlösungen Defizite ausmachen, dann müsste dies ihre Aufgeschlossenheit gegenüber einer neuen Technologie besonders fördern. Diese Hypothese hat sich nicht bestätigt. Wie auch in der Gesamtstichprobe war ein positiver Einfluss der Problemwahrnehmung in beiden Gruppen praktisch nur mit Blick auf die thermischen Eigenschaften des Endprodukts nachweisbar.

Eine mögliche **Erklärung** hierfür wurde bereits weiter oben erwähnt: Die Befragten sind sich unsicher, ob und wie die neue Technologie funktionieren könnte. Vielleicht sind gerade Fachleute skeptisch, zumal sie wissen, dass es bislang keine perfekte Lösung gibt, um Kunststoffe maßzuschneidern. Bereits in Kap. 8.5.1 wurde daher vorgeschlagen, den Glauben an die Möglichkeit einer alternativen Problemlösung als Moderator in das Modell aufzunehmen.

Differenziert nach der Rolle des Nachfragers im Einkaufsgremium wäre zu vermuten, dass der moderierende Einfluss dieser Variable am stärksten bei fachlichen Beeinflussern ist, weil sie die Machbarkeit besser beurteilen können als Entscheider, die vom Produktionsprozess relativ weit entfernt sind. Abb. 56 zeigt das PAM, erweitert um eine solche **kombinierte Moderatorvariable**. Es unterstellt, dass der Effekt „Problemwahrnehmung → Akzeptanz"
- erstens nur dann auftritt, wenn der Glaube an die Machbarkeit stark ist und
- zweitens dann bei fachlichen Beeinflussern stärker ausgeprägt ist als bei Entscheidern.

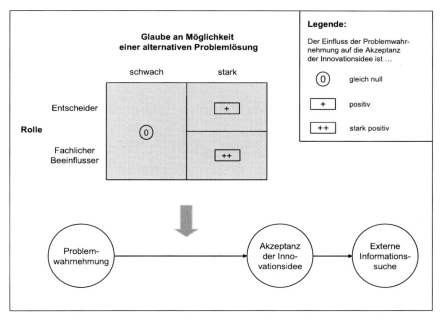

Abb. 56: Erweiterung des PAM um eine kombinierte Moderatorvariable

Im Rahmen des **EAM** stand die Hypothese auf dem Prüfstand, dass sich **Entscheider** bei der Akzeptanz der Innovationsidee stärker von **antizipierten Emotionen** leiten lassen als fachliche Beeinflusser. Auch diese Annahme hat sich nicht bestätigt. Es ließen sich keine signifikanten Gruppenunterschiede in den betreffenden Pfadkoeffizienten feststellen. Zumindest in zwei Fällen war dies auf die kleine Stichprobe zurückzuführen, denn nach Augenschein ließen sich zwei Tendenzen erkennen:

- Wider Erwarten motivierten die Hoffnungen bei Adoption der Innovation fachliche Beeinflusser stärker als Entscheider, die Innovationsidee zu akzeptieren.
- Bei den Entscheidern wirkten sich die Befürchtungen bei Ablehnung der Innovation annahmegemäß stärker positiv auf die Akzeptanz aus als bei den Fachkräften.

Woran dies liegen könnte, wird deutlich, wenn man sich die erhofften bzw. befürchteten Konsequenzen im Detail betrachtet. Wie Tab. 46 zeigt, sind die Hoffnungen bei einer Übernahme relativ **konkret** (Produkte besser, Kunden zufriedener). Die Befürchtungen sind **abstrakter** (im Wettbewerb nicht mehr bestehen) und beziehen sich auf die Opportunitätsverluste bei Ablehnung der Neuheit. Letztere Kategorie spiegelt eine betriebswirtschaftliche Denkweise wider, wie sie bspw. in der Investitionsrechnung üblich ist. Davon lassen sich Entscheider – also mehrheitlich Manager – stärker leiten als Fachleute, die offensichtlich und plausiblerweise mehr auf ihr Produkt fixiert sind.

Antizipierte Emotion	Gruppe mit stärkerem Einfluss „Emotion → Akzeptanz"
Hoffnung bei Adoption, dass ... • sich die Produkte verbessern. • die Kundenzufriedenheit steigt.	Fachliche Beeinflusser
Befürchtung bei Rejektion, dass ... • Wettbewerber besser werden. • der Einstieg in eine neue Technologie verpasst wird.	Entscheider
Befürchtungen bei Adoption, dass • technische Probleme auftreten. • der Produktionsablauf gestört wird.	kein Einfluss in beiden Gruppen

Tab. 46: Nach Augenschein sichtbare Moderatoreffekte im PAM

Verwunderlich erscheint vor diesem Hintergrund, dass die **Befürchtungen bei Übernahme** der Technologie, die ebenfalls sehr konkret sind (technische Probleme, Störungen im Produktionsablauf), bei fachlichen Beeinflussern keinen stärkeren Einfluss auf die Akzeptanz haben als bei Entscheidern; der Effekt war in beiden Gruppen nicht signifikant (vgl. Tab. 46). Dies wurde jedoch bereits weiter oben damit begründet, dass solche Befürchtungen vermutlich erst relevant werden, wenn der Nachfrager die Implementierung der Innovation durchdenkt.

Zusammenfassend hat sich die Annahme nicht bestätigt, Fachleute würden sich bei Akzeptanz der Innovationsidee stärker von der Problemwahrnehmung leiten lassen und Entscheider eher von ihren antizipierten Emotionen. Im Falle der Problemwahrnehmung besteht die Lösung möglicherweise darin, eine Moderatorvariable zu verwenden, welche die Rolle des Nachfragers mit dem Glauben an die Möglichkeit einer alternativen Problemlösung kombiniert. Im Falle der antizipierten Emotionen ergab sich ein differenzierteres Bild. Fachliche Beeinflusser lassen sich bei der Bewertung der Innovation stärker von konkreten Hoffnungen leiten, die sie mit einer Übernahme verbinden. Entscheider denken vermutlich stärker betriebswirtschaftlich und haben daher die Opportunitätskosten vor Augen, wenn sie sich eine erste Meinung über eine Neuheit bilden. Allerdings gelten diese Aussagen vorbehaltlich einer Untersuchung mit größeren Stichproben.

8.6 Kritische Würdigung der Modelle

Insgesamt weisen sowohl das PAM als auch das EAM ausreichend hohe globale und lokale Gütemaße auf. Dies spricht dafür, dass sie die Realität angemessen widerspiegeln. Positiv zu bewerten ist darüber hinaus der hohe Anteil an Varianz der Akzeptanz der Innovationsidee, den die antizipierten Emotionen erklären. Allerdings gibt es auch kritische Anmerkungen, insb. **methodischer Natur**. Erläutert werden sie am Beispiel des Emotionsbasierten Adoptionsmodells, weil es den Schwerpunkt dieser Arbeit ausmacht und das Problembasierte Modell eher als Vergleichsmaßstab diente. Gleichwohl betreffen methodische Kritikpunkte auch das PAM.

Kausalität der Beziehungen

Ein Kausalmodell wertet nur eine Varianz-Kovarianz-Matrix aus. Streng genommen ist der Name des Verfahrens daher irreführend. Die signifikanten Pfadkoeffizienten im EAM zeugen lediglich davon, dass Emotionen und Akzeptanz miteinander zusammenhängen, nicht jedoch, dass letztere aus ersteren folgen. Rogers (2003, S. 196) kritisiert diese Art von Adoptionsforschung als *Variance Research*. Ursächliche Beziehungen lassen sich nur in einem **experimentellen Design** nachweisen (vgl. Nieschlag et al. 2002, S. 385). Abb. 57 zeigt dies beispielhaft. Die abhängige Variable y ist einmal ex ante zu messen und dann erneut ex post, nachdem die unabhängige Variable x systematisch variiert wurde (*Treatment*). Allerdings lässt sich ein solches Design nicht ohne Probleme realisieren, da sowohl Emotionen (x) als auch Akzeptanz (y) nur auftreten können, nachdem der Betreffende von der Innovation erfahren hat. Es ist daher nur schwer möglich, Akzeptanz ex ante (y_0) zu erheben, dann Emotionen zu stimulieren (x) und dann erneut die Akzeptanz zu messen (y_1). Denn für die Vorher-Messung (y_0) muss der Betreffende die Innovation kennen, was wiederum unmittelbar den *Appraisal*-Prozess und damit auch die jeweiligen antizipierten Emotionen auslöst.

Die unterstellte Kausalität der Beziehungen ist aber dennoch plausibel, da sie mithilfe der *Appraisal*-Theorien **theoretisch fundiert** wurde: Demnach stellt die Akzeptanz der Innovationsidee eine Form des *Coping* dar, bei dem der Nachfrager versucht, die befürchteten Konsequenzen bei Ablehnung der Innovation zu vermeiden bzw. die erhofften Folgen einer Adoption herbeizuführen.

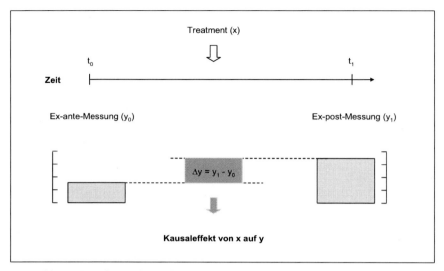

Abb. 57: Experimentelles Design zum Nachweis einer Kausalbeziehung von x auf y

Pseudo-Längsschnittstudie

Das EAM unterstellt, dass die Meinungsbildung – und mit der externen Informationssuche bereits der Beginn der eigentlichen Entscheidungsphase – in einem sehr kurzen Zeitraum ablaufen: nämlich über die Dauer der Befragung hinweg (ca. 15 bis 20 min). Dass dies tatsächlich so ist, erscheint bei einer so komplexen Technologie fraglich. Es handelt sich um eine Pseudo-Längsschnittstudie. Korrekter wäre es, die Akzeptanz der Innovationsidee und die externe Informationssuche bei derselben Stichprobe zu einem **späteren Zeitpunkt** zu erheben. Damit ließe sich auch die tatsächliche Prognosevalidität antizipierter Emotionen prüfen, während so nur Übereinstimmungsvalidität etabliert wurde.

Allerdings hat die hier verfolgte Forschungspragmatik auch entscheidende methodische Vorteile: Die Beschränkung des Informationsverarbeitungsprozesses auf die Befragungsdauer schuf eine Laborsituation, in der **äußere Einflüsse konstant** waren und die Ergebnisse nicht verfälschen konnten. So erfuhren alle Teilnehmer auf dieselbe Art und Weise von der Innovation; dadurch war ihr Wissensstand über die Neuheit identisch. Auch ließ sich so sicherstellen, dass kein Nachfrager etwa schon in die Entscheidungsphase eingetreten war, wie es bei einer erneuten Befragung zu einem späteren Zeitpunkt leicht hätte der Fall sein können.

Schließlich lässt sich die kurze Untersuchungszeitspanne auch damit legitimieren, dass das Ergebnis der Meinungsbildung eine relativ pauschale, **erste Bewertung** der Neuheit ist; wesentlich intensiver beschäftigt sich der potenzielle Adopter in der Phase der Entscheidung mit der Neuheit. Zum „Überleger" geworden, bewertet er dann die einzelnen Merkmale der Innovation und wägt die Vor- und Nachteile kritisch gegeneinander ab (vgl. Schmalen/Pechtl 1996, S. 818). So kann es in Extremfällen Jahre dauern kann, bis ein Mensch den gesamten Entscheidungsprozesses durchlaufen hat (vgl. Rogers 2003, S. 197). Insb. in späteren Phasen wäre daher eine Pseudo-Längsschnittstudie kritischer zu bewerten.

Partialmodell des Adoptionsprozesses

Die hier aufgestellten Partialmodelle bilden mit der Meinungsbildungsphase lediglich einen Ausschnitt des Adoptionsprozesses ab. Damit eine Innovation übernommen wird, muss der Nachfrager jedoch die beiden nachfolgenden Stadien (Entscheidungsfindung, Implementierung) ebenfalls durchlaufen. Um den gesamten Prozesses zu modellieren (Totalmodell), sind echte Längsschnittstudien notwendig, von Rogers (2003, S. 196) im Kontext der Adoptions- und Diffusionsforschung als *Process Research* bezeichnet. Zu beachten ist allerdings, dass das Ziel dieser Arbeit nicht darin bestand, ein solches Totalmodell aufzustellen und zu prüfen. Es sollte lediglich der Einfluss von Emotionen in einer bestimmten Phase des Adoptionsprozesses nachgewiesen werden. Für die weitere Forschung interessiert es jedoch, inwiefern antizipierte Emotionen **auch später** eine Rolle spielen.

Stichprobengröße

Die Stichprobe war mit **n = 113** relativ klein. Zwar geht die Mehrzahl der Autoren davon aus, dass sich Kausalmodelle damit berechnen lassen ($n \geq 100$ bzw. $n - p > 50$, wobei n die Stichprobengröße und p die Zahl der zu schätzenden Parameter ist). Andere jedoch nennen 200 Fälle als kritische Grenze (vgl. Bagozzi 1981, S. 380). Die beiden ersten Kriterien sind erfüllt, letzteres nicht (vgl. Tab. 47). Unstrittig nur explorativer Natur sind die Ergebnisse des Mehrgruppenvergleichs, weil die Teilstichproben mit 64 Entscheidern und 48 fachlichen Beeinflussern eindeutig zu gering für eine Kausalanalyse waren. Im Zuge der weiteren Forschung sollte daher der Versuch unternommen werden, die Befunde auch in größeren Stichroben zu replizieren.

Modell	PAM	EAM
n	113	113
p	20	29
n - p	113 - 20 = 93	113 - 29 = 84

Anmerkung: Die Zahlen beziehen sich auf die Modelle in ihren jeweiligen Endversionen.

Tab. 47: Stichprobenumfang und Zahl der Parameter in den untersuchten Kausalmodellen

Operationalisierung der Konstrukte

Einige wenige Konstrukte sind lediglich als **Single Items** gemessen worden, was verschiedene Probleme mit sich bringt. So differenzieren einzelne Aussagen nicht allzu stark zwischen verschiedenen Individuen; anhand einer siebenstufigen Skala bspw. lassen sich nur sieben Gruppen von Menschen bilden. Auch sind die Messergebnisse von *Single Items* oft nicht reliabel (vgl. Churchill 1979, S. 66). Im EAM betrifft dies zwei Variablen: die Wahrnehmung der Innovation als Bedrohung sowie die externe Informationssuche.

Da für **Bedrohung** bislang keine validierte Skala vorlag, wurde hierfür die Aussage „Die xy-Technologie würde unserem Unternehmen viele Probleme bringen" verwendet (vgl. Anhang 1.4). Es kann davon ausgegangen werden, dass dieses Item das Konstrukt inhaltlich valide erfasst, weil vermutete Probleme mit der Innovation eine Bedrohung für das Unternehmen darstellen. Auch korrelierte das Item positiv mit der Aussage „Die Bedeutung von Innovationen für den Unternehmenserfolg wird zumeist überschätzt", was für die Kriteriumsvalidität spricht (vgl. Kap. 7.1.3).

Die **externe Informationssuche** ist ein Index, gebildet aus der Summe von vier möglichen Handlungsoptionen, für die sich die Teilnehmer am Ende der Befragung entscheiden konnten (Mehrfachnennung möglich). So war es möglich, Informationsmaterial über die xy-Technologie, eine Einladung zu einem einschlägigen Symposium sowie eine elektronische Kurzversion der Ergebnisse anzufordern und um Kontaktaufnahme durch den Anbieter zu bitten. Da sich Handlungen im Rahmen von Befragungen normalerweise nicht messen lassen, erhebt der Forscher oft nur die Verhaltensabsicht („Ich habe die Absicht, ….", „Ich plane, …"). Dadurch ist es möglich, das betreffende Konstrukt mit mehreren, z.B. fünfstufigen Indikatoren zu operationalisieren. Hier jedoch wurden „echte" Handlungen gemessen. Wer ein

Kreuz setzte, löste damit unmittelbar einen Vorgang aus: Er bekam Informationen zugesandt bzw. wurde persönlich kontaktiert. Dabei handelt es sich naturgemäß um dichotome Maße: Entweder man möchte eine Information oder nicht. Messtechnisch wären mehrere, metrische erhobene Indikatorvariablen gar nicht möglich gewesen. All dies rechtfertigt es, das Konstrukt als *Single Item* zu operationalisieren. Hinzu kommt, dass es sich bei der externen Informationssuche lediglich um ein zusätzliches Außenkriterium handelt, um die Akzeptanz der Innovationsidee empirisch und nomologisch zu validieren.

Schlussendlich konstatieren Homburg/Baumgartner (1995b, S. 1104) in einem Review der einschlägigen deutschen und internationalen Marketingforschung, dass dort in Kausalanalysen im Schnitt 46,5% (deutsch) bzw. 34,6% (international) der Faktoren lediglich **anhand eines Indikators** gemessen werden. Im EAM sind es zwei von sieben, also nur **28,5%**.

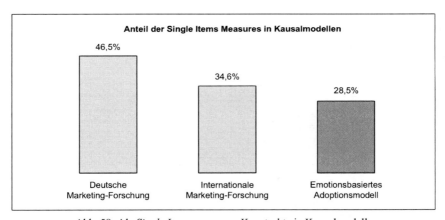

Abb. 58: Als *Single Item* gemessene Konstrukte in Kausalmodellen

Externe Validität der Befunde

Es ließ sich kausalanalytisch zeigen, dass antizipierte Emotionen die Akzeptanz der Innovationsidee beeinflussen. Das Modell bezieht sich allerdings auf eine **spezifische Innovation** (Veredlungstechnologie für Polymere) für eine spezielle Zielgruppe (Verarbeiter von Kunststoffen), von der wiederum zwei bestimmte Personengruppen in *Buying Center* befragt wurden (Entscheider, fachliche Beeinflusser). Ob die Ergebnisse auch auf andere Innovationen, Zielgruppen und Mitglieder des Einkaufsgremiums übertragbar und mithin generalisierbar sind, ist im Zuge der weiteren Forschung zu prüfen (vgl. Kap. 10).

9 Konsequenzen für die Vermarktung der Innovation

9.1 Funktion der Kommunikationspolitik im Adoptionsprozess

Die Übernahme insb. einer radikalen Innovation ist ein längerer Entscheidungsprozess, bei dem der Adopter verschiedene Stufen der Informationsverarbeitung durchläuft. Dabei hat er je nach Phase spezifische Informationsbedürfnisse (vgl. Rogers 2003, S. 169ff.). So sondiert er anfangs den Markt nach möglichen Lösungen für ein Problem (Kenntnisnahme); später möchte er sich einen ersten Eindruck von der oder den möglichen Problemlösungen machen (Meinungsbildung). In der Entscheidungsphase benötigt er detaillierte Angaben über die Vor- und Nachteile der Innovation, auch im Vergleich zu Alternativen und bisherigen Produkten. Entscheidet er sich für die Neuheit, braucht er in der Implementierungsphase entsprechende Unterstützung, etwa bei der Integration einer neuen Anlage in seine Fertigungslinie. In der Nachkaufphase sucht der Käufer schließlich nach Informationen, die ihn in seiner Wahl bekräftigen, um eventuelle Nachkaufdissonanz abzubauen (vgl. Engel et al. 1995, S. 730). Aufgabe des Anbieters ist es, seine Kommunikationspolitik an den **phasenspezifischen Informationsbedürfnissen** des Nachfragers auszurichten (vgl. Abb. 59).

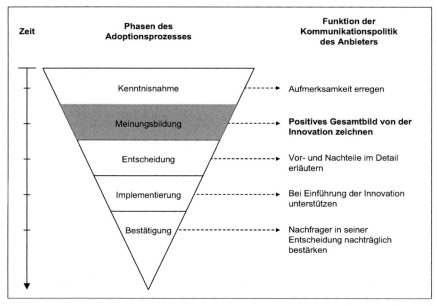

Abb. 59: Ausrichtung der Kommunikation an phasenspezifischen Informationsbedürfnissen

Phase der Kenntnisnahme

Anfangs besteht die Aufgabe darin, für den erforderlichen Bekanntheitsgrad der Innovation zu sorgen. Dass der potenzielle Nachfrager sie **kennen** muss, damit ein Kaufentscheidungsprozess ausgelöst wird, ist zwar eine triviale Erkenntnis. Sie findet sich praktisch in allen Stufenmodellen der Kommunikations- und Werbewirkung wieder, etwa in der bereits 1898 von *E. St. Elmo Lewis* vorgestellten AIDA-Regel oder im *Hierarchy-of-Effects Model* von McGuire (1989). Aber weil industrielle Nachfrager mittlerweile ebenso wie Endverbraucher einer Flut von Informationsreizen ausgesetzt sind, mag dies die schwerste Aufgabe des Anbieters sein. Nach Rogers (2003, S. 205) eignen sich vor allem Massenmedien dazu, potenzielle Adopter von einer Innovation in Kenntnis zu setzen. Allerdings bezieht sich der Autor dabei primär auf Endverbraucher. Im Investitionsgüterbereich, wo oft nur ein spezielles Publikum als Zielgruppe in Frage kommt, sind die Streuverluste von Massenmedien zu hoch (vgl. Backhaus 1997, S. 387), weshalb sich andere Kanäle anbieten, z.B. Konferenzen, Fachmessen, Fachzeitschriften, Online-Foren oder Kompetenz-Netzwerke.

Nun neigen Nachfrager dazu, Informationen selektiv wahrzunehmen, d.h. solche auszublenden, die nicht ihren Bedürfnissen entsprechen (vgl. Kroeber-Riel/Weinberg 2003, S. 269). Daher sollte der Anbieter in dieser Phase kommunizieren, welche Probleme die Innovation lösen kann, allerdings noch nicht im Detail, denn es geht zunächst lediglich darum, Aufmerksamkeit zu erregen. Erkenntnisse aus der Aktivierungsforschung legen es nahe, dass dies mithilfe **bestimmter Stimuli** besonders gut gelingt. So neigt der Mensch dazu, physisch intensiven Reizen (z.B. große Bilder mit auffällig eingesetzten Farben) seine Aufmerksamkeit zu schenken und sich Bildern von kleinen Kindern oder jungen Tieren automatisch zuzuwenden, weil dieses sog. Kindchenschema Emotionen der Fürsorge aktiviert (vgl. Kroeber-Riel/Weinberg 2003, S. 71ff., 535). Vor allem letztere Art von Stimulus ist im Investitionsgüterbereich jedoch nicht angebracht.

Für industrielle Nachfrager erscheint eine dritte Möglichkeit glaubwürdiger und seriöser: der Einsatz **kognitiv überraschender Reize**. Dabei handelt es sich um ungewöhnliche Bilder oder Aussagen, die im Rezipienten gedankliche Widersprüche, Konflikte oder Überraschungen auslösen und daher die Informationsverarbeitung stimulieren (vgl. Kroeber-Riel/Weinberg 2003, S. 72). Man spricht daher auch von absurder Werbung (vgl. Arias-Bolzmann et al. 2000). So versuchte bspw. der Computerhersteller *Dell*, in einer Stellenanzeige mit einem gefleckten

Elefanten auf sich aufmerksam zu machen; und ein Telefonanbieter fragte die Fernsehzuschauer in TV-Spots, ob sie sich „in ihren Ellbogen beißen können".

Wird der Überraschungseffekt auf die Spitze getrieben, dann besteht bei industriellen Nachfragern die Gefahr der **Unglaubwürdigkeit**. Auch mag der in den beiden Beispiel-Fällen fehlende Produktbezug den Vampir-Effekt begünstigen: Der Reiz ist so dominant, dass er zwar Aufmerksamkeit erregt und gut erinnert wird, nicht aber das zugehörige Produkt (vgl. Diller 2001, S. 1719). Weniger bizarr, aber dennoch kognitiv überraschend und darüber hinaus mit einem Produktbezug versehen wäre im Falle veredelter Polymere folgende Frage „Müssen hochwertige Polymere teuer sein?". Alternativ lässt sie sich auch als Aussage formulieren: „Hochwertige Polymere müssen nicht teuer sein". Angesichts des Preisdrucks in der Branche dürfte diese Aussage einen gedanklichen Widerspruch auslösen und daher die Aufmerksamkeit der Nachfrager auf sich ziehen.

Für **andere Innovationen** sind ähnliche Aussagen denkbar, sofern sie preiswerter sind als bisherige Problemlösungen. Ist dies nicht der Fall, dann lassen sich überraschende Aussagen bspw. formulieren, wenn die Innovation benutzerfreundlicher ist als herkömmliche Problemlösungen, z.B. eine neue Abrechnungssoftware für das Massenkundengeschäft von Energie-Unternehmen („Einfache Abrechnung auf Knopfdruck").

Meinungsbildungsphase

Im Mittelpunkt vorliegender Untersuchung stand die Meinungsbildungsphase. Nachdem der Nachfrager von der Innovation erfahren hat, möchte er sich eine erste Vorstellung von der Neuheit machen. Aufgabe der Kommunikationspolitik des Anbieters ist es in diesem Stadium noch nicht, sein Produkt bis ins Detail vorzustellen, sondern lediglich, dessen Vorteile zu kommunizieren und so ein positives Gesamtbild zu zeichnen. Der Nachfrager soll sich prinzipiell vorstellen, die Neuheit bei sich einzusetzen. Entsprechend der vorliegenden Untersuchung beeinflussen zwei antizipierte Emotionen des Nachfragers die Akzeptanz maßgeblich: die vermuteten Hoffnungen bei einer Adoption sowie die Befürchtungen bei einer Rejektion der Innovation. Um die Vorteilhaftigkeit der Neuheit in der Meinungsbildungsphase zu kommunizieren, bietet sich daher eine Vorgehensweise an, die im Folgenden als **emotionsbasierte Strategie** bezeichnet wird. Diese Form der Beeinflussung hat im Vergleich zu anderen mehrere Vorteile. Kap. 9.2 stellt sie im Überblick dar, Kap. 9.3 und 9.4 im Detail.

Spätere Phasen

In der **Entscheidungsphase** bietet sich eher eine rational-kognitive Strategie an, mit deren Hilfe der Nachfrager vor allem informiert werden soll (vgl. zum Begriff Kap. 9.2.1). Denn in diesem Stadium geht es darum, Fachleuten die genaue Funktionsweise der Neuheit zu erläutern. Allerdings wurde in Kap. 8.5.2 vermutet, dass nunmehr auch Emotionen eine Rolle spielen, die auf die Akzeptanz der Innovationsidee noch keinen Einfluss hatten, nämlich die Befürchtungen des Nachfragers, dass die Neuheit technische Probleme mit sich bringt und Produktionsabläufe stört. Sollte sich diese Hypothese im Zuge weiterer Forschung bestätigen, dann bietet es sich an, die kognitive Strategie mit einer emotionsbasierten zu verbinden.

In der **Implementierungsphase** ist es wichtig, dass der Anbieter dem Nachfrager Support zur Verfügung stellt und die Einführung der Neuheit in dem betreffenden Unternehmen unterstützt (kognitive Strategie). In der **Bestätigungsphase** schließlich geht es darum, die zuvor abgegebenen Versprechungen zu halten und den Nachfrager nicht zu enttäuschen. Denn enttäuschte Erwartungen können dazu führen, dass er seine Adoptionsentscheidung revidiert und die Innovation doch wieder verwirft (*Discontinuance*; Rogers 2003, S. 21). Auch besteht die Gefahr negativer Mund-zu-Mund-Propaganda, die andere Nachfrager davon abhält, die Neuheit zu übernehmen. Damit sich der Abnehmer in seiner Entscheidung bestätigt fühlt, muss die Innovation natürlich in erster Linie funktionieren, was eine rein produktpolitische Aufgabe ist. Allerdings kann ihn auch die Kommunikationspolitik in seiner Kaufentscheidung bestärken. Die Aufgabe einer solchen, wiederum emotionsbasierten Strategie besteht primär darin, kognitive Nachkaufdissonanzen abzubauen. Da die späteren Phasen des Adoptionsprozesses nicht im Mittelpunkt dieser Arbeit stehen, werden sie nur kurz behandelt (vgl. Kap. 9.5).

9.2 Emotionsbasierte Kommunikationsstrategie zur Beeinflussung der Akzeptanz

9.2.1 Prinzip und Vergleich mit anderen Strategien

Dem allgemein anerkannten Vorschlag von Porter (1980) folgend kann ein Unternehmen grundsätzlich zwischen zwei Profilierungsstrategien wählen: der Kosten- und der Qualitätsführerschaft (vgl. Abb. 60). **Kostenführerschaft** geht zumeist mit einer **kognitiven Kommunikation** einher: Deren Aufgabe ist es in diesem Falle, den Abnehmer über den vorteilhaften Preis des Produkts zu informieren. Im Konsumgüterbereich begegnen wir dieser Strategie bspw. in der Preiswerbung von Discountern oder Baumärkten. Diese beschränkt sich i.d.R. auf Produktabbildungen und dominant dargestellte (Niedrig-) Preise, unterstützt durch Preisbrechersymbole. Aber auch für einen Anbieter von Industriegütern kann Preiswerbung sinnvoll sein, falls er standardisierte Komponenten oder Massenprodukte für einen anonymen Markt produziert (vgl. Backhaus 1997, S. 299ff.).

Qualitätsführer suchen ihren Wettbewerbsvorteil hingegen in einem überlegenen Produkt, wobei die Dominanz zum einen unmittelbar in dessen Qualität bzw. Leistungsfähigkeit begründet ist. Auch in diesem Falle bietet sich eine **kognitive Kommunikationsstrategie** an, welche die Vorteile des Produkts dokumentiert (z.b. lange Haltbarkeit, hervorragende Bildqualität). Konkurrenzvorteile können zum anderen aus einem besonderen Kauferlebnis oder Image eines Produkts erwachsen. In diesem Falle gelingt es dem Anbieter, sein Angebot mit einem attraktives Erlebnisprofil zu versehen. Eine solche **emotionale Strategie** bietet sich an, wenn die Angebote auf einem Markt ausgereift und von ihrer Qualität her relativ austauschbar sind (vgl. Kroeber-Riel/Esch 2001, S. 402).[49]

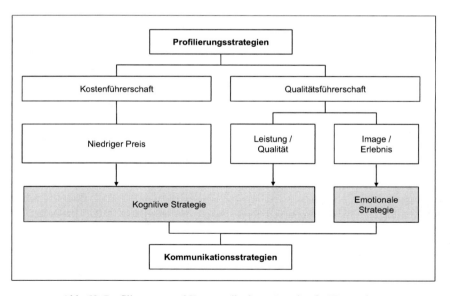

Abb. 60: Profilierungs- und Kommunikationsstrategien für Unternehmen

---

[49] Preiswerbung wird manchmal auch mit einer emotionalen Strategie verbunden, z.B. bei modischen Billigprodukten wie *Swatch*.

Emotionale Kommunikation wird dabei häufig mit der Vermittlung von Faszination, Erlebniswelt oder Lebensstil gleichgesetzt (vgl. Kroeber-Riel/Esch 2001, S. 402). Die kognitive Strategie gilt hingegen als rational bzw. informativ (vgl. Kotler/Armstrong 2006, S. 434, 455; Bruhn 2003, S. 135). Dies unterstellt implizit, Kommunikation, die Emotionen auslösen soll, sei irrational. Diese Sicht entspringt dem in westlichen Gesellschaften üblichen **kartesianischen Denken**, das strikt zwischen materieller und ideeller Welt, Objekt und Subjekt sowie zwischen Rationalität und Emotionalität trennt (vgl. Dualitätsproblem; Nieke 1972, S. 299).

Diese Trennung ist jedoch zu starr und lässt sich in der Realität kaum aufrechterhalten (vgl. Nieke 1972, S. 299). Auch im Sinne der hier zugrunde gelegten kognitiven Emotionspsychologie sind Gefühle gerade **nicht mit Irrationalität** gleichzusetzen (vgl. Lazarus 1982, S. 1022). Sie entstehen vielmehr im Rahmen eines *Appraisal*-Prozess, also durch die gedankliche Auseinandersetzung mit einem Reiz. Dies kann zwar auch unbewusst geschehen, d.h. unter geringerer kognitiver Kontrolle (vgl. Lazarus 1982, S. 1022). Im Falle der hier untersuchten antizipierten Emotionen ist dies aber nicht der Fall. Denn die Innovation – und damit die Kaufsituation – ist neuartig, und der Nachfrager muss die Konsequenzen der Adoption bzw. Rejektion der Neuheit durchdenken. Im Ergebnis dieses Prozesses entstehen die weiter oben beschriebenen Befürchtungen und Hoffnungen.

In Abgrenzung von der rein kognitiven sowie ausschließlich emotionalen Strategie soll daher im Folgenden von einer **emotionsbasierten Kommunikationsstrategie** die Rede sein. Darunter ist im Rahmen des Innovationsmanagement die gezielte Variation der Gefühle zu verstehen, die ein potenzieller Adopter mit der Übernahme bzw. Ablehnung einer Neuheit verbindet und die seine Entscheidung beeinflussen.[50] Die Handlungsoptionen zur Variation von Furcht und Hoffnung lassen sich aus den Erkenntnissen der *Appraisal*-Theorie über die Entstehung beider Emotionen ableiten; sie sind im nächsten Kapitel dargestellt.

Im Gegensatz zur oben beschriebenen emotionalen Strategie geht es bei der emotionsbasierten Kommunikation nicht darum, eine Erlebniswelt zu schaffen, was teilweise sogar möglich ist,

---

[50] In der Nachkaufphase geht es nicht mehr darum, antizipierte Emotionen (Furcht, Hoffnung) zu beeinflussen, weil nach der Implementierung im Regelfall keine Unsicherheit mehr über die Konsequenzen der Kaufentscheidung besteht und damit weder Furcht noch Hoffnung. Die Aufgabe einer emotionsbasierten Kommunikation besteht dann darin, Gefühle der Erwartungsbestätigung und Erwartungsentkräftung zu beeinflussen (vgl. ausführlicher Kap. 9.5).

ohne über die sachlichen Eigenschaften eines Produkts zu informieren (vgl. Kroeber-Riel/Esch 2000, S. 402ff.). Vielmehr kann sich der Anbieter durchaus rationaler, informierender Argumente bedienen, um die mit der Kaufentscheidung antizipierten Gefühle zu stimulieren. Anders als bei der kognitiven Strategie besteht das Ziel aber nicht ausschließlich darin, Informationsdefizite abzubauen (etwa über den Preis oder die Qualitätsvorteile des Produkts), sondern darin, den *Appraisal*-Prozess zu beeinflussen (vgl. Tab. 48).

Kommunikationsstrategie	Ziel	Beispiele für Stilmittel
Kognitiv	Soll Informationsdefizite über das Produkt abbauen (z.b. über den Preis, die Produktqualität, die Verfügbarkeit, die Verwendbarkeit etc.)	Produktabbildung kombiniert mit Informationen
Emotional	Soll eine emotionale Erlebniswelt schaffen (z.b. Abenteuer, Aktivität, Hedonismus)	Schlüsselreize in Form von einprägsamen Bildern; Metaphorik
Emotionsbasiert	Soll die mit der Kaufentscheidung antizipierten Emotionen sowie nach dem Kauf die Emotionen der Erwartungsbestätigung bzw. -entkräftung beeinflussen	Informationen, die den *Appraisal*-Prozess beeinflussen, also z.B. Hoffnung wecken

Tab. 48: Abgrenzung von kognitiver, emotionaler und emotionsbasierter Kommunikation

▶ Zusammenfassend ist die **emotionsbasierte Kommunikation** eine Kombination aus informierender und emotionaler Strategie. Sie soll die mit der Kaufentscheidung antizipierten Emotionen (Furcht, Hoffnung) beeinflussen, d.h. den *Appraisal*-Prozess steuern. Nach dem Kauf besteht das Ziel darin, Emotionen der Erwartungsbestätigung bzw. -entkräftung zu beeinflussen.

Wirkungsvolle Kommunikation allein ist allerdings keine Garantie für den Erfolg einer Innovation. Hierfür müssen alle Bestandteile des **Marketing-Mix** aufeinander abgestimmt werden. Bspw. sollte die Neuheit aus produktpolitischer Sicht dem Nachfrager tatsächlich einen wahrgenommenen Wettbewerbsvorteil bieten und die jeweiligen Werbeversprechen halten (z.B. Verbesserung der Produkte). Auch darf, wer die Aufmerksamkeit der Nachfrager mit dem Satz „Hochwertige Polymere müssen nicht teuer sein" erregen möchte, den Preis für seine Innovation nicht höher setzen als die für herkömmliche Lösungen (Preispolitik). Und wenn der Anbieter bspw. die Befürchtung des Abnehmers zerstreuen möchte, dass technische Probleme im

Produktionsablauf auftreten können, dann ist es Aufgabe der Distributionspolitik, ggf. einen Vor-Ort-Service zu etablieren. Wenn also für die im Folgenden beschriebenen kommunikationspolitischen Maßnahmen Abstimmungen mit der Produkt-, Preis- oder Distributionspolitik nötig sind, dann werden diese jeweils genannt bzw. diskutiert.

9.2.2 Handlungsoptionen zur Beeinflussung von Furcht und Hoffnung

Die empirische Studie hat gezeigt, dass ein Anbieter die Akzeptanz seiner Innovationsidee verbessern kann, indem er die Hoffnungen bei Adoption sowie die Befürchtungen bei einer Rejektion der Neuheit stimuliert bzw. verstärkt (vgl. Kap. 8.5.2). Beide Gefühle sind Ungewissheitsemotionen, die sich anhand von **zwei Stellschrauben** beeinflussen lassen: erstens vom Grad der Erwünschtheit eines Ereignisses und zweitens von der wahrgenommenen Wahrscheinlichkeit, mit der es eintritt (vgl. MacInnis/de Mello 2005,S. 3; Ortony et al. 1988, S. 115).

Grad der Erwünschtheit

Hoffnung ist besonders ausgeprägt, wenn sich jemand ein ungewisses Ereignis sehr stark wünscht. So treibt der Traum vom großen Lottogewinn allwöchentlich Millionen von Menschen dazu, Geld für einen Tippschein auszugeben, auch wenn die Gewinnchance minimal ist. Für das deutsche Zahlenlotto wird die Wahrscheinlichkeit von sechs Richtigen mit 0,0000071% angegeben (vgl. o.V. 2006). Ein hoher Jackpot zieht besonders viele Spieler an, obgleich die objektive Wahrscheinlichkeit, den Hauptgewinn zu erhalten, dann sogar sinkt. Denn je mehr Menschen tippen, desto mehr Glückliche müssen sich die ausgeschüttete Summe wahrscheinlich teilen. Spiegelbildlich verhält es sich mit Furcht: Wird ein ungewisses negatives Ereignis als besonders schlimm empfunden, dann ist dieses Gefühl stark ausgeprägt – und damit der Wunsch, sich dagegen abzusichern. Dies zeigt sich bspw. daran, dass Menschen bevorzugt Versicherungen mit Blick auf Ereignisse abschließen, die zwar selten auftreten, aber gravierende Folgen hätten (z.B. vorzeitiger Tod des Familienvaters).

Grad der Wahrscheinlichkeit

Um zu illustrieren, wie sich die subjektive Wahrscheinlichkeit eines Ereignisses auf die Intensität der beiden Ungewissheitsemotionen auswirkt, führen Ortony et al. (1988, S. 113f.) das Beispiel eines Mannes an, der sich mit einer Frau verabredet hat. Er geht voller Hoffnung zum vereinbarten Treffpunkt, weil er aufgrund ihrer Zusage davon ausgeht, dass sie erscheint. Mit jeder verstrichenen Minute jedoch zweifelt er mehr. Seine Hoffnung schwindet, denn die subjektiv wahrgenommene Wahrscheinlichkeit, dass die Frau erscheint, sinkt. Entsprechend wahrscheinlicher erscheint es, dass die Angebetete ihn versetzt, bis schließlich Furcht dominiert (die am Ende in Enttäuschung mündet, wenn sicher ist, dass sie nicht kommt).

Abb. 61 zeigt die **Handlungsoptionen** für den Anbieter einer technologischen Basis-Innovation. Er kann einerseits die Hoffnungen bei Adoption der Innovation verstärken, indem er deren positive Konsequenzen als besonders wünschenswert und wahrscheinlich darstellt. Andererseits lassen sich die Befürchtungen bei Ablehnung der Innovation verstärken, indem man die negativen Konsequenzen dieser Handlung als besonders gravierend ausmalt und betont, dass sie beinahe unausweichlich sind, wenn man sich der Neuheit verschließt.

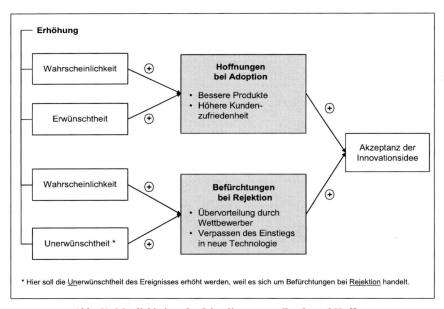

Abb. 61: Möglichkeiten der Stimulierung von Furcht und Hoffnung

9.3 Stimulieren von Hoffnungen im Falle der Übernahme der Innovation

9.3.1 Wunschverstärkung

9.3.1.1 Betonung übergeordneter Ziele

Ein Zustand ist dann besonders wünschenswert, wenn er dabei hilft, **übergeordnete Ziele** zu erreichen (vgl. MacInnis/de Mello 2005, S. 4). Bekannt ist diese Form der Motivation aus der *Means-End*-Theorie. Demnach befriedigt jedes Produkt ein Bedürfnis, dessen Erfüllung dem Käufer einen spezifischen Nutzen stiftet, der wiederum dazu dient, übergeordnete Ziele zu erreichen, auch als instrumentale bzw. terminale Werte bezeichnet. Die Anforderungen an ein Produkt sind somit lediglich die Mittel (*Means*), um einen abstrakteren Wert (*End*) zu erlangen (vgl. Herrmann 1996). *Means-End*-Ketten wurden mithilfe der *Laddering*-Technik bereits vielfach **empirisch nachgewiesen** (vgl. z.B. Hofstede et al. 1999, S. 9ff.; Grunert/Grunert 1995, S. 209ff.). Gelingt es dem Anbieter in seiner Kommunikation, eine Verknüpfung zu den terminalen Werten herzustellen, die hinter den jeweiligen Produktanforderungen stehen, dann verstärkt er die subjektive Bedeutung dieses Idealzustandes und damit den Wunsch und die Hoffnung danach (vgl. MacInnis/de Mello 2005, S. 4).

Mit der hier untersuchten technologischen Innovation verbanden industrielle Nachfrager die Hoffnung auf **bessere Produkte** und **zufriedenere Kunden**. Die *Means-End*-Theorie unterstellt, dass sie diese beiden aufgabenbezogenen Ziele nicht per se verfolgen, sondern zu einem bestimmten Zweck. Dieser kann zwar ebenfalls aufgabenbezogen (*Task-Related*), aber – wie in Kap. 5.2.1 dargestellt – zumeist auch persönlicher Natur sein (*Nontask-Related*).

Bspw. kann ein Qualitätsmanager, dem es gelingt, die **Produkteigenschaften** entscheidend zu **verbessern**, intern an Ansehen gewinnen, sein variables Gehalt erhöhen oder gar befördert werden. Auch bei anderen Mitgliedern des Einkaufsgremiums, mit Ausnahme der Geschäftsleitung, könnte das Aufstiegsmotiv hinter dem Wunsch nach verbesserten Produkten stehen. Ein CEO wiederum mag danach streben, seinen Hauptkonkurrenten auszustechen, dessen überlegene Produkte auf der letzten Fachmesse besonders viele Kunden angezogen haben. Weiterhin glaubt er möglicherweise, mit einem Premium-Produkt dem zunehmenden Preiswettbewerb seiner Branche zu entgehen.

Analog dazu kann auch **Kundenzufriedenheit** einem höheren Zweck dienen. Sie ist ein wichtiger Einflussfaktor der Kundenloyalität und damit des Unternehmenserfolgs (vgl. Homburg et al. 1998). Abgesehen davon hoffen die Mitglieder eines Einkaufsgremiums sicherlich auch auf persönliche Anerkennung durch ihre Vorgesetzten bzw. durch die Geschäftsleitung, wenn sich das Unternehmen durch ihr Zutun z.B. im Zufriedenheitsranking der Branche verbessert.

Tab. 49 zeigt, welche **übergeordneten Ziele** die Mitglieder eines *Buying Center* mit „Produktverbesserung" und „Steigerung der Kundenzufriedenheit" verfolgen könnten. Dabei lässt sich nicht immer zwischen persönlichen und aufgabenbezogenen Motiven trennen, da beide oft übereinstimmen. Der Anbieter sollte im Rahmen seiner emotionsbasierten Kommunikationsstrategie darlegen, dass der Nachfrager diese Oberziele erreichen kann, wenn er die Innovation übernimmt und dadurch seine Produkte verbessert und seine Kunden zufrieden stellt.

Funktion im Unternehmen	Übergeordnete Ziele von ...	
	... Verbesserung der Produktqualität	... Steigerung der Kundenzufriedenheit
Einkäufer	• Preiswertere Beschaffung durch Wegfall bisheriger teurer Problemlösungen (a) • Ansehen/Aufstieg im Unternehmen (p)	• Ansehen/Aufstieg im Unternehmen (p) • Verbessertes Verhältnis zur Fertigungs- und QM-Abteilung (a, p)
Geschäftsführer	• Ausstechen von Wettbewerbern (a, p) • Austragen persönlicher Rivalitäten mit Geschäftsführern anderer Unternehmen (p) • Keine Entlassung von Mitarbeitern (a)	• Erfüllung der ISO 9001:2000[51] (a) • Verbesserung im Zufriedenheitsranking innerhalb der Branche (a, p)
Qualitätsmanager	• Ansehen/Aufstieg im Unternehmen (p) • Verbesserung im internen Benchmarking mit anderen Strategischen Geschäftseinheiten (a, p)	• Erfüllung der ISO 9001:2000 (a) • Ansehen/Aufstieg im Unternehmen (p)
Verantwortlicher Fertigung	• Ansehen/Aufstieg im Unternehmen (p) • Weniger Reklamationen (a)	• Ansehen/Aufstieg im Unternehmen (p) • Weniger Reklamationen (a) • Verbesserung im internen Benchmarking mit anderen Strategischen Geschäftseinheiten bzw. Fertigungsniederlassungen (a, p)
Verantwortlicher F&E	• Ansehen/Aufstieg im Unternehmen (p) • Umsetzung einer eigenen Entwicklungsleistung auf Basis der verbesserten Produkte (a, p)	• Ansehen/Aufstieg im Unternehmen (p) • Legitimation von Forschungsgeldern aus der staatlichen Forschungsförderung oder aus dem Budget des Unternehmens (a, p) • Erhöhung des Budgets für weitere Forschungen (p)
Anmerkungen: p = persönlich, a = aufgabenbezogen		

Tab. 49: Mögliche übergeordnete Ziele von guter Produktqualität und Kundenzufriedenheit

---

[51] Dieses Zertifikat erhalten Unternehmen für ein hervorragendes Qualitätsmanagement-System, wozu auch die Messung von Kundenzufriedenheit zählt.

Dabei dürfen die Argumentationsketten nicht zu plakativ aufgebaut sein, insb. wenn die übergeordneten Ziele persönlicher Natur sind, z.b. Aufstieg im Unternehmen. Denn übermäßige Beeinflussungsversuche können **Reaktanz** auslösen (vgl. Dickenberger et al. 1993, S. 244ff.). Hinweise darauf, dass der Nachfrager mit der Innovation auch private Motive befriedigen kann, sind eher im persönlichen Gespräch (z.B. auf einer Messe) vermittelbar und sollten eher indirekt gegeben werden. Rechnet bspw. ein Vertriebsmitarbeiter dem Einkäufer vor, wie hoch die Einsparungen sind, die er mit der neuen Technologie erzielt, dann kann und wird dieser daraus selber schlussfolgern, dass ihm dies im Unternehmen zum Vorteil gereichen würde. Aufgabenbezogene Ziele sind weniger sensibel und können daher direkt angesprochen werden. Dies gilt bspw. für die Erfüllung der ISO 9001:2000 (vgl. Tab. 49).

9.3.1.2 Vergleich mit einem Ideal

Der Anbieter kann den Wunsch nach verbesserten Produkten und zufriedeneren Kunden auch verstärken, indem er sich das erstmals von Festinger (1954) beschriebene **Prinzip der sozialen Vergleichsprozesse** zunutze macht. Demnach ist es dem Menschen ein Bedürfnis, einem bestimmten Ideal zu entsprechen. Als Vorbilder dienen eine andere Person oder das vergangene bzw. künftige Selbstbild des Betreffenden (vgl. MacInnis/de Mello 2005, S. 4). Ausnutzen kann dies bspw. der Hersteller eines Diätprodukts, indem er kommuniziert, dass man dadurch „so schlank wird „wie *Claudia Schiffer*" (Vergleich mit anderem Ideal), „wie mit 16" (Vergleich mit vergangenem Selbstbild) oder „wie man immer sein wollte" (Vergleich mit künftigem Selbstbild).

Die aufgeführten Vergleiche sind plakativ formuliert und illustrieren lediglich das Prinzip dieser Beeinflussungsstrategie am Beispiel von Endverbrauchern. Auch **Mitarbeiter in Unternehmen** stellen soziale Vergleiche mit anderen Personen innerhalb und außerhalb ihrer Organisation an. So berichten Einkaufsleiter gerne von den Einkaufsvolumina in Millionen- oder gar Milliardenhöhe, die sie verantworten. Entwickler in Führungspositionen sind stolz auf das durch sie verwaltete Budget und Fertigungsleiter auf die Personalverantwortung, die sie tragen. Gemeinhin geht es dabei darum, Macht und Status zu demonstrieren. Je mehr die beiden mit der Übernahme der Innovation antizipierten Effekte dem Nachfrager helfen, derartige *Nontask-Related Motives* zu befriedigen (bspw. in Form von gestiegener Budgetverantwortung aufgrund des Erfolgs), desto mehr wird er sie sich wünschen.

Allerdings wurde bereits erwähnt, dass es kontraproduktiv sein kann, solche persönlichen Ziele offen anzusprechen. Sinnvoller erscheint es, das Prinzip der sozialen Vergleichsprozesse **auf die Unternehmensebene** – d.h. auf die Wettbewerbssituation zwischen Organisationen – zu übertragen und sich dabei auf *Task-Related Motives* zu berufen. Bspw. ließen sich folgende Vergleiche anstellen (vgl. Tab. 50):

Ideal	Appell
Anderes Unternehmen	„Damit können Sie hinsichtlich der Produktqualität mit dem Marktführer gleichziehen".
Das eigene Unternehmen in der Vergangenheit	„Mit dieser Produktqualität können Sie trotz des Preisverfalls in der Branche wieder vernünftige Marktpreise erzielen."
Das eigene Unternehmen in der Zukunft	„Damit können Sie die Zahl der unzufriedenen Kunden auf unter 4% senken."

Tab. 50: Beispiele für Vergleichsprozesse auf Unternehmensebene

9.3.2 Erhöhung der subjektiven Wahrscheinlichkeit

Die Hoffnung auf ein bestimmtes Ereignis ist umso stärker, je wahrscheinlicher es eintritt. Der Anbieter einer Innovation kann die mit der Adoption seiner Neuheit verbundenen Hoffnungen daher verstärken, indem er die **wahrgenommene Möglichkeit** erhöht, dass die vermuteten positiven Konsequenzen eintreten. Dieses Versprechen kann im Produkt oder im Nachfrager begründet sein (vgl. MacInnis/de Mello 2005, S. 3).[52]

Im Produkt begründetes Versprechen

Eine Innovation stellt definitionsgemäß eine neuartige Problemlösung dar. Deshalb erscheint es a priori plausibel, dass sie Effekte erzielen kann, die vorher nicht möglich waren (vgl. MacInnis/de Mello 2005, S. 4). Dies trifft in besonderem Maße auf die hier betrachtete Kunststoffbranche zu. Additive stoßen an ihre Grenzen, weil sie – wie der Name schon sagt – dem Werkstoff zugefügt werden und dadurch Rückstände hinterlassen. Um die Problemlösungsfähigkeit einer Innovation zu verdeutlichen, schlagen MacInnis/de Mello (2005, S. 4) daher vor, deren

---

[52] Nach Ansicht der Autoren kann die Möglichkeit außerdem im Verwendungsprozess begründet sein. Die hierfür aufgeführten Beispiele beziehen sich jedoch eher auf den Dienstleistungsbereich und sind hier irrelevant.

Neuartigkeit hervorzuheben und bspw. von einer „Bahn brechenden Technologie" zu sprechen sowie auf Begriffe wie „revolutionär" zurückzugreifen. Unterstützen kann der Anbieter diese Appelle, indem er den potenziellen Käufern die Unfähigkeit bisheriger Lösungen bzw. Produkte vor Augen führt (vgl. MacInnis/de Mello 2005, S. 4). Im vorliegenden Falle sind dies die Additive und deren Nachteile (Verarbeitungsprobleme, Rückstände, hoher Preis).

Allerdings ist zu beachten, dass die Macht der Gewohnheit und der daraus resultierende Änderungswiderstand die Durchsetzung neuer Ideen hemmen (vgl. Bagozzi/Lee 1999, S. 219). Demnach kann Neuartigkeit zwar Hoffnung wecken, steht aber gleichzeitig dem Wunsch nach Beharrung entgegen. Der Anbieter sollte daher nicht nur den revolutionären Charakter seiner Innovation betonen, sondern gleichzeitig glaubwürdig demonstrieren können, dass die neue Technologie hält, was sie verspricht. Dies lässt sich auf verschiedenen Wegen erreichen:

- **Produktdemonstrationen**, z.b. auf **Messen**, visualisieren die erzielbaren Effekte, insb. die verbesserte Produktqualität. Im Falle einer Veredlungstechnologie für Kunststoffe ist dies allerdings schwerer zu demonstrieren, als wenn es sich etwa um eine neue Drucktechnologie handelt. So wird man auf einer Messe nur schwerlich vorführen können, wie genau sich der Schmelzindex eines Polymers einstellen lässt. In solchen Kommunikationssituationen sollte sich der Anbieter daher auf offensichtlichere Effekte beschränken, wie bspw. die verbesserte Reißfestigkeit eines dünnen Plastikrohres. Oder er beschränkt sich darauf, weiter unten beschriebene Produkttests zu dokumentieren und der Zielgruppe Zugang zu diesen Dokumentationen zu verschaffen.
- Zusätzlich sollte der Anbieter **Produktdemonstrationen** auch **im eigenen Hause** anbieten, wo er die schwerer erlebbaren Effekte vorführen kann (z.B. UV-Beständigkeit). Allerdings setzt dies ein gewisses Involvement des Nachfragers voraus, das zumeist erst in späteren Phasen des Adoptionsprozesses einsetzt, wenn er aktiv nach weiteren Informationen sucht (Entscheidungsphase).
- Eine Alternative bzw. Ergänzung zur Demonstration sind **Produkttests**, in deren Ergebnis die erzielten Effekte in Versuchsreihen dokumentiert werden – im Idealfall im Vergleich zu einem herkömmlichen Produkt. So kann sich der Nachfrager ohne großen Aufwand ein Bild von den erzielbaren Effekten verschaffen. Solche Versuche laufen nicht vor den Augen des Betrachters ab; er erhält vielmehr die Dokumentation der Befunde. Der Anbieter kann die Versuchsreihen selber durchführen. Glaubwürdiger ist es jedoch, sich hierfür an ein unabhängiges Institut zu wenden.

In Personen begründetes Versprechen

Der Zusatz „subjektiv" zeigt an, dass es sich bei der Wahrscheinlichkeit, mit der die Adoption positive Konsequenzen nach sich zieht, um eine persönliche Wahrnehmung handelt. Sie variiert interindividuell und hängt stark von der Persönlichkeit des Betreffenden ab. Studien zeigen, dass subjektive Wahrscheinlichkeit und damit Hoffnung umso stärker ausgeprägt sind, je eher jemand glaubt, ein erwünschtes Ergebnis kontrollieren zu können (vgl. Curry et al. 1997, S. 1257ff.). Der Anbieter sollte dem potenziellen Adopter daher suggerieren, dass dieser es selbst in der Hand hat, seine Produkte zu verbessern und die Zufriedenheit seiner Kunden zu steigern (**Kontrollüberzeugung**).

Bezogen auf den Markt für Kunststoffe könnte der Anbieter den Verarbeitern bspw. vor Augen führen, dass sich die Produkte der Branche in ihrer **Qualität kaum unterscheiden**, weil alle (dieselben) Additive benutzen. Angesichts austauschbarer Erzeugnisse steigen Konkurrenzdruck und Preiswettbewerb. Anstatt sich dieser negativen Entwicklung hilflos ausgesetzt zu fühlen und seine Marge schwinden zu sehen, hat der Verarbeiter es selber in der Hand, seine Produkte zu verbessern: indem er eine neue Technologie einsetzt.

Kontrollüberzeugung lässt sich auch am Modell vermitteln. Wer einem Nachfrager demonstriert, dass ein anderes Unternehmen die Innovation angewandt und damit seine Ziele erreicht hat, weckt bei ihm die Hoffnung, diese Fähigkeit auf sich bzw. seine Organisation übertragen zu können (vgl. MacInnis/de Mello 2005, S. 4). Der Mensch muss die Belohnung für eine Handlung nicht selber erleben, sondern es reicht, dies bei einem anderen zu sehen. Im Konsumgüterbereich ist das mit der sozial-kognitiven Lerntheorie von Bandura (1986, 1979) begründbare **Modell- bzw. Imitationslernen** eine übliche Strategie, um Verbraucher von der Vorteilhaftigkeit eines Produkts zu überzeugen (vgl. Nieschlag et al. 2002, S. 617f.). Sie findet ihren Ausdruck z.B. in der *Slice-of-Life*-Technik, die durchschnittliche Verbraucher in Werbespots bei der Produktverwendung zeigt. Alternativ werden im Rahmen von Leitbildwerbung auch Prominente als *Testimonials* eingesetzt, an deren Erfolgen der Rezipient teilhaben soll, indem auch er das beworbene Produkt kauft (vgl. Nieschlag et al. 2002, S. 1078).

Als Leitbild für industrielle Nachfrager eignen sich ausgesuchte Partner-Unternehmen des Nachfragers, welche die Innovation oder einen Prototypen davon für einen begrenzten Zweck in einem bestimmten Zeitraum bei sich einsetzen (**Referenzprojekt**). Damit das Modelllernen funktioniert, müssen sich die anderen Nachfrager mit den Referenzkunden identifizieren können. Idealerweise handelt es sich bei den Industriepartnern daher um sog. *Lead User*, die nicht nur neue Technologien bereitwillig akzeptieren, sondern deren Bedürfnisse zugleich repräsentativ für die Zielgruppe sind (vgl. Herstatt/von Hippel 1992). Berichten die Referenzkunden anderen Nachfragern davon, wie sie dank der Innovation ihre Produkte verbessern und ihre Kunden besser zufrieden stellen konnten, dann wirkt dies glaubwürdiger, als wenn der Anbieter selbst solche Informationen verbreitet (vgl. Backhaus 1997, S. 88). Dass positive Referenzen die Verbreitung einer Innovation fördern, hat sich in verschiedenen Studien gezeigt (vgl. Rogers 2003, S. 202ff.). Manche bezeichnen diese Kommunikationsform sogar als Schlüssel zum Erfolg neuer Produkte (vgl. Engel et al. 1995, S. 886).

Ein **Nachteil** von Mund-zu-Mund-Propaganda besteht darin, dass sie unabhängig vom Anbieter stattfindet. Er kann sie nur bedingt steuern und muss auch negative Berichte in Kauf nehmen – zwei Eigenheiten, die aus Sicht der Referenznehmer allerdings gerade den Ausschlag für die Glaubwürdigkeit dieser Informationsquelle geben. Der Anbieter kann aber versuchen, *Lead User* zu instrumentalisieren. Er stellt ihnen die Innovation für einen begrenzten Zeitraum kostenlos zur Verfügung und bittet sie im Gegenzug um positive Statements, z.B. „Seit wir veredelte Kunststoffe bei uns einsetzen, berichten unsere Kunden aus der Baubranche, dass es kaum noch Reklamationen wegen der mangelnden Reißfestigkeit von Plastikverbindungen gibt". Diese Aussagen kann er auf seiner Website im Internet präsentieren. Durch die Reichweite dieses Mediums werden sie unmittelbar einem globalen Publikum zugänglich (vgl. Fritz 2004, S. 139). Zusätzlich kann der Anbieter der Innovation den Anwender bitten, auf einschlägigen Foren selbst von seinen Erfahrungen zu berichten.

Der auf statistische Software spezialisierte Anbieter SPSS bspw. nutzt **Anwenderberichte** als Vertriebsinstrument und veröffentlicht sie regelmäßig in seiner Kundenzeitschrift. Selbstverständlich müssen die Aussagen der *Lead User* wahr sein; sonst werden die auf diese Weise gewonnenen Kunden die Innovation kaum langfristig übernehmen (*Discontinuance*), ganz abgesehen von dem Image-Schaden, den Gefälligkeitsaussagen anrichten können.

Referenzprojekte lassen sich mit der in Kap. 9.3.1.2 beschriebenen Kommunikationsstrategie kombinieren, bei der sich der Nachfrager mit einem anderen, **idealen Unternehmen vergleichen** soll („Der Marktführer für Plastikteile aus der Baustoffindustrie setzt auf unsere Technologie und hat damit die Zahl der Reklamationen um 50% gesenkt."). Dabei sollte der *Lead User* allerdings nicht unmittelbar mit den Zielkunden konkurrieren, denn dieser wird seinen

Wettbewerbern kaum freiwillig über die positiven Auswirkungen der neuen Technologie berichten. Besser eignen sich als Referenzgeber solche Unternehmen, die zwar dasselbe Produkt einsetzen, aber in einer anderen Branche tätig sind. Kunststoffe bspw. verarbeiten Automobil-Zulieferer, Möbelhersteller, Baugewerbe-Zulieferer, Spielzeugproduzenten und viele andere. Ein Referenzkunde für Möbelhersteller kann daher z.B. ein Unternehmen der Bauindustrie sein, das zwar andere Endprodukte herstellt, aber aus demselben Werkstoff und mit ähnlichen Anforderungen (vgl. Abb. 62).[53]

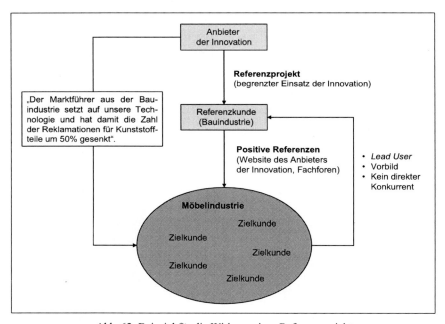

Abb. 62: Beispiel für die Wirkung eines Referenzprojekts

---

[53] Ist der Referenzkunde in einer anderen Branche tätig, dann sind seine Bedürfnisse allerdings möglicherweise nicht repräsentativ für die Zielgruppe, sodass er kein echter *Lead User* ist. Der Anbieter muss daher überlegen, ob er lieber eine Konkurrenzsituation zwischen Referenzgeber und -nehmer in Kauf nimmt (gleiche Branche) oder den Umstand, dass die Bedürfnisse des Referenzgebers nicht repräsentativ für die Referenznehmer sind (unterschiedliche Branche). Eine Lösung dieses Konflikts besteht darin, als Referenzgeber ein Unternehmen derselben Branche, aber aus einer anderen Region zu wählen. Allerdings verkaufen die meisten Kunststoff-Verarbeiter ihre Produkte zumindest deutschlandweit, weshalb auch in diesem Falle eher von einer Konkurrenzsituation auszugehen ist.

9.4 Stimulierung von Befürchtungen im Falle der Ablehnung der Innovation

9.4.1 Umstrittene Wirkung starker Furchtappelle

Wenn sie die Neuheit ablehnen, befürchten die Nachfrager tendenziell, den Einstieg in eine neue Technologie zu verpassen bzw. im Wettbewerb mit den Adoptern Boden zu verlieren. Dies fördert ihre Akzeptanz der Innovationsidee (vgl. Kap. 8.5.2). Ziel des Anbieters sollte es daher sein, solche Sorgen anzuregen. Analog zur Stimulierung von Hoffnungen bieten sich hierfür theoretisch zwei Möglichkeiten, nämlich die Unerwünschtheit der Furcht auslösenden Ereignisse zu erhöhen oder die subjektive Wahrscheinlichkeit, dass diese eintreten. Allerdings sind **Furchtappelle umstritten**. Zwar erregen sie, wie alle emotionalen Reize, Aufmerksamkeit (vgl. Mayer/Illmann 2000, S. 605). Aber weitere, unten dargelegte Erkenntnisse aus der Werbewirkungsforschung sprechen dagegen, stark Furcht erregende Stimuli einzusetzen.

Erinnerungsleistung

Anzeigen, die negative Gefühle ansprechen, werden schlechter erinnert als Kampagnen, die positive Gefühle thematisieren. Diese Erkenntnis stammt bereits aus den 50er Jahren und lässt sich mit der nach ihrem Entdecker benannten *Schwerin*-Kurve darstellen (vgl. Abb. 63).

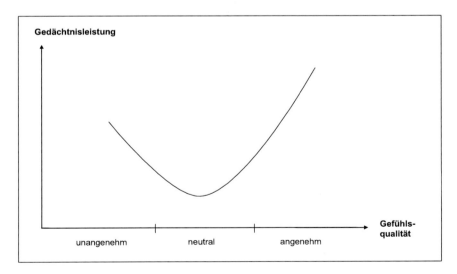

Abb. 63: Zusammenhang zwischen Gefühlsqualität und Erinnerungswirkung
Quelle: Hofstätter (1957, S. 113).

Verhaltenswirkung

In ihrem mittlerweile als **klassisch bezeichneten Experiment** bekamen die Versuchspersonen von Janis/Feshbach (1953) verschiedenen Versionen einen 15-minütigen Bildervortrags über Zahnhygiene zu hören. Alle Varianten enthielten dieselben Informationen über die Ursachen von Zahnverfall sowie Empfehlungen zur Mundhygiene. Allerdings illustrierte der Sprecher die negativen Konsequenzen mangelnder Gebisspflege unterschiedlich deutlich. Variante 1 zeigte die Folgen auf recht drastische Weise, z.b. mit Bildern von Abszessen im Mund. Auch wurden die Versuchspersonen direkt angesprochen („Das kann Ihnen passieren"; = starker Furchtappell). In Variante 2 teilte der Sprecher seinen Zuhörern mit, dass es zu Krankheiten und Infektionen, wie z.b. arthritischen Lähmungen, Nierenschäden oder Erblindung, kommen kann, wenn man seine Zähne nicht putzt. Es wurde eine unpersönliche Sprache benutzt („Es kann passieren, dass ..."; = moderater Furchtappell). Variante 3 schilderte die Konsequenzen auf eher neutrale und informative Weise (= minimaler Furchtappell).

Unmittelbar nach dem Vortrag befragt, machten sich die Versuchspersonen aus Gruppe 1 die größten Sorgen über den Zustand ihrer Zähne und ihres Zahnfleisches, in Gruppe 2 war die Sorge geringer und fiel in Gruppe 3 noch weiter ab. Eine Woche später erneut befragt, berichteten jedoch nur 8% derjenigen, die den drastischen Vortrag gehört hatten, dass sie ihr Putzverhalten änderten. In der mittleren Gruppe waren es 22% und in Gruppe 3 (= minimaler Furchtappell) sogar 36% (vgl. Abb. 64). Kurzfristig, so argumentieren die Autoren, lassen sich durch intensive Angstappelle zwar Furcht und Sorge auslösen, aber das Verhalten ändern sie langfristig nicht. Hier erweisen sich **minimale Furchtappelle** als vorteilhafter.

Dass Furchtappelle kurzfristig Einstellungen ändern können, wiesen auch Sutton (1982) sowie Boster/Mongeau (1984) meta-analytisch nach. In den von ihnen untersuchten einschlägigen Studien bekamen Menschen Furcht einflößende Bilder oder Filme u.a. von Verkehrsunfällen, schlechten Zähnen oder Raucherlungen zu sehen. Sie änderten daraufhin zwar ihre Einstellungen stärker als Menschen, die lediglich Sachinformationen über Gesundheitsgefahren gezeigt bekamen. Auch fassten sie häufiger gute Vorsätze für ihr künftiges Verhalten. Aber Leventhal/Diefenbach (1991) zeigten, dass diese Wirkungen **nur ein bis zwei Tage anhalten**.

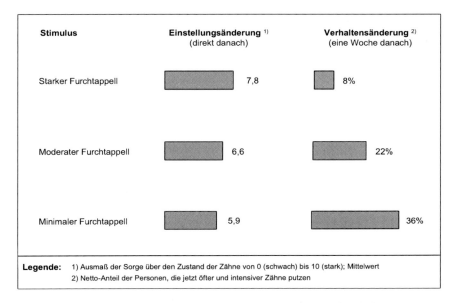

Abb. 64: Wirkung von Furchtappellen auf Einstellung und Verhalten

Quelle: auf Basis von Janis/Feshbach (1953).

Bumerang-Effekt

Langfristig können starke Furchtappelle sogar einen Bumerang-Effekt auslösen. So zeigen Anti-Raucher-Kampagnen von Gesundheitsbehörden oft Bilder von Raucherlungen oder von Menschen, denen der Kehlkopf entfernt werden musste. Zwar schockieren solche Darstellungen, und die Betrachter fassen den guten Vorsatz, sich ihr Laster abzugewöhnen. Aber nach kurzer Zeit lässt diese Wirkung nicht nur nach; die Bilder können vielmehr auch das Gegenteil bewirken. Denn Rauchen ist für viele Menschen eine Form der **Stressbewältigung**. Klärt man sie nun über die Risiken auf, dann konsumieren sie noch mehr Zigaretten – um ihren Stress abzubauen (vgl. Renner 2004, S. 57).

Angesichts dieser Befunde verbietet es sich, industrielle Nachfrager im Allgemeinen sowie Kunststoff-Verarbeiter im Besonderen mit massiven Furchtappellen von einer Innovation überzeugen zu wollen. Lösungsmöglichkeiten eröffnet eine systematische Beleuchtung der **Ursachen** für die eben beschriebenen Effekte.

9.4.2 Ursachen für die beschriebenen Effekte

Wissenschaftler haben nach Gründen dafür gesucht, dass starke Furchtappelle langfristig wenig, gar nichts bzw. sogar das Gegenteil bewirken. Dabei zogen sie zum einen verfügbare allgemeine Theorien heran, um das Phänomen nachträglich zu erklären (**Ad hoc-Erklärungen**). Zum anderen entwickelte sich eine eigenständige **Furchtappell-Forschung** mit speziellen Begründungen für das Paradoxon.

Ad hoc-Erklärungen

Dass starke Furchtappelle dazu verleiten, sich der verbotenen Handlung noch intensiver zu widmen, lässt sich mit dem Phänomen der **Reaktanz** erklären: Auf massive Beeinflussungsversuche reagiert der Mensch mit Widerstand und Trotz (vgl. Dickenberger et al. 1993, S. 244ff.). Auch **dissonanztheoretisch** lässt sich erklären, dass Menschen bspw. das Rauchen nicht aufgeben (vgl. Cook/Insko 1968). Da sie selber rauchen, empfinden sie starke Dissonanz, wenn sie hören, dass dies gefährlich ist. Folglich werten sie die dissonanten Informationen ab (etwa: „Lungenkrebs bekommen doch nur alte Menschen, die 50 Jahre lang geraucht haben.") oder suchen nach konsonanten Informationen (etwa: „Mein Großvater hat auch geraucht und ist fast 100 Jahre alt geworden."). Dies fällt wesentlich leichter, als Dissonanz abzubauen, indem man sein Verhalten ändert, d.h. mit dem Rauchen aufhört und die damit einhergehenden Entzugserscheinungen erträgt.

Schließlich können starke Furchtappelle auch aus einem anderen Grund nicht wirken, der aus der Lerntheorie als operante bzw. instrumentelle Konditionierung bekannt ist. Demnach lernen Menschen aus den erwarteten Konsequenzen ihres Verhaltens. Sind sie positiv (Belohnung), dann neigt der Mensch dazu, sie zu wiederholen. Sind sie negativ (Bestrafung), vermeidet er sie künftig (vgl. Skinner 1968). Allerdings tritt die **Bestrafung** häufig nur eventuell und **erst in der Zukunft** ein. Beim Rauchen sind dies Krankheiten. Die Belohnung hingegen erhält man sofort, nämlich Genuss und Entspannung.

Angenommen, der Anbieter der **xy-Innovation** würde sich für einen massiven Furchtappell entscheiden, etwa: „Wenn Sie unsere Technologie nicht übernehmen, dann sind Sie im Wettbewerb bald abgeschlagen". Diese Werbebotschaft könnte beim Nachfrager die in Tab. 51 dargestellten Reaktionen auslösen.

Reaktion	Mögliche Gedanken des Rezipienten
Reaktanz	„Der Anbieter will mich nur dazu überreden, sein Produkt zu kaufen. Mit solchen ‚*Hard Selling*-Methoden' kommt er bei mir nicht weit."
Abwerten dissonanter Informationen	„Das gilt vielleicht für so schnelllebige Branchen wie die Computerindustrie. Was wir brauchen, ist Kontinuität."
Fördern konsonanter Informationen	„Das bekannte Unternehmen XYZ ist das beste Beispiel für eine grundsolide Firma, die nicht jedem neuen Trend hinterher läuft und trotzdem seit Jahren gute Gewinne erzielt. Wenn wir jede neue Entwicklung übernehmen würden, dann kämen wir aus dem Umrüsten der Maschinen gar nicht mehr heraus."
Ignorieren einer künftigen Bestrafung, Überbewertung einer sofortigen Belohnung	„Bis sich eine solche neue Technologie am Markt durchsetzt, vergeht viel Zeit. Ich bleibe erst einmal bei den herkömmlichen Additiven, da habe ich keine Probleme."

Tab. 51: Mögliche Reaktionen auf einen starken Furchtappell für die xy-Innovation

Furchtappell-Forschung

Entsprechend dem **Fear-Drive-Ansatz** zeigt der Mensch auf Furchtappelle starke emotionale Reaktionen (vgl. Sternthal/Craig 1974). Die ausgelösten negativen Gefühle gehen mit Stress einher, den der Betreffende zu bewältigen versucht, weil er ihn als unangenehm empfindet (vgl. Lazarus 1991a, S. 112). Eine Variante ist das in Kap. 4.4.5 beschriebene *Appraisal-Focused Coping*, bei dem der Betreffende die emotionsauslösende Situation neu bewertet, um sich und sein Selbstbild zu schützen (vgl. Billings/Moos 1984). So wertet er im vorliegenden Falle den Auslöser seiner Furcht einfach ab, redet sich also z.B. ein, dass es schon nicht so schlimm sein wird, wie dargestellt („Keine Suppe wird so heiß gegessen, wie sie gekocht wird."). Fazit: Der Furchtappell wirkt nicht (vgl. Abb. 65).

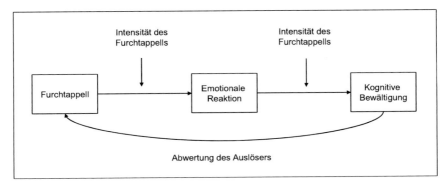

Abb. 65: Fear-Drive-Ansatz

Quelle: auf Basis von Sternthal/Craig (1974).

Anders begründet Leventhal (1970) die fehlende Wirkung von Furchtappellen. Seinem **Parallel-Response-Ansatz** zufolge sprechen diese zwei unterschiedliche Motive an. Zum einen möchte der Mensch die Gefahr bewältigen. Er strebt danach, die Ursache seiner Furcht zu beseitigen und ändert sein Verhalten, gibt also z.B. das Rauchen auf. Zum anderen wünscht er sich, die Furcht zu bewältigen. Er versucht, die emotionale Wirkung dieses Gefühls zu beseitigen, indem er sich ablenkt bzw. versucht, sich zu entspannen. Da er gelernt hat, dass Rauchen ihn beruhigt, greift er wieder zur Zigarette. Es kommt zum weiter oben beschriebenen Bumerang-Effekt.

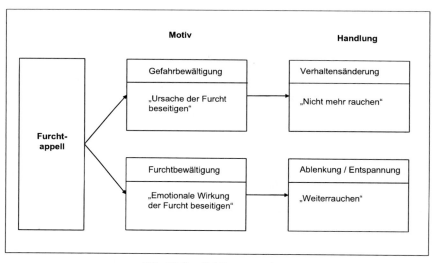

Abb. 66: Parallel-Response-Ansatz

Auch Ray/Wilkie (1970) unterstellen, dass Furchtappelle zwei Effekte auslösen (**Zwei-Effekte-Ansatz**): zum einen Steigerung von Aufmerksamkeit und Interesse (fördernde Effekte), zum anderen zunehmendes Vermeidungsverhalten, selektive Wahrnehmung und Wahrnehmungsverzerrungen (hemmende Effekte). In der Summe sorgen beide Wirkungen dafür, dass eine Einstellungsänderung zunächst wahrscheinlich ist und später unwahrscheinlicher wird. Abb. 67 zeigt die daraus resultierende Kurve, welche die Akzeptanz der Botschaft in Abhängigkeit vom Furchtniveau darstellt.

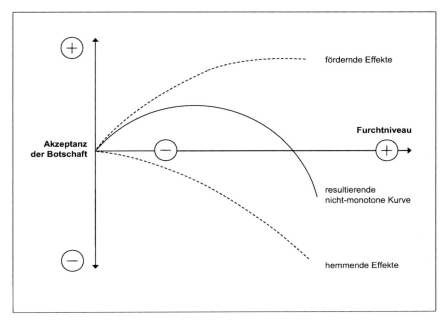

Abb. 67: Zwei-Effekte-Ansatz
Quelle: auf Basis von Ray/Wilkie (1970, S. 57).

9.4.3 Lösungsmöglichkeiten für wirksame Furchtappelle an industrielle Nachfrager

Die Sorge, von Wettbewerbern überholt zu werden bzw. den Einstieg in eine neue Technologie zu verpassen, motiviert industrielle Nachfrager zwar dazu, eine Innovationsidee zu akzeptieren. Aber Angesichts der zweifelhaften Wirkung massiver Furchtappelle erscheint es sinnvoll, diese nur in **schwacher Form** anzuwenden. Der Anbieter sollte nicht versuchen, potenzielle Nachfrager unter Druck zu setzen und massive Beeinflussungsversuche besser unterlassen. Personalisierte Ausdrucksweisen („Dann werden Sie bald massive Probleme bekommen.") sowie bedrohliche Szenarien darüber, was mit dem Innovationsverweigerer alles geschehen könnte, würden wahrscheinlich bestenfalls nicht wirken. Eher noch ist davon auszugehen, dass derartige Beeinflussungsversuche Reaktanz auslösen und zu einer Abwertung bzw. Ablehnung des Anbieters und seiner Neuheit führen.

Mildern lassen sich Furchtappelle durch **projektive Techniken** (vgl. zum Begriff der Projektion z.B. Poth/Poth 1999, S. 347). Dabei bekommt der Betreffende ein Objekt vorgegeben, auf das er seine Befürchtungen übertragen kann. Der Appell wird gemindert, weil er nicht den Nachfrager selbst betrifft. Dieser bekommt die negativen Konsequenzen einer Handlung lediglich an einem Modell vorgeführt: Das an dessen Beispiel Beschriebene könnte auch ihm passieren, muss es aber nicht. Ein direkter Bezug zum Nachfrager lässt sich so vermeiden. Als Projektionsobjekt eignen sich ein anderes Unternehmen oder eine gesamte Branche (vgl. Tab. 52).

Direkter Furchtappell	Projektiver Furchtappell
„Wenn Sie sich neuen Entwicklungen verschließen, dann müssen Sie damit rechnen, dass ein innovativer Wettbewerber Sie bald vom Markt verdrängt."	„Sie kennen doch das Unternehmen XYZ. In den 90er Jahren war es Marktführer. Dann hat es den Einstieg in die Laser-Technologie verpasst, die mittlerweile zum Standard geworden ist. Im vergangenen Jahr musste XYZ sein letztes Werk schließen."
	„Nehmen wir einmal die die großen Versandhäuser. Sie haben lange Zeit auf den traditionellen Katalogversand gesetzt und nur zugeschaut, wie ein paar kleine, innovative Unternehmen begonnen haben, ihre Waren per Internet zu verkaufen. Mittlerweile sind diese Konkurrenten gar nicht mehr so klein, aber immer noch sehr innovativ."

Tab. 52: Beispiele für projektive Furchtappelle

Mildern kann der Kommunikator sein Furcht-Szenario auch, indem er **nur indirekt** auf die negativen Konsequenzen verweist, mit denen bei Ablehnung seiner Innovation zu rechnen ist. So kann er potenziellen Abnehmern kommunizieren, dass aus der Zielbranche zahlreiche Anfragen zu seiner neuen Technologie eingegangen sind, weil momentan alle nach einer guten Lösung für ein bestimmtes Problem suchen, im Falle der xy-Technologie bspw. für die genaue Einstellung des Schmelzindex. Der Angesprochene kann und wird daraus selber den Schluss ziehen, dass die Wettbewerber aktiv sind und er möglicherweise ins Hintertreffen gerät, wenn er sich nicht über die neue Technologie informiert.

Eine Alternative zur Abschwächung des Furchtappells besteht darin, die Glaubwürdigkeit des Absenders zu stärken. Denn diese wirkt als intervenierende Variable: Warnt uns ein überzeugender Kommunikator vor den Gefahren einer Handlung, dann lassen wir uns davon eher beeinflussen, als wenn es sich um eine unglaubwürdige Person handelt (vgl. Hewgill/Miller 1965, S. 95ff.). **Glaubwürdigkeit** lässt sich u.a. durch **zweiseitige Argumentation** erreichen. Wer sie anwendet, verweist nicht nur auf die Vorteile dessen, was er anpreisen möchte, sondern führt – am besten vorher – gleich auch (schwächere) Gründe an, die dagegen sprechen. Damit kommt er den **Gegenargumenten zuvor**, die der Rezipient ohnehin äußern oder zumindest bedenken würde. Dies wirkt glaubwürdiger als eine einseitige Kommunikation, die allein das Positive in den Vordergrund stellt und deshalb leichter als Beeinflussungsversuch durchschaut wird. Dies erkannten *C. I. Hovland* und Kollegen bereits in den 40er und 50er Jahren im Rahmen ihrer berühmten *Yale Studies of Communication* (vgl. Hovland/Janis 1959; Hovland et al. 1953). Seither ließ sich dieser Effekt in verschiedenen Werbewirkungsstudien nachweisen (vgl. z.B. Lang et al. 1999; Kamins et al. 1989).

Zweiseitige Argumentation wirkt besonders bei relativ **gebildeten** und **skeptischen** Personen (vgl. Golden/Alpert 1987). Von solchen ist im Falle industrieller Nachfrager auszugehen, die eine Radikal-Innovation akzeptieren sollen. Tab. 53 zeigt ein Beispiel, bei dem der Anbieter selbst eingesteht, dass die Übernahme einer neuen Technologie ein Risiko ist, dass aber – so der Furchtappell – ansonsten dem Unternehmen vielleicht ein Wettbewerber zuvor kommt.

Einseitige Argumentation	Zweiseitige Argumentation
„Wenn Sie sich neuen Entwicklungen verschließen, dann werden Sie bald feststellen, dass Sie den Einstieg in eine neue Technologie verpasst haben."	„Natürlich weiß ich, dass es ein Risiko für Sie ist, auf eine gänzlich neue Technologie zu setzen. Aber Sie können sicher sein: Es nicht zu tun ist noch riskanter."

Tab. 53: Glaubwürdigkeit durch zweiseitige Argumentation

Idealerweise sollte der Furchtappell auch gleich mit einem der weiter oben beschriebenen **Hoffnungsappelle verbunden** werden, etwa: „Außerdem bekommen Sie auch etwas dafür: Der Schmelzindex des Kunststoffs lässt sich auf das Gramm pro Minute genau einstellen." oder: „Auf Basis der veredelten Kunststoffe können Sie den Einkäufern aus der Automobilbranche als Erster eine vollkommen stoßfeste Pkw-Verkleidung anbieten.". Dass dies die Wahrscheinlichkeit der erwünschten Wirkung steigert, legt der in Kap. 9.4.2 beschriebene *Parallel-Response*-Ansatz nahe. Demnach sprechen Furchtappelle zwei Motive an. Einerseits möchte der Mensch die Ursache des negativen Gefühls beseitigen und ändert sein Verhalten. Andererseits möchte er seine Furcht bewältigen, z.B. indem er sich ablenkt. Wird nun für die Verhaltensänderung zusätzlich eine Belohnung in Aussicht gestellt (im Bsp. wesentliche Verbesserung der Produkte), dann sprechen gleich zwei Motive für diese Option (vgl. Abb. 68).

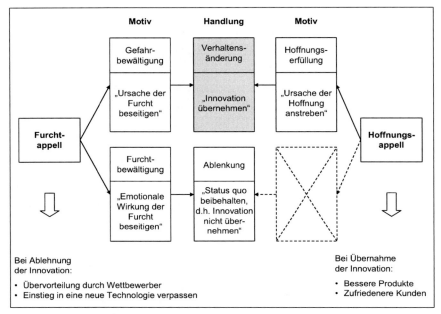

Abb. 68: Verhaltensänderung durch Verbindung von Furcht- und Hoffnungsappell

9.5 Moderatoren der Werbewirkung von Hoffnungs- und Furchtappellen

Hoffnungs- und Furchtappelle sind – wenngleich mit anderen Etikettierungen versehen – auch aus der *Prospect*-Theorie bekannt, die sich ebenfalls mit den (ungewissen) Konsequenzen von Kaufentscheidungen befasst (vgl. Kahneman/Tversky 1979). Beide Formen der Beeinflussung werden dort unter dem Begriff des **Goal Framing** zusammengefasst (vgl. Gierl 2005, S. 5f.). Demnach lassen sich Menschen in Entscheidungssituationen von der Art und Weise beeinflussen, wie eine Botschaft vermittelt wird, genauer: wie der Kommunikator die Konsequenzen der Kaufentscheidung darstellt (vgl. Tversky/Kahneman 1981, S. 453). Der *Frame* stellt somit den Kontext der Informationsvermittlung dar (vgl. Donovan/Jalleh 1999, S. 614). Im Falle eines *Gain Frame* wird dem Käufer ein Gewinn versprochen, wenn er sich für ein Produkt entscheidet; ein *Loss Frame* führt ihm mögliche Verluste vor Augen, wenn er das Produkt nicht erwirbt (vgl. Gierl 2005, S. 4). Übertragen auf eine emotionsbasierte Kommunikationsstrategie zielt ein *Gain Framing* darauf ab, Hoffnung zu stimulieren, während ein *Loss Framing* einem Furchtappell gleichkommt.

Seit Kahneman/Tversky (1979) die Prospect-Theorie vorgestellt haben, befassen sich einschlägige Arbeiten – weitgehend unabhängig von der *Fear-Drive*-Forschung – mit den Bedingungen, unter denen ein *Gain Framing* oder ein *Loss Framing* mehr Erfolg verspricht (vgl. z.B. Smith/Wortzel 1997; Block/Keller 1995; Meyerowitz/Chaiken 1987). Gierl (2005, S. 6f.) fasst diese zu **zwei Moderatorvariablen** zusammen: Produktklasse und Referenzpunkt.

Produktklasse

Produkte und Dienstleistungen lassen sich danach einteilen, ob sie primär das **Wohlergehen** von Kunden fördern (z.B. Wellness-Reise) oder **Unannehmlichkeiten** vermeiden (z.B. Krankenversicherung). Im ersten Falle haben sich *Gain Frames* als wirksamer erwiesen, im letzten Fall *Loss Frames*, die bspw. den Besitzern von Kreditkarten die Nachteile von Bargeld vor Augen führen (vgl. Ganzach/Karsahi 1995). Allerdings ist die o.g. Taxonomie nicht eindeutig, da manche Angebote beide der genannten Funktionen innehaben. Ein Flugzeug bspw. befördert den Reisenden nicht nur schnell ans Ziel (Wohlergehen), sondern verspricht auch, die Unannehmlichkeiten einer Autofahrt zu vermeiden, wie Staus oder Unfälle.

Die im Rahmen dieser Arbeit betrachteten **veredelten Polymere** dienen nicht der Prävention. Vielmehr stehen die möglichen „Gewinne" im Vordergrund, nämlich die Produkte der Kunststoff-Verarbeiter zu verbessern. Dies spricht eher für einen Hoffnungsappell („Die Innovation verbessert Ihre Produkte und stellt ihre Kunde zufrieden."). Soll industriellen Nachfrager hingegen eine Präventionsdienstleistung nahe gebracht werden (z.B. ergonomische Gestaltung von Arbeitsplätzen, Beratung in Krisensituationen), dann kann ein *Loss Framing* wirksamer sein – angesichts der Erkenntnisse aus der *Fear-Drive*-Forschung jedoch in moderater Form.

Referenzpunkt

Gemäß der *Prospect*-Theorie bewerten Nachfrager die Konsequenzen ihrer Entscheidung nicht für sich genommen, sondern in Relation zu einem Referenzpunkt (vgl. Kahnemann/Tversky 1979, S. 279ff.). Dieser entscheidet darüber, ob ein in Aussicht gestellter Zustand **als Gewinn oder Verlust empfunden** wird (vgl. Gierl 2005, S. 6). Verdeutlichen lässt sich dies erneut am Beispiel der Zahnvorsorge. Wenn jemand gesunde Zähne hat, dann kann er deren Zustand praktisch nicht verbessern. Er spricht allenfalls auf ein *Loss Framing* an, das ihm die möglichen Verluste bei mangelnder Vorsorge vor Augen führt. Hat jemand schlechte Zähne, dann überzeugt ihn eher ein *Gain Framing*, welches ihm ein schöneres Gebiss in Aussicht stellt (vgl.

Gierl 2005, S. 6). Übertragen auf die *Appraisal*-Theorie der Emotion wird sich im ersten Fall (guter Zustand der Zähne) kaum Hoffnung wecken lassen, weil der Status Quo bereits dem Ideal entspricht. Der Betreffende kann aber befürchten, etwas zu verlieren. Im zweiten Fall (schlechter Zustand der Zähne) ist die Diskrepanz zwischen Status Quo und Ideal groß, was eine Voraussetzung für das Entstehen von Hoffnung ist (vgl. MacInnis/de Mello 2005, S. 5).

Übertragen **industrielle Nachfrager** bietet sich ein – moderater – Furchtappell („Die Innovation verhindert, von Wettbewerbern überholt zu werden und den Einstieg in eine neue Technologie zu verpassen.") für den Marktführer an. Da er etwas zu verlieren hat, müsste ihn ein *Loss Framing* eher überzeugen als ein *Gain Framing*. Allerdings ist davon auszugehen, dass auch der Marktführer bestrebt ist, den Vorsprung gegenüber seinen Konkurrenten auszubauen. Die Kombination mit einem Hoffnungsappell ist daher empfehlenswert („Die Innovation hilft Ihnen, Ihren Vorsprung bei Produktqualität und Kundenzufriedenheit weiter auszubauen."). Auch und vor allem erscheint ein *Gain Framing* aber für jene Unternehmen angebracht, die nicht zu den Marktführern gehören, da sie etwas zu gewinnen haben. Besonders überzeugen dürfte der positive Appell solche Hersteller, die massive Qualitätsprobleme und Reklamationen zu beklagen haben, weil bei ihnen Ist- und Soll-Zustand am meisten auseinander klaffen.

9.6 Kommunikationsstrategien in späteren Phasen des Adoptionsprozesses

Entscheidungsphase

In dieser Phase geht es darum, den Nachfragern die relative Vorteilhaftigkeit der Innovation im Vergleich zu bisherigen bzw. konkurrierenden Problemlösungen im Detail zu erläutern. Für die Kommunikation dieses *Relative Advantage* bietet sich eine **kognitive Kommunikationsstrategie** an. Diese dient nicht nur dazu, den „Überleger" über produktbezogene Vorteile zu informieren, sondern auch über die Profitabilität der Neuheit, Anschaffungskosten, Zeitersparnisse oder Kostensenkungspotenzial (vgl. Rogers 2003, S. 233). Insb. sollte kommuniziert werden, dass die xy-Technologie, wie zuvor versprochen, preiswerter ist als Additive.

Weiterhin hat sich in verschiedenen empirischen Studien gezeigt, dass die **Kompatibilität** einer Innovation mit vorhandenen Systemen und Abläufen die Adoptionswahrscheinlichkeit erhöht (vgl. Pechtl 2001a, S. 18). Denn Probleme bspw. bei der Integration der Neuheit in die Fertigungslinie halten die laufende Produktion auf. Neben den dabei entstehenden Ausfallkosten verursachen sie zusätzliche Ausgaben, etwa für die Umrüstung von Maschinen. In der Entscheidungsphase gilt es daher, **zwei Befürchtungen zu entkräften**, die für die Meinungsbildung noch keine Rolle spielten, nämlich die Sorgen um mögliche technische Probleme oder gestörte Produktionsabläufe bei Übernahme der Innovation (vgl. Kap. 8.5.2).[54]

Erneut sind also antizipierte Gefühle zu beeinflussen. Im Rahmen einer emotionsbasierten Kommunikation kann der Anbieter, wie weiter oben beschrieben, einerseits die wahrgenommene Wahrscheinlichkeit verringern, dass beide Befürchtungen wahr werden, oder deren **Unerwünschtheit mindern**. Letzteres erscheint **kaum möglich**, da die Folgen der Ausfallzeiten, die beide Ereignisse mit sich bringen, unmittelbar monetär wirksam werden. Sie stellen für das Betroffene einen Verlust dar, den sie in jedem Falle negativ bewerten.

Sinnvoller ist es daher, die **subjektive Wahrscheinlichkeit** zu verringern. Der Anbieter sollte dem Nachfrager demonstrieren, dass und wie eine Integration der Neuheit in die Fertigungslinie möglich ist. Hierfür muss er den gesamten Wertschöpfungsprozess des Kunden auf mögliche Probleme hin analysieren. Wie dies im konkreten Falle aussieht, hängt von der spezifischen Innovation ab. Werden veredelte Polymere eingesetzt, dann ist möglicherweise eine veränderte Abkühlzeit beim Spritzgießen zu beachten, weshalb ggf. die Taktzeiten vor- und nachgelagerter Prozesse zu ändern sind. Der Anbieter sollte glaubhaft zeigen können, wie er solche Änderungen zu vermeiden oder zu kompensieren gedenkt. Auch kann es sein, dass der Nachfrager befürchtet, der modifizierte Werkstoff würde bei der Verarbeitung Rückstände in den Maschinen (z.B. Spritzgießmaschine, Extruder) hinterlassen. Dass diese Sorge unbegründet ist, sollte der Anbieter ggf. anhand von Produkttests und Referenzprojekten belegen oder auf positive Erfahrungen der *Lead User* verweisen.

Die subjektive Wahrscheinlichkeit lässt sich auch verringern, indem man den Nachfrager die Innovation testen lässt, zumal die Erprobbarkeit als wichtiger Einflussfaktor der Adoptionswahrscheinlichkeit gilt (vgl. Pechtl 2001a, S. 18). Dies reduziert die Unsicherheit des Nachfragers (vgl. Rogers 2003, S. 172). Außerdem zeigen Erfahrungen, dass technische Innovationen ohnehin anfangs nicht vollständig übernommen werden, sondern oft in Form eines gemeinsamen **Pilotprojekts** mit dem Kunden. Dies kann eine sinnvolle Ergänzung der für die Mei-

---

[54] Dass sich beide Befürchtungen negativ auf die Adoptionsabsicht auswirken, wird momentan nur vermutet und muss sich erst im Rahmen künftiger Studien bestätigen (vgl. Kap. 10). Allerdings erscheint die Annahme vor dem Hintergrund der Ausführungen aus Kap. 8.5.2 höchst wahrscheinlich.

nungsbildungsphase vorgeschlagenen Produktdemonstrationen sein: Nachdem sich der Nachfrager dort ein erstes Bild von den erzielbaren Effekten verschafft hat, kann er die Innovation nun probeweise bei sich einsetzen. Verläuft der Test erfolgreich, dann ist eine *Intrafirm Diffusion* wahrscheinlich: Die Neuheit wird in der Folge intensiver eingesetzt (vgl. Pechtl 2001a, S. 17). Zu beachten ist, dass größere Organisationen eine solche inkrementelle Implementierung leichter realisieren können als kleinere (vgl. Mole et al. 2004, S. 305). Für KMU sollte daher die Möglichkeit eingeräumt werden, an kooperativen Pilotprojekten mit anderen Unternehmen teilzunehmen oder zumindest als Beobachter bei Produkttests dabei zu sein.

Implementierungsphase

Die Implementierungsphase ist primär von technischen Abläufen geprägt. Kommunikationspolitisch geht es nicht mehr darum, den Nachfrager von der Innovation zu überzeugen, sondern ihn bei der Einführung der Neuheit **zu unterstützen**. Hierbei sind vor allem technische Details wichtig. Nötig ist ein im Rahmen der Distributionspolitik gut organisierter Support, wenn nötig auch vor Ort.

Bestätigungsphase

Die erfolgreiche Erst-Implementierung einer Innovation garantiert nicht, dass sich die Neuheit langfristig etabliert. Eine große Bedeutung hat daher die Nachkaufphase, da sich dort entscheidet, ob eine Innovation **dauerhaft eingesetzt** wird.

Nach Implementierung der Innovation verschwindet beim Nachfrager die Unsicherheit über mögliche Konsequenzen und damit die Ungewissheitsemotionen. Von veredelten Polymeren hatten sich die Unternehmensvertreter bessere Produkte und zufriedenere Kunden erhofft. Treten diese Ereignisse ein, dann stimmen die Erwartungen mit der Realität überein; es entsteht ein Gefühl der **Zufriedenheit**, ansonsten der Unzufriedenheit bzw. **Enttäuschung** (vgl. Abb. 69). Dieses Prinzip ist aus der Zufriedenheitsforschung als *Confirmation/Disconfir-mation-*Paradigma bekannt (vgl. Oliver 1997; Prakash 1984). Emotionstheoretiker nennen die Ergebnisse dieses Vergleichs eines erwarteten mit einem eingetretenen Ereignis Emotionen der Erwartungsbestätigung bzw. Erwartungsentkräftung (vgl. Ortony et al. 1988, S. 110).

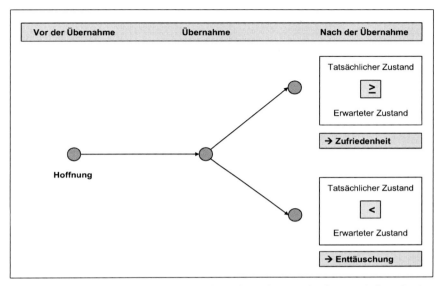

Abb. 69: Mögliche Gefühle der Erwartungsbestätigung bzw. -entkräftung nach der Adoption

Zufriedenheit fördert nicht nur die Loyalität und damit den weiteren Einsatz (*Continuance*) der Neuheit (vgl. Rogers 2003, S. 21). Sie regt auch *Cross-Buying* und Weiterempfehlungen an (vgl. Kap. 3.3.2.4). Positive Mund-zu-Mund-Propaganda spielt gerade im Falle einer komplexen, radikalen Innovation im Business-to-Business-Bereich eine zentrale Rolle, weil in diesem Fall Massenkommunikation weniger relevant ist. Auch wirken auf industrielle Nachfrager positive Anwenderberichte authentischer als Werbeaussagen des Anbieters. Sie helfen ihm, die mit der Adoptionsentscheidung verbundene Unsicherheit abzubauen. Besonders wichtig sind positive Berichte der *Lead User* (vgl. Kap. 9.3.2).

Enttäuschung hingegen sorgt nicht nur für *Discontinuance*, sondern sie regt auch zu negativer Mund-zu-Mund-Propaganda an. Deren Folgen sind gravierend, weil negative Referenzen sich weiter verbreiten als positive. Auf drei Personen, die sich positiv über ein Unternehmen äußern, kommen 33, die negative Mund-zu-Mund-Propaganda betreiben (vgl. Wilson 1991, S. 37). Dies hemmt die Diffusion der betroffenen Innovation erheblich.

Dass die Innovation die mit ihr verbundenen Hoffnungen erfüllt, ist in erster Linie Aufgabe der Produktentwicklung: Die Innovation muss im direkten Einsatz tatsächlich in der Lage sein, die Probleme zu lösen, für die sie entwickelt wurde. Im Falle der xy-Technologie sind dies die in

Aussicht gestellten, maßgeschneiderten Eigenschaften der Kunststoffe (z.B. Zug- und Reißfestigkeit). Allerdings kann auch die Kommunikationspolitik dazu beitragen, die Nachkaufzufriedenheit zu steigern. Aus der Dissonanztheorie ist bekannt, dass der Mensch danach strebt, seine Gedanken, Gefühle und Verhaltensweisen in Übereinstimmung zu bringen (vgl. Solomon et al. 2001, S. 160). Erfüllt die Innovation die Erwartungen des Adopters nicht, dann empfindet er **kognitive Dissonanz**; er stellt seine Entscheidung im Nachhinein in Frage. Diesen Zustand empfindet er als unangenehm. Bestätigte Erwartungen gehen demgegenüber mit Konsonanz einher, die als angenehm erlebt wird. Kommunikationspolitisch kann der Anbieter die Nachkaufzufriedenheit daher steigern, indem er den Adopter mit konsonanten Informationen versorgt, die seine Entscheidung im Nachhinein als richtig darstellen, z.B.:

- Der Anbieter kann eine **Zufriedenheitsumfrage** anregen, bei der Frühe Adopter seiner Innovation die Produktqualität herkömmlicher Kunststoff-Erzeugnisse mit der aus veredelten Polymeren vergleichen. Die Ergebnisse stellt er dann all seinen Kunden zur Verfügung. Die Befunde können darüber hinaus, ähnlich wie Anwenderberichte, der Akquise dienen.

- Er kann auf **erfolgreiche Pilotprojekte** verweisen, mit deren Hilfe ein Referenzkunde seinerseits neue Kunden akquirieren konnte, einen Qualitätspreis gewonnen hat, in neue Absatzfelder vorgedrungen ist oder in sonst einer Form seine Wettbewerbsfähigkeit gestärkt hat. So kann es einem Kunststoff-Verarbeiter mithilfe der xy-Technologie gelingen, recycelte Polymere für Produkte einzusetzen, die sonst nur aus Neuware hergestellt werden. Denn bislang genügen Rezyklate vielen Qualitätsanforderungen nicht. Mit verbesserten Eigenschaften versehen, können sie eine preiswerte Alternative zu Neuware darstellen.

- Möglich ist es auch, öffentliche **Produktvergleiche** anzuregen, bei denen ein unabhängiges Institut oder ein Verband die Innovation für gut befindet. Solche externen Experten sind besonders glaubwürdig, weil man ihnen keine wirtschaftlichen Interessen unterstellt. Sie eigenen sich daher besonders, den Abnehmer von der Richtigkeit seiner Entscheidung zu überzeugen.

9.7 Zusammenfassung der Vermarktungsstrategie für eine technologische Basis-Innovation

Tab. 54 gibt einen Überblick über die abgeleiteten Kommunikationsstrategien in den **einzelnen Phasen** des Adoptionsprozesses. Die letzte Spalte zeigt weitere marketingpolitische Maßnahmen, die jeweils mit der Kommunikationspolitik abzustimmen sind.

Phase	Aufgabe	Kommunikations-strategie	Beispielhafte Umsetzung	Weiterer Marketing-Mix
Kenntnis-name	Aufmerksamkeit erregen	Einsatz kognitiv überraschender Reize zur Aktivierung	„Hochwertige Polymere müssen nicht teuer sein."	• Produkt: Entwicklung eines pilotfähigen Produkts mit herausragenden neuen Eigenschaften • Preis: im Beispielfall niedriger als herkömmliche Lösungen • Distribution: Präsenz von Vertriebspersonal an möglichen Kontaktpunkten mit der Zielgruppe [1]
Meinungs-bildung	Positives Gesamtbild von der Innovation zeichnen	Emotionsbasiert	• Stimulierung von Hoffnungen bei Übernahme der Innovation (*Gain Frame*) • Stimulierung von Befürchtungen bei Ablehnung der Innovation (*Loss Frame*) [2]	• Produkt: Organisation von Produkttests mit demonstrierbaren Effekten • Distribution: Persönlicher Vertrieb, *Key-Account*-Betreuung von *Lead Usern*, Anwenderberichte • Preis: kostenfreie Testmöglichkeit für *Lead User*
Entscheidung	Vorteile im Detail erläutern	Kognitiv und emotionsbasiert	• Erläuterung der Funktionsweise der Innovation • Kommunikation des relativen Vorteils • Abbau von Befürchtungen bei Übernahme der Innovation [3]	• Preis: Kosten für die Beseitigung von Problemen bei der Implementierung in Preisfindung einbeziehen
Implementierung	Bei Einführung unterstützen	Kognitiv	Hilfestellung bei technischen Fragen (z.B. Hotline)	• Distribution: Support und Vor-Ort-Service • Preis: Beachten, dass Kosten für diesen Service vorher in die Kaufentscheidung einfließen
Bestätigung	Entscheidung nachträglich bestärken	Emotionsbasiert	Abbau kognitiver Nachkaufdissonanzen durch: • Zufriedenheitsumfrage • Erfolgreiche Pilotprojekte mit Referenzkunden [4] • Produktvergleiche durch externe Experten	• Produkt: Versprechungen bezüglich der Produkteigenschaften halten

Anmerkungen:
1) auf Konferenzen, Fachmessen, Fachzeitschriften, Online-Foren oder in Kompetenz-Netzwerken
2) nur moderate Furchtappelle, vor allem für Marktführer geeignet
3) z.B. durch Produkttests, Anwenderberichte von *Lead Usern*, Pilotprojekte
4) die durch die Innovation Wettbewerbsvorteile erzielt haben (z.B. neue Kunden, Gewinn eines Qualitätspreises, neue Einsatzfelder für die Produkte, Kostensenkung, höhere Marktanteile)

Tab. 54: Vermarktungsstrategie in den einzelnen Phasen des Adoptionsprozesses

Der Schwerpunkt dieser Arbeit lag auf der Phase der Meinungsbildung. Die zentrale kommunikationspolitische Aufgabe besteht in diesem Stadium darin, die Hoffnungen bei Übernahme sowie die Befürchtungen bei Ablehnung der Innovation zu stimulieren. Sie sollen im Folgenden noch einmal gesondert zusammengefasst werden. Tab. 55 präsentiert Möglichkeiten, die **Hoffnung**, dass der Anwender durch die Innovation seine Produkte verbessern und die Zufriedenheit seiner Kunden steigern kann, **zu wecken**.

Handlungsoption	Prinzip	Beispiel
Betonung übergeordneter Ziele zur Wunschverstärkung	Je mehr sich der Nachfrager die positiven Konsequenzen der Übernahme wünscht, desto größer ist seine Hoffnung. Unternehmensvertreter wollen ihre Produkte nicht per se verbessern und auch die Zufriedenheit ihrer Kunden nicht zum Selbstzweck steigern. Beides dient dazu, höhere Ziele zu erreichen. Diese können sowohl aufgaben- als auch personenbezogen sein. Kommuniziert der Anbieter, dass diese mithilfe der Innovation erreichbar sind, dann erhöht dies die Akzeptanz der Neuheit.	„Wenn Sie Ihre Produktqualität verbessern, dann sinkt die Zahl ihrer Reklamationen deutlich".
Vergleich mit einem Ideal zur Wunschverstärkung	Je mehr sich der Nachfrager die positiven Konsequenzen der Übernahme wünscht, desto größer ist seine Hoffnung. Der Wunsch lässt sich verstärken, indem man darstellt, dass ein „Idealunternehmen" mit der Innovation Erfolge erzielt. Denn Menschen streben danach, einem Ideal zu entsprechen (Prinzip der sozialen Vergleichsprozesse).	„Damit können Sie hinsichtlich der Produktqualität mit dem Marktführer gleichziehen".
Erhöhung der subjektiven Wahrscheinlichkeit	Je wahrscheinlicher die positiven Konsequenzen der Übernahme sind, desto größer ist die Hoffnung. Wenn der Anbieter diese subjektive Empfindung verstärkt, dann steigert dies die Akzeptanz der Innovation.	• Produktdemonstrationen auf Messen, beim Kunden oder im eigenen Haus • Produkttests • Referenzprojekte mit *Lead Usern* • Positive Anwenderberichte

Tab. 55: Stimulierung von Hoffnungen bei Adoption in der Meinungsbildungsphase

Tab. 56 fasst die Möglichkeiten zusammen, die beiden **Befürchtungen**, die Nachfrager mit einer Rejektion der Neuheit verbinden, **zu stimulieren** (von Wettbewerbern überholt zu werden und den Einstieg in eine neue Technologie zu verpassen). Sie bieten sich vor allem bei Unternehmen an, die „etwas zu verlieren haben", also z.B. bei Marktführern (vgl. Kap. 9.5). Starke Furchtappelle ändern das Verhalten von Menschen aber kaum; sie können sogar Reaktanz auslösen oder gerade das Gegenteil erreichen (vgl. Kap. 9.4.1). Es bieten sich daher abgeschwächte Formen an. Mildern lassen sich bedrohliche Aussagen durch projektive Techniken oder indirekte Kommunikation. Eine Alternative zur Abschwächung des Furchtappells besteht darin, die Glaubwürdigkeit des Kommunikators zu erhöhen, z.b. durch zweiseitiges Argumentieren. Hilfreich ist es auch, das bedrohliche Szenario mit einem Hoffnungsappell zu kombinieren.

Handlungsoption	Prinzip	Beispiel
Projektive Technik	Die negativen Konsequenzen einer Ablehnung der Innovation werden an einem anderen Objekt dargestellt, auf das der Nachfrager seine Sorgen übertragen kann. Dies mildert die negativen Konsequenzen des Furchtappells.	„Sie kennen doch das Unternehmen XYZ. In den 90er Jahren war es Marktführer. Dann hat es den Einstieg in die Laser-Technologie verpasst, die mittlerweile zum Standard geworden ist. Im vergangenen Jahr musste XYZ sein letztes Werk schließen."
Indirekte Kommunikation	Der Nachfrager erhält Informationen, aus denen er von selbst darauf schließen kann, dass er bei einer Rejektion mit negativen Konsequenzen rechnen muss. Der Anbieter muss sie nicht direkt ansprechen.	„In unserem Unternehmen sind zahlreiche Anfragen zu unserer neuen Technologie eingegangen, weil alle mit den derzeitigen Möglichkeiten, den Schmelzindex von Polymeren einzustellen, unzufrieden sind." [1]
Zweiseitige Kommunikation	Der Anbieter steigert seine Glaubwürdigkeit, indem er mögliche Gegenargumente des Nachfragers gleich zu Beginn selbst anführt und erst dann einen Furchtappell kommuniziert.	„Natürlich weiß ich, dass es ein Risiko für Sie ist, auf eine gänzlich neue Technologie zu setzen. Aber Sie können sicher sein: Es nicht zu tun ist noch riskanter."
Verbinden mit Hoffnungsappell	Starke Furchtappelle führen nicht zu Verhaltensänderungen, weil der Betroffene versucht, seine Furcht durch Ablenkung zu bewältigen. Durch Kombination mit einem Hoffnungsappell wird ein zusätzliches Motiv geschaffen, sein Verhalten zu ändern (d.h. die Innovationsidee zu akzeptieren und weitere Informationen über die Neuheit einzuholen).	„Ein Konkurrent kann Ihnen mit der Technologie möglicherweise den gesamten Markt streitig machen. Sind Sie jedoch der *First Mover*, dann können Sie den Einkäufern aus der Automobilbranche als Erster eine vollkommen stoßfeste Innenraum-Verkleidung anbieten."

Anmerkung:
1) Der Angesprochene kann und wird daraus selber den Schluss ziehen, dass die Wettbewerber aktiv sind und er möglicherweise ins Hintertreffen gerät, wenn er sich nicht über die neue Technologie informiert.

Tab. 56: Stimulierung von Befürchtungen bei Rejektion in der Meinungsbildungsphase

10 Vorschläge für die weitere Forschung

Vorschläge für die weitere Forschung ergeben sich unmittelbar aus der Zusammenfassung und Diskussion der Ergebnisse in Kap. 8.5 sowie aus der in Kap. 8.6 geäußerten Modellkritik. Es lassen sich **vier grundsätzliche Aufgaben** ableiten:

- Verbesserung des Problembasierten Adoptionsmodells,
- Modifikation des Emotionsbasierten Adoptionsmodells,
- Etablierung externer Validität für das Emotionsbasierte Adoptionsmodell,
- Untersuchung des Einflusses von Emotionen in späteren Phasen des Adoptionsprozesses.

Verbesserung des Problembasierten Adoptionsmodells

Die Problemwahrnehmung vermochte die Akzeptanz der Innovationsidee kaum zu erklären. Es wird daher vermutet, dass der potenzielle Nachfrager zusätzlich an die Möglichkeit bzw. Machbarkeit einer alternativen Problemlösung überhaupt glauben muss, um eine Neuheit zu akzeptieren. Zu prüfen wäre daher ein entsprechendes Kausalmodell mit dem Glauben an die Machbarkeit als **moderierende Variable**, wie in Kap. 8.6 vorgeschlagen. Allerdings ist von einem solchen moderierenden Effekt lediglich bei einer komplexen bzw. radikalen Neuheit auszugehen. Handelt es sich um eine einfache Inkremental- oder Scheininnovation, dann müsste das im Rahmen dieser Arbeit vorgestellte einfache Problembasierte Adoptionsmodell gelten. Es ist jedoch den spezifischen Problemen, welche die betreffende Innovation lösen kann, anzupassen.

Modifikation des Emotionsbasierten Adoptionsmodells

Die Ergebnisse der empirischen Untersuchung legen es nahe, das emotionsbasierte Adoptionsmodell zu erweitern. So wurden die **Hoffnungen bei Rejektion** der Innovation, dass bestehende Produktionsabläufe nicht gestört werden und die Qualität der Produkte dieselbe bleibt, aus dem EAM ausgeschlossen. Denn die Teilnehmer der qualitativen Gruppeninterviews hielten es für selbstverständlich, dass der Status Quo erhalten bleibt, wenn sie die Neuheit nicht übernehmen. Und Hoffnung entsteht nur unter Unsicherheit. Allerdings gaben die Unternehmensvertreter sehr wohl zu, bestehende Verhältnisse generell lieber beizubehalten. Da dieser Wunsch nach Konsistenz und Beharrung allgemein menschlich und ist und dafür sorgt, dass neue Verhaltensweisen sich nur schwer durchsetzen (vgl. Zaltman/Wallendorf 1983), sollte das PAM im Rahmen künftiger Forschungen um ein Konstrukt erweitert werden, das dieser Erkenntnis Genüge tut: um den Änderungswiderstand. Nach Bagozzi/Lee (1999, S. 219) ist diese *Resistance* häufig die erste Reaktion auf eine Innovation. Sie lässt sich unterteilen in eine aktive und eine passive Form.

Aktiver Änderungswiderstand äußert sich in spontaner Ablehnung bis hin zu Protest oder Boykott. Dieser ist bspw. denkbar, wenn die Neuheit einer religiösen oder ethischen Überzeugung des Nachfragers widerspricht. Bagozzi/Lee (1999, S. 219) verweisen in diesem Zusammenhang auf die Theorie der sozialen Identität, nach der die Zugehörigkeit zu einer Gruppe für solche Überzeugungen verantwortlich ist. Im Kontext organisationaler Beschaffungsentscheidungen spielen für die Identitätsbildung weniger soziale Gruppennormen eine Rolle; bedeutsamer sind Grundsätze, die viele Unternehmen im Rahmen der *Corporate Social Responsibility*-Bewegung aufstellen (z.b. Verwendung von Produkten verbieten, die von Kindern oder unter unzumutbaren Bedingungen gefertigt wurden). Eine Innovation, die in einen solchen Verdacht gerät, würde auf Widerstand stoßen.

Passiver Änderungswidersand ergibt sich hingegen aus der Macht der Gewohnheit (vgl. Bagozzi/Lee 1999, S. 219). Diese ist umso stärker, je positiver die Einstellung gegenüber bislang verwendeten Problemlösungen ist. Einstellungen sind relativ überdauernd, weil der Mensch sie im Zuge seiner Erfahrungen in einem aufwändigen Prozess der Informationsverarbeitung bildet (vgl. Petty et al. 1995). Sie lassen sich daher nicht so leicht ändern. In der hier untersuchten Branche sind es die Verarbeiter seit jeher gewohnt, Additive einzusetzen, um die Eigenschaften von Polymeren zu modifizieren. In einer anderen Branche ist es vielleicht ein etabliertes Verarbeitungsverfahren, eine spezifische Software oder eine Antriebstechnik, die „immer schon" verwendet werden.

Abb. 70 zeigt das um den Änderungswiderstand und seine Antezendenzen erweiterte Modell. Im Vergleich zu der empirisch überprüften Version aus Kap. 8.2 enthält es außerdem **zwei Konstrukte weniger**: Die Wahrnehmung als Bedrohung und die sich daraus ergebenden Befürchtungen bei Adoption der Innovation, denn diese entfalten ihre Wirkung vermutlich erst in der Entscheidungsphase.

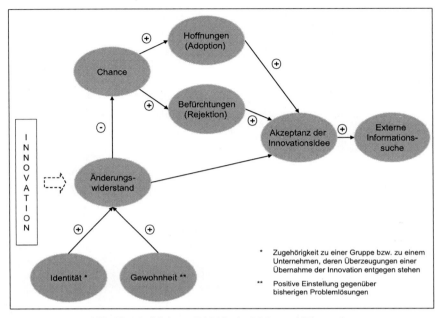

Abb. 70: Modifiziertes EAM in der Meinungsbildungsphase

Etablierung externer Validität

Die Befunde dieser Arbeit und die im vorangegangenen Kapitel beschriebenen Handlungsempfehlungen gelten zunächst für die hier untersuchte Neuheit – mit Elektronenstrahlen veredelte Polymere. Diese hat die in Kap. 2.3 beschriebenen Charakteristika:

- Basis-Innovation,
- komplexe Produktinnovation mit Prozesscharakter,
- technologische Innovation,
- Verbrauchsgut.

Ob sich das Emotionsbasierte Adoptionsmodell auch für **andere Innovationen** bewährt, ist im Zuge einer externen Validierung zu klären. Da die Hoffnungen und Befürchtungen nicht produktspezifisch formuliert wurden, können die entsprechenden Items prinzipiell übernommen werden. Allerdings sind einzelne Aussagen je nach Kontext anzupassen. Auch könnten sich je nach Branche zusätzliche Hoffnungen und Befürchtungen ergeben, was am besten im Zuge einer qualitativen Vorstudie zu ermitteln ist. Schließlich sind die Antwortmöglichkeiten für externe Informationssuche entsprechend anzupassen – je nachdem, welche Art von Informationen der Anbieter zur Verfügung stellen möchte. Generell ist davon auszugehen, dass sich das Emotionsbasierte Adoptionsmodell replizieren lässt, wenn die Unsicherheit der Nachfrager relativ hoch ist, d.h. die Konsequenzen der Adoptionsentscheidung ungewiss. Dies dürfte eher nicht der Fall sein bei Inkremental- und Scheininnovation, wohl aber bei anderen Basis-Innovationen, die sehr komplex sind.

Weiterhin beziehen sich die Ergebnisse auf zwei grundlegende **Personengruppen** im Einkaufsgremium, für die hier nur sehr geringe Stichprobenumfänge vorlagen: Entscheider und fachliche Beeinflusser. So beruht der Befund nur auf Augenschein, dass sich fachliche Beeinflusser mehr von den konkreten Hoffnungen leiten lassen und Entscheider eher die Opportunitätskosten einer Rejektion fürchten, wenn sie sich vorstellen sollen, eine Innovation zu übernehmen. Ob diese Aussage extern valide ist, muss sich erst anhand größerer Stichproben und mit Blick auf andere Branchen zeigen. Je nach Unternehmensgröße, Innovationsart und Industriezweig können sich diese Gruppen dann aus anderen Personen zusammensetzen. In sehr großen Unternehmen und wenn die Innovation strategisch nicht so wichtig ist, werden primär Einkäufer die Entscheider sein, keine Geschäftsführer. Und fachliche Beeinflusser sind bspw. im Falle einer neuen Software nicht die Verantwortlichen der Fertigungs-, QM- und F&E-Abteilung, sondern des IT-Bereichs und der Abteilung, welche das Programm nutzen soll (z.B. Marketing).

Untersuchung des Einflusses von Emotionen in späteren Phasen des Adoptionsprozesses

Die Furcht, dass die Neuheit technische Probleme mit sich bringen und Produktionsabläufe stören könnte, beeinflusste die Akzeptanz der Innovationsidee nicht. Wie bereits in Kap. 8.5.2 diskutiert, wird dies vermutlich erst in der Evaluierungs- bzw. Entscheidungsphase relevant, wenn der Nachfrager im Detail über die Innovation nachdenkt – und dabei auch über die Hindernisse und Probleme, die bei einer Implementierung auftreten. Zu untersuchen wäre im Rahmen weiterer Forschung daher der Einfluss dieser Befürchtungen auf die **Adoptionsabsicht**, die das Ergebnis dieser Evaluierungsphase darstellt. Idealerweise müssten diese Konstrukte im Rahmen einer Längsschnittstudie erhoben werden, also bei denselben Personen, die auch nach der Akzeptanz der Innovationsidee gefragt wurden. Dies würde nicht nur der weiteren nomologischen Validierung dienen, sondern auch die relativ enge, partialanalytische Sichtweise erweitern. Allerdings kann sich der gesamte Adoptionsprozess in Einzelfällen über Jahre erstrecken. Außerdem ist mit dem aus der Panel-Forschung bekannten Phänomen der **Sterblichkeit** der Teilnehmer zu rechnen (vgl. Günther et al. 1998, S. 27). Eine solche Forderung lässt sich daher leichter erheben als tatsächlich umsetzen.

Zusammenfassend ließ sich im Rahmen der Arbeit nachweisen, dass Hoffnungen und Befürchtungen die Akzeptanz einer Innovationsidee durch industrielle Nachfrager beeinflussen. Daraus wurde eine Reihe kommunikationspolitischer Maßnahmen abgeleitet, mit deren Hilfe der Anbieter einer Neuheit Emotionen stimulieren kann, die der potenzielle Adopter bei seiner Übernahme-Entscheidung antizipiert. Dies wurde in Abgrenzung zur kognitiv-informierenden Strategie als emotionsbasierte Kommunikation bezeichnet. Gegenstand der Untersuchung war eine innovative Veredlungstechnologie für Polymere. Im Zuge der weiteren Forschung besteht die Hauptaufgabe daher neben den anderen o.g. Empfehlungen darin, das vorgestellte Emotionsbasierte Adoptionsmodell auf seine externe Validität hin zu prüfen.

Anhang

1 Anhang: Operationalisierung der Konstrukte

1.1 Problemwahrnehmung

Variable	Welche Eigenschaften der Polymere sollten möglichst genau eingestellt sein? Bitte wählen Sie diese aus. (Mehrfachnennungen möglich)	Skala	
		nein	ja
w_1	Schmelzindex	0	1
w_2	Zugfestigkeit	0	1
w_3	Reißfestigkeit	0	1
w_4	UV-Beständigkeit	0	1
w_5	Chemische Beständigkeit	0	1
w_6	Wärmebeständigkeit	0	1

Anmerkung:
Es handelt sich um eine Auswahlfrage mit Mehrfachantworten, d.h. die Befragten setzen ein Häkchen, wenn sie die Eigenschaft als wichtig erachten („ja"), und lassen das Kästchen frei, wenn sie sie nicht als wichtig erachten („nein").

Tab. 57: Wichtigkeit des Idealzustandes (wertende Komponente)

Variable	Betrachten Sie nun die ausgewählten Eigenschaften. Inwieweit trifft folgende Aussage zu: „Es ist schwierig, diese Eigenschaft genau eingestellt zu bekommen"?	Skala				
		trifft nicht zu	trifft eher nicht zu	weder / noch	trifft eher zu	trifft zu
s_1	Schmelzindex	1	2	3	4	5
s_2	Zugfestigkeit	1	2	3	4	5
s_3	Reißfestigkeit	1	2	3	4	5
s_4	UV-Beständigkeit	1	2	3	4	5
s_5	Chemische Beständigkeit	1	2	3	4	5
s_6	Wärmebeständigkeit	1	2	3	4	5

Tab. 58: Schwierigkeit, den gewünschten Zustand zu erreichen (sachliche Komponente)

Variable	Problemwahrnehmung mit Bezug auf …	Berechnung	Skala
p_1	Schmelzindex	$w_1 \cdot s_1$	[0 bis 5]
p_2	Zugfestigkeit	$w_3 \cdot s_3$	[0 bis 5]
p_3	Reißfestigkeit	$w_2 \cdot s_2$	[0 bis 5]
p_4	UV-Beständigkeit	$w_4 \cdot s_4$	[0 bis 5]
p_5	Chemische Beständigkeit	$w_5 \cdot s_5$	[0 bis 5]
p_6	Wärmebeständigkeit	$w_5 \cdot s_5$	[0 bis 5]

Anmerkung: 0 … „keine Problemwahrnehmung"; 5 … „deutliche Problemwahrnehmung"

Tab. 59: Problemwahrnehmung

XVI

1.2 Akzeptanz der Innovationsidee

Variable	Item	Skala				
		trifft nicht zu	trifft eher nicht zu	weder / noch	trifft eher zu	trifft zu
a_1	Ich könnte mir vorstellen, mit der xy-Technologie veredelte Polymere in unserem Unternehmen einzusetzen.	1	2	3	4	5
a_2	Ich könnte mir vorstellen, mit der xy-Technologie veredelte Polymere im Rahmen eines Produkt-Tests in unserem Unternehmen einzusetzen.	1	2	3	4	5

Tab. 60: Akzeptanz der Innovationsidee

1.3 Externe Informationssuche

Variable	Bitte wählen Sie aus (Mehrfachnennungen möglich)	Skala [1]	
		nein	ja
i_1	Bitte senden Sie mir Informationsmaterial zur xy-Technologie zu.	0	1
i_2	Bitte senden Sie mir eine Einladung zum Symposium für Elektronenstrahltechnologie zu.	0	1
i_3	Ich interessiere mich für die xy-Technologie. Bitte treten Sie mit mir in Kontakt.	0	1
i_4	Bitte senden Sie mir die elektronische Version der CD-ROM mit Studienergebnissen zu.	0	1
i	Summe	[0 bis 4] [2]	

Anmerkungen:
1) Es handelt sich um eine Auswahlfrage mit Mehrfachantworten, d.h. die Befragten setzen ein Häkchen, wenn sie die entsprechende Option wünschen („ja"), und lassen das Kästchen frei, wenn sie die Option nicht wünschen („nein").
2) 0 ... „keine Informationssuche"; 4 ... „starke Informationssuche"

Tab. 61: Externe Informationssuche

1.4 Wahrnehmung der Innovation als Bedrohung bzw. Chance

Variable	Item	Skala				
		trifft nicht zu	trifft eher nicht zu	weder / noch	trifft eher zu	trifft zu
c_1	Die xy-Technologie könnte eine Chance für unser Unternehmen sein.	1	2	3	4	5
c_2	Die xy-Technologie könnte unserem Unternehmen viele Vorteile bringen.	1	2	3	4	5

Tab. 62: Wahrnehmung als Chance

Variable	Item	Skala				
		trifft nicht zu	trifft eher nicht zu	weder / noch	trifft eher zu	trifft zu
b_1	Die xy-Technologie würde unserem Unternehmen viele Probleme bringen.	1	2	3	4	5

Tab. 63: Wahrnehmung als Bedrohung

1.5 Antizipierte Emotionen bei Adoption der Innovation

Variable	Wenn wir mit der xy-Technologie veredelte Polymere kaufen würden, dann hätte ich die Hoffnung, dass wir ...	Skala				
		trifft nicht zu	trifft eher nicht zu	weder / noch	trifft eher zu	trifft zu
ha_1	... Wettbewerbsvorteile erzielen.	1	2	3	4	5
ha_2	... unsere Produkte verbessern.	1	2	3	4	5
ha_3	... unseren Marktanteil erhöhen.	1	2	3	4	5
ha_4	... die Zufriedenheit unserer Kunden steigern.	1	2	3	4	5
ha_5	... unsere Produkte mit mehr Gewinn verkaufen können.	1	2	3	4	5

Tab. 64: Hoffnung bei Adoption der xy-Technologie

Variable	Wenn wir mit der xy-Technologie veredelte Polymere kaufen würden, dann hätte ich die Befürchtung, dass ...	Skala				
		trifft nicht zu	trifft eher nicht zu	weder / noch	trifft eher zu	trifft zu
ba_1	... es viele technische Probleme gibt.	1	2	3	4	5
ba_2	... die Produktionsabläufe gestört würden.	1	2	3	4	5
ba_3	... der Effekt nicht in dem Maße eintritt, wie erhofft.	1	2	3	4	5

Tab. 65: Messung der Befürchtung bei Adoption der xy-Technologie

1.6 Antizipierte Emotionen bei Rejektion der Innovation

Variable	Wenn wir mit der xy-Technologie veredelte Polymere <u>nicht</u> kaufen würden, dann hätte ich die Befürchtung, dass wir ...	Skala				
		trifft nicht zu	trifft eher nicht zu	weder / noch	trifft eher zu	trifft zu
br_1	... den Einstieg in eine neue Technologie verpassen.	1	2	3	4	5
br_2	... möglicherweise von Wettbewerbern übervorteilt zu werden, die eine solche Veredlungstechnologie nutzen.	1	2	3	4	5

Tab. 66: Befürchtung bei Rejektion der xy-Technologie

1.7 Rolle des Nachfragers im Einkaufsgremium

Variable	Für welchen Bereich sind Sie verantwortlich?	Skala	
		nein	ja
r_1	Geschäftsführung	0	1
r_2	Einkauf	0	1
r_3	Qualitätsmanagement	0	1
r_4	Forschung & Entwicklung	0	1
r_5	Fertigung	0	1

Tab. 67: Verantwortungsbereich der Befragten

Variable	Grundlegende Rolle im Einkaufsgremium	Skala	
gr	• Wenn $r_1 = 1$ oder $r_2 = 1$, dann gr = 1	1 (Entscheider)	2 (fachlicher Beeinflusser)
	• Wenn $r_3 = 1$ oder $r_4 = 1$ oder $r_5 = 1$, dann gr = 2		

Tab. 68: Dichotome Variable zur Messung der grundlegenden Rolle im Einkaufsgremium

2 Non-Response-Analyse

Variable	Item	Mittlerer Rang		Sig.
		Early Responder	Late Responder	
ma	Zahl der Mitarbeiter	51	61	0,166
p_1	Problemwahrnehmung Schmelzindex	58	56	0,646
p_2	Problemwahrnehmung Zugfestigkeit	59	55	0,426
p_3	Problemwahrnehmung Reißfestigkeit	60	54	0,339
p_4	Problemwahrnehmung UV-Beständigkeit	57	57	0,950
p_5	Problemwahrnehmung chemische Eigenschaft	60	54	0,368
p_6	Problemwahrnehmung Wärmebeständigkeit	59	55	0,415
c_1	Chance für Unternehmen	55	59	0,537
c_2	Vorteile für Unternehmen	53	61	0,198
b_1	Probleme für Unternehmen	58	56	0,665
ha_1	Hoffnung bei Adoption: Wettbewerbsvorteile erzielen	57	57	0,963
ha_2	Hoffnung bei Adoption: Produkte verbessern	52	62	0,078
ha_3	Hoffnung bei Adoption: Marktanteil erhöhen	58	56	0,827
ha_4	Hoffnung bei Adoption: Kundenzufriedenheit steigern	52	62	0,067
ha_5	Hoffnung bei Adoption: Produkte mit mehr Gewinn verkaufen	58	57	0,863
ba_1	Befürchtung bei Adoption: technische Probleme	58	57	0,864
ba_2	Befürchtung bei Adoption: Störung Produktionsablauf	60	54	0,325
ba_3	Befürchtung bei Adoption: Effekt nicht wie erhofft	59	55	0,454
br_1	Befürchtung bei Rejektion: Einstieg verpassen	57	57	0,869
br_2	Befürchtung bei Rejektion: Übervorteilung durch Wettbewerber	58	56	0,817
a_1	Einsatz im Unternehmen	53	61	0,166
a_2	Einsatz im Rahmen von Produkt-Tests	55	59	0,608
i	Weitere Informationssuche	56	58	0,674

Tab. 69: Ergebnisse von Mann/Whitney U-Tests

3 Anhang: Test auf Normalverteilung

Tab. 70 zeigt die Schiefe, die Wölbung und das Ergebnis des *Kolmgorov-Smirnov*-Tests für alle 22 Variablen, die zur Operationalisierung der Modellbestandteile verwendet werden. In neun Fällen ist die Schiefe vom Betrag her mehr als 1,96 mal so groß wie ihr Standardfehler (keine Normalverteilung; vgl. Arbuckle 2003). 13 Variablen sind nach diesem Kriterium normalverteilt. Ähnliches zeigt sich für die *Kurtosis*, die bei neun Variablen vom Betrag her mehr als 1,96 mal so hoch ist wie ihr Standardfehler.

Variable	Label	Schiefe	Standardfehler	Schiefe / Standardfehler	Kurtosis	Standardfehler	Kurtosis / Standardfehler	Kolmogorov-Smirnov-Test (p)
p_1	Schmelzindex	-0,268	0,227	-1,18	-1,498	0,451	-3,32	0,000
p_2	Zugfestigkeit	0,156	0,227	0,69	-1,563	0,451	-3,47	0,000
p_3	Reißfestigkeit	0,502	0,227	2,21	-1,458	0,451	-3,23	0,000
p_4	UV-Beständigkeit	0,179	0,227	0,79	-1,644	0,451	-3,65	0,000
p_5	chemische Beständigkeit	0,269	0,227	1,19	-1,481	0,451	-3,28	0,000
p_6	Wärmebeständigkeit	0,223	0,227	0,98	-1,584	0,451	-3,51	0,000
c_1	Chance	-0,424	0,227	-1,87	-0,876	0,451	-1,94	0,000
c_2	Vorteile	-0,477	0,227	-2,10	-0,648	0,451	-1,44	0,000
b_1	Probleme	0,009	0,227	0,04	-0,217	0,451	-0,48	0,000
ha_1	Wettbewerbsvorteile	-0,886	0,227	-3,90	1,133	0,451	2,51	0,000
ha_2	Produkte	-1,163	0,227	-5,12	1,726	0,451	3,83	0,000
ha_3	Marktanteil	-0,378	0,227	-1,67	0,946	0,451	2,10	0,000
ha_4	Kundenzufriedenheit	-0,767	0,227	-3,38	0,670	0,451	1,49	0,000
ha_5	Gewinn	-0,178	0,227	-0,78	-0,324	0,451	-0,72	0,000
ba_1	technische Probleme	-0,171	0,227	-0,75	-0,363	0,451	-0,80	0,000
ba_2	Störung Produktionsablauf	0,063	0,227	0,28	-0,359	0,451	-0,80	0,000
ba_3	Effekt nicht	-0,620	0,227	-2,73	0,399	0,451	0,88	0,000
br_1	verpassen	-0,298	0,227	-1,31	0,633	0,451	1,40	0,000
br_2	Übervorteilung	-0,328	0,227	-1,44	0,005	0,451	0,01	0,000
a_1	Einsatz	-0,653	0,227	-2,88	-0,079	0,451	-0,18	0,000
a_2	Produkt-Tests	-0,778	0,227	-3,43	0,010	0,451	0,02	0,000
i	Informationssuche	0,448	0,227	1,97	-0,272	0,451	-0,60	0,000
Anmerkung: schattierte Zellen: Wert liegt über 1,96 (Normalverteilungsannahme abgelehnt)								

Tab. 70: Test auf Normalverteilung sämtlicher Variablen

XIX

2 Non-Response-Analyse

Variable	Item	Mittlerer Rang		Sig.
		Early Responder	Late Responder	
ma	Zahl der Mitarbeiter	51	61	0,166
p_1	Problemwahrnehmung Schmelzindex	58	56	0,646
p_2	Problemwahrnehmung Zugfestigkeit	59	55	0,426
p_3	Problemwahrnehmung Reißfestigkeit	60	54	0,339
p_4	Problemwahrnehmung UV-Beständigkeit	57	57	0,950
p_5	Problemwahrnehmung chemische Eigenschaft	60	54	0,368
p_6	Problemwahrnehmung Wärmebeständigkeit	59	55	0,415
c_1	Chance für Unternehmen	55	59	0,537
c_2	Vorteile für Unternehmen	53	61	0,198
b_1	Probleme für Unternehmen	58	56	0,665
ha_1	Hoffnung bei Adoption: Wettbewerbsvorteile erzielen	57	57	0,963
ha_2	Hoffnung bei Adoption: Produkte verbessern	52	62	0,078
ha_3	Hoffnung bei Adoption: Marktanteil erhöhen	58	56	0,827
ha_4	Hoffnung bei Adoption: Kundenzufriedenheit steigern	52	62	0,067
ha_5	Hoffnung bei Adoption: Produkte mit mehr Gewinn verkaufen	58	57	0,863
ba_1	Befürchtung bei Adoption: technische Probleme	58	57	0,864
ba_2	Befürchtung bei Adoption: Störung Produktionsablauf	60	54	0,325
ba_3	Befürchtung bei Adoption: Effekt nicht wie erhofft	59	55	0,454
br_1	Befürchtung bei Rejektion: Einstieg verpassen	57	57	0,869
br_2	Befürchtung bei Rejektion: Übervorteilung durch Wettbewerber	58	56	0,817
a_1	Einsatz im Unternehmen	53	61	0,166
a_2	Einsatz im Rahmen von Produkt-Tests	55	59	0,608
i	Weitere Informationssuche	56	58	0,674

Tab. 69: Ergebnisse von Mann/Whitney U-Tests

3 Anhang: Test auf Normalverteilung

Tab. 70 zeigt die Schiefe, die Wölbung und das Ergebnis des *Kolmgorov-Smirnov*-Tests für alle 22 Variablen, die zur Operationalisierung der Modellbestandteile verwendet werden. In neun Fällen ist die Schiefe vom Betrag her mehr als 1,96 mal so groß wie ihr Standardfehler (keine Normalverteilung; vgl. Arbuckle 2003). 13 Variablen sind nach diesem Kriterium normalverteilt. Ähnliches zeigt sich für die *Kurtosis*, die bei neun Variablen vom Betrag her mehr als 1,96 mal so hoch ist wie ihr Standardfehler.

Variable	Label	Schiefe	Standardfehler	Schiefe / Standardfehler	Kurtosis	Standardfehler	Kurtosis / Standardfehler	Kolmogorov-Smirnov-Test (p)
p_1	Schmelzindex	-0,268	0,227	-1,18	-1,498	0,451	-3,32	0,000
p_2	Zugfestigkeit	0,156	0,227	0,69	-1,563	0,451	-3,47	0,000
p_3	Reißfestigkeit	0,502	0,227	2,21	-1,458	0,451	-3,23	0,000
p_4	UV-Beständigkeit	0,179	0,227	0,79	-1,644	0,451	-3,65	0,000
p_5	chemische Beständigkeit	0,269	0,227	1,19	-1,481	0,451	-3,28	0,000
p_6	Wärmebeständigkeit	0,223	0,227	0,98	-1,584	0,451	-3,51	0,000
c_1	Chance	-0,424	0,227	-1,87	-0,876	0,451	-1,94	0,000
c_2	Vorteile	-0,477	0,227	-2,10	-0,648	0,451	-1,44	0,000
b_1	Probleme	0,009	0,227	0,04	-0,217	0,451	-0,48	0,000
ha_1	Wettbewerbsvorteile	-0,886	0,227	-3,90	1,133	0,451	2,51	0,000
ha_2	Produkte	-1,163	0,227	-5,12	1,726	0,451	3,83	0,000
ha_3	Marktanteil	-0,378	0,227	-1,67	0,946	0,451	2,10	0,000
ha_4	Kundenzufriedenheit	-0,767	0,227	-3,38	0,670	0,451	1,49	0,000
ha_5	Gewinn	-0,178	0,227	-0,78	-0,324	0,451	-0,72	0,000
ba_1	technische Probleme	-0,171	0,227	-0,75	-0,363	0,451	-0,80	0,000
ba_2	Störung Produktionsablauf	0,063	0,227	0,28	-0,359	0,451	-0,80	0,000
ba_3	Effekt nicht	-0,620	0,227	-2,73	0,399	0,451	0,88	0,000
br_1	verpassen	-0,298	0,227	-1,31	0,633	0,451	1,40	0,000
br_2	Übervorteilung	-0,328	0,227	-1,44	0,005	0,451	0,01	0,000
a_1	Einsatz	-0,653	0,227	-2,88	-0,079	0,451	-0,18	0,000
a_2	Produkt-Tests	-0,778	0,227	-3,43	0,010	0,451	0,02	0,000
i	Informationssuche	0,448	0,227	1,97	-0,272	0,451	-0,60	0,000

Anmerkung: schattierte Zellen: Wert liegt über 1,96 (Normalverteilungsannahme abgelehnt)

Tab. 70: Test auf Normalverteilung sämtlicher Variablen

Ein *Kolmogorov-Smirnov*-Test ergab sogar, dass in keinem Falle von einer Normalverteilung ausgegangen werden kann. Mit seiner Hilfe wird getestet, ob sich die empirisch beobachtete Verteilung einer Variablen der Normalverteilung anpasst, H_0 lautet damit: Die Daten passen sich an die Normalverteilung an (vgl. Chakravarti et al. 1967, S. 292ff.). Wie die hoch signifikanten Werte zeigen, ist diese Nullhypothese zu verwerfen, d.h. es kann nicht von einer Normalverteilung ausgegangen werden. Da der Test stark stichprobenabhängig ist, d.h. mit zunehmender Größe zu signifikanten Ergebnissen neigt, wurde er für jede Variable zusätzlich noch einmal mit Zufallstichproben von jeweils 50% (n = 56) sowie von 33% (n = 38) gerechnet. Im ersten Fall lag die Signifikanz immer noch generell unter 0,05. Im zweiten Falle ergaben sich lediglich für drei Variablen nicht signifikante Werte. Es ist daher tatsächlich von einer Verletzung der Normalverteilungsannahme auszugehen.

4 Validitätsprüfung einzelner Faktoren

4.1 Problemwahrnehmung

Insgesamt lagen sechs Items zur Messung der Problemwahrnehmung vor. Cronbach's Alpha betrug 0,659 und lag damit knapp unter der kritischen Grenze von 0,7. Tab. 71 zeigt außerdem für jede Variable die Item-to-Total-Korrelation sowie Cronbach's Alpha, wenn diese Variable entfernt wurde. „Probleme mit dem Schmelzindex" hatte die geringste Item-to-Total-Korrelation; allerdings stieg Cronbach's Alpha nur geringfügig (auf 0,673), wenn dieses Item entfernt wurde. Auch durch schrittweise Elimination weiterer Variablen verbesserte sich die interne Konsistenz der Skala kaum bzw. nicht. Dies sprach dafür, die Problemwahrnehmung als mehrfaktorielles Konstrukt zu konzipieren.

Variable	Label	Korrigierte Item-Skala-Korrelation	Cronbach's Alpha, wenn Item ausgeschlossen
p_1	Schmelzindex	0,221	0,673
p_2	Zugfestigkeit	0,551	0,557
p_3	Reißfestigkeit	0,462	0,589
p_4	UV-Beständigkeit	0,429	0,601
p_5	chemische Beständigkeit	0,367	0,624
p_6	Wärmebeständigkeit	0,316	0,643

Tab. 71: Cronbach's Alpha und Item-to-Total-Korrelation für Problemwahrnehmung

Im nächsten Schritt wurde eine explorative Faktorenanalyse mit allen sechs Items gerechnet. Die Voraussetzungen hierfür waren erfüllt. Alle MSA-Werte betrugen mindestens 0,5. Gleiches galt für den KMO-Wert. Der *Bartlett*-Test wurde nicht berechnet, weil die Daten nicht normalverteilt waren. Nach dem Eigenwert-Kriterium wurden zwei Faktoren extrahiert. Allerdings erklärten diese nur 57% der Varianz der Variablen. Da aber ein dritter und ein vierter Faktor den Eigenwert von 1 jeweils nur knapp verfehlten, fiel die Entscheidung für eine Vier-Faktorenlösung. Sie erklärte insgesamt 85,8% der Varianz und wies hinreichend hohe Faktorladungen auf (vgl. Tab. 72).

Item	MSA-Werte	Faktorladungen [1]				Weitere Ergebnisse der Faktorenanalyse
		1	2	3	4	
Schmelzindex (p_1)	0,522				0,966	KMO: 0,691
Zugfestigkeit (p_2)	0,610	0,824				Bartlett-Test (p): 0,000
Reißfestigkeit (p_3)	0,628	0,907				Extrahierte Faktoren: 4
UV-Beständigkeit (p_4)	0,625		0,760			Erklärte Varianz: 85,8%
chemische Beständigkeit (p_5)	0,670		0,897			
Wärmebeständigkeit (p_6)	0,616			0,957		

Anmerkungen:
1) Variamax-Rotation, dargestellt sind nur Faktorladungen $\geq 0,5$

Tab. 72: Problemwahrnehmung: Ergebnisse einer explorativen Faktorenanalyse

4.2 Akzeptanz der Innovationsidee

Die Ursprungsskala enthielt zwei Items. Cronbach's Alpha betrug 0,847, sodass von einer zufrieden stellenden internen Konsistenz auszugehen war. Beide Items wurden sodann in eine explorative Faktorenanalyse aufgenommen. Die MSA-Werte und der KMO-Wert erreichten jeweils gerade den Schwellenwert von 0,5, was allerdings immer der Fall ist, wenn nur zwei Items in die Analyse eingehen. Ein *Bartlett*-Test konnte nicht durchgeführt werden, weil beide Variablen nicht normalverteilt waren. Beide Items ließen sich einem gemeinsamen Faktor zuordnen (Eigenwertkriterium). Dieser erklärte 86,8% der Varianz beider Items. Tab. 73 fasst die Ergebnisse zusammen.

Item	MSA-Werte	Faktor-ladungen	Weitere Ergebnisse der Faktorenanalyse	Cronbach's Alpha
Einsatz (a_1)	0,5	0,931	KMO: 0,5 Extrahierte Faktoren: 1	0,847
Produkttests (a_2)	0,5	0,931	Erklärte Varianz: 86,8%	

Tab. 73: Akzeptanz der Innovationsidee: Validitätsprüfung der ersten Generation

4.3 Externe Informationssuche

Die externe Informationssuche wurde anhand der Summe aus vier dichotomen Skalen gemessen und hat einen Wertebereich von 0 bis 4 (vgl. Anhang 1.3). Eine Prüfung auf Konvergenzvalidität war daher weder nötig noch möglich.

4.4 Wahrnehmung der Innovation als Chance bzw. Bedrohung

Die Ursprungsskala zur Messung der Wahrnehmung der Innovation als Chance enthielt zwei Items. Die Ergebnisse der Validitätsprüfung erster Ordnung sind in Tab. 74 dargestellt. Angesichts dieser Werte ist von einer zufrieden stellenden internen Konsistenz der Skala auszugehen.

Item	MSA-Wert	Faktor-ladung	Weitere Ergebnisse der Faktorenanalyse	Cronbach's Alpha
Chance für Unternehmen (c_1)	0,5	0,948	KMO: 0,5 Bartlett-Test (p): 0,000	0,887
Vorteile für Unternehmen (c_2)	0,5	0,948	Extrahierte Faktoren: 1 Erklärte Varianz: 89,8%	

Tab. 74: Wahrnehmung als Chance: Validitätsprüfung der ersten Generation

Die Wahrnehmung als Bedrohung wurde nur anhand eines einzelnen Items gemessen, sodass diese Skala nicht auf Konvergenzvalidität geprüft werden brauchte.

4.5 Antizipierte Emotionen bei Adoption der Innovation

Die Ursprungsskala zur Messung der **Hoffnungen bei Adoption** der Innovation enthielt fünf Items. Cronbach's Alpha betrug 0,878 und lag damit deutlich über der kritischen Grenze von 0,7. Die anschließende Faktorenanalyse erfüllte alle Prämissen (MSA-Werte, KMO-Wert). Der *Bartlett*-Test wurde nicht berechnet, weil nicht alle Items normalverteilt waren. Das Ergebnis war befriedigend, sodass angesichts der Gütekriterien erster Generation von Konvergenzvalidität auszugehen ist (vgl. Tab. 75).

Item	MSA-Werte	Faktor-ladungen	Weitere Ergebnisse der Faktorenanalyse	Cronbach's Alpha
Wettbewerbsvorteile (ha_1)	0,792	0,868	KMO: 0,738	
Produkte (ha_2)	0,662	0,865	Extrahierte Faktoren: 1	
Marktanteil (ha_3)	0,862	0,834	Erklärte Varianz: 67,5%	0,878
Kundenzufriedenheit (ha_4)	0,687	0,832		
Gewinn (ha_5)	0,722	0,695		

Tab. 75: Hoffnung bei Adoption der Innovation: Validitätsprüfung der ersten Generation

Die Ursprungsskala zur Messung der **Befürchtungen bei Adoption** der Innovation enthielt drei Items. Cronbach's Alpha betrug 0,781 und liegt damit über der kritischen Grenze von 0,7. Allerdings konnte dieses Maß durch Entfernung des Items mit niedrigster Item-to-Total-Korrelation (ba_3) auf 0,837 erhöht werden. Die anschließende Faktorenanalyse sollte daher Auskunft darüber geben, ob die drei Items tatsächlich zusammengehören oder ob ba_3 besser auszuschließen war. Tab. 76 zeigt die Ergebnisse. Alle Prämissen (MSA-Werte, KMO-Wert) waren erfüllt. Der *Bartlett*-Test wurde nicht berechnet, weil die Items nicht normalverteilt waren. Die Items luden auf einen Faktor, der 69,8% ihrer Varianz erklärte. Angesichts der Gütekriterien erster Generation ist daher von Konvergenzvalidität auszugehen.

Item	MSA-Werte	Faktor-ladungen	Weitere Ergebnisse der Faktorenanalyse	Cronbach's Alpha
technische Probleme (ba_1)	0,609	0,868	KMO: 0,633	
Störung Produktionsablauf (ba_2)	0,590	0,902	Bartlett-Test (p): 0,000 Extrahierte Faktoren: 1	0,781
Effekt nicht (ba_3)	0,795	0,727	Erklärte Varianz: 69,8%	

Tab. 76: Befürchtungen bei Adoption der Innovation: Validitätsprüfung der ersten Generation

4.6 Antizipierte Emotionen bei Rejektion der Innovation

Die Ursprungsskala zur Messung der Befürchtungen bei Rejektion der Innovation enthielt zwei Items. Tab. 74 stellt die Ergebnisse der Validitätsprüfung erster Ordnung dar. Angesichts dieser Werte war von einer zufrieden stellenden internen Konsistenz der Skala auszugehen.

Item	MSA-Wert	Faktor-ladung	Weitere Ergebnisse der Faktorenanalyse	Cronbach's Alpha
verpassen (br_1)	0,5	0,936	KMO: 0,5 Bartlett-Test (p): 0,000	
Übervorteilung (br_2)	0,5	0,936	Extrahierte Faktoren: 1 Erklärte Varianz: 87,7%	0,860

Tab. 77: Befürchtungen bei Rejektion der Innovation: Validitätsprüfung der ersten Generation

5 Diskriminanzvalidität des Messmodells

5.1 PAM

KORR	Verarbei-tungs-eigenschaften	Mechanische Eigenschaften	Strahl-chemische Eigenschaften	Thermische Eigenschaften	Akzeptanz der Innovations-idee	Externe Informations-suche
Verarbeitungs-eigenschaften	1	0,299	0,048	0,207	0,023	0,085
Mechanische Eigenschaften	0,299	1	0,502	0,238	-0,054	-0,027
Strahlchemische Eigenschaften	0,048	0,502	1	0,313	-0,074	-0,172
Thermische Eigenschaften	0,207	0,238	0,313	1	0,265	0,203
Akzeptanz der Innovationsidee	0,023	-0,054	-0,074	0,265	1	0,47
Externe Informationssuche	0,085	-0,027	-0,172	0,203	0,47	1

$KORR^2$	Verarbei-tungs-eigenschaften	Mechanische Eigenschaften	Strahl-chemische Eigenschaften	Thermische Eigenschaften	Akzeptanz der Innovations-idee	Externe Informations-suche
Verarbeitungs-eigenschaften	1,000	0,089	0,002	0,043	0,001	0,007
Mechanische Eigenschaften	0,089	1,000	0,252	0,057	0,003	0,001
Strahlchemische Eigenschaften	0,002	0,252	1,000	0,098	0,005	0,030
Thermische Eigenschaften	0,043	0,057	0,098	1,000	0,070	0,041
Akzeptanz der Innovationsidee	0,001	0,003	0,005	0,070	1,000	0,221
Externe Informationssuche	0,007	0,001	0,030	0,041	0,221	1,000

DEV [1]						
Verarbeitungs-eigenschaften	1,000					
Mechanische Eigenschaften	0,770					
Strahlchemische Eigenschaften	0,680					
Thermische Eigenschaften	1,000					
Akzeptanz der Innovationsidee	0,860					
Externe Informationssuche	1,000					

Fortsetzung nächste Seite

DEV/KORR² (Fornell/Larcker-Kriterium)	Verarbeitungseigenschaften	Mechanische Eigenschaften	Strahlchemische Eigenschaften	Thermische Eigenschaften	Akzeptanz der Innovationsidee	Externe Informationssuche
Verarbeitungseigenschaften		11,2	434,0	23,3	1890,4	138,4
Mechanische Eigenschaften	8,6		3,1	13,6	264,1	1056,2
Strahlchemische Eigenschaften	295,1	2,7		6,9	124,2	23,0
Thermische Eigenschaften	23,3	17,7	10,2		14,2	24,3
Akzeptanz der Innovationsidee	1625,7	294,9	157,0	12,2		3,9
Externe Informationssuche	138,4	1371,7	33,8	24,3	4,5	

Anmerkungen:
1) Für die drei Faktoren, die lediglich anhand eines Indikators gemessen werden, ist von einer durchschnittlichen erfassten Varianz von 1 auszugehen, da eine Fehlervarianz ausgeschlossen wird.

Lesebeispiel:
Die letzte Tabelle gibt das *Fornell/Larcker*-Krtiterium an. Sie ist zeilenweise zu lesen, d.h. für den Faktor „Verarbeitungseigenschaften" ist das Verhältnis aus DEV und quadrierter Korrelation mit dem Faktor „mechanische Eigenschaften" = 11,2, mit dem Faktor „Strahlchemische Eigenschaften" = 434,0 etc.

Tab. 78: Messmodell PAM: Berechnung des Fornell/Larcker-Kriteriums

Δχ(p) ¹⁾	Verarbeitungseigenschaften	Mechanische Eigenschaften	Strahlchemische Eigenschaften	Thermische Eigenschaften	Akzeptanz der Innovationsidee	Externe Informationssuche
Verarbeitungseigenschaften						
Mechanische Eigenschaften	24,6 (0,000)					
Strahlchemische Eigenschaften	45,7 (0,000)	21,2 (0,000)				
Thermische Eigenschaften	29,1 (0,000)	31,7 (0,000)	25,0 (0,000)			
Akzeptanz der Innovationsidee	49,1 (0,000)	57,4 (0,000)	51,9 (0,000)	30,7 (0,000)		
Externe Informationssuche	38,5 (0,000)	49,0 (0,000)	60,2 (0,000)	29,4 (0,000)	19,6 (0,000)	

Anmerkung:
1) Angegeben ist jeweils die Differenz des Chi-Quadrat-Wertes zwischen einem völlig unrestringierten Modell und einem Modell, bei dem die jeweilige Beziehung zwischen den Konstrukten auf 1 gesetzt wurde. In Klammern ist die Signifikanz dieser Differenz angegeben.

Tab. 79: Messmodell PAM: Chi-Quadrat-Differenztest

5.2 EAM

KORR	Chance	Bedrohung	Hoffnungen bei Adoption	Befürchtungen bei Adoption	Befürchtungen bei Rejektion	Akzeptanz	Externe Informationssuche
Chance	1	-0,317	0,63	-0,080	0,621	0,789	0,432
Bedrohung	-0,317	1	-0,172	0,368	-0,169	-0,279	-0,175
Hoffnungen bei Adoption	0,630	-0,172	1	-0,034	0,518	0,696	0,319
Befürchtungen bei Adoption	-0,080	0,368	-0,034	1	-0,031	-0,023	-0,135
Befürchtungen bei Rejektion	0,621	-0,169	0,518	-0,031	1	0,583	0,279
Akzeptanz	0,789	-0,279	0,696	-0,023	0,583	1	0,474
Externe Informationssuche	0,432	-0,175	0,319	-0,135	0,279	0,474	1

KORR^2	Chance	Bedrohung	Hoffnungen bei Adoption	Befürchtungen bei Adoption	Befürchtungen bei Rejektion	Akzeptanz	Externe Informationssuche
Chance	1,000	0,100	0,397	0,006	0,386	0,623	0,187
Bedrohung	0,100	1,000	0,030	0,135	0,029	0,078	0,031
Hoffnungen bei Adoption	0,397	0,030	1,000	0,001	0,268	0,484	0,102
Befürchtungen bei Adoption	0,006	0,135	0,001	1,000	0,001	0,001	0,018
Befürchtungen bei Rejektion	0,386	0,029	0,268	0,001	1,000	0,340	0,078
Akzeptanz	0,623	0,078	0,484	0,001	0,340	1,000	0,225
Externe Informationssuche	0,187	0,031	0,102	0,018	0,078	0,225	1,000

DEV [1]							
Chance	0,890						
Bedrohung	1,000						
Hoffnungen bei Adoption	0,830						
Befürchtungen bei Adoption	0,850						
Befürchtungen bei Rejektion	0,870						
Akzeptanz	0,860						
Externe Informationssuche	1,000						

Fortsetzung nächste Seite

DEV/KORR²	Chance	Bedrohung	Hoffnungen bei Adoption	Befürchtungen bei Adoption	Befürchtungen bei Rejektion	Akzeptanz	Externe Informationssuche
Chance		8,9	2,2	1,4	2,3	1,4	4,8
Bedrohung	10,0		33,8	7,4	35,0	12,8	32,7
Hoffnungen bei Adoption	2,1	28,1		718,0	3,1	1,7	8,2
Befürchtungen bei Adoption	141,7	6,3	735,3		884,5	1606,8	46,6
Befürchtungen bei Rejektion	2,3	30,5	3,2	905,3		2,6	11,2
Akzeptanz	1,4	11,0	1,8	1625,7	2,5		3,8
Externe Informationssuche	5,4	32,7	9,8	54,9	12,8	4,5	

Anmerkungen:
1) Für die zwei Faktoren, die lediglich anhand eines Indikators gemessen werden, ist von einer durchschnittlichen erfassten Varianz von 1 auszugehen, da eine Fehlervarianz ausgeschlossen wird.
Lesebeispiel:
Die letzte Tabelle gibt das *Fornell/Larcker*-Krtiterium an. Sie ist zeilenweise zu lesen, d.h. für den Faktor „Chance" ist das Verhältnis aus DEV und quadrierter Korrelation mit dem Faktor „Bedrohung" = 8,9, mit dem Faktor „Hoffnungen bei Adoption" = 2,2 etc.

Tab. 80: Messmodell EAM: Berechnung des Fornell/Larcker-Kriteriums

Δχ (p) [1]	Chance	Bedrohung	Hoffnungen bei Adoption	Befürchtungen bei Adoption	Befürchtungen bei Rejektion	Akzeptanz	Externe Informationssuche
Chance							
Bedrohung	89,8 (0,000)						
Hoffnungen bei Adoption	25,8 (0,000)	76,3 (0,000)					
Befürchtungen bei Adoption	63,8 (0,000)	24,7 (0,000)	66,6 (0,000)				
Befürchtungen bei Rejektion	15,6 (0,000)	62,4 (0,000)	29,9 (0,000)	52,3 (0,000)			
Akzeptanz	10,0 (0,002)	77,8 (0,000)	20,1 (0,000)	53,5 (0,000)	15,6 (0,000)		
Externe Informationssuche	21,6 (0,000)	154,2 (0,000)	35,5 (0,000)	39,9 (0,000)	26,7 (0,000)	17,3 (0,000)	

Anmerkung:
1) Angegeben ist jeweils die Differenz des Chi-Quadrat-Wertes zwischen einem völlig unrestringierten Modell und einem Modell, bei dem die jeweilige Beziehung zwischen den Konstrukten auf 1 gesetzt wurde. In Klammern ist die Signifikanz dieser Differenz angegeben.

Tab. 81: Messmodell EAM: Chi-Quadrat-Differenztest

6 Nicht-lineare Einflüsse antizipierter Emotionen auf die Akzeptanz

6.1 Hoffnungen bei Adoption der Innovation

Regressions-modell	Regressionsfunktion	R^2	F	Sig. (F)	b_0	b_1	b_2	b_3
linear	$y = b_0 + b_1 \bullet x$	0,313	50,47	0,000	1,425	0,611		
logarithmisch	$y = b_0 + b_1 \bullet \ln(x)$	0,285	44,19	0,000	1,752	1,514		
invers	$y = b_0 + \frac{b_1}{x}$	0,225	32,23	0,000	4,472	-2,72		
quadratisch	$y = b_0 + b_1 x + b_2 x^2$	0,313	25,01	0,000	1,455	0,590	0,003	
kubisch	$y = b_0 + b_1 x + b_2 x^2 + b_3 x^3$	0,321	17,17	0,000	2,742	-1,133	0,631	-0,068
Zusammengesetzt	$y = b_0 \bullet b_1^x$	0,329	54,34	0,000	1,538	1,25		
exponent	$y = b_0 \bullet x^{b_1}$	0,328	54,23	0,000	1,679	0,582		
S	$y = e^{\left(b_0 + \frac{b_1}{x}\right)}$	0,286	44,49	0,000	1,581	-1,100		
Wachstum	$y = e^{(b_0 + b_1 x)}$	0,329	54,34	0,000	0,431	0,224		
exponentiell	$y = b_0 \bullet e^{(b_1 x)}$	0,329	54,34	0,000	1,538	0,224		
logistisch	$y = \frac{1}{\frac{1}{o} + (b_0 \bullet b_1^x)}$	0,319	51,94	0,000	0,569	0,626		

Anmerkungen:
1) o ... Obergrenze, die positiv und größer sein muss als der höchste Wert der abhängigen Variablen (hier: o = 6).
2) Zur Operationalisierung der unabhängigen (Hoffnungen bei Adoption) und der abhängigen Variablen (Akzeptanz der Innovationsidee) wurden jeweils die Mittelwerte der beiden zugehörigen Indikatoren gebildet (Hoffnungen = Mittelwert aus ha_2 und ha_4; Akzeptanz = Mittelwert aus a_1 und a_2).

Tab. 82: Ergebnisse nicht-linearer Regressionsanalysen der Hoffnungen bei Adoption der Innovation auf die Akzeptanz der Innovationsidee

6.2 Befürchtungen bei Rejektion der Innovation

Regressions-modell	Regressionsfunktion	R^2	F	Sig. (F)	b_0	b_1	b_2	b_3
linear	$y = b_0 + b_1 \bullet x$	0,248	36,56	0,000	1,764	0,612		
logarithmisch	$y = b_0 + b_1 \bullet \ln(x)$	0,231	33,43	0,000	1,978	1,537		
invers	$y = b_0 + \frac{b_1}{x}$	0,194	26,67	0,000	4,716	-3,032		
quadratisch	$y = b_0 + b_1 x + b_2 x^2$	0,249	18,21	0,000	2,032	0,414	0,034	
kubisch	$y = b_0 + b_1 x + b_2 x^2 + b_3 x^3$	0,250	12,08	0,000	1,528	1,034	-,194	0,026
Zusammen-gesetzt	$y = b_0 \bullet b_1^x$	0,197	27,19	0,000	1,903	1,216		
exponent	$y = b_0 \bullet x^{b_1}$	0,192	26,46	0,000	2,013	0,502		
S	$y = e^{\left(b_0 + \frac{b_1}{x}\right)}$	0,171	22,95	0,000	1,605	-1,021		
Wachstum	$y = e^{(b_0 + b_1 x)}$	0,197	27,19	0,000	,644	0,195		
exponentiell	$y = b_0 \bullet e^{(b_1 x)}$	0,197	27,19	0,000	1,903	0,195		
logistisch	$y = \frac{1}{\frac{1}{o} + (b_0 \bullet b_1^x)}$	0,245	35,94	0,000	6,000	0,429	0,630	

Anmerkungen:

1) o ... Obergrenze, die positiv und größer sein muss als der höchste Wert der abhängigen Variablen (hier: o = 6).

2) Zur Operationalisierung der unabhängigen (Befürchtungen bei Rejektion) und der abhängigen Variablen (Akzeptanz der Innovationsidee) wurden jeweils die Mittelwerte der beiden zugehörigen Indikatoren gebildet (Befürchtungen = Mittelwert aus br$_1$ und br$_2$; Akzeptanz = Mittelwert aus a$_1$ und a$_2$).

Tab. 83: Ergebnisse nicht-linearer Regressionsanalysen der Befürchtungen bei Rejektion der Innovation auf die Akzeptanz der Innovationsidee

6.3 Befürchtungen bei Adoption der Innovation

Regressions-modell	Regressionsfunktion	R^2	F	Sig. (F)	b_0	b_1	b_2	b_3
linear	$y = b_0 + b_1 \bullet x$	0,000	0,05	0,821	3,689	-0,026		
logarithmisch	$y = b_0 + b_1 \bullet \ln(x)$	0,000	0,00	0,960	3,587	0,017		
invers	$y = b_0 + \dfrac{b_1}{x}$	0,003	0,37	0,542	3,778	-0,514		
quadratisch	$y = b_0 + b_1 x + b_2 x^2$	0,002	0,13	0,878	3,220	0,287	-0,049	
kubisch	$y = b_0 + b_1 x + b_2 x^2 + b_3 x^3$	0,055	2,12	0,102	-2,674	6,602	-2,141	0,217
Zusammen-gesetzt	$y = b_0 \bullet b_1^x$	0,000	0,01	0,921	3,381	1,004		
exponent	$y = b_0 \bullet x^{b_1}$	0,002	0,20	0,654	3,223	0,054		
S	$y = e^{\left(b_0 + \frac{b_1}{x}\right)}$	0,011	1,28	0,260	1,345	-,340		
Wachstum	$y = e^{(b_0 + b_1 x)}$	0,000	0,01	0,921	1,218	0,004		
exponentiell	$y = b_0 \bullet e^{(b_1 x)}$	0,000	0,01	0,921	3,381	0,004		
logistisch	$y = \dfrac{1}{\frac{1}{o} + (b_0 \bullet b_1^x)}$	0,000	0,05	0,828	6,00	0,101	1,019	

Anmerkungen:
1) o ... Obergrenze, die positiv und größer sein muss als der höchste Wert der abhängigen Variablen (hier: o = 6).
2) Zur Operationalisierung der unabhängigen (Befürchtungen bei Adoption) und der abhängigen Variablen (Akzeptanz der Innovationsidee) wurden jeweils die Mittelwerte der beiden zugehörigen Indikatoren gebildet (Befürchtungen = Mittelwert aus ba_1 und ba_2; Akzeptanz = Mittelwert aus a_1 und a_2).

Tab. 84: Ergebnisse nicht-linearer Regressionsanalysen der Befürchtungen bei Adoption der Innovation auf die Akzeptanz der Innovationsidee

Literaturverzeichnis

Adelmann, P. K.; Zajonc, R. B. (1989): Facial Feedback and the Experience of Emotion, in: Annual Review of Psychology, Vol. 40, No. 1, pp. 249-280.

Ajzen, I. (1991): The Theory of Planned Behavior, in: Organizational Behavior & Human Decision Processes, Vol. 50, No. 2, pp. 179-212.

Ajzen, I.; Fishbein, M. (1980): Understanding Attitudes and Predicting Social Behavior, Englewood Cliffs/NJ.

Albers, S.; Hildebrandt, L. (2006): Methodische Probleme bei der Erfolgsfaktorenforschung. Messfehler, formative vs. reflektive Indikatoren und die Wahl des Strukturgleichungs-Modells, in: Zeitschrift für Betriebswirtschaftliche Forschung, 58. Jg., Nr. 1, S. 2-33.

Albers, S.; Litfin, T. (2001): Adoption und Diffusion, in: Albers, S.; Clement, M.; Peters, K.; Skiera, B. (Hrsg.): Marketing mit interaktiven Medien, 3. Aufl., Frankfurt/M., S. 116-130.

Anderson, E. W.; Sullivan, M. W. (1993): The Antecedents and Consequences of Customer Satisfaction for Firms, in: Marketing Science, Vol. 12, No. 2, pp. 125-43.

Arbuckle, J. L. (2003): Amos 5.0 User's Guide, Chicago/IL.

Argyle, M. (2002): Körpersprache & Kommunikation. Das Handbuch zur nonverbalen Kommunikation, 8. Aufl., Paderborn.

Argyle, M. (1975): Bodily Communication, 2nd Ed., London.

Arias-Bolzmann, L.; Chakraborty, G.; Mowen, J. C. (2000): Effects of Absurdity in Advertising. The Moderating Role of Product Category Attitude and the Mediating Role of Cognitive Responses, in: Journal of Advertising, Vol. 29, No. 1, pp. 35-49.

Armstrong, J. S.; Overton, T. S. (1977): Estimating Non-Response Bias in Mail Surveys, in: Journal of Marketing Research, Vol. 14, No. 3, pp. 396-402.

Arnould, E.; Price, L. (1993): River Magic. Extraordinary Experience and the Extended Service Encounter, in: Journal of Consumer Research, Vol. 20, No. 1, pp. 24-45.

Arnold, M. B. (1960): Emotion and Personality, Vol. 1, New York.

Arnold, U. (2005): Bewertung von Lieferanten. Entscheidungsgrundlage für die Gestaltung einer erfolgreichen Wertschöpfungspartnerschaft, in: Foschiani, S.; Habenicht, W.; Wäscher, G. (Hrsg.): Strategisches Wertschöpfungsmanagement in dynamischer Umwelt, Frankfurt/M., S. 387-408.

Arnold, U. (2004): Beschaffungskooperationen und Netzwerke, in: Backhaus, K.; Voeth, M. (Hrsg.): Handbuch Industriegütermarketing, Wiesbaden, S. 287-322.

Arnold, U.; Eßig, M. (2003): Kooperationen in der industriellen Beschaffung, in: Zentes, J.; Swoboda, B.; Morschett, D. (Hrsg.): Kooperationen, Allianzen und Netzwerke, Wiesbaden, S. 659-681.

Arnold, U.; Eßig, M. (2002): Grundlagen des internationalen Supply Chain Management, in: Macharzina, K.; Oesterle M.-J. (Hrsg.): Handbuch Internationales Management, Wiesbaden, S. 237-254.

Arnold, U.; Eßig, M. (2000): Sourcing-Konzepte als Grundelemente der Beschaffungsstrategie, in: Wirtschaftswissenschaftliches Studium, 29. Jg., Nr. 3, S. 122-128.

Austin, J. T.; Vancouver, J. B. (1996): Goal Constructs in Psychology. Structure, Process, and Content, in: Psychological Bulletin, Vol. 120, No. 3, pp. 338-375.

Averill, J. R.; Catlin, G.; Chon, K. K. (1990): Rules of Hope, New York.

Backhaus, K. (1997): Industriegütermarketing, 5. Aufl., München.

Backhaus, K.; Erichson, B.; Plinke, W.; Weiber, R. (2006): Multivariate Analysemethoden. Eine anwendungsorientierte Einführung, 11. Aufl., Berlin.

Backhaus, K.; Günter, B. (1976): A Phase-Differentiated Interaction Approach to Industrial Marketing Decisions, in: Industrial Marketing Management, Vol. 5, No. 4, pp. 255-270.

Bagozzi, R. P. (1998): A Prospectus for Theory Construction in Marketing. Revisited and Revised, in: Hildebrandt, L.; Homburg, C. (Hrsg.): Die Kausalanalyse, Stuttgart, S. 45-84.

Bagozzi, R. P. (1994): Structural Equation Modeling in Marketing Research. Basic Principles, in: Bagozzi, R. (Ed.): Principles of Marketing Research, Cambridge, pp. 317-385.

Bagozzi, R. P. (1983): A Holistic Methodology for Modeling Consumer Response to Innovation, in: Operations Research, Vol. 31, No. 1, pp. 128-177.

Bagozzi, R. P. (1981): Evaluation Structural Equation Models with Unobservable Variables and Measurement Error. A Comment, in: Journal of Marketing Research, Vol. 18, No. 3, pp. 375-381.

Bagozzi, R. P.; Baumgartner, H. (1994): The Evaluation of Structural Equation Models and Hypothesis Testing, in: Bagozzi, R. P. (Ed.): Principles of Marketing Research, Cambridge, pp. 386-422.

Bagozzi, R. P.; Baumgartner, H.; Pieters, R. (1998): Goal-Directed Emotions, in: Cognition and Emotion, Vol. 12, No. 1, pp. 1-26.

Bagozzi, R. P.; Lee, K. H. (1999): Consumer Resistance to, and Acceptance of, Innovations, in: Advances in Consumer Research, Vol. 26, No. 1, pp. 218-225.

Bagozzi, R. P.; Phillips, L. (1982): Representing and Testing Organizational Theories. A Holistic Construal, in: Administrative Science Quarterly, Vol. 27, No. 3, pp. 459-489.

Bagozzi, R. P.; Yi, Y. (1988): On the Evaluation of Structural Equation Models, in: Journal of the Academy of Marketing Science, Vol. 16, No. 1, pp. 74-94.

Bagozzi, R. P.; Yi, Y.; Phillips, L. (1991): Assessing Construct Validity in Organizational Research, in: Administrative Science Quarterly, Vol. 36, No. 3, pp. 421-458.

Bähr-Seppelfricke, U. (1999): Diffusion neuer Produkte. Der Einfluss von Produkteigenschaften, Wiesbaden.

Bamberg, G.; Coenenberg, A. G. (2004): Betriebswirtschaftliche Entscheidungslehre, 12. Aufl., München.

Bandura, A. (1986): Social Foundations of Thought and Action. A Social Cognitive Theory, Englewood Cliffs/NJ.

Bandura, A. (1979): Sozial-kognitive Lerntheorie, Stuttgart.

Bänsch, A. (1993): Käuferverhalten, 5. Aufl., München.

Bar-Hillel, M.; Neter, E. (1996): Why are People Reluctant to Exchange Lottery Tickets, in: Journal of Personality and Social Psychology, Vol. 70, No. 1, pp. 17-27.

Barras, R. (1986): Toward a Theory of Innovation in Services, in: Research Policy, Vol. 15, pp. 161-173.

Batra, R.; Holbrook, M. B. (1990): Developing a Typology of Affective Responses to Advertising, in: Psychology and Marketing, Vol. 7, No. 1, pp. 11-25.

Bauer, H. H.; Fischer, M.; Sauer, N. E. (2000): Barrieren des elektronischen Einzelhandels. Eine empirische Studie zum Kaufverhalten im Internet, in: Zeitschrift für Betriebswirtschaft, 70. Jg., Nr. 10, S. 1133-1156.

Bauer, R. A. (1967): The Concept of Perceived Risk, in: Cox, D. F. (Ed.): Risk Taking and Information Handling in Consumer Behavior, Boston, pp. 21-33.

Bauer, R. A. (1960): Consumer Behavior as Risk Taking, in: Hancock, R. S. (Ed.): Dynamic Marketing for a Changing World, Proceedings of the 43rd National Conference, Chicago, pp. 389-398.

Baumgartner, H.; Steenkamp, J.-B. E. M. (1996): Exploratory Consumer Buying Behavior. Conceptualization and Measurement, in: International Journal of Research in Marketing, Vol. 13, No. 2, pp. 121-137.

Bayus, B. L. (1991): The Consumer Durable Replacement Buyer, in: Journal of Marketing, Vol. 55, No. 1, pp. 42-51.

Beal, G. M.; Rogers, E. M. (1960): The Adoption of Two Farm Practices in a Central Iowa Community, in: Agricultural and Home Economics Experiment Station, Iowa State University (Ed.): Special Report, No. 26, Ames.

Bell, G. D. (1967): The Automobile Buyer after the Purchase, in: Journal of Marketing, Vol. 31, No. 3, pp. 12-16.

Bello, D. C.; Lohtia, R.; Sangtani, V. (2004): An Institutional Analysis of Supply Chain Innovations in Global Marketing Channels, in: Industrial Marketing Management, Vol. 33, No. 1, pp. 57-65.

Bentler, P. (1989): EQS. Structural Equation Program Manual, Los Angeles.

Bentler, P.; Bonett, D. G. (1980): Significance Test and Goodness of Fit in the Analysis of Covariance Structures, in: Psychological Bulletin, Vol. 88, pp. 588-606.

Berggren, E.; Nacher, T. (2001): Introducing New Products Can be Hazardous to Your Company. Use the Right New-Solutions Delivery Tools, in: Academy of Management Executive, Vol. 15, No. 3, pp. 92-101.

Bernemann, T. (1989): Die Markentreue privater Neuwagenkäufer. Eine theoretische und empirische Untersuchung der Beiträge verschiedener Konsumentenverhaltenstheorien zur Erklärung der Markentreue beim privaten Neuwagenkauf, Diss., Essen.

Berthon, P.; Ewing, M.; Pitt, L.; Naudé, P. (2003): Understanding B2B and the Web. The Acceleration of Coordination and Motivation, in: Industrial Marketing Management, Vol. 32, No. 7, pp. 553-561.

Billings, A. G.; Moos, R. H. (1984): Coping, Stress, and Social Resources among Adults with Unipolar Depression, in: Journal of Personality and Social Psychology, Vol. 46, No. 4, pp. 877-891.

Bleicher, K. (1995): Technologiemanagement und organisatorischer Wandel, in: Zahn, E. (Hrsg.): Handbuch Technologiemanagement, Stuttgart, S. 579-596.

Bleymüller, J.; Gehlert, G.; Gülicher, H. (1979): Statistik für Wirtschaftswissenschaftler, München.

Block, L. G.; Keller, P. A. (1005): When to Accentuate the Negative. The Effects of Perceived Efficacy and Message Framing on Intentions to Perform a Health-Related Behavior, in: Journal of Marketing Research, Vol. 32, No. 2, pp. 192-204.

Bollen, K.; Long, J. S. (1992): Tests for Structural Equation Models. Introduction, in: Sociological Methods and Research, Vol. 21, No. 4, pp. 123-131.

Bolte, C. (2005): Eigenschaften von Kunststoffen. Quervernetzung, in: www.chemie.fu-berlin.de/chemistry/kunststoffe/quer.htm, 04.04.2005.

Bonoma, T. V. (1982): Major Sales. Who Really Does the Buying?, in: Rangan, V. K.; Shapiro, B. P.; Moriarty, R. T. (Eds.): Business Marketing Strategy, Chicago 1995, pp. 46-60.

Borchert, J.; Goos, P.; Hagenhoff, S. (2003): Innovations- und Technologiemanagement. Eine Bestandsaufnahme, Arbeitspapier Nr. 4/2003 der Universität Göttingen.

Bosch (2004): Elektronisches Stabilitäts-Programm. Immer mehr Fahrzeuge haben ESP® an Bord, Pressemeldung der Firma Robert Bosch GmbH, in: http://rb-k.bosch.de/de/start/news_041118/index.html, 28.12.2005.

Boster, F. J.; Mongeau, P. (1984): Fear-Arousing Persuasive Messages, in: Bostrom, R. (Ed.): Communication Yearbook, Vol. 8, Beverly Hills/CA, pp. 330-375.

Böttcher, G. (2005): Expertengespräch mit Herrn Gunter Böttcher, Mitarbeiter Entwicklung der KET Kunststoff- und Elasttechnik GmbH Liegau Augustusbad, Dresden, 11.02.2005.

Bozdogan, H. (1987): Model Selection and Akaike's Information Criterion (AIC). The General Theory and Its Analytical Extensions, in: Psychometrika, Vol. 52, No. 3, pp. 345-370.

Braunstein, S. L. (1992): How Large a Sample is Needed for the Maximum Likelihood Estimator to be Approximately Gaussian?, in: Journal of Physics A (Mathematical and General), Vol. 25, No. 13, pp. 3813-3826.

Bridger, W. H.; Reiser, M. F. (1959): Psychophysiologic Studies of the Neonate. An Approach toward the Methodological and Theoretical Problems Involved, in: Psychosomatic Medicine, Vol. 21, No. 4, pp. 265-276.

Brosius, F. (2004): SPSS 12, Bonn.

Brost, M. (2005): Mensch, Ackermann, in: Die Zeit, 60. Jg., Nr. 52, S. 21-22.

Brown, S.; Schwartz, G. E. (1980): Relationships between Facial Electromyography and Subjective Experience during Affective Imagery, in: Biological Psychology, Vol. 11, No. 1, pp. 49-62.

Bruhn, M. (2003): Kommunikationspolitik, 2. Aufl., München.

Bruner II, G. C.; Pomazal, R. J. (1988). Problem Recognition. The Crucial First Stage of the Consumer Decision Process, in: Journal of Consumer Marketing, Vol. 5, No. 1, pp. 53-63.

Bull, N. (1951): The Attitude Theory of Emotions, Nervous and Mental Disease Monograph, Vol. 81, New York.

Bunn, M. D. (1993): Taxonomy of Buying Decision Approaches, in: Journal of Marketing, Vol. 57, 1, pp. 38-56.

Buss, D. M. (2004): Evolutionäre Psychologie, 2. Aufl., München.

Buss, D. M. (1995): Evolutionary Psychology. A New Paradigm for Psychological Science, in: Psychological Inquiry, Vol. 6, No. 1, pp. 1-31.

Buzzell, R. D.; Gale, B. T. (1989): Das PIMS-Programm: Strategien und Unternehmens-erfolg, Wiesbaden.

Byrne, B. (1998): Structural Equation Modeling with LISREL, PRELIS, and SIMPLIS, Mahwah/NJ.

Casati, R. (2005): Danke, sehr freundlich! Ware ist im Anmarsch, in: www.sueddeutsche.de/computer/artikel/908/56852/, 10.01.2006.

Cavinato, J. L. (1991): Identifying Interfirm Total Cost Advantages for Supply Chain Competitiveness, in: International Journal of Purchasing & Materials Management, Vol. 27, No. 4, pp. 10-16.

Chandon, P.; Marwitz, V. G.; Reinartz, W. J. (2005): Do Intentions Really Predict Behavior? Self Generated Validity Effects in Survey Research, in: Journal of Marketing, Vol. 69, No. 2, pp. 1-14.

Choffray, J.-M.; Lilien, G. L. (1978): Assessing Response to Industrial Marketing Strategy, in: Journal of Marketing, Vol. 42, No. 2, pp. 20-31.

Churchill, G. A. (1979): A Paradigm for Developing Better Measures of Marketing Constructs, in: Journal of Marketing Research, Vol. 16, No. 1, pp. 64-73.

Cook, T. D.; Campbell, D. T. (1979): Quasi-Experimentation. Design and Analysis Issue for Field Settings, Chicago.

Cook, T. D.; Insko, C. A. (1968): Persistence of Induced Attitude Change as a Function of Conclusion Reexposure. A Laboratory-Field Experiment, in: Journal of Personality and Social Psychology, Vol. 9, No. 4, pp. 322-328.

Corsten, H. (1992): Opportunitätskosten, in: Corsten, H. (Hrsg.): Lexikon der Betriebswirtschaftslehre, München, S. 635.

Cox, D. F. (1967): Risk Taking and Information Handling in Consumer Behavior, Boston.

Coyne, J. C.; Aldwin, C.; Lazarus, R. S. (1981): Depression and Coping in Stressful Episodes, in: Journal of Abnormal Psychology, Vol. 90, No. 5, pp. 439-447.

Curry, L. A.; Snyder, C. R.; Cook, D. L.; Ruby, B. C. (1997): Role of Hope in Academic and Sport Achievement, in: Journal of Personality and Social Psychology, Vol. 73, No. 6, pp. 1257-1267.

Cyert, R. M.; March, J. G. (1963): A Behavioral Theory of the Firm, Englewood Cliffs/NJ.

DAAD (Hrsg.) (2005): Höchstdotierter deutscher Forschungsförderpreis verliehen, in: www.campusgermany.de/german/10.4814.1.14.html, 21.12.2005.

Damanpour, F. (1992): Organizational Size and Innovation, in: Organization Studies, Vol. 13, No. 3, pp. 375-402.

Damanpour, F. (1991): Organizational Innovation. A Meta-Analysis of Effects of Determinants and Moderators, in: Acadamy of Management Journal, Vol. 34, No. 3, pp. 555-590.

Damanpour, F. (1987): The Adoption of Technological, Administrative, and Ancillary Innovations. Impact of Organizational Factors, in: Journal of Marketing, Vol. 13, No. 4, pp. 675-688.

Damanpour, F.; Gopalakrishnan, S. (2001): The Dynamics of the Adoption of Product and Process Innovations in Organizations, in: Journal of Management Studies, Vol. 38, No. 1, pp. 45-65.

Darwin, C. (1859): On the Origin of the Species by Means of Natural Selection, or, the Preservation of Favoured Races in the Struggle for Life, London.

Davis, F. D. (1989): Perceived Usefulness, Perceived Ease of Use, and User Acceptance of Information Technology, in: MIS Quarterly, Vol. 13, No. 3, pp. 319-339.

Davis, F. D.; Bagozzi, R. P.; Warshaw, P. R. (1989): User Acceptance of Computer Technology. A Comparison of Two Theoretical Models, in: Management Science, Vol. 35, No. 8, pp. 982-1002.

Dawes, P. L.; Dowling, G. R.; Patterson, P. G. (1992): Factors Affecting the Structure of Buying Centers for the Purchase of Professional Advisory Services, in: International Journal of Research in Marketing, Vol. 9, No. 3, pp. 269-279.

Debus, G. (2000): Sprachliche Methoden, in: Otto, J. H.; Euler, H. A.; Mandl, H. (Hrsg.): Emotionspsychologie. Ein Handbuch in Schlüsselbegriffen, Weinheim, S. 409-418.

Dickenberger, D.; Gniech, G.; Grabitz, H.-J. (1993): Die Theorie der psychologischen Reaktanz, in: Frey, D.; Irle, M. (1993): Theorien der Sozialpsychologie, Bd. 1, Kognitive Theorien, 2. Aufl., Bern, S. 243-273.

DIHK Deutsche Industrie- und Handelskammer (Hrsg.) (2006): Auf die Bestechung folgt die Bestrafung, in: www.dihk.de/inhalt/download/korruption.doc, 06.01.2006.

Diller, H. (2001): Vampireffekt, in: Diller, H. (Hrsg.): Vahlens Großes Marketing Lexikon, 2. Aufl., München, S. 1719.

Diller, H. (1995): Beziehungs-Marketing, in: Wirtschaftswissenschaftliches Studium, 24. Jg., Nr. 9, S. 442-448.

Dittfurth, C. (2006): Expertengespräche mit Dipl.-Ing. Carola Dittfurth, Bereich Verfahrenstechnik der Audi AG, Ingolstadt, 23.02.2006.

Donovan, R. J.; Jalleh, G. (1999): Positively vs. Negatively Framed Product Attributes. The Influence of Involvement, in: Psychology & Marketing, Vol. 16, No. 7, pp. 613-630.

Eberl, M.; Zinnbauer, M. (2005): Strukturgleichungsmodelle in der Anwendung, in: Wirtschaftswissenschaftlichses Studium, 34. Jg., Nr. 10, S. 591-596.

Eisenführ, F.; Weber, M. (2003): Rationales Entscheiden, 4. Aufl., Berlin.

Elliot, R. (1998): A Model of Emotion-Driven Choice, in: Journal of Marketing Management, Vol. 14, No. 1/3, pp. 95-108.

Eng, T.-Y. (2004): The Role of E-Marketplaces in Supply Chain Management, in: Industrial Marketing Management, Vol. 33, No. 2, pp. 97-105.

Engel, J. F.; Blackwell, R. D.; Miniard, P. W. (2000): Consumer Behavior, 9th Ed., Now York.

Engel, J. F.; Blackwell, R. D.; Miniard, P. W. (1995): Consumer Behavior, 8th Ed., New York.

Farrell, M.; Schroder, B. (1999): Power and Influence in the Buying Centre, in: European Journal of Marketing, Vol. 33, No. 11/12, pp. 1161-1171.

Fassot, G. (2006): Operationalisierung latenter Variablen in Strukturgleichungsmodellen: Eine Standortbestimmung, in: Zeitschrift für Betriebswirtschaftliche Forschung, 58. Jg., Nr. 1, S. 67-88.

FEDMA. Federation of European Direct Marketing (Ed.) (2003): 2002 Survey on Direct and Interactive Marketing Activities in Europe, Brussels.

Festinger, L. (1964): Conflict, Decision, and Dissonance, Stanford.

Festinger, L. (1957): A Theory of Cognitive Dissonance, Evanston.

Festinger, L. (1954): A Theory of Social Comparison Processes, in: Human Relations, Vol. 7, No. 2, pp. 117-140.

File, K. M.; Prince, R. A. (1992): Positive Word-of-Mouth: Customer Satisfaction and Buyer Behavior, in: International Journal of Bank Marketing, Vol. 10, No. 2, pp. 25-29.

Fishbein, M.; Ajzen, I. (1975): Belief, Attitude, Intention and Behavior. An Introduction to Theory and Research, Reading/MA.

Fisher, R. A. (1925): Statistical Methods for Research Workers, Edinburgh, in: http://psychclassics.yorku.ca/Fisher/Methods/chap3.htm, 01.08.2005.

FIZ Chemie (Fachinformationszentrum Chemie) (Hrsg.): Schmelzindex, in: www.vs-c.de/vsengine/popup/vsc/de/glossar/s/sc/schmelzindex.glos.html, 22.12.2005.

Fornell, C.; Cha, J. (1994): Partial Least Squares, in: Bagozzi, R. (Ed.): Advanced Methods of Marketing Research, Cambridge/MA, pp. 52-78.

Fornell, C.; Larcker, D. (1981): Evaluating Structural Equation Models with Unobservable Variables and Measurement Errors, in: Journal of Marketing Research, Vol. 18, No. 2, pp. 39-50.

Frijda, N. H. (1993): Moods, Emotion Episodes, and Emotions, in: Lewis, M.; Haviland J. M. (Eds.): Handbook of Emotions, New York, pp. 381-403.

Frijda, N. H. (1987): Emotion, Cognitive Structure, and Action Tendency, in: Cognition and Emotion, Vol. 1, No. 2, pp. 115-143.

Frijda, N. H. (1986): The Emotions, Cambridge.

Frijda, N. H.; Kuipers, P.; ter Schure, E. (1989): Relations among Emotion, Appraisal, and Emotional Action Readiness, in: Journal of Personality and Social Psychology, Vol. 57, No. 2, pp. 212-228.

Fritz, W. (2004): Internet-Marketing. Grundlagen, Instrumente, Rahmenbedingungen, 3. Aufl., Wiesbaden.

Fritz, W. (1984): Die Idee des theoretischen Pluralismus und ihre Verwirklichung im Rahmen empirischer betriebswirtschaftlicher Forschung, Arbeitspapier der Forschungsgruppe Konsumenteninformation, Universität Mannheim, Mannheim.

Fritz, W.; Möllenberg, A.; Dees, H. (2005): Erfolgsfaktoren von Internet-Auktionen. Eine empirische Analyse mit PLS, in: Bliemel, F.; Eggert, A.; Fassott, G.; Henseler, J. (Hrsg.): Handbuch PLS-Pfadmodellierung, Stuttgart, S. 255-274.

Fritz, W.; Oelsnitz, D. von der (2001): Marketing. Elemente marktorientierter Unternehmensführung, 3. Aufl., Stuttgart.

Ganzach, Y.; Karsahi, N. (1995): Message Framing and Buying Behavior. A Field Experiment, in: Journal of Business Research, Vol. 32, No. 1, pp. 11-17.

Garcia, R.; Calantone, R. (2002): A Critical Look at Technological Innovation Typology and Innovativeness Terminology. A Literature Review, in: The Journal of Product Innovation Mangagement, Vol. 19, No. 2, pp. 110-132.

Gatignon, H.; Robertson, T. S. (1993): The Impact of Risk and Competition on Choice of Innovations, in: Marketing Letters, Vol. 4, No. 3, pp. 191-204.

Gelbrich, K. (2001): Kundenwert. Wertorientierte Akquisition von Kunden im Automobilbereich, Göttingen.

Gellhorn, E. (1964): Motion and Emotion. The Role of Proprioception in the Physiology and Pathology of Emotions, in: Psychological Review, Vol. 71, No. 6, pp. 457-472.

Gemünden, H. G. (1985): Wahrgenommenes Risiko und Informationsnachfrage. Eine systematische Bestandsaufnahme empirischer Befunde, in: Marketing ZFP, 7. Jg., Nr. 1, S. 27-38.

Gerbing, D. W.; Anderson, J. C. (1988): An Updated Paradigm for Scale Development Incorporating Unidimensionality and Its Assessment, in: Journal of Marketing Research, Vol. 25, No. 2, pp. 186-192.

Gerpott, T. J. (1999): Strategisches Technologie- und Innovationsmanagement, Stuttgart.

Giering, A. (2000): Der Zusammenhang zwischen Kundenzufriedenheit und Kundenloyalität, Eine Untersuchung moderierender Effekte, Diss., Wiesbaden.

Gierl, H. (2005): Der optimale Einsatz von Goal Frames in der Anzeigenwerbung, in: transfer. Werbeforschung & Praxis, 50. Jg., Nr. 3, S. 4-17.

Gierl, H. (1987): Ist der Erfolg industrieller Innovationen planbar?, in: Schmalenbachs Zeitschrift für Betriebswirtschaftliche Forschung, 39. Jg., Nr. 1, S. 53-73.

Golden, L. L.; Alpert, M. I. (1978): The Relative Effectiveness of One-sided and Two-sided Communications for Mass Transit Advertising, in: Hunt, K. H. (Ed.): Advances in Consumer Research, Vol. 5, No. 1, pp. 12-18.

Goleman, D.; Boyatzis, R.; McKee, A. (2004): Primal Leadership. Learning to Lead with Emotional Intelligence, Harvard.

Gopalakrishnan, S.; Wischnevsky, J. D.; Damanpour, F. (2003): A Multilevel Analysis of Factors Influencing the Adoption of Internet Banking, in: IEEE Transactions on Engineering Management, Vol. 50, No. 4, pp. 413-426.

Graham, S.; Weiner, B.; Giuliano, T. (1993): An Attributional Analysis of Reactions to Magic Johnson, in: Journal of Applied Social Psychology, Vol. 23, No. 12, pp. 996-1010.

Greitemeyer, T.; Lebek, S. (2005): Der Einfluss antizipierter Affekte auf die Aufrechterhaltung von Misserfolgshandlungen, in: Zeitschrift für Sozialpsychologie, 36. Jg., Nr. 1, S. 13-20.

Grönross, C. (1994): From Marketing Mix to Relationship Marketing. Towards a Paradigm Shift in Marketing, in: Management Decision, Vol. 32, No. 2, pp. 4-20.

Grønhaug, K.; Venkatesh, A. (1991): Needs and Need Recognition in Organisational Buying, in: European Journal of Marketing, Vol. 25, No. 2, pp. 17-32.

Grote, A. (2003): Sturmwarnung im Datenozean. Die digitale Informationsflut lähmt bei der Arbeit und macht krank. Rettung ist kaum in Sicht, in: www.sueddeutsche.de/jobkarriere/erfolggeld/artikel/551/14537/, 10.01.2006.

Grunert, K. G.; Grunert, S. C. (1995): Measuring Subjective Meaning Structures by the Laddering Method. Theoretical Considerations and Methodological Problems, in: International Journal of Research in Marketing, Vol. 12, No. 3, pp. 209-225.

Günther, M.; Vossebein, U.; Wildner, R. (1998): Marktforschung mit Panels, Wiesbaden.

Hair, J. F.; Anderson, R. E.; Tathman, R. L.; Black, W. C. (1995): Multivariate Data Analysis, 4th Ed., Englewood Cliffs/NJ.

Handfield, R. B.; Bechtel, C. (2002): The Role of Trust and Relationship Structure in Improving Supply Chain Responsiveness, in: Industrial Marketing Management, Vol. 31, No. 4, pp. 367-383.

Hannan, M.; Freeman, J. (1984): Structural Inertia and Organizational Change, in: American Sociological Review, Vol. 49, No. 2, pp. 149-164.

Harrison, D. A.; Mykytyn, P. P.; Riemenschneider, C. K. (1997): Executive Decisions about Adoption of Information Technology in Small Businesses. Theory and Empirical Tests, in: Information Systems Research, Vol. 8, No. 2, 171-195.

Hartmann, J. B.; Gehrt, K. C.; Watchravesringkan, K. (2004): Re-Examination of the Concept of Innovativeness in the Context of the Adolescent Segment. Development of a Measurement Scale, in: Journal of Targeting, Measurement and Analysis for Marketing, Vol. 12, No. 4, pp. 353-365.

Hauschildt, J. (1997): Innovationsmanagement, 2. Aufl., München.

Heider, F. (1944): Social Perception and Phenomenal Causality, in: Psychological Review, Vol. 51, No. 6, pp. 358-374.

Heider, F. (1958): The Psychology of Interpersonal Relations, New York.

Helm, R. (2000): Planung und Vermarktung von Innovationen, Habil., Augsburg.

Hellier, P. K.; Geursen, G. M.; Carr, R. A.; Rickard, J. A. (2003): Customer Repurchase Intention. A General Structural Equation Model, in: European Journal of Marketing, Vol. 37, No. 11/12, pp. 1762-1800.

Herrmann, A. (1996): Nachfrageorientierte Produktgestaltung. Ein Ansatz auf Basis der Means-End-Theorie, Wiesbaden.

Herrmann, A.; Huber, F.; Kressmann, F. (2006): Varianz- und kovarianzbasierte Strukturgleichungsmodelle. Ein Leitfaden zu deren Spezifikation, Schätzung und Beurteilung, in: Zeitschrift für Betriebswirtschaftliche Forschung, 58. Jg., Nr. 1, S. 34-66.

Herstatt, C.; Hippel, E. von (1992): From Experience. Developing New Product Concepts via the Lead User Method: A Case Study in a "Low-Tech" Field, in: The Journal of Product Innovation Management, Vol. 9, No. 3, pp. 213-221.

Hewgill, M. A.; Miller, G. R. (1965): Source Credibility and Response to Fear-Arousing Communications, in: Speech Monographs, Vol. 32, pp. 95-101.

Hilbert, A.; Raithel, S. (2004): Empirische Evaluation eines Kausalmodells zur Erklärung der Kundenbindung am Beispiel des High-Involvement-Produkts Automobil, Dresdner Beiträge zur Wirtschaftsinformatik, Nr. 46, Dresden.

Hilbig, W. (1984): Akzeptanzforschung neuer Bürotechnologien. Ergebnisse einer empirischen Fallstudie, in: Office-Management, 32. Jg., Nr. 4, S. 320-323.

Hildebrandt, L. (2000): Hypothesenbildung und empirische Überprüfung, in: Herrmann, A.; Homburg, C. (Hrsg.): Marktforschung. Methoden, Anwendungen, Praxisbeispiele, 2. Aufl., Wiesbaden, S. 35-58.

Hildebrandt, L. (1999): Hypothesenbildung und empirische Überprüfung, in: Herrmann, A.; Homburg, C. (Hrsg.): Marktforschung, Wiesbaden, S. 33-58.

Hippel, E. von (2005): Democratizing Innovation. The Evolving Phenomenon of User Innovation, in: Journal für Betriebswirtschaft, 55. Jg., Nr. 1, S. 63-68.

Hippel, E. von (1982): Get New Products for Customers, in: Harvard Business Review, Vol. 60, No. 2, pp. 117-122.

Hofstätter, P. R. (1957): Psychologie, Frankfurt/M.

Hofstede, F. T.; Steenkamp, J.-B.; Wedel, M. (1999): International Market Segmentation Based on Consumer-Product-Relations, in: Journal of Marketing Research, Vol. 27, No. 1, pp. 1-17.

Hofstede, G. (1994): Cultures and Organizations, 2nd Ed., London.

Holbrook, M. B.; Batra, R. (1987): Assessing the Role of Emotions as Mediators of Consumer Responses to Advertising, in: Journal of Consumer Research, Vol. 14, No. 3, pp. 408-420.

Holland, H. (1999): Die Bedeutung der Kundenbindung in der Automobilbranche. Teil 1, in: Response, 10. Jg., Nr. 2, S. 23-26.

Homburg, C.; Baumgarter, H. (1995a): Beurteilung von Kausalmodellen. Bestandsaufnahme und Anwendungsempfehlungen, in: Marketing ZFP, 17. Jg., Nr. 3, S. 162-176.

Homburg, C.; Baumgarter, H. (1995b): Die Kausalanalyse als Instrument der Marketingforschung, in ZfB, 65. Jg., Nr. 10, S. 1091-1108.

Homburg, C.; Fürst, A. (2005): How Organizational Complaint Handling Drives Customer Loyalty. An Analysis of the Mechanistic and the Organic Approach, in: Journal of Marketing, Vol. 69, No. 3, pp. 95-114.

Homburg, C.; Giering, A. (2001): Personal Characteristics as Moderators of the Relationship between Customer Satisfaction and Loyalty. An Empirical Analysis, in: Psychology and Marketing, Vol. 18, No. 1, pp. 43-66.

Homburg, C.; Giering, A. (1996): Konzeptualisierung und Operationalisierung komplexer Konstrukte. Ein Leitfaden für die Marketingforschung, in: Marketing ZFP, 18. Jg., Nr. 1, S. 5-25.

Homburg, C.; Giering, A.; Hentschel, F. (1998): Der Zusammenhang zwischen Kundenzufriedenheit und Kundenbindung, Wissenschaftliches Arbeitspapier, Institut für Marktorientierte Unternehmensführung der WHU Koblenz, Nr. 18, Koblenz.

Homburg, C.; Koschate, N.; Hoyer, W. D. (2005): Do Satisfied Customers Really Pay More? A Study of the Relationship between Customer Satisfaction and Willingness to Pay, in: Journal of Marketing, Vol. 69, No. 2, pp. 84-96.

Hovland, C. I.; Janis, I. L. (1959): Personality and Persuability, New Haven.

Hovland, C. I.; Janis, I. L.; Kelly, H. H. (1953): Communication and Persuasion, New Haven.

Hu, P. J.-H.; Chau, P. Y. K.; Sheng, O. R. L. (2002): Adoption of Telemedicine Technology by Health Care Organizations. An Exploratory Study, in: Journal of Organizational Computing & Electronic Commerce, Vol. 12, No. 3, pp. 197-221.

Huber, F.; Beckmann, S. C.; Herrmann, A. (2004): Means-End Analysis. Does the Affective State Influence Information Processing Style?, in: Psychology & Marketing, Vol. 21, No. 9, pp. 715-737.

Huff, S. L.; Munro, M. C. (1985): Information Technology Assessment and Adoption. A Field Study, in: MIS Quarterly, Vol. 9, No. 4, pp. 327-340.

Hutt, M. D.; Johnston, W. J.; Ronchetto Jr., J. R. (1985): Selling Centers and Buying Centers. Formulating Strategic Exchange Patterns, in: Journal of Personal Selling & Sales Management, Vol. 5, No. 1, pp. 32-41.

Izard, C. E. (1994): Die Emotionen des Menschen. Eine Einführung in die Grundlagen der Emotionspsychologie, 3. Aufl., Weinheim.

Izard, C. E. (1991): The Psychology of Emotions, New York.

Izard, C. E. (1981): Die Emotionen des Menschen. Eine Einführung in die Grundlagen der Emotionspsychologie, Weinheim.

Izard, C. E. (1977): Human Emotions, New York.

Jacoby, J. (1971): Personality and Innovation Proneness, in: Journal of Marketing Research, Vol. 8, No. 2, pp. 244-247.

James, W. (1922): What is an Emotion?, in: Dunlap, K. (Ed.): The Emotions, Baltimore (Originalpublikation 1884).

Janis, I.; Feshbach, S. (1953): Effects of Fear-Arousing Communications, in: Journal of Abnormal & Social Psychology, Vol. 48, No. 1, pp. 78-92.

Joag, S. G.; Mowen, J. C.; Gentry, J. W. (1990): Risk Perception in a Simulated Industrial Purchasing Task. The Effects of Single versus Multi-Play Decisions, in: Journal of Behavioral Decision Making, Vol. 3, No. 2, pp. 91-108.

Jöreskog, K. G.; Sörbom, D. (2001): LISREL8. User's Reference Guide, Lincolnwood/IL.

Jöreskog, K. G.; Sörbom, D. (1982): Recent Developments in Structural Equation Modeling, in: Journal of Marketing Research, Vol. 19, No. 4, pp. 404-416.

Johnston, W. J.; Lewin, J. E. (1996): Organizational Buying Behavior. Toward an Integrative Framework, in: Journal of Business Research, Vol. 35, No. 1, pp. 1-16.

Juvonen, J. U.; Weiner, B. (1993): An Attributional Analysis of Students' Interactions. The Social Consequences of Perceived Responsibility, in: Educational Psychology Review, Vol. 5, No. 4, pp. 325-345.

Kaas, K. P. (1995): Marketing zwischen Markt und Hierarchie, in: Kaas, K. P. (Hrsg.): Kontrakte, Geschäftsbeziehungen, Netzwerke-Marketing und Neue Institutionenökonomik, Schmalenbachs Zeitschrift für Betriebswirtschaftliche Forschung, Sonderheft 35, S. 19-42.

Kahneman, D.; Tversky, A. (1979): Prospect Theory. An Analysis of Decisions under Risk, in: Econometrica, Vol. 47, pp. 263-291.

Kamins, M. A.; Brand, M. J.; Hoeke, S. A.; Moe, J. C. (1989): Two-Sided Versus One-Sided Celebrity Endorsements. The Impact on Advertising Effectiveness and Credibility, in: Journal of Advertising, Vol. 18, No. 2, pp. 4-10.

Kardes, F. R. (1994): Consumer Judgment and Decision Processes, in: Wyer, R. S.; Srull, T. K. (Eds.): Handbook of Social Cognition, Hillsdale/NY, pp. 399-466.

Katrichis, J. M.; Ryan, M. J. (1998): An Interactive Power Activation Approach to Departmental Influence in Organizational Purchasing, in: Industrial Marketing Management, Vol. 27, No. 6, pp. 469-483.

Kelly, J. P. (1974): Functions Performed in Industrial Purchase Decisions with Implications for Marketing Strategy, in: Journal of Business Research, Vol. 2, No. 4, pp. 421-433.

Kimberly, J. R.; Evanisko, M. J. (1981): Organizational Innovation. The Influence of Individual, Organizational and Contextual Factors on Hospital Adoption of Technological and Administrative Innovations, in: Academy of Management Journal, Vol. 24, No. 4, pp. 689-713.

Kline, R. B. (1998): Principles and Practice of Structural Equation Modeling, New York.

Kohl, J. W. (1966): Adoption Stages and Perceptions of Characteristics of Educational Innovations, Diss., University of Oregon, Eugene.

Kollmann, T. (1998): Akzeptanz innovativer Nutzungsgüter und -systeme, Wiesbaden.

Kopcke, R. W.; Little, J. S.; Tootell, G. M. B. (2004): How Humans Behave. Implications for Economics and Economic Policy, in: Federal Reserve Bank of Boston New England Economic Review, No. 1, pp. 3-35.

Kotler, P.; Armstrong, G. (2006): Principles of Marketing, 11th Ed., New Jersey.

Kotler, P.; Bliemel, F. (2001): Marketing-Management, 10. Aufl., Stuttgart.

Kotzbauer, N. (1992): Erfolgsfaktoren neuer Produkte. Der Einfluss der Innovationshöhe auf den Erfolg technischer Produkte, Frankfurt/M.

Koutsoyannis, A. (1977): Theory of Econometrics, 2. Aufl., Houndsmill.

Kroeber-Riel, W.; Esch, F.-R. (2001): Emotionale Werbung, in: Diller, H. (Hrsg.): Vahlens Großes Marketing Lexikon, 2. Aufl., München, S. 402-405.

Kroeber-Riel, W.; Esch, F.-R. (2000): Strategie und Technik der Werbung, 5. Aufl., Stuttgart.

Kroeber-Riel, W.; Weinberg, G. (2003): Konsumentenverhalten, 8. Aufl., München.

Kunststoffweb (2005): Elektrobauteile aus einem Guss, in: www.kunststoffweb.de/fzonline/ pdf/105036.pdf, 18.06.2005.

Kuß, A. (2004): Marktforschung. Grundlagen der Datenerhebung und Datenanalyse, Wiesbaden.

Lakatos, I. (1974): Falsifikation und die Methodologie wissenschaftlicher Forschungs-programme, in: Lakatos, I.; Musgrave, A. (Hrsg.): Kritik und Erkenntnisfortschritt, Braunschweig, S. 89-189.

Lang, B.; Lee, C. K.-C.; Zwick, R. (1999): Message Sidedness at the Brand and Product Form Levels. Overcoming the Shortcomings of Two-Sided Messages?, in: Advances in Consumer Research, Vol. 26, No. 1, pp. 485-490.

Laux, L.; Weber, H. (1990): Presentation of Self in Coping with Anger and Anxiety. An Intentional Approach, in: Anxiety Research, Vol. 3, No. 4, pp. 233-255.

Laverie, D. A.; Kleine III, R. E.; Kleine Schultz, S. (2002): Reexamination and Extension of Kleine, Kleine, and Kernan's Social Identity Model of Mundane Consumption. The Mediating Role of the Appraisal Process, in: Journal of Consumer Research, Vol. 28, No. 3, pp. 659-669.

Lazarus, L. A. (1997): Correlates of Burden in Spousal Caregivers of Individuals with Parkinson's Disease, Diss., Allegheny University, Philadelphia.

Lazarus, R. S. (1999): The Cognition-Emotion Debate. A Bit of History, in: Dalgleish, T.; Power, M. J. (Eds.): Handbook of Cognition and Emotion, New York, pp. 3-19.

Lazarus, R. S. (1991a): Emotion and Adaptation, New York.

Lazarus, R. S. (1991b): Cognition and Motivation in Emotion, in: American Psychologist, Vol. 46, No. 4, pp. 353-367.

Lazarus, R. S. (1982): Thoughts on the Relation between Emotion and Cognition, in: American Psychologist, Vol. 37, No. 9, pp. 1019-1024.

Lazarus, R. S. (1968): Emotions and Adaptation. Conceptual and Empirical Relations, in: Arnold, W. J. (Ed.): Nebraska Symposium on Motivation, Vol. 16, Nebraska, pp. 175-266.

Lazarus, R. S. (1966): Psychological Stress and the Coping Process, New York.

Lazarus, R. S.; Eriksen, C. W. (1952): Effects of Failure Stress upon Skilled Performance, in: Journal of Experimental Psychology, Vol. 43, No. 2, pp. 100-105.

Lazarus, R. S.; Folkman, S. (1984): Stress, Appraisal and Coping, New York.

Lazarus, R. S.; Launier, R. (1978): Stress-Related Transactions between Person and Environment, in: Pervin, L. A.; Lewis, M. (Eds.): Perspectives in Interactional Psychology, New York, pp. 287-327.

Lazarus, R. S.; Spiesman, J. C. (1960): A Research Case-History Dealing with Psychological Stress, in: Journal of Psychological Studies, Vol. 11, No. 2, pp. 167-194.

LeDoux, J. (1998): Das Netz der Gefühle, München.

Leventhal, H. (1970): Findings and Theory in the Study of Fear Communications, in: Berkowitz, L. (Ed.): Advances in Experimental Social Psychology, Vol. 5, New York, pp. 119-186.

Leventhal, H.; Diefenbach, M. (1991): The Active Side of Illness Cognition, in: Skelton, J. A.; Croyle, R. T. (Eds.): Mental Representation in Health and Illness, New York.

Leventhal, H.; Scherer, K. (1987): The Relationship of Emotion to Cognition. A Functional Approach to a Semantic Controversy, in: Cognition & Emotion, Vol. 1, No. 1, pp. 3-28.

Litfin, T.; Teichmann, M.-H.; Clement, M. (2000): Beurteilung der Güte von explorativen Faktorenanalysen im Marketing, Wirtschaftswissenschaftliches Studium, 29. Jg., Nr. 5, S. 283-286.

Loehlin, J. C. (1997). Latent Variable Models. Mahwah/NJ.

Lohmöller, J. B. (1984): LVPLS 1.6. Program Manual Latent Variable Path Analysis with Partial Least-Squares Estimation, Köln.

Luce, M. F.; Payne, J. W.; Bettman, J. R. (1999): Emotional Trade-Off Difficulty and Choice, in: Journal of Marketing Research, Vol. 36, No. 2, pp. 143-159.

Macaluso, J. C. (2003): Leading with Empathy, in: Executive Excellence, Vol. 20, No. 7, p. 9.

MacInnis, D. J.; de Mello, G. E. (2005): The Concept of Hope and Its Relevance to Product Evaluation and Choice, in: Journal of Marketing, Vol. 69, No. 1, pp. 1-14.

Mahajan, V.; Muller, E.; Bass, F. M. (1990): New Product Diffusion Models in Marketing. A Review and Directions for Future Research, in: Journal of Marketing, Vol. 54, No. 1, pp. 1-26.

Mahajan, V.; Muller, E.; Kerin, E. A. (1984): Introduction Strategy for New Products with Positive and Negative Word-of-Mouth, in: Management Science, Vol. 30, No. 12, pp. 1389-1404.

Mahajan, V.; Peterson, R. (1979): First-Purchase Diffusion Models of New Product Acceptance, in: Technological Forecasting and Social Change, Vol. 15, pp. 127-146.

Mahler, A.; Rogers, E. M. (1999): The Diffusion of Interactive Communication Innovations and the Critical Mass. The Adoption of Telecommunications Services by German Bank, in: Telecommunications Policy, Vol. 23, No. 10/11, pp. 719-740.

Mardia, K. V. (1974): Applications of Some Measures of Multivariate Skewness and Kurtosis in Testing Normality and Robustness Studies, in: The Indian Journal of Statistics, Vol. 36, No. 2, pp. 115-128.

Marks, I. M. (1987): Fears, Phobias, and Rituals, New York.

Marks, I. M.; Nesse, R. M. (1994): Fear and Fitness. An Evolutionary Analysis of Anxiety Disorders, in: Ethology and Sociobiology, Vol. 15, No. 5/6, pp. 247-261.

Marsh, H. W.; Balla, J. R.; McDonald, R. P. (1988): Goodness-of-Fit-Indexes in Confirmatory Factor Analysis. The Effect of Sample Size, Psychological Bulletin, Vol. 103, No. 3, pp. 391-410.

Marsh, H. W.; Hau, K.-T (1996): Assessing Goodness of Fit. Is Patrimony Always Desirable?, in: Journal of Experimental Education, Vol. 64, No. 4, pp. 364-391.

Mathieson, K. (1991): Predicting User Intentions. Comparing the Technology Acceptance Model with the Theory of Planned Behavior, in: Information Systems Research, Vol. 2, No. 3, pp. 173-191.

Mayer, H.; Illmann, T. (2000): Markt- und Werbepsychologie, 3. Aufl., Stuttgart.

McGuire, W. J. (1989): Theoretical Foundations of Campaigns, in: Rice, R. E.; Atkin, C. K. (Eds.): Public Communication Campaigns, 2nd Ed., pp. 43-65.

McGuire, W. J. (1976): Some Internal Psychological Factors Influencing Consumer Choice, in: Journal of Consumer Research, Vol. 2, No. 4, pp. 302-319.

McMillan, J. R. (1973): Role Differentiation in Industrial Buying Decisions, in: Greer, T. V. (Ed.): Combined Proceedings, American Marketing Association, Chicago, pp. 207-211.

Meffert, H. (1976): Die Durchsetzung von Innovationen in der Unternehmung und im Markt, in: Zeitschrift für Betriebswirtschaft, 46. Jg., Nr. 2, S. 77-100.

Mehrabian, A.; Russell, J. A. (1974): An Approach to Environmental Psychology, Cambridge.

Meinong, A. (1906): Über Urteilsgefühle. Was sie sind und was sie nicht sind, in: Archiv für die gesamte Psychologie, Bd. 6, S. 22-58.

Meinong, A. (1894): Psychologisch-ethische Untersuchungen zur Werttheorie, nachgedruckt in: Haller, R.; Kindinger, R. (1968) (Hrsg.): Alexius Meinong Gesamtausgabe, Bd. 3, Graz, S. 3-244.

Mellers, B. A.; McGraw, A. P. (2001): Anticipated Emotions as Guides to Choice, in: Current Directions in Psychological Science, Vol. 10, No. 6, pp. 210-214.

Mellers, B. A.; Schwartz, A.; Ritov, I. (1999): Emotion-Based Choice, in: Journal of Experimental Psychology, General, Vol. 128, No. 3, pp. 332-345.

Meyer, W.-U. (2000): Attributionstheoretische Ansätze, in: Otto, J. H.; Euler, H. A.; Mandl, H. (Hrsg.): Emotionspsychologie. Ein Handbuch in Schlüsselbegriffen, Weinheim, S. 106-116.

Meyerowitz, B. E.; Chaiken, S. (1987): The Effect of Message Framing on Breast Self-Examination Attitudes, Intentions and Behavior, in: Journal of Personality and Social Psychology, Vol. 52, No. 3, pp. 500-510.

Mittal, B. (1994): A Study of the Concept of Affective Choice Mode for Consumer Decisions, in: Advances in Consumer Research, Vol. 21, No. 1, pp. 256-263.

Moch, M. K.; Morse, E. V. (1977): Size, Centralization and Organizational Adoption of Innovations, in: American Sociological Review, Vol. 42, No. 4, pp. 716-725.

Mole, K.; Ghobadian, A.; O'Regan, N.; Liu, J. (2004): The Use and Deployment of Soft Process Technologies within UK Manufacturing SMEs: An Empirical Assessment Using Logit Models, in: Journal of Small Business Management, Vol. 42, No. 3, pp. 303-235.

Moon, M. A.; Gupta, S. F. (1997): Examining the Formation of Selling Centers. A Conceptual Framework, in: Journal of Personal Selling & Sales Management, Vol. 17, No. 2, pp. 31-41.

Moore, G. C.; Benbasat, I. (1991): Development of an Instrument to Measure the Perceptions of Adopting an Information Technology Innovation, in: Information Systems Research, Vol. 2, No. 3, pp. 192-222.

Neibecker, B. (2001a): Reliabilität, in: Diller, H. (Hrsg.): Vahlens Großes Marketing Lexikon, 2. Aufl., München, S. 1487-1488.

Neibecker, B. (2001b): Validität, in: Diller, H. (Hrsg.): Vahlens Großes Marketing Lexikon, 2. Aufl., München, S. 1717-1718.

Neumann, J.; Morgenstern, O. (1947): Theory of Games and Economic Behavior, 2. Aufl., Princeton.

Nielson, C. C.; Wilson, E. J. (1996): Interorganizational Cooperation in Industrial Buyer-Seller Relationships, Working Paper, American Graduate School of International Management, Glendale/AR.

Nielsen Media Research (2005): Bruttowerbeaufwendungen und Werbevolumen in den klassischen Werbemedien, in: Media Perspektiven, o. Jg., Nr. 5, S. 254.

Nieke, W. (1972): Dualismus, in: Ritter, J. (Hrsg.): Historisches Wörterbuch der Philosophie, Basel, S. 297-300.

Nieschlag, R.; Dichtl, E.; Hörschgen, H. (2002): Marketing, 19. Aufl., Berlin.

Nunnally, J. (1978): Psychometric Theory, 2nd Ed., New York.

Oelsnitz, D. von der (2000): Eintrittstiming und Eintrittserfolg. Eine kritische Analyse der empirischen Methodik, in: Die Unternehmung, 54. Jg. (2000), Nr. 3, S. 199-212.

Offerman, T. (2002): Hurting Hurts More than Helping Helps, in: European Economic Review, Vol. 46, No. 8, pp. 1423-1437.

O'Guinn, T. C.; Belk, R.W. (2001): Heaven on Earth. Consumption at Heritage Village, USA, in: Journal of Consumer Research, Vol. 16, No. 2, pp. 227-238.

Oliver, R. L. (1997): Satisfaction. A Behavioral Perspective on the Consumer, New York.

Olsson, U. H.; Foss, T.; Troye, S. V.; Howell, R. D. (2000): The Performance of ML, GLS, and WLS Estimation in Structural Equation Modeling Under Conditions of Misspecification and Nonnormality, in: Structural Equation Modeling, Vol. 7, No. 4, pp. 557-569.

Ortony, A.; Turner, T. J. (1990): What's Basic about Basic Emotions?, in: Psychological Review, Vol. 97, No. 3, pp. 315-331.

Ortony, A.; Clore, G. L.; Collins, A. (1988): The Cognitive Structure of Emotions, Cambridge.

o.V. (2006): Lotto. Wahrscheinlichkeit des Tipperfolges, in: http://de.wikipedia.org/wiki/Lotto, 13.01.2006.

o.V. (2005a): Eine Million Euro für eine neue Lok, in: www.spielwarenmesse.de/index.php?id=1002&L=0, 08.04.2005.

o.V. (2005b): Die flachen Emporkömmlinge, in: www.heisemedien.de/presseinfo_print.php/ ct,02,03_25_a/41, 02.05.2005.

o.V. (2004): Low-Cost-Geschäftsmodelle. „Geiz ist geil" gilt auch für Dienstleistungen, Pressemeldung vom 06.07.04 in: www.absatzwirtschaft.de/psasw/fn/asw/SH/0/sfn/buildpage/cn/cc_vt/ID/30061/vt/preisdruck/ s/1/page2/PAGE_1003228/aktelem/PAGE_1003228/index.html, 30.05.2005.

o.V. (2003a): Hochtransparentes Thermoplast K-HAT, in: KI Kunststoffinformation, 33. Jg., Nr. 1673, S. 7.

o.V. (2003b): Die Rolle der Frau in Indien, in: www.shukra.de, 16.06.2003.

Pavlou, P. A. (2003): Consumer Acceptance of Electronic Commerce. Integrating Trust and Risk with the Technology Acceptance Model, in: International Journal of Electronic Commerce, Vol. 7, No. 3, pp. 101-134.

Pechtl, H. (2001a): Adoptionsprozess, in: Diller, H. (Hrsg.): Vahlens Großes Marketing Lexikon, 2. Aufl., München, S. 17-18.

Pechtl, H. (2001b): Akzeptanz und Nutzung des E-commerce im B2C. Eine empirische Analyse, Arbeitspapier Nr. 09/01 der Universität Greifswald, Greifswald.

Perrillieux, R. (1987): Der Zeitfaktor im strategischen Technologiemanagement. Früher oder später Einstieg bei technischen Produktinnovationen, Berlin.

Perugini, M.; Bagozzi, R. P. (2001): The Role of Desires and Anticipated Emotions in Goal-Directed Behaviours. Broadening and Deepening the Theory of Planned Behaviour, in: British Journal of Social Psychology, Vol. 40, No. 1, pp. 79-98.

Petty, R. E.; Haugtvedt, C. P.; Smith, S. M. (1995): Elaborations as a Determinant of Attitude Strength. Creating Attitudes that are Persistent to resistant, and Predictive of Behaviour, in: Petty, R. E.; Krosnick, J. A. (Eds.): Attitude Strength. Antecedents and Consequences, pp. 93-130.

Pfeiffer, S. (1981): Die Akzeptanz von Neuprodukten im Handel. Eine empirische Untersuchung zum Innovationsverhalten des Lebensmittelhandels, Wiesbaden.

Plutchik, R. (1994): The Psychology of Emotions, New York.

Plutchik, R. (1991): The Emotions, Lanham/Maryland.

Plutchik, R. (1980): A General Psychoevolutionary Theory of Emotions, in: Plutchik, R.; Kellermann, N. (Eds.): Theories of Emotion, New York, pp. 3-33.

Plutchik, R.; Kellerman, H. (1974): Emotions Profile Index Manual, Los Angeles.

Popper, K. (1994): Logik der Forschung, 10. Aufl., Tübingen.

Popper, K. (1964): Die Zielsetzung der Erfahrungswissenschaft, in: Albert, H. (Hrsg.): Naturgesetze und theoretische Systeme, Tübingen, S. 87-102.

Porter, M. E. (1980): Competitive Strategy, New York.

Poth, L. G.; Poth, G. S. (1999): Marketing-Begriffe von A bis Z, Wiesbaden.

Powell, T. (1995): Total Quality Management as Competitive Advantage. A Review and Empirical Study, in: Strategic Management Journal, Vol. 16, No. 1, pp. 5-37.

Prakash, V. (1984): Validity and Reliability of the Confirmation of Expectation Paradigm as a Determinant of Consumer Satisfaction, in: Journal of the Academy of Marketing Science, Vol. 12, No. 4, pp. 63-76.

Prelec, D.; Loewenstein, G. (1998): The Red and the Black. Mental Accounting of Savings and Debts, in: Marketing Science, Vol. 17, No. 1, pp. 4-28.

Punj, G. (1987): Research Decision Making in Consumer Durable Purchases, in: Journal of Consumer Marketing, Vol. 4, No. 1, pp. 71-82.

Puska, P. K.; Koskela, A.; McAlister, A.; Mayranen, H.; Smolander, A.; Viri, L.; Korpelainen, V.; Rogers, E. M. (1986): Use of Lay Opinion Leaders to Promote Diffusion of Health Innovations in a Community Program. Lessons Learned from the North Karelia Project, in: Bulletin of the World Health Organization, Vol. 64, No. 3, pp. 437-446.

Raffée, H.; Fritz, W. (1992): Dimensionen und Konsistenz der Führungskonzeption von Industrieunternehmen, in: Schmalenbachs Zeitschrift für Betriebswirtschaftliche Forschung, 44. Jg., Nr. 4, S. 303-322.

Ray, M. L.; Wilkie, W. L. (1970): Fear. The Potential of an Appeal Neglected by Marketing, in: Journal of Marketing, Vol. 34, No. 1, pp. 54-62.

Reichwald, R. (1979): Neue Systeme der Bürotechnik und das Problem der Akzeptanz, in: telecom report, o. Jg., Nr. 5, S. 309-313.

Reichwald, R. (Hrsg.) (1978): Die Akzeptanz neuer Bürotechnologien, München.

Reisenzein, R. (2000): Einschätzungstheoretische Ansätze, in: Otto, J. H.; Euler, H. A.; Mandl, H. (Hrsg.): Emotionspsychologie. Ein Handbuch, München, S. 117-138.

Reisenzein, R.; Meyer, W.-U.; Schützwohl, A. (2003): Einführung in die Emotionspsychologie, Bd. 3, Kognitive Emotionstheorien, Bern.

Renner, B. (2003): Warum unterschätzen Menschen ihre Gesundheitsrisiken?, in: Psychologie heute, 30. Jg., Nr. 3, S. 56-57.

Richins, M. L. (1997): Measuring Emotions in the Consumption Experience, in: Journal of Consumer Research, Vol. 24, No. 2, pp. 127-146.

Richter, H. P. (2001): Investitionsgütermarketing, München.

Ritov, I.; Baron, J. (1990): Reluctance to Vaccinate. Omission Bias and Ambiguity, in: Journal of Behavioral Decision Making, Vol. 3, No. 4, pp. 263-277.

Robinson, P. J.; Faris, P. W.; Wind, Y. (1967): Industrial Buying and Creative Marketing, Boston/MA.

Röder, O. (2005): Expertengespräche mit Dr. Olaf Röder, Fraunhoferinstitut für Elektronenstrahl- und Plasmatechnik (FEP), Dresden, 11.01.2005, 30.03.2005, 17.05.2005, 08.06.2005.

Schunk (2006): TENDO Hydro-Dehnspannfutter, in: www.schunk.de/schunk/ schunk_websites/products/ products.html?product_level_1=247&product_level_2=266&product_level_3=3042&country=DEU&lngCode= DE&lngCode2=DE, 10.01.2006.

Rogers, E. M. (2003): Diffusion of Innovations, 5th Ed., New York.

Rogers, E. M. (1995): Diffusion of Innovations, 4th Ed., New York.

Rogers, E. M. (1983): Diffusion of Innovations, 3rd Ed., New York.

Rogers, E. M. (1962): Diffusion of Innovations, New York.

Rook, D. (1987): The Buying Impulse, in: Journal of Consumer Research, Vol. 14, No. 2, pp. 189-199.

Roseman, I. J. (1991): Appraisal Determinants of Discrete Emotions, in: Cognition and Emotion, Vol. 5, No. 3, pp. 161-200.

Roseman, I. J.; Spindel, M. S.; Jose, P. E. (1990): Appraisals of Emotion-Eliciting Events, Testing a Theory of Discrete Emotions, in: Journal of Personality and Social Psychology, Vol. 59, No. 5, pp. 899-915.

Ross, D.; Dumouchel, P. (2004): Emotions as Strategic Signals, in: Rationality & Society, Vol. 16, No. 3, pp. 251-287.

Roth, S. (2005): Expertengespräch mit Stefan Roth, wissenschaftlicher Mitarbeiter am Institut für Allgemeinen Maschinenbau und Kunststofftechnik, TU Chemnitz, Chemnitz, 27.01.2005.

Royce, J. R.; Powell, A. (1983): Theory of Personality and Individual Differences. Factors, Systems, Processes. Englewood Cliffs/NJ.

Saad, G.; Gill, T. (2000): Applications of Evolutionary Psychology in Marketing, in: Psychology & Marketing, Vol. 17, No. 12, pp. 1005-1035.

Saadé, R.; Bahli, B. (2004): The Impact of Cognitive Absorption on Perceived Usefulness and Perceived Ease of Use in On-Line Learning. An Extension of the Technology Acceptance Model, in: Information & Management, Vol. 42, No. 2, pp. 317-327.

Sachs, L. (1971): Statistische Auswertungsmethoden, 3. Aufl., Berlin.

Schachter, S.; Singer, J. E. (1962): Cognitive, Social, and Psychological Determinants of Emotional State, in: Psychological Review, Vol. 69, No. 5, pp. 379-399.

Schafmann, E. (2000): Emotionen im Business-to-Business Kaufentscheidungsverhalten, Diss., Aachen.

Schiller, S.; Heisig, U.; Panzer, S. (1995): Elektronenstrahltechnologie, Nachdruck der 1. Aufl., Berlin.

Schmalen, H.; Pechtl, H. (2001): Diffusionsprozess, in: Diller, H. (Hrsg.): Vahlens Großes Marketing Lexikon, 2. Aufl., München, S. 300-303.

Schmalen, H.; Pechtl, H. (1996): Die Rolle der Innovationseigenschaften als Determinanten des Adoptionsverhaltens, in: Schmalenbachs Zeitschrift für Betriebswirtschaftliche Forschung, 48. Jg., Nr. 9, S. 816-836.

Schmitz, B. (2000): Werte und Emotion, in: Otto, J. H.; Euler, H. A.; Mandl, H. (Hrsg.): Emotionspsychologie. Ein Handbuch in Schlüsselbegriffen, Weinheim, S. 349-359.

Schönecker, H. G. (1980): Bedienerakzeptanz und technische Innovation. Akzeptanzrelevante Aspekte bei der Einführung neuer Bürotechniksysteme, München.

Schumacker, R. E.; Beyerlein, S. T. (2000): Confirmatory Factor Analysis with Different Correlation Types and Estimation Methods, in: Structural Equation Modeling, Vol. 7, No. 4, pp. 629-637.

Schumpeter, J. A. (1911): Theorie der wirtschaftlichen Entwicklung. Eine Untersuchung über Unternehmensgewinn, Kapital, Kredit, Zins und den Konjunkturzyklus, übersetzt von Opie, R. (1963): The Theory of Economic Development. An Inquiry into Profits, Capital, Credit, Interest, and the Business Cycle, Oxford University Press, Oxford.

Schwarz, N. (1990): Feelings as Information. Informational and Motivational Functions of Affective States, in: Higgins, E. T.; Sorrentino, R. M. (Eds.): Handbook of Motivation and Cognition, Vol. 2, New York, pp. 527-561.

Schwarz, N.; Bohner, G. (1996): Feelings and Their Motivational Implications. Moods and the Action Sequence, in: Gollwitzer, P. M.; Bargh, J. A. (Eds.): The Psychology of Action. Linking Cognition and Motivation to Behavior, pp. 119-145.

Schwarz, N.; Clore, G. L. (1996): Feelings and Phenomenal Experience, in: Higgins, E. T.; Kruglanski, A. W. (Eds.): Social Psychology. Handbook of Basic Principles, New York, pp. 433-465.

Scott, J. T. (2000): The Directions for Technological Change. Alternative Economic Majorities and Opportunity Costs, in: Review of Industrial Organization, Vol. 17, No. 1, pp. 1-17.

Sendhil, M.; Thaler, R. (2000): Behavioral Economics, Working Paper, Yale School of Management's Economics Research Network, Yale.

Senge, P. M. (1990): The Fifth Discipline, Doubleday, New York.

Sharma, S.; Durand, R.; Gur-Arie, O. (1981): Identification and Analysis of Moderator Variables, in: Journal of Marketing Research, Vol. 18, No. 3, pp. 291-300.

Shaver, P.; Schwartz, J.; Kirson, D.; O'Conner, C. (1987): Emotion Knowledge. Further Exploration of Prototype Approach, in: Journal of Personality and Social Behavior, Vol. 52, No. 6, pp. 1061-1086.

Sheth, J. N. (1981): Psychology of Innovation Resistance. The Less Developed Concept (LDC) in Diffusion Research, in: Research in Marketing, Vol. 4, pp. 273-283.

Sheth, J. N. (1973): A Model of Industrial Buyer Behavior, in: Journal of Marketing, Vol. 73, No. 4, pp. 50-56.

Sheth, J. N. (1968): Perceived Risk and Diffusion of Innovations, in: Arndt, J. (Ed.): Insights into Consumer Behavior, Boston, pp. 173-188.

Silk, A. J.; Kalwani, M. U. (1982): Measuring Influence in Organization Purchase Decisions, in: Journal of Marketing Research, Vol. 19, No. 2, pp. 165-81.

Simonson, I. (1992): The Influence of Anticipating Regret and Responsibility on Purchase Decisions, in: Journal of Consumer Research, Vol. 19, No. 1, pp. 1-14.

Skinner. B. F. (1968): The Technology of Teaching, New York.

Skysails (2006): Neue Energie für die Schifffahrt, in: http://skysails.info/index.php?id=8, 09.01.2006.

Son, Y. K.; Park, C. S. (1990): Quantifying Opportunity Costs Associated with Adding Manufacturing Flexibility, in: International Journal of Production Research, Vol. 28, No. 6, pp. 1183-1195.

Smith, C. A.; Ellsworth, P. C. (1985): Patterns of Cognitive Appraisal in Emotion, in: Journal of Personality and Social Psychology, Vol. 48, No. 4, pp. 813-818.

Smith, G.; Wortzel, L. H. (1997): Prior Knowledge and the Effect of Suggested Frames of Reference in Advertising, in: Psychology & Marketing, Vol. 14, No. 2, pp. 121-143.

Smith, M. (2004): A Model of the Linked Adoption of Complementary Technologies, in: Economics of Innovation & New Technology, Vol. 13, No. 1, pp. 91-100.

Solomon, M.; Bamossy, G.; Askegaard, S. (2001): Konsumentenverhalten. Der europäische Markt, München.

Specht, D.; Möhrle, M. G. (2002): Gabler Lexikon Technologiemanagement. Management von Innovationen und neuen Technologien im Unternehmen, Wiesbaden.

L

Spielberger, C. D. (1972): Anxiety as an Emotional State, in: Spielberger, C. D. (Ed.): An-xiety. Current Trends in Theory and Research, Vol. 1, New York, pp. 23-49.

Stauss, B.; Schmidt, M.; Schoeler, A. (2005): Customer Frustration in Loyalty Programs, in: International Journal of Service Industry Management, Vol. 16, No. 3, pp. 229-252.

Steiger, J. H. (1989): EzPATH. Causal Modeling, Evanston/IL.

Stein, O. (2004): Auf Vielseitigkeit spezialisiert, in: Polyurethanes Review, o. Jg., Nr. 27, S. 15.

Sternthal, B.; Craig, C. S. (1974): Fear Appeals Revisited and Revised, in: Journal of Consumer Research, Vol. 1, No. 3, pp. 22-34.

Stöber, J.; Schwarzer, R. (2000): Angst, in: Otto, J. H., Euler, H. A.; Mandl, H. (Hrsg.): Emotionspsychologie. Ein Handbuch, München, S. 189-198.

Subramanian, A.; Nilakanta, S. (1996): Organizational Innovativeness. Exploring the Relationship between Organizational Determinants of Innovation, Types of Innovation, and Measures of Organizational Performance, in: Omega. International Journal of Management Science, Vol. 24, No. 6, pp. 631-647.

Sutton, S. R. (1982): Fear-Arousing Communications. A Critical Examination of Theory and Research, in: Eiser, J. R. (Ed.): Social Psychology and Behavioral Medicine, Chichester, pp. 303-338.

Swinyard, W. R.; Sim, C. P. (1987): Perception of Children's Influence on Family Decision Processes, in: Journal of Consumer Marketing, Vol. 4, No. 1, pp. 25-38.

Sy, T.; Coté, S. (2004): Emotional Intelligence. A Key Ability to Succeed in the Matrix Organization, in: Journal of Management Development, Vol. 23, No. 5, pp. 437-456.

Tafel, J. (1967): Die Entscheidungsprozesse beim Kauf von Investitionsgütern. Möglichkeiten und Grenzen ihrer Beeinflussung durch Absatzstrategien der Hersteller, Diss., Erlangen-Nürnberg.

Taylor, S.; Todd, P. A. (1995): Understanding Information Technology Usage. A Test of Competing Models, in: Information Systems Research, Vol. 6, No. 4, pp. 144-176.

Taylor, S. E.; Kemeny, M.; Reed, G. M.; Bower, J. E.; Gruenwald, T. L. (2000): Psychological Resources, Positive Illusions, and Health, in: American Psychologist, Vol.55, No. 1, pp. 99-109.

Tellis, G. J.; Golder, P. N. (1996): Der erste am Markt. Auch der erste wieder draußen?, in: Harvard Business Manager, 18. Jg., Nr. 3, S. 72-83.

Tessaro, I. A.; Taylor, S.; Belton, L.; Campbell, M. K.; Benedict, S.; Kesley, K.; DeVellis, B. (2000): Adopting a Natural (Lay) Helpers Model of Change Worksite Health Promotion for Woman, in: Health Education Research, Vol. 15, No. 5, pp. 603-614.

Thaler, R.: Mental Accounting and Consumer Choice, in: Marketing Science, Vol. 4, No. 3, pp. 199-214.

Thomke, S.; Hippel, E. von (2002): Customers as Innovators. A New Way to Create Value, in: Harvard Business Review, Vol. 80, No. 4, pp. 74-81.

Thong, J. Y. L. (1999): An Integrated Model of Information Systems Adoption in Small Businesses, in: Journal of Management Information Systems; Vol. 15, No. 4, pp. 187-215.

TNS Infratest (2005): Monitoring Informationswirtschaft, 8. Faktenbericht. Juni 2005, in: www.tns-infratest.com/06_BI/bmwa/Faktenbericht_8/Abbildungen/Folie312.JPG, 05.07.2005.

Tomkins, S. S. (1962): Affect, Imagery, Consciousness, Vol. 1, The Positive Affects, New York.

Tornatzky, L. G.; Klein, K. J. (1982): Innovation Characteristics and Innovation Adoption Implementation. A Meta-Analysis of Findings, in: IEEE Transactions on Engineering Management, Vol. 29, No. 1, pp. 28-45.

Trommsdorff, V. (2001a): Innovation, in: Diller, H. (Hrsg.): Vahlens Großes Marketing Lexikon, 2. Aufl., München, S. 660.

Trommsdorff, V. (2001b): Innovationsmanagement, in: Diller, H. (Hrsg.): Vahlens Großes Marketing Lexikon, 2. Aufl., München, S. 661-663.

Trommsdorff, V. (1990): Innovationsmanagement von kleinen und mittleren Unternehmen, München.

Trumpf GmbH + Co. KG (Hrsg.) (2000): Laserbearbeitung, Technische Information, Nr. 10/2000, in: www.trumpf.com/1.img-cust/TRUMPF_TLF-Laser-Kap2a_d.pdf, 04.04.2005.

Tversky, A.; Kahneman, D. (1981): The Framing of Decisions and the Psychology of Choice, Science, Vol. 211, 1981, pp. 453-458.

Ulich, D. (1989): Das Gefühl. Eine Einführung in die Emotionspsychologie, 2. Aufl., München.

Ulich, D.; Mayring, P. (1992): Psychologie der Emotionen, Stuttgart.

Valente, T. W.; Davis, R. L. (1999): Accelerating the Diffusion of Innovations Using Opinion Leaders, in: Annals of the American Academy of Political and Social Science, Vol. 566, pp. 55-67.

Venkatesh, V. (2000): Determinants of Perceived Ease of Use. Integrating Control, Intrinsic Motivation, and Emotion into the Technology Acceptance Model, in: Information Systems Research, Vol. 11, No. 4, pp. 342-365.

Venkatesh, R.; Kohli, A. K. (1995): Influence Strategies in Buying Centers, in: Journal of Marketing, Vol. 59, No. 4, pp. 71-85.

Venkatesh, V.; Morris, M. G.; Davis, G. B.; Davis, F. D. (2003): User Acceptance of Information Technology. Toward a Unified View, in: MIS Quarterly, Vol. 27, No. 3, pp. 425-478.

Verbeke, W.; Bagozzi, R. P. (2002): A Situational Analysis on How Salespeople Experience and Cope with Shame and Embarrassment, in: Psychology & Marketing, Vol. 19, No. 9, pp. 713-741.

Verhoef, P. C.; Franses, P. H.; Hoekstra, J. C. (2001): The Impact of Satisfaction and Payment Equity on Cross-Buying. A Dynamic Model for a Multi-Service Provider, in: Journal of Retailing, Vol. 77, No. 3, pp. 359-378.

VKE Verband Kunststofferzeugende Industrie e.V. (2005): Kunststoff global, in: www.vke.de/de/markt/kunststoffglobal/index.php?PHPSESSID=1a858d2404caada151ce03209277cedb, 31.03.2005.

VKE Verband Kunststofferzeugende Industrie e.V. (2004): Kunststoff. Werkzeug des 21. Jahrhunderts. Wirtschaftsdaten und Grafiken zu Kunststoffen, in: www.plasticseurope.org/content/Default.asp?pageID=22, 01.04.2005.

Vogel, S. (1996): Emotionspsychologie. Grundriss einer exakten Wissenschaft der Gefühle, Opladen.

von der Oelsnitz, D. (2000): Eintrittstiming und Eintrittserfolg. Eine kritische Analyse der empirischen Methodik, in: Die Unternehmung, 54. Jg., Nr. 3, S. 199-213.

VSDAR Verband der Spezialkliniken Deutschlands für Augenlaser und Refraktive Chirurgie (Hrsg.) (2002): Leben ohne Brille, in: www.vsdar.de/presse/vsdar_umfrage2002.pdf, 31.03.2005.

Walsh, G.; Wiedmann, K.-P.; Kilian, T.; Seifert, C. (2004): Die Akzeptanz von Smartphones. Eine empirische Analyse, in: Jahrbuch der Absatz- und Verbrauchsforschung, 50. Jg., Nr. 4, S. 385-410.

Wang, J.; Serfling, R. (2005): Nonparametric Multivariate Kurtosis and Tailweight Measures, in: Journal of Nonparametric Statistics, Vol. 17, No. 4, pp. 441-456.

Webster, F. E.; Wind, Y. (1972a): Organizational Buying Behavior, Englewood Cliffs/NJ.

Webster, F. E.; Wind, Y. (1972b): A General Model for Understanding Organizational Buying Behavior, in: Journal of Marketing, Vol. 36, No. 2, pp. 12-20.

Weiber, R. (2001): Akzeptanzforschung, in: Diller, H. (Hrsg.): Vahlens Großes Marketing Lexikon, 2. Aufl., München, S. 39.

Weimer, D.; Galliker, M.; Graumann, C. F. (1999): Die Heidelberger Akzeptanz-Skala (HAS). Ein Instrument zur Messung der Akzeptanz und Zurückweisung von Migranten, in: Kölner Zeitschrift für Soziologie und Sozialpsychologie, 51. Jg., Nr. 1, S. 105-123.

Weiner, B. (1995): Judgments of Responsibility. A Foundation for a Theory of Social Conduct, New York.

Weiner, B. (1994): Motivationspsychologie, 3. Aufl., Weinheim.

Weiner, B. (1986): An Attributional Theory of Perceived Responsibility and Social Motivation, in: American Psychologist, Vol. 48, No. 5, pp. 957-965.

Weiner, B. (1985): An Attributional Theory of Achievement Motivation and Emotion, in: Psychological Review. Vol. 92, No. 4, pp. 548-573.

Weiner, B. (1982): The Emotional Consequences of Causal Attributions, in: Clarke, M. S.; Fiske, S. T. (Eds.): Affect and Cognition, Hillsdale/NJ, pp. 185-209.

Weiner, B. (1974): Achievement Motivation and Attribution Theory, Morristown/NJ.

Weiner, B.; Frieze, I. H.; Kukla, A.; Reed, L.; Rest, S.; Rosenbaum, R. S. (1971): Perceiving the Causes of Success and Failure, Norristown/NJ.

Weiner, B.; Perry, R. P.; Magnusson, J. (1988): An Attributional Analysis of Reactions to Stigmas, in: Journal of Personality and Social Psychology, Vol. 55, No. 5, pp. 738-748.

Wertenbroch, K. (2000): Anticipated and Experienced Emotions in Consumer Choice, in: Advances in Consumer Research, Vol. 27, No. 1, pp. 186-188.

Wikipedia (2005): www.wikipedia.org/, 20.12.2005.

Wilson, A. L.; Ramamurthy, K.; Nystrom, C. (1999): A Multi-Attribute Measure for Innovation Adoption. The Context of Imaging Technology, in: IEEE Transactions on Engineering Management, Vol. 46, No. 3, pp. 311-321.

Wilson, E. J. (1996): Theory Transitions in Organizational Buying Behavior Research, in: Journal of Business & Industrial Marketing, Vol. 11, No. 6, pp. 7-19.

Wilson, E. J., Lilien, G. L. and Wilson, D. T. (1991): Developing and Testing a Contingency Paradigm of Group Choice in Organizational Buying, in: Journal of Marketing Research, Vol. 28, Vol. 2, pp. 452-466.

Wilson, J. R. (1991): Mund-zu-Mund-Marketing, Landsberg/L.

Wind, Y. (1976): Organizational Buying Behavior, in: Zaltman, G.; Bonoma, T. (Ed.): Review of Marketing, American Marketing Association, Chicago, pp. 160-193.

Witte, E. (1973): Organisation für Innovationsentscheidungen. Das Promotoren-Modell, Göttingen.

Yeung, C. W. M.; Wyer, R. S. (2004): Affect, Appraisal, Judgment, in: Journal of Consumer Research, Vol. 31, No. 2, pp. 412-424.

Zahn, E. (2000): Strategische Innovationen für den dynamischen Wettbewerb, in: Häflinger, G. E.; Meier, J. D. (Hrsg.): Aktuelle Tendenzen im Innovationsmanagement, Heidelberg, S. 155-171.

Zahn, E. (1998): Innovation, Wachstum, Ertragskraft. Wege zur nachhaltigen Unternehmensentwicklung, in: Zahn, E.; Foschiani, S. (Hrsg.): Innovation, Wachstum, Ertragskraft. Wege zur nachhaltigen Unternehmensentwicklung, Tagungsband des Stuttgarter Strategieforums, Stuttgart, S. 1-24.

Zahn, E. (1991): Innovation und Wettbewerb, in: Müller-Böing, D.; Seibt, D.; Winand, U. (Hrsg.): Innovations- und Technologiemanagement, Stuttgart, S. 115-133.

Zajonc, R. B. (1980): Feeling and Thinking. Preferences Need No Inferences, in: American Psychologist, Vol. 35, No. 2, pp. 151-175.

Zaltman, G.; Wallendorf, M. (1983): Consumer Behavior. Basic Findings and Management Implications, New York.

Zeithaml, V. A., Berry, L. L.; Parasuraman, A. (1996): The Behavioral Consequences of Service Quality, in: Journal of Marketing, Vol. 60, No. 2, pp. 31-46.

Zhou, K. Z.; Yim, C. K.; Tse, D. D. (2005): The Effects of Strategic Orientations on Technology- and Market-Based Breakthrough Innovations, in: Journal of Marketing, Vol. 69, No. 2, pp. 42-60.

Zuckerman, M. (1976): General and Situation-Specific Traits and States. New Approaches to Assessment of Anxiety and other Constructs, in: Zuckerman, M.; Spielberger, C. (Eds.): Emotions and Anxiety. New Concepts, Methods, and Applications, Oxford, pp. 133-174.